权力的游戏

上市公司控制权交易实务

舒知堂 赵奕翔 霍雪云 解冰 唐爽 韩月 著

法律出版社 LAW PRESS·CHINA

舒知堂

舒知堂律师是北京植德律师事务所创始合伙人之一，在创建植德之前，舒知堂律师曾在北京市通商律师事务所担任专职律师和合伙人。舒知堂律师毕业于中国人民大学，并取得法律硕士学位。

舒知堂律师在证券资本市场有十分丰富的经验，执业十多年来，深耕IPO前后的证券资本市场业务，先后作为牵头合伙人、项目负责人和主办律师承办或参与了与证券、基金、公司业务相关的几乎所有类型的证券资本市场业务，包括上市公司控制权交易、A股IPO、新三板挂牌、上市公司再融资、重大资产重组等。

赵奕翔

赵奕翔主要从事A股上市公司控制权交易、IPO、重大资产重组等证券资本市场业务。赵奕翔先后毕业于北京建筑大学、中国人民大学，分别获得法学学士、法学硕士学位。

霍雪云

霍雪云主要从事企业IPO、债券融资、投融资等方面的法律业务。霍雪云毕业于郑州大学、俄罗斯伊尔库茨克国立大学，获法学硕士学位。在加入植德之前，霍雪云曾在北京市通商律师事务所证券资本市场领域工作数年。

解　冰

解冰主要从事境内企业主板、中小板、创业板及科创板上市、收购兼并、私募股权投资基金及其投资项目等方面的法律服务。解冰先后毕业于东北财经大学、爱丁堡大学、香港城市大学，分别获得法学学士、法学硕士学位。

唐　爽

唐爽主要从事境内企业主板、中小板、创业板及科创板上市、收购兼并、私募股权投融资等方面的法律服务。唐爽先后毕业于西南政法大学、对外经济贸易大学，分别获得法学学士、法学硕士学位。

韩　月

韩月主要从事境内企业主板、中小板和创业板上市、收购兼并、私募股权投资基金及其投资项目等方面的法律服务。韩月毕业于中国人民大学，获得法律硕士学位。

前言 PREFACE

自沪深交易所成立距今已经30年了。30年说长不长、说短不短。30年可以让5岁的幼童变成35岁的青年，让25岁的小伙变成55岁的壮年，也可以让50岁的壮年变成80岁的暮年。

遥想当年，据说深圳最早的股份制公司的股票要靠政府机关向党员干部和工作人员摊派的方式发行。大约是1989年年底、1990年年初，深交所“老五股”中的一家公司股票发行，实行任务指标分解制。深圳有个区的区政府组织本区党员、干部、机关工作人员让大家认购，一个村支书被分派了3万股原始股股票（当年深圳的月工资大约2000元、内地大约200元）的任务，按照惯例他准备会后再分派给村里的其他干部。结果回村后开会时，村里的干部都不买账，说“谁领回的任务谁自己承担，不要连累我们”。他自己也不觉得这是个好东西，可是任务已经领回又不好退回去。被村干部拒绝又不好强行摊派，当时也没有多少钱的他于是又找了几个亲戚，准备让亲戚也分担一点，结果他家亲戚都说“肯定不是什么好东西，你们村干部都不要，我们也不能要”。不善言辞、老实巴交的他只好自己全部认领了，就当是吃了个大亏。没过多久，这只股票开始大涨，在股票上涨期间，不断有村干部、亲戚问他当初那股票还有没有，能不能转让一点。他平静地说，你们当初都说股票不好，我也不想要，早就卖完了。这只股票不到一年的时间涨了300多倍，他手中的3万股已经价值900多万元了，足以买下深圳的几栋楼了。据说后来他确实是买了几栋楼，专门用来做厂房和宿舍出租。

资本市场财富的倍增效应一旦显现，就势不可当。

一、

一切恍如隔世。从不知道公司为何物到首部《公司法》颁行，员工持股、职工持股会，小型国企、集体所有制企业改制，到有限责任公司（股份有限公司）、股权（股份）、股权投资（PE/VC）、股权激励、股票、期权、基金、期货、上市公司、证券交易所、证券资本市场、证券投资、港股通、沪伦通、科创板、注册制、CDR，再到近期拟推出的REITs等，证券、金融话题已成为人们日常生活的常态，也成为众多人士的职业和爱好。这中间仅仅经过了30年，30年的时间里我们走过了发达国家超过100年的资本市场发展历程。从这点上来说，中国人无疑是全世界最爱学习、最讲效率和最善于吸收借鉴的了。

改革开放这40余年，堪称波澜壮阔，在世界经济史和国家发展史上也是奇迹。中国证券资本市场，除了民国时期短暂出现过股票和交易所外，是过去几千年都没有过的新生事物，在改革开放后的中国土地上居然仅仅经过30年的发展俨然已成为全球不可忽视的主要资本市场之一，同时中国内地也为中国香港地区和美国资本市场贡献了大量的优质上市公司。

中国资本市场从横向看，虽与美股尚有一定距离，但正在努力改革且差距不断缩小；从纵向看，无疑是天翻地覆、成就巨大，彻底改变了几代人的生活，改变了国家经济的面貌。

自从有了上市公司、有了各种排行榜，上市已成为众多企业家创业的梦想和人生目标，同时也成为管理企业过程中凝聚人心的重要手段。从有限责任公司改制为股份有限公司、首次公开发行股票（IPO）及股票上市，已成为众多公司股东、企业投资者、管理层、员工的重要关注点，每个股东、员工都希望自己所投资、所任职的企业能够成为上市公司，成功上市也成为很多人的人生目标。上市的敲锣仪式被很多人视为梦寐以求的人生高点，“上市敲锣时”成为与“洞房花烛夜、金榜题名时、衣锦还乡日”齐名的人生高光时刻。但是，长期以来，由于实行严格的审核和核准制，IPO这条路并不好走，时间长、要求高、难度大、不确定性强，申请IPO的企业要一边做好生产和经营、一边精心准备IPO的系列工作，极为耗费创始人和管理团队的心力。真可谓成本不小、过程曲折、挑战巨大。因此，众多已启动上市工作的企业在漫长的上市道路上受伤了、走失了、退赛了。根据我们的经验，从提出 IPO 这个想法，到最终能够成功敲锣的比例不到 10%。据统计，我国上市公司的数量刚好是全部有营业执照企业的万分之一，真可谓万里挑一。

二、

上市公司的可持续发展是个永恒的主题。公司上市不是企业发展的结束，而是一个新台阶上的开始。可是，公司上市后就成为公众公司，众多大小股东急切地等待，要求持续提供丰厚的回报，譬如股价的不断上涨、每年的大幅分红，否则股民就会“用脚投票”，后果是公司的股价下跌、市值下降、大股东的身价缩水。俗话说“花无百日红”,上市后就会觉得 IPO 不是那么难了，难的是公司持续不断地快速增长。可是，上市公司不是生活在真空里，也与其他企业一样要面对来自外部（国内、国际）、内部（产供销、人财物等）的不断变化，有时候甚至是剧烈变化，譬如中美贸易摩擦、2020 年年初暴发的新冠肺炎疫情。总之，不断做大做强、永不满足、持续优化是企业经营永恒的主题。过程中小错不断不行，大错更不能犯，稍有不慎、决策失误就会导致严重后果。譬如，曾经誉满全球、备受尊重的诺基亚，什么都没做错，可是却被市场无情地淘汰了。

到目前为止，与成熟资本市场相比，中国企业界和经济领域还没有形成稳定的职业经理人市场，使企业发展的战略和命运大部分还是掌握在大股东和实际控制人手里。职业经理人的心态、素质和专业能力尚待培育和成熟，大股东也还没有养成完全放手让职业经理人管理上市公司的习惯。由此产生的结果是，一旦上市公司的大股东或实际控制人因为各种原因不想干了、不能干了、干不了了，要么主动交给自己的下一代、交给别的大股东或者管理层，要么被动地被外来的投资人收购。实际上，除国有的上市公司外，可供民营上市公司大股东或实际控制人作出抉择的选项并不多，这是个极为普遍且令人纠结和困扰的问题。以当惯了老板的中国大股东常规心态来说，与其因业绩下降被迫退市，或者被迫被别人收购、寄人篱下，倒不如在上市公司还有价值时提前将控制权转让出去。既可以提前变现一部分资产，又可以在自己的掌控和认可之下选择新的大股东和实际控制人，对跟随多年的员工也是一个交代，还可以留下一部分股份在新的实际控制人管理之下公司经营业绩大幅上涨时实现“第二春”。有这么多好处，何乐不为。

创业的第一代大部分从20世纪改革开放后的80年代开始从事企业经营和管理工作，大多出生在五六十年代，辛苦奋斗一辈子，也到了安享晚年、含饴弄孙的阶段，子女也到了要接班的年龄了。后代不愿接班、接不了班的只好交给别人；愿意接班的再不交接班，恐怕周围的人要说闲话了。有些省份（如江苏省）有关主管部门还专门组织了“创二代”（不叫“富二代”，一是不好听，二是要不忘初心，再度创业）的培训班，力图让他们明确自己的责任和使命，不能使自家企业陷入衰败和混乱，勇敢地挑起家族的重担，做到薪火相传、基业长青。但在相当长的时间内，即使上市公司已实现不同程度的二代介入或交班，但为了确保“扶上马送一程”，上市公司的实际控制人可能短时间内不会变更。除非发生极端事件，例如，万向集团的第一代创业者鲁冠球突然去世，其子鲁伟鼎快速接班、实际控制人发生变更。

近年来，民企在融资环境、融资能力和融资成本等方面出现一些不利变化。而国企特别是大型国企和地方政府的国资平台资金较为充裕，资金成本也远低于民企，加上地方政府近年来在政绩考核和招商引资的思路方面增加了一些资本市场的元素，如辖区企业IPO、新三板挂牌成功数量、实际控制上市公司家数、接受上市公司募集资金使用额度等。一些民营上市公司大股东和管理层经过认真思考、仔细权衡后，也认为将自己所在上市公司的控制权转让给国资或者国资背景的收购方是个比较稳妥的选项。多种因素的叠加，使近年来地方国资平台收购上市公司的愿望比较强烈，民营上市公司也愿意转让或者合作，国资收购成功的案例也逐年增多，成为上市公司控制权交易市场中一支不可忽视的力量。

一些上市公司的大股东和实际控制人在企业上市后身价倍涨、社会交往层次快速提升、加上自信心大增，融资手段和便利性大幅提高，送上门的商业机会纷至沓来。一时间真可谓商机无限、少长咸集、高手如云，遍地是黄金、处处皆金矿。随后的多元化投资、满足个人兴趣爱好、全球资产配置、偿还人情债务等大额资金支出不可避免。随着外部环境的变化、经济周期的波动以及其他主客观因素的变动，容易出现周期错配、投资失误、被骗、资金沉淀、失血外流等情形，在不断减持上市股票的同时，资金链渐趋紧张以至于债务缠身、现金流枯竭、陷入困境，最后不得不转让上市公司的控制权，以挽救危机。

三、

可以说，已有的法律、法规和规范性文件对上市公司的规范治理要求是最严的，一个企业能够成功上市无疑就被证明为“三好学生”“标兵”或者“典范”。如何保持上市公司在上市后的持续规范治理，如何将规范治理机制和制度扩展到参与市场活动中的全部企业、成为企业管理者信奉的理念仍是个待解命题。同样，收购和接手一家已上市公司需要一些条件，要么有大额资金，要么有优质资产，要么有管理经验，或者几者都有。

上市公司作为企业管理的高级状态，其稀缺性将长期存在。根据经济学家的研究观点，区别于非上市的其他公司，上市公司具有两个非常明显的优势：流动性溢价（因股份交易的便利性而价值高）和管制溢价（因股份的稀缺性而价值高），以及相当于准金融企业的融资便利性，使具有同样业绩和市场表现的上市公司较之非上市公司更具有价值。即使现在科创板和创业板已经开始实行注册制、IPO上市周期将进一步缩短、优质上市公司资源的供应量将大幅上升，但与投资者对优质上市公司的大量需求相比，仍显得供不应求，流动性溢价和管制溢价依然存在。另外，考虑到近年来监管部门加大了上市公司的退市力度，修改了相关退市规则，也使一部分对未来预期不看好的大股东寻求上市公司控制权的提前转手。

四、

资本市场亦如自然生态一样，也需要新陈代谢、有进有出，形成优质企业的聚集地、大额资金的蓄水池、国家经济的顶梁柱。借助资本市场的资源和力量，一大批创新、创业、创造的新型企业将能够快速成长壮大，进一步推动中国经济的转型升级，提升中国企业的整体素质，同时也成为资本市场新生力量的主要来源。可以预料，上市公司控制权交易未来还会继续发展，仍将大量发生，成为资本市场的常态和保持市场活力的重要动力之一。

2020年以来控制权交易的案例大幅度增长，其魅力在于既可以协议转让，也可以要约收购。其中，协议转让的交易方案的全部内容大部分可以协商，交易价格和交割交易过程和时间周期比较确定或者说能够预计，交易的监管审批环节较少（有的交易案例甚至都不需要上市公司召开股东大会）；而要约收购也并非如大家所认为或畏惧的那样高不可攀。

控制权转让在境外资本市场是常态。在境内虽然多有发生，但很少有人进行专门研究，除了亲身经历和操作过上市控制权转让者外，大部分投资者仅仅通过上市公司的信息披露这个渠道来了解，很少有机会近距离接触，既好奇也神秘，不知道这里面会有哪些沟沟坎坎。

本书就以 2017~2019 年已完成的境内 A 股上市公司控制权交易为对象，试图通过对这些已经交易完毕的案例进行考察、分析和研究，并结合我们亲自参与相关项目的经验和教训，力图找出其中一些参考性、规律性的东西（但不是大数据分析），希望能够对有志于控制一家上市公司者、希望出售上市控制权者、资本市场的爱好者、未来资本市场的从业者提供一个观察的视角和维度，让上市公司控制权的转让更加顺畅和高效。

本书共分为四个部分：第一部分主要介绍 2017~2019 年控制权交易的概貌和特点，交易背景和目的，交易方式，价格和程序，监管问询，接管和控制，法律责任，交易前后应关注的重点问题和注意事项等；第二部分为 2019 年控制权交易的典型案例和评析；第三部分为与控制权交易有关的重点法律法规；第四部分为 2019 年资本市场大事记。

本书在编写过程中，赵奕翔、霍雪云、韩月、解冰、唐爽等律师在内容整理、统计分析、修改校对等方面提供了大力协助，没有他们的帮助，这本书不可能出版。在此，一并对各位伙伴的全心投入表示感谢。

由于时间仓促和经验有限，文中肯定少不了错误、遗漏和瑕疵，还请各位海涵，并不吝赐教。

北京植德律师事务所创始合伙人

舒知堂

2020 年 6 月

目录 CONTENTS

第一部分

2017~2019 年完成的上市公司控制权交易

举个例子，犹如爬山，IPO是在常规道路徒步攀登，道路艰险曲折，背负沉重，需要一步一个脚印。不能跑太快，否则心肺、腿脚受不了；不能停太久，否则再次出发困难，会被别人超越，超过你的人还喊你“加油”；不能走捷径、弯道超车，否则会被人瞧不起；不能受伤，否则永远都追不上了，可能还要被人照顾和鄙视；不能退赛，没有体育精神下回就不请你了；IPO成功上市可以理解为登上山顶。上市公司控制权转让就像坐缆车或者直升飞机直接到达山顶，风景在脚下，超越无数人，快速到顶点；坐缆车上山不太会被人说闲话，因为任何人都可以自己选择乘坐；坐缆车上山速度是快，但需额外支出费用，且费用相比自己爬山高很多。

这个例子不一定恰当，但有同理之处。上市公司控制权交易、控制权变更有很多种实现方式。有的需要支付对价，有的则不需要；有的是直接变更上市控股股东，有的是在上市公司控股股东层面上的间接交易方式；有的交易方式中除了支付现金还有其他配套的措施和安排，如表决权委托、表决权放弃等安排；还有的是更为复杂的通过重组（借壳）上市方式同步实现控制权的转移和新资产的注入。

我们在本书中讨论的控制权是指境内A股上市公司的控制权，少部分会涉及境外上市公司，不讨论非上市公司的控制权交易，即不包括新三板挂牌公司的控制权交易。其中最主要的原因是从公开渠道获得上市公司控制权交易的相关信息比较容易，比较全面和完整，而非上市公司信息披露的详细程度不能满足分析的要求，获取公开披露以外其他相关信息的渠道也有限。

本部分介绍与控制权变更和控制权交易有关的如下内容：控制权交易的含义及界定范围，2017~2019年完成的控制权交易的主要特点，被交易的标的上市公司的地域分布、行业分布，收购方和资产出售方的主要情况，交易的背景和目的，主要交易方式、交易价格、监管问询，交易达成后的交割及交割后事项，主要交易程序和信息披露，与控制权交易有关的监管处罚和刑事风险，并购活动中应关注的主要问题等。

第一章 上市公司控制权交易的含义和特点

近年来，境内A股上市公司大量发生控股股东和实际控制人变更的情况，短期内会导致上市公司股价波动，长期来看会不可避免地导致上市公司发展方向、发展战略、主营业务、盈利能力、管理层、未来前景等发生不可逆转的重大变化。这些变动看起来动作不大、实施起来也比较快捷迅速、信息披露更像是例行公事，大部分也不需要证券监管部门的事前行政审批；但是，毫无疑问，与上市公司的全部股东特别是中小股东的利益直接、高度相关，也会对投资者的投资决策产生巨大影响。二级市场一些投资者对上市公司控制权的变动非常关注，希望了解更多信息、背景和交易逻辑，以便做出明智的投资决策，但很少有人对此进行专门研究。

那么，什么是上市公司控制权交易？上市公司控制权交易、控制权转让、控制权变动、控制权收购与上市公司收购有什么区别？

本章通过梳理相关法律、法规和其他规范性文件的规定，对何为上市公司控制权交易做出界定，并对判断上市公司控制权发生变更的依据予以明确。通过对近些年A股上市公司发生的所有控制权交易案例的研究和分析，相应总结了控制权交易的特点，以期为读者提供可能的借鉴。

一、上市公司控制权交易的含义

上市公司控制权交易，是指上市公司收购人通过二级市场增持、协议转让、表决权委托、表决权放弃、重组（借壳）上市等一种或多种方式的结合控制一个上市公司的股份和表决权达到一定比例，导致上市公司控制权发生变动并可能取得该上市公司控制权的行为。

之所以使用“上市公司控制权交易”而非“上市公司收购”，是因为二者的定义和范围存在一定区别。例如，“上市公司收购”应包含“大额交易”和“控制权交易”两个含义，前者是指收购上市公司较大比例（如大于5%）股份但不会导致上市公司控制权发生变化的行为，后者则是指会导致上市公司控制权发生变动的股份收购行为。

在本书中，为表述的方便，我们将控制权交易、控制权变动、控制权变更、控制权转让、控制权收购视同为同一类概念，不再做严格区分，虽然不同的人对这几组概念的理解和定义会有所不同。

图1-1-1为我们对这几组概念的分类。

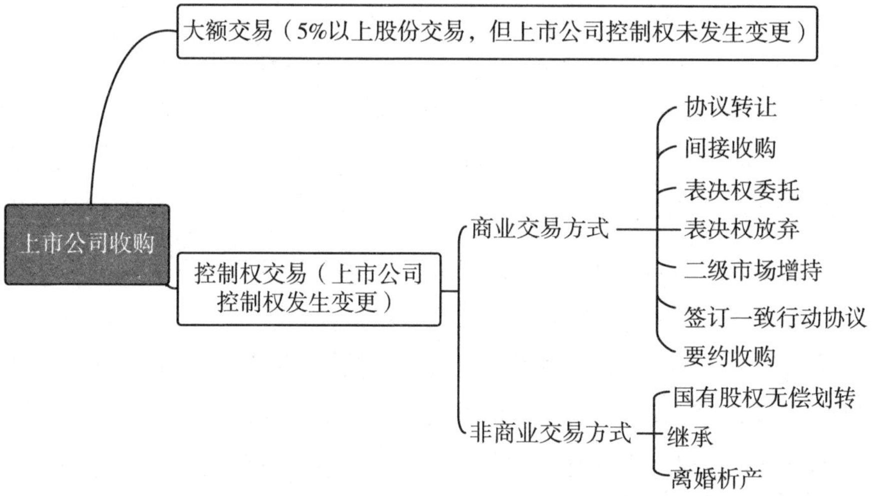

图1-1-1　控制权交易与大额交易的区别

（一）控制权交易与大额交易

我国上市公司收购的法律制度主要由法律层面的《证券法》和行政规章层面的《上市公司收购管理办法》组成，但它们都没有对“上市公司收购”进行明确界定。

《证券法》以单列一章的方式对“上市公司的收购”进行了相应规范。但是，其主要对上市公司收购的收购方式及信息披露要求做出规定。

作为专门规范上市公司控制权交易的行政规章，《上市公司收购管理办法》(2002 年版)曾经对“上市公司收购”进行了定义,[①] 但在现行有效的《上市公司收购管理办法》(2020 年版)中,该定义已被删除。

现行《上市公司收购管理办法》并未对“上市公司收购”进行定义,但在第 2 条规定,上市公司的收购及相关股份权益变动活动,必须遵守法律、行政法规及中国证监会的规定。基于上述规定,我们理解《上市公司收购管理办法》中规范的上市公司收购行为,既包括“相关股份权益变动活动”,也包括“上市公司的收购”,两者的区分标准即为上市公司控制权是否发生变更。

对于“相关股份权益变动活动”,我们可以理解为 5% 及以上的权益收购行为(但未导致控制权发生变更),即“大额交易”。对于“上市公司的收购”,则可以理解为会导致上市公司控制权发生变更的权益收购行为,即“控制权交易”。

“大额交易”和“控制权交易”的法律效果也不尽相同。以股份锁定期为例,《上市公司收购管理办法》第 74 条第 1 款规定,在上市公司收购中,收购人持有的被收购公司的股份,在收购完成后 18 个月内不得转让。但是,并非所有的收购人都要遵守此股份锁定义务。根据《关于上市公司收购有关界定情况的函》(上市部函[2009]171 号)的规定,只有那些会导致上市公司控制权发生变化的收购行为,才需要进行股份锁定。[②]

(二)控制权变更的认定依据

一般来说,认定上市公司控制权是否发生变更,以上市公司的自我判断和自我认定为主。少部分时候,当监管机构对上市公司的自我认定存在疑问时,会及时予以监管问询或关注,要求上市公司说明并公告认定或者不认定的理由和证据。

---

① 《上市公司收购管理办法》(2002 年版)第 2 条规定,上市公司收购,是指收购人通过在证券交易所的股份转让活动持有一个上市公司的股份达到一定比例、通过证券交易所股份转让活动以外的其他合法途径控制一个上市公司的股份达到一定程度,导致其获得或者可能获得对该公司的实际控制权的行为。

② 需要说明的是,《关于上市公司收购有关界定情况的函》将上市公司收购界定为“获得或者巩固对上市公司的控制权的行为”。因此,作为例外情况,上市公司实际控制人巩固自身控制权的增持行为也需要进行 18 个月的股份锁定。

上市公司在认定其控制权是否发生变更时，主要会依据相关法律、法规和规范性文件的规定，以及上市公司在重大决策、日常管理、影响力和支配性等方面的实际情况。其中，在法规规定方面，《上市公司收购管理办法》列举了收购人取得控制权的几种情形。在上市公司认定控制权是否发生变化以后，会以公告形式履行信息披露义务，告知市场和投资者控制权变化的情况。信息披露的形式包括临时报告和定期报告，其中临时报告信息披露的时间点应满足及时性要求。

本书对上市公司控制权变更的认定，主要参考上市公司对其控制权是否变更的公告内容，包括临时报告和定期报告，并以定期报告为主。

1. 控制权发生变更的法规依据

《上市公司收购管理办法》第 84 条列举了收购人取得控制权的情形，其主要考量的因素是收购人持有的权益（股份和表决权）比例。

《上市公司收购管理办法》

第八十四条　有下列情形之一的，为拥有上市公司控制权：

（一）投资者为上市公司持股 50% 以上的控股股东；

（二）投资者可以实际支配上市公司股份表决权超过 30%；

（三）投资者通过实际支配上市公司股份表决权能够决定公司董事会半数以上成员选任；

（四）投资者依其可实际支配的上市公司股份表决权足以对公司股东大会的决议产生重大影响；

（五）中国证监会认定的其他情形。

依照上述规定，当收购人享有的权益比例达到一定时，则视为当然拥有上市公司控制权，这种情形适用于控股股东持股比例较高的上市公司。而当收购人享有的权益未达到规定比例时，如其能够通过享有的权益、实际能够支配的权力决定董事会半数以上成员选任或对股东大会决议产生决定性重大影响，则同样可以认定为拥有控制权。这种情形则适用于第一大股东享有的权益比例虽然没有达到 30% 或以上的比例，但其享有的权益比例已与第二大股东拉开了较大的差距，并能够据此对董事会人选和股东大会的决策产生重大影响。

2. 上市公司对控制权变动的公告

如果上市公司认为其控制权和实际控制人发生了变更，应及时发布临时公告，并在半年度报告、年度报告等定期报告中对其控股股东、实际控制人的变动情况进行说明和披露。

（1）定期报告。

鉴于实际控制人变更属于重大事项，上市公司除在临时公告中予以披露外，还需要在定期报告（半年报、年报）中对相关事项进行说明。

以年度报告为例，上市公司会在“股份变动及股东情况”章节说明其报告期内的实际控制人是否发生变更、发生变更的时间，以及新实际控制人的基本情况，如开能健康年度报告中对实际控制人变更情况的说明（见图 1-1-2、1-1-3）。

开能健康科技集团股份有限公司2018年年度报告全文

开能健康科技集团股份有限公司

2018 年年度报告

2019-019

開能

Canature

2019 年 4 月 23 日

开能健康科技集团股份有限公司2018年年度报告全文

目录

图 1-1-2 开能健康年度报告中对实际控制人变更情况的说明—封面、目录

开能健康科技集团股份有限公司2018年年度报告全文

2、公司控股股东情况

控股股东性质：自然人控股

控股股东类型：法人

控股股东名称	法定代表人/单位负责人	成立日期	组织机构代码	主要经营业务
钧天（宁夏）投资管理中心（有限合伙）	执行事务合伙人：钧天（宁夏）投资管理有限公司（法定代表人：赵笠钧）	2017年08月11日	91640100MA76245Q14	股权投资及管理、创业投资及管理（不得从事非法集资、吸收公众资金等金融活动）；资产管理；企业信息咨询。（依法须经批准的项目，经相关部门批准后方可开展经营活动）

控股股东报告期内变更

√适用 □不适用

新控股股东名称	钧天（宁夏）投资管理中心（有限合伙）
变更日期	2018 年 01 月 12 日
指定网站查询索引	巨潮资讯网《关于股份过户及公司控股股东和实际控制人变更的公告》（公告编号：2018-005）
指定网站披露日期	2018 年 01 月 12 日

3、公司实际控制人及其一致行动人

实际控制人性质：境内自然人

实际控制人类型：自然人

实际控制人姓名	与实际控制人关系	国籍	是否取得其他国家或地区居留权
赵笠钧	本人	中国	否
主要职业及职务	开能健康科技集团股份有限公司董事长、博天环境集团股份有限公司董事长，全国工商联环境、服务业商会会长。		
过去10年曾控股的境内外上市公司情况	赵笠钧先生通过汇金聚合（宁波）投资管理有限公司、宁波中金公信投资管理合伙企业（有限合伙）分别控制博天环境集团股份有限公司36.92%、4.22%的表决权，为博天环境（股票代码：603603，2017年2月17日沪市主板挂牌上市）的实际控制人。		

实际控制人报告期内变更

√适用 □不适用

新实际控制人名称	赵笠钧
变更日期	2018 年 01 月 12 日
指定网站查询索引	巨潮资讯网《关于股份过户及公司控股股东和实际控制人变更的公告》公告编号：2018-005）
指定网站披露日期	2018 年 01 月 12 日

公司与实际控制人之间的产权及控制关系的方框图

图 1-1-3 开能健康年度报告中公司控股股东情况、公司实际控制人及其一致行动人

（2）临时公告。

根据上交所及深交所上市规则，当上市公司控股股东、实际控制人持有的权益变动涉及《证券法》《上市公司收购管理办法》中规定的情形时，上市公司应当及时对外发布公告，对相关情况进行说明。并且，在首次披露后，上市公司还应当持续披露有关重大事件的进展情况。

《深圳证券交易所上市规则》（2019 年 4 月）

11.8.1 在一个上市公司中拥有权益的股份达到该公司已发行股份的5% 以上的股东及其实际控制人，其拥有权益的股份变动涉及《证券法》、《上市公司收购管理办法》规定的收购或者股份权益变动情形的，该股东、实际控制人及其他相关信息披露义务人应当按照《证券法》、《上市公司收购管理办法》等的规定履行报告和公告义务，并及时通知公司发布提示性公告。

公司应当在知悉上述收购或者股份权益变动时，及时对外发布公告。

《上海证券交易所股票上市规则》（2019 年 4 月）

11.9.1 持有上市公司 5% 以上股份的股东或实际控制人涉及该上市公司的权益变动或收购的，相关股东、收购人、实际控制人按照《上市公司收购管理办法》履行报告和公告义务的，应当及时通知上市公司。上市公司应当在知悉前述权益变动或收购后，及时发布提示性公告。

上市公司控制权交易过程中的信息披露可以划分为三个阶段：第一，在签署控制权交易的框架协议阶段。当原实控人、控股股东与收购人签订关于控制权交易的框架协议后，上市公司应披露实际控制人拟发生变更的提示性公告。第二，签署正式协议及履行阶段。当各方就控制权交易签订正式协议、补充协议后，上市公司应披露交易各方签订协议的情况、协议主要内容等。第三，权益变动完成及控制权发生变更阶段。当控制权交易涉及的股份过户登记手续完成或表决权委托生效后，上市公司也应披露相应公告，并说明其实际控制人变更是否完成。

以发生于 2019 年的惠博普（002554.SZ）控制权交易为例，惠博普就其所涉控制权交易披露了如下公告（见表 1-1-1、图 1-1-4）。

表 1-1-1 惠博普控制权交易涉及的相关公告

序号	公告名称	公告时间
1	《关于股东权益变动暨公司控股股东、实际控制人变更的提示性公告》	2019 年 5 月 10 日
2	《关于控股股东、实际控制人变更的进展公告》	2019 年 8 月 8 日
3	《关于控股股东签订控制权变更补充协议的公告》	2019 年 8 月 9 日
4	《关于股东协议转让部分公司股份完成过户登记暨公司控股股东、实际控制人变更完成的公告》	2019 年 8 月 20 日

证券代码：002554　　证券简称：惠博普　　公告编号：HBP2019-058

华油惠博普科技股份有限公司

关于股东协议转让部分公司股份完成过户登记暨公司

控股股东、实际控制人变更完成的公告

本公司及董事会全体成员保证公告内容的真实、准确、完整，不存在虚假记载、误导性陈述及重大遗漏。

一、控制权变更概述

2019年5月9日，长沙水业集团有限公司（以下简称“长沙水业”）与华油惠博普科技股份有限公司（以下简称“公司”）共同控股股东、实际控制人黄松、白明垠、肖荣、股东潘峰、王毅刚、王全、孙河生、张海汀、李雪（以下简称“转让方”）签署了《长沙水业集团有限公司与黄松、白明垠、肖荣、潘峰、王毅刚、王全、孙河生、张海汀、李雪关于华油惠博普科技股份有限公司之控制权变更框架协议》（以下简称“《控制权变更框架协议》”）、《长沙水业集团有限公司与黄松、肖荣、潘峰、王毅刚、王全、孙河生、张海汀、李雪关于华油惠博普科技股份有限公司之股份转让协议》（以下简称“《股份转让协议》”），协议约定长沙水业拟受让转让方合计持有的公司10.02%股份；同时黄松将其剩余持有的公司10.80%股份所对应的表决权全部委托给长沙水业行使，委托期限自本次股份转让完成之日起12个月或本次非公开发行完成之日或本次非公开发行未完成而长沙水业放弃进一步从转让方购买股权成为控股股东三者孰早止（因非公开发行或长沙水业进一步从转让方购买股权办理的原因，可延长12个月）；黄松、白明垠、肖荣于前述股权转让过户及表决权委托完成当日自动解除一致行动关系。

2019年8月8日，长沙水业与公司共同控股股东、实际控制人黄松，白明垠、肖荣签署了《长沙水业集团有限公司与黄松、白明垠、肖荣关于华油惠博普科技股份有限公司控制权变更之补充协议》（以下简称“补充协议”）。补充协议约定自《控制权变更框架协议》约定标的股份完成交割之日起12个月内，若《控制权变更框架协议》约定的定向增发出现下列情形之一：（1）尚未向监管机构提交定向增发申报材料，或尚未被受理，或正在审核中，或公司撤回申请，或被中止或终止审核，或已获得批文但尚未发行完毕；（2）监管机构书面决定不予核准定向增发，且甲方明确表示将进行《框架协议》第五条约定的第二次股份转让；（3）监管机构书面决定不予核准定向增发，但经长沙水业确认同意启动第二次定向增发，则《控制权变更框架协议》第三条约定的表决权委托期限延长24个月。

前述股权转让、表决权委托及一致行动关系解除）以下简称“本次交易”）完成后，长沙水业将合计控制公司20.82%的股份表决权，且长沙水业根据《控制权变更框架协议》之约定有权提名半数以上董事，届时公司的控股股东及实际控制人将发生变更，公司的控股股东将变更为长沙水业，实际控制人变更为长沙市国资委。

2019年5月9日，公司召开第三届董事会2019年第八次会议，审议并通过《关于公司与长沙水业集团有限公司签署附条件生效的非公开发行股份认购协议的议案》，同意长沙水业以人民币现金方式认购本次惠博普非公开发行的全部股票，认购数量不超过21,400.00万股（含21,400.00万股）。按照认购数量上限21,400.00万股计算，本次非公开发行完成后，公司总股本将变为1,284,810.000股，长沙水业将直接持有公司321,275,951股，占公司总股本的25.01%。黄松向长沙水业委托表决权事宜于非公开发行完成之日终止。

公司于2019年5月10日就上述事项披露了《华油惠博普科技股份有限公司关于股东权益变动暨公司控股股东、实际控制人变更的提示性公告》（公告编号：HBP2019-040）。

本次交易及公司向长沙水业非公开发行股票的事项已于2019年8月8日取得湖南省国资委出具的《湖南省国资委关于长沙水业集团有限公司收购华油惠博普科技股份有限公司股权有关问题的批复》（湘国资【2019】100号），同意长沙水业通过协议收购、大宗交易及认购非公开发行股份等方式控股公司。

公司于2019年8月8日就上述事项披露了《华油惠博普科技股份有限公司关于控股股东、实际控制人变更的进展公告》（公告编号：HBP2019-054）。

二、协议转让股份过户情况

2019年8月20日，公司收到中国证券登记结算有限责任公司深圳分公司出具的《证券过户登记确认书》，上述 协议转让股份的过户登记手续已完成，过户日期为2018年8月19日。

根据《控制权变更框架协议》及《长沙水业集团有限公司与黄松关于华油惠博普科技股份有限公司之表决权委托协议》的约定，自本次股份转让过户登记日起，黄松将其剩余持有的公司 10.80%股份所对应的表决权全部委托给长沙水业行使，加之本次协议转让的股票，长沙水业合计控制公司20.82%股份的表决权。

同时，根据《控制权变更框架协议》约定，黄松、白明垠、肖荣于前述股权转让过户及表决权委托完成当日自动解除一致行动关系。

三、协议转让前后股东持股变动情况

股东名称	本次过户登记前		本次过户登记后		
	持股数量（股）	持股比例	持股数量（股）	持股比例	控制表决权比例
长沙水业	21,410,200	2.00%	107,275,951	10.02%	20.82%
黄松	154,215,800	14.40%	115,661,850	10.80%	-
白明垠	89,347,800	8.34%	89,347,800	8.34%	8.34%
肖荣	82,298,550	7.69%	61,723,912	5.76%	5.76%

综上，长沙水业成为公司控股股东，长沙市国资委成为公司实际控制人。

四、其他事项

本次权益变动完成后，公司董事会将有可能于近日进行改选。公司将密切关注本次控制权变更事项的进展情况，并按照相关法律、法规及时履行信息披露义务，敬请广大投资者关注上述风险。

五、备查文件

1、中国证券登记结算有限责任公司出具的《证券过户登记确认书》。

图 1-1-4　惠博普关于实际控制人变更完成的公告

3. 不认为控制权变更的几种情形

对于如下几种特殊交易，法律法规没有专门规定、上市公司认为其实际控制人并未发生变更、监管机构也未提出异议：同一实际控制人控制的不同主体之间的股份转让；实际控制人改制及名称变更；实际控制人机构调整；实际控制人范围发生变化，但上市公司认为未导致控制权发生变更。

（1）同一实际控制人控制的不同主体之间的股份转让。

实际控制人对其旗下企业的股权结构进行调整，上市公司的控股股东发生变化，但实际控制人未发生变更，如钱江摩托（000913.SZ），其 2019 年 6 月发布的公告见图 1-1-5。

证券代码：000913　　证券简称：钱江摩托　　公告编号：2019临-032

浙江钱江摩托股份有限公司

关于控股股东所持公司股份在同一实际控制人下

进行协议转让完成过户的公告

本公司及事会全体成员保证信息披露内容的真实、准确、完整，没有虚假记载、误导性陈述或大遗漏。

公司控股股东浙江吉利控股集团有限公司（以下简称“吉利控股”）与吉利科技集团有限公司（以下简称“吉利科技”）于 2019 年 5 月 7 日签署了《关于浙江钱江摩托股份有限公司之股份转让协议》，吉利控股通过协议转让方式向吉利科技转让其所持公司 135,000,000 股股份（占本公司总股本的 29.77%）。本次股份转让系在同一实际控制人控制的不同主体之间进行，公司实际控制人未发生变更。

2019 年 6 月 28 日，公司收到中国证券登记结算有限责任公司出具的《证券过户登记确认书》，吉利控股将持有的公司无限售流通股 135,000,000 股（占公司总股本 29.77%）转让给吉利科技的过户登记手续已于 2019 年 6 月 27 日办理完成。

本次证券过户登记完成后，吉利科技将持有公司股份 135,000,000 股，占公司总股本的 29.77%，成为公司控股股东，李书福先生仍为公司实际控制人。

特此公告。

浙江钱江托股份有限公司

董　事　会

2019 年 6 月 29 日

图 1-1-5　钱江摩托关于同一实际控制人下股份转让的公告

（2）实际控制人改制及名称变更。

部分上市公司的控股股东和实际控制人原为全民所有制企业，在改制为有限责任公司后，虽然企业性质和名称发生改变，但改制后的主体承接、承继了全部资产、债务、人员和业务等，其作为一个民事主体和商事主体的实质并没有发生根本性变化，因此也认定为上市公司实际控制人未发生变更。如中国出版（601949.SH），其 2019 年 8 月的公告（图 1-1-6）。

证券代码：6019-49　　证券简称：中国出版　　公告编号：2019-022

中国出版传媒股份有限公司

关于控股股东及实际控制人完成改制并更名的公告

本公司董事会及全体董事保证本公告内容不存在任何虚假记载、误导性陈述或者重大遗漏，并对其内容的真实性、准确性和完整性承担个别及连带责任。

中国出版传媒股份有限公司（以下简称“公司”）于 2019 年 8 月 1 日收到控股股东及实际控制人中国出版集团公司的通知，根据《财政部关于批复中国出版集团公司公司制改制有关事项的函》，公司控股股东及实际控制人中国出版集团公司由全民所有制企业改制为国有独资公司，改制后名称为“中国出版集团有限公司”。有关事项已完成工商变更登记，并于 2019 年 8 月 1 日领取了新的营业执照。相关基本信息如下：

1、企业名称：中国出版集团有限公司

2、类型：有限责任公司（国有独资）

3、统一社会信用代码：9111000717802879Y

4、住所：北京市东城区朝阳门内大街甲 55 号

5、法定代表人：谭跃

6、注册资本：193432.36 万元

7、成立日期：2007 年 07 月 26 日

8、营业期限：2019 年 07 月 29 日至长期

9、经营范围：组织所属单位出版物的出版（含合作出版、版权贸易）、发行（含总发行、批发、零售以及连锁经营、展览）、印刷、复制、进出口相关业务；经营、管理所属单位的经营性国有资产（含国有股权）。（依法须经批准的项目，经相关部门批准后依批准的内容开展经营活动。）

本次变更完成后，公司控股股东和实际控制人未发生变更，不会影响公司正常的生产经营。

特此公告。

中国出版传媒股份有限公司董事会

2019 年 8 月 2 日

图 1-1-6　中国出版关于实际控制人改制及更名的公告

（3）实际控制人机构调整。

实际控制人机构调整主要发生在实际控制人为国有资产管理单位的上市公司。相关国有资产管理单位进行了机构调整，其职能配置、内设机构、机构名称等发生了变化，但并不构成实际控制人变更，如文投控股（600715.SH），其 2019 年 11 月的公告（图 1-1-7）。

证券代码：600715　　　　证券简称：文投控股　　　　公告编号：2019-077

文投控股股份有限公司

关于实际控制人机构调整的公告

本公司董事会及全体董事保证本公告内容不存在任何虚假记载、误导性陈述或者重大遗漏，并对其内容的真实性、准确性和完整性承担个别及连带责任。

文投控股股份有限公司（以下简称“公司”）于 2019 年 11 月 22 日收到控股股东北京文资控股有限公司的通知，根据《中共北京市委办公厅北京市人民政府办公厅关于印发<北京市国有文化资产管理中心职能配置、内设机构和人员编制规定>的通知》，公司实际控制人北京市国有文化资产监督管理办公室已完成机构调整工作，现已变更为北京市国有文化资产管理中心（简称“市文资中心”）。

市文资中心将继续承担依照相关法律法规履行北京市属文化企业和实行企业化管理的文化事业单位出资人职责，承担所监管文化企事业单位国有资产保值增值的监管责任等职责。本次实际控制人机构调整对公司的生产经营无实质影响。

特此公告。

文投控股股份有限公司董事会

2019 年 11 月 23 日

图 1-1-7　文投控股关于实际控制人机构调整的公告

（4）实际控制人范围发生变化，但未导致上市公司控制权发生变更。

上市公司实际控制人增加，原来的实际控制人仍是共同实际控制人之一，即实际控制人从 A 变为 A+B，但 A 和 B 存在特殊关系，上市公司不认为实际控制人发生了变化。例如，羚锐制药（600285.SH）控股股东羚锐集团的董事长及法定代表人在 2019 年由熊维政变更为熊伟，上市公司在权益变动报告书中称，鉴于熊维政、熊伟为父子关系且互为一致行动人，上市公司的实际控制人由熊维政变更为熊维政与熊伟，但控股股东仍为羚锐集团，未导致控制关系发生实质变化。

需要说明的是，羚锐制药与同年发生的科达股份（600986.SH）控股股东的股权转让和实际控制人变化存在一定区别。在科达股份案例中，原实际控制人刘双珉向其儿子刘锋杰转让其所持上市公司控股股东科达集团的股权，交易完成后，刘锋杰持有科达集团 82.82% 股权并通过科达集团间接控制上市公司 12.71% 股份。科达股份实际控制人由刘双珉变更为刘锋杰。换言之，此种情况并非“实际控制人的范围”发生了变化，而是实际控制人本身发生了变更。

4. 控制权交易中的商业性与非商业性

控制权交易虽然都会导致上市公司的实际控制人发生变更，但是，导致变更的原因或者实现变更的途径却有商业交易和非商业转让之分。

以是否属于商业行为、是否以支付对价等商业交易方式完成为标准，上市公司控制权交易可以分为商业交易方式和非商业转让方式两类。其中，商业交易方式具有竞争性、商业性、有偿性等特点，具体包括协议转让、表决权委托、二级市场增持、要约收购等。而非商业转让方式与之相反，具有偶发性（如股份继承）、非商业性（如特殊情况下的解除表决权委托）、无偿性（如国有股权无偿划转）等特点。

具体言之，商业交易方式指收购人以取得控制权为目的，通过二级市场增持，或与出让方作为平等民商事主体协商、谈判并受让其所持部分股份等方式而完成控制权让渡和转移的交易方式。商业交易方式一般包括协议转让、间接收购、表决权委托、二级市场增持等。需要说明的是，表决权安排可能本身不需要支付对价，但其一般会与协议转让一同使用，以共同促成控制权的顺利让渡。即便单独使用，表决权委托一般也具有由受托人代委托人偿还债务等背景。考虑到这一因素，我们将表决权安排归类为商业交易方式。

下文如没有特别说明，则“控制权交易”均指通过商业交易方式完成的控制权交易。

从实践中来看，非商业交易方式有以下几种情况：

第一，国有股权无偿划转。根据《企业国有产权无偿划转管理暂行办法》的规定，企业国有产权无偿划转是指企业国有产权在政府机构、事业单位、国有独资企业、国有独资公司之间的无偿转移。此种交易方式具有无偿性、非自愿性、行政性等特点。例如，经 2019 年的股权无偿划转，西安旅游（000610.SZ）的实际控制人由西安市国资委变更为西安曲江新区国资委。

第二，表决权委托解除。在 2019 年度发生的部分交易中，存在因解除表决权委托而导致上市公司控制权发生变更的情形（如东晶电子：002199.SZ）。因该等交易具有非商业性、无偿性的特征，所以我们将其归类为非商业交易。与解除表决权委托类似的，还有因表决权委托产生争议而导致上市公司控制权变更的案例。在 *ST 保千（600074.SH）案例中，因表决权委托对应的股份被司法划转，导致被划转股份的表决权应由哪一方行使存疑。最终，接受表决权委托的一方声明其不再接受该等表决权委托，并导致 *ST 保千变更为无实际控制人。因此种方式具有非商业性、无偿性的特征，我们也将其归类为非商业交易。

第三，实际控制人婚姻关系变更导致财产分割。如上市公司原实际控制人为夫妻二人，两人离婚时对共同财产的分割可能导致实际控制人发生变更。由于身份关系的变更并不属于商业交易的范畴，也不具有商业交易的背景，并且根据中证登公司制定的《证券非交易过户业务实施细则》，离婚所涉证券过户与证券捐赠、继承类似，都属于证券非交易过户，我们将此种方式归类为非商业交易方式。例如，海兴电力（603556.SH）因原实际控制人婚姻关系解除及财产发生分割，导致上市公司控制权发生变更，实际控制人由原来的夫妻二人变更为其中一人。其公告（图 1-1-8）。

证券代码：600715　　　证券简称：文投控股　　　公告编号：2019-077

杭州海兴电力科技股份有限公司

关于实际控制人发生变更的提示性公告

本公司董事会及全体董事保证本公告内容不存在任何虚假记载、误导性陈述或者重大遗漏，并对其内容的真实性、准确性和完整性承担个别及连带责任。

杭州海兴电力科技股份有限公司（以下简称“公司”）于2019年7月24日接到公司实际控制人周良璋先生、李小青女士的通知，双方经友好协商，已办理离婚手续，解除婚姻关系。周良璋先生、李小青女士共同控制关系解除，并就离婚财产分割事宜做出相关安排，上述事项导致了公司实际控制人发生了变化，公司控股股东未发生变化。现将具体情况公告如下：

一、本次变动的情况

本次变动前，周良璋先生、李小青女士，分别持有控股股东浙江海兴控股集团有限公司（以下简称“海兴控股”）的股份比例为35.30%和27.30%，为公司实际控制人。

本次变动后，周良璋先生持有海兴控股股份比例为35.30%，李小青女士持有海兴控股股份比例为27.30%，周君鹤先生持有海兴控股股份比例为37.40%，根据海兴控股《公司章程》约定，周君鹤先生将其持有27.40%的股份表决权授予周良璋先生，周良璋先生拥有62.70%的海兴控股表决权，为海兴控股实际控制人，并为公司实际控制人。

公司控股股东，周良璋先生、李小青女士将继续履行在公司首次公开发行时出具的相关承诺。

二、本次变动对公司的影响

本次变动后，公司实际控制人变更为周良璋先生，控股股东未发生变化，不存在导致公司控制权不稳定的情形，不会对公司生产经营活动产生实质影响。

特此公告。

杭州海兴电力科技股份有限公司董事会

2019年7月25日

图1-1-8　海兴电力关于公司控制权发生变更的公告

第四，股份继承。如果上市公司实际控制人离世，其持有的上市公司股份在其法定继承人或遗嘱指定的继承人继承后，可能导致上市公司控制权发生变更。由于股份继承的无偿性，我们将此类交易归类为非商业交易方式。如图1-1-9所示。

开能健康科技集团股份有限公司2018年年度报告全文

2、公司控股股东情况

控股股东性质：自然人控股

控股股东类型：法人

控股股东名称	法定代表人/单位负责人	成立日期	组织机构代码	主要经营业务
钧天（宁夏）投资管理中心（有限合伙）	执行事务合伙人：钧天（宁夏）投资管理有限公司（法定代表人：赵笠钧）	2017年08月11日	91640100MA76245Q14	股权投资及管理、创业投资及管理（不得从事非法集资、吸收公众资金等金融活动）；资产管理；企业信息咨询。（依法须经批准的项目，经相关部门批准后方可开展经营活动）

控股股东报告期内变更

√适用 □不适用

新控股股东名称	钧天（宁夏）投资管理中心（有限合伙）
变更日期	2018 年 01 月 12 日
指定网站查询索引	巨潮资讯网《关于股份过户及公司控股股东和实际控制人变更的公告》（公告编号：2018-005）
指定网站披露日期	2018 年 01 月 12 日

3、公司实际控制人及其一致行动人

实际控制人性质：境内自然人

实际控制人类型：自然人

实际控制人姓名	与实际控制人关系	国籍	是否取得其他国家或地区居留权
赵笠钧	本人	中国	否
主要职业及职务	开能健康科技集团股份有限公司董事长、博天环境集团股份有限公司董事长，全国工商联环境、服务业商会会长。		
过去 10 年曾控股的境内外上市公司情况	赵笠钧先生通过汇金聚合（宁波）投资管理有限公司、宁波中金公信投资管理合伙企业（有限合伙）分别控制博天环境集团股份有限公司 36.92%、4.22%的表决权，为博天环境（股票代码：603603，2017 年 2 月 17 日沪市主板挂牌上市）的实际控制人。		

实际控制人报告期内变更

√适用 □不适用

新实际控制人名称	赵笠钧
变更日期	2018 年 01 月 12 日
指定网站查询索引	巨潮资讯网《关于股份过户及公司控股股东和实际控制人变更的公告》公告编号：2018-005）
指定网站披露日期	2018 年 01 月 12 日

图 1-1-9　公司与实际控制人之间的产权及控制关系

（三）控制权发生变更的时间点

如果上市公司已经披露了定期报告，根据定期报告中披露的关于实际控制人变更的相关内容可以判断控制权变更的具体时间。如果上市公司暂未披露定期报告，可以通过临时公告中的相关信息确定控制权变更的时间。以协议转让为例，在一起控制权交易中，可能涉及多个交易时间点：各方签署股份转让协议时间、完成股份过户登记时间、完成工商变更登记时间、关于董事会成员改选的股东大会决议公告时间，等等。一般情况下，实践中以股份完成过户时间作为认定上市公司控制权发生变更或收购完成的时间点。不过，具体变更的时间还需要依据上市公司自身的判断。

1. 直接收购中协议转让的变更时间点

在协议收购交易方式中，交易标的是上市公司股份。根据《上市公司流通股协议转让业务办理暂行规则》，[①] 协议转让涉及的登记流程主要分为以下四步：

（1）提交股份转让申请。股份转让协议达成后，协议当事人向证券交易所提出股份转让申请。

（2）交易所对申请进行合规性确认。证券交易所对转让申请材料进行形式审核，自受理股份转让确认申请后的 3 个交易日内作出是否予以确认的决定。需要相关当事人补充文件的，补充文件的时间不计算在审核时限内。

（3）取得证券交易所对股份转让的确认文件后，股份转让双方应向中证登公司申请办理股份转让过户登记。

（4）中证登公司对过户登记申请材料进行形式审核，审核通过的，于 3 个交易日内办理过户登记手续。

在上述股份过户程序完成后，上市公司会披露相关公告，并对过户完成的时间进行具体说明。如未说明具体时间，则会说明截至某一自然日，股份过户已经完成（见图 1-1-10）。

① 上交所、深交所以该规定为依据，分别制定了《上海证券交易所上市公司股份协议转让业务办理指引》与《深圳证券交易所上市公司股份协议转让业务办理指引》。

环能科技 SCIMEE　　关于控股股东股份过户完成的公告

证券代码：300425　　证券简称：环能科技　　公告编号：2019-001

环能科技股份有限公司
关于控股股东股份过户完成的公告

本公司及董事会全体成员保证信息披露的内容真实、准确、完整，没有虚假记载、误导性陈述或重大遗漏。

2018 年 10 月 16 日，环能科技股份有限公司（以下简称“公司”或“环能科技”）控股股东成都环能德美投资有限公司（以下简称“环能投资”）、实际控制人倪明亮先生与北京中建启明企业管理有限公司（以下简称“中建启明”）签署了《成都环能德美投资有限公司与北京中建启明企业管理有限公司及倪明亮关于环能科技股份有限公司之股份转让协议》（以下简称“协议”），详情请见 2018 年 10 月 17 日公司披露于巨潮资讯网的《关于公司控股股东及实际控制人拟变更暨复牌的提示性公告》及后续相关公告。

2019 年 1 月 4 日，公司收到环能投资通知，上述协议转让股份的过户登记手续已完成。

本次股份转让具体变动情况如下：

股东名称	交易方式	本次股份转让前持股情况		本次股份转让后持股情况	
		股数（万股）	占公司总股本的比例	股数（万股）	占公司总股本的比例
环能投资	协议转让（出让方）	27,515.8003	40.64%	27,515.8003	40.64%
中建启明	协议转让（出让方）	--	--	18,280.9171	27%

本次股份转让前，中建启明未持有上市公司股份，本次股份转让完成后，中建启明持有公司股份 182,809,171 股，占公司总股本的 27%；环能投资持有公司股份 92,348,832 股，占公司总股本的 13.64%。中建启明成为公司控股股东，环能投资成为公司第二大股东。

特此公告。

环能科技股份有限公司董事会

2019 年 1 月 7 日

图 1-1-10　环能科技公告中对股份过户完成时间的说明

2. 间接收购中的股权转让的变更时间点

在间接收购交易方式中，鉴于交易标的是上市公司控股股东的股权，我们以控股股东股权变更登记手续完成之日作为认定上市公司控制权发生变更的时间点。

根据《公司登记管理条例》第 34 条第 1 款的规定，有限责任公司变更股东的，应当自变更之日起 30 日内申请变更登记。各方完成控股股东的股权变更登记手续后，还需要通知上市公司，并由上市公司进行公告。一般情况下，相应公告会对股权变更登记完成的时间进行说明（见图 1-1-11）。

证券代码：600986　　证券简称：科达股份　　公告编号：临2019-003

科达集团股份有限公司

关于公司实际控制人变更的公告

本公司董事会及全体董事保证本公告内容不存在任何虚假记载、误导性陈述或者重大遗漏，并对其内容的真实性、准确性和完整性承担个别及连带责任。

重要内容提示：

●本次权益变动不触及要约收购；

●本次权益变动导致了科达集团股份有限公司（以下简称“公司”“上市公司”或“科达股份”）实际控制人由刘双珉变更为刘锋杰，该变更系公司原实际控制人刘双珉向其家庭内部成员刘锋杰转让其所持有山东科达集团有限公司（以下简称“山东科达”）股权所致，其目的是为满足山东科达的公司治理和未来发展之需求。本次权益变动完成后，刘锋杰持有山东科达 82.82%股权并通过山东科达间接控制上市公司 168,493,185 股股份，占上市公司总股本的比例为 12.71%；刘双珉直接持有上市公司 559,101 股股份，占上市公司总股本的比例为 0.04%。由于刘双珉与刘锋杰为父子关系，根据《上市公司收购管理办法》之规定，刘双珉与刘锋杰构成一致行动人，刘锋杰及刘双珉通过直接和间接的方式合计控制上市公司 169,052,286 股股份，占上市公司总股本的的比例为 12.75%。

●本次权益变动未导致公司第一大股东山东科达持有公司股票数量发生变化。

2019 年 1 月 9 日，刘锋杰与刘双珉签署《股权转让协议》，刘锋杰以协议转让的方式受让刘双珉所持有的山东科达 81.75%股权；本次股权转让完成后，刘锋杰累计持有山东科达 82.82%的股权，为山东科达的实际控制人。山东科达持有上市公司 168,493,185 股股份，占上市公司总股本的比例为 12.71%，为上市公司第一大股东。上述权益变动导致上市公司实际控制人变更为刘锋杰。刘锋杰通过山东科达间接控制上市公司 168,493,185 股股份，占上市公司总股本的比例为 12.71%；刘双珉直接持有上市公司 559,101 股股份，占上市公司总股本的比例为 0.04%。刘锋杰与刘双珉构成一致行动关系，刘锋杰及刘双珉通过直接和间接的方式合计控制上市公司 169,052,286 股股份，占上市公司总股本的的比例为 12.75%。

本次股权转让事项已于 2019 年 1 月 10 日完成工商变更，本次权益变动后，上市公司股权控制关系如下：

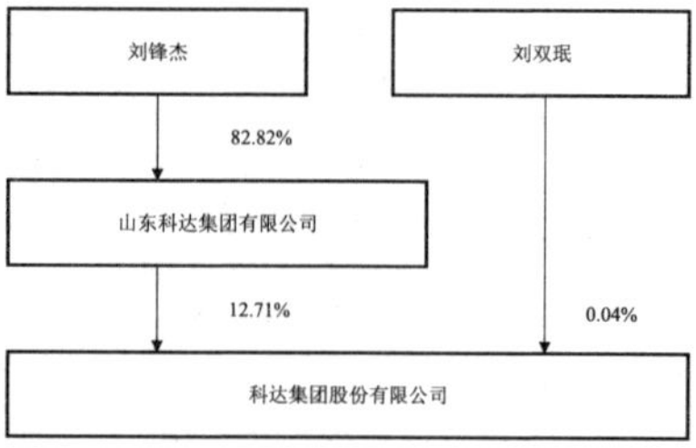

根据《上市公司收购管理办法》、《公开发行证券的公司信息披露内容与格式准则第 15 号——权益变动报告书》、《公开发行证券的公司信息披露内容与格式准则第 16 号——上市公司收购报告书》等相关法律法规的规定，刘锋杰及刘双珉已编制《科达集团股份有限公司详式权益变动报告书》，具体内容详见公司 2019 年 1 月 14 日于上海证券交易所网站（www.sse.com.cn）、《中国证券报》、《上海证券报》和《证券时报》披露的报告书。

特此公告。

科达集团股份有限公司董事会

二〇一九年一月十四日

图 1-1-11　科达股份公告中对于控股股东完成股权变更登记时间的说明

3. 集中竞价中的股份过户的变更时间点

中国证监会《〈上市公司收购管理办法〉第七十四条有关通过集中竞价交易方式增持上市公司股份的收购完成时点认定的适用意见——证券期货法律适用意见第 9 号》（2017 年修订）规定，收购人通过集中竞价交易方式增持上市公司股份的，当收购人最后一笔增持股份登记过户后，视为其收购行为完成。

根据上述规定，在以集中竞价方式完成的控制权交易中，应当以收购人最后一笔股份增持登记过户的时间作为控制权交易完成的时间点。

二、控制权交易的特点

根据统计，2017~2019 年通过商业交易方式完成的控制权交易分别为 68 起、74 起、154 起。我们对这些交易案例逐一进行了分析和研究，发现近年来的控制权交易具有如下特点。

（一）交易数量逐年增长

2017~2019 年，控制权交易数量逐年上升，其中 2018 年同比增长了 10.45%，2019 年同比增长了 108.11%（见图 1-1-12）。

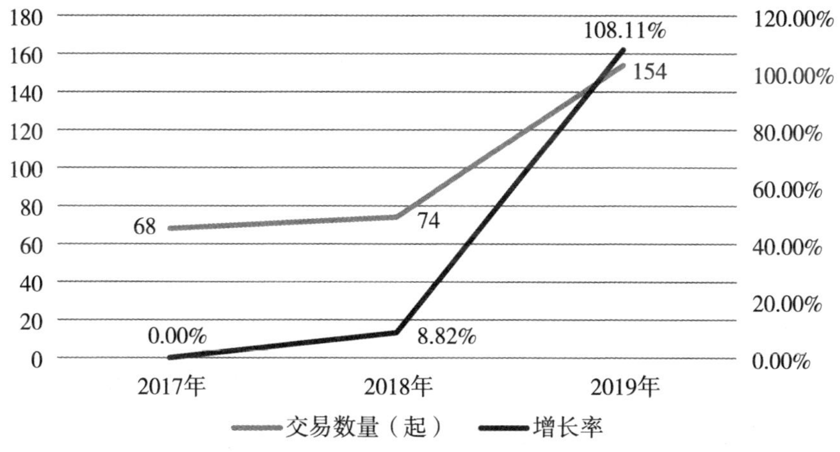

图 1-1-12 2017~2019 年上市公司控制权交易数量

（二）交易价格呈下降趋势

虽然 2017~2019 年控制权交易数量显著增加，但交易价格却呈下降趋势。2017~2019 年采用协议转让方式且可统计交易价格的交易分别为 26 起、42 起、73 起。相较于 2017 年，2019 年每起交易的平均价格已由 12.86 亿元降至 9.39 亿元。此外，单笔交易的最高价格也同步出现了下降，已由 2017 年的 32.4 亿元降至 2019 年的 30 亿元（见图 1-1-13）。

交易价格下降的原因是多方面的，除宏观经济环境的影响外，各方对于注册制等制度落地的预期，二级市场股价和市值的低迷、股指长期低位徘徊，自 2012 年以来 GDP 的增速逐年下降，IPO 进程更加透明和确定性增加，上市公司资源的供应数量增多、供过于求等都可能是对控制权交易价格造成影响的重要因素。

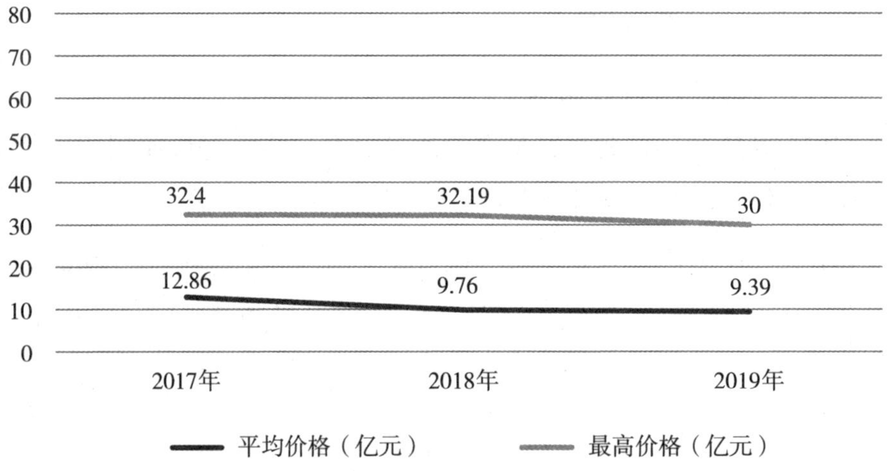

图 1-1-13　2017~2019 年控制权交易的平均价格、最高价格

（三）交易工具日趋多元化

交易工具的日趋多元化，不仅表现为交易工具种类的绝对增加，以前没有使用过的交易工具现在已被挖掘并成功使用，还表现为在同一起交易中同时使用的交易工具的多样性。例如，表决权放弃即为近两年兴起的交易方式，2017 年没有采用表决权放弃的交易，2018 年出现了 4 起，2019 年则进一步增加至 18 起。

我们将同时使用两种以上交易工具完成的交易界定为复合方式交易。2017~2019 年完成的复合方式交易数量分别为 13 起、21 起、46 起，分别占当年全部交易数量的比例为 19.40%、28.38%、29.87%。复合方式交易在数量及占比方面均呈逐年上升趋势。

以 2019 年为例，*ST 人乐（002336.SZ）即通过协议转让 + 表决权委托 + 要约收购的方式完成控制权交易，而惠博普（002554.SZ）甚至使用了五种交易工具：大宗交易 + 协议转让 + 表决权委托 + 解除一致行动关系 + 认购非公开发行股份（其中非公开发行于当年未实施）。

（四）国资收购上市公司屡有发生

2017 年以来，民企上市公司控股股东资金链断裂、股票质押和流动性风险问题下凸显。据统计，2018 年 10 月至 2019 年 10 月，深交所即有 191

家上市公司接受地方政府及国资纾困。191 家公司中，128 家面临控股股东股票质押的平仓风险；90 家公司面临 2018 年业绩下滑超 30% 的风险。[①] 在纾困过程中，地方政府及国资通过直接信贷支持、协调金融机构、推动债转股及战略入股等形式向民企驰援，部分救助方式涉及上市公司实际控制人变更。[②]

在上述背景下，2017~2019 年国资取得民营上市公司控制权的交易数量及占当年总交易数量的比例也呈逐年递增趋势（见图 1-1-14）。

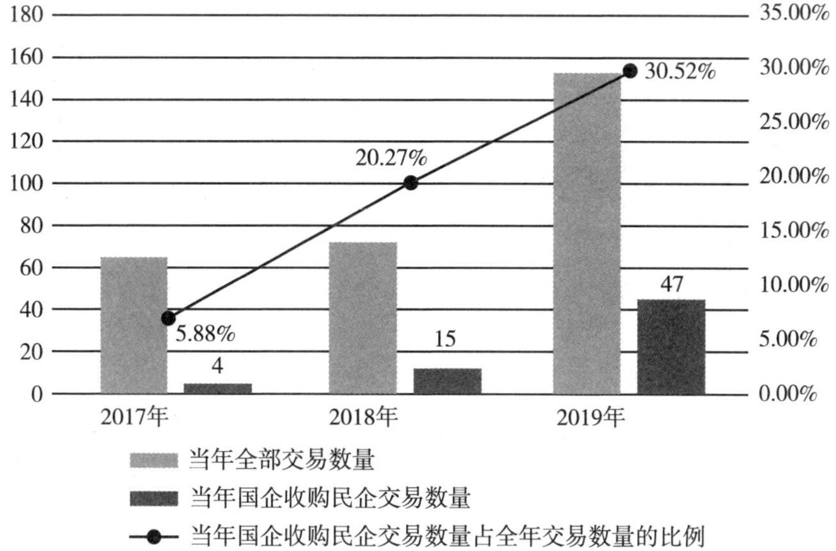

图 1-1-14　2017~2019 年国资取得民营上市公司控制权的交易数量

（五）半数以上发生于制造业

2019 年 154 起控制权交易中，94 家标的上市公司所属行业为制造业，占比超过 61%。2018 年中旬至 2019 年年末，中国制造业 PMI 指数处于持续下滑轨道，并自 2018 年 11 月跌破荣枯线，至 2019 年 11 月始有企稳趋势，显示传统制造业的景气程度、盈利能力、吸引力下降，转型升级压力较大，加上以传统制造业为主营业务的实际控制人大多创业较早，因年龄或身体原

① 辛静：《深市民营企业纾困方式梳理及纾困效果分析》，载《证券市场导报》2019 年 10 月号。

② 郑嘉义：《深市公司国资国企改革情况与问题分析》，载《证券市场导报》2019 年 11 月号。

因不得不转让控制权（见图 1-1-15）。

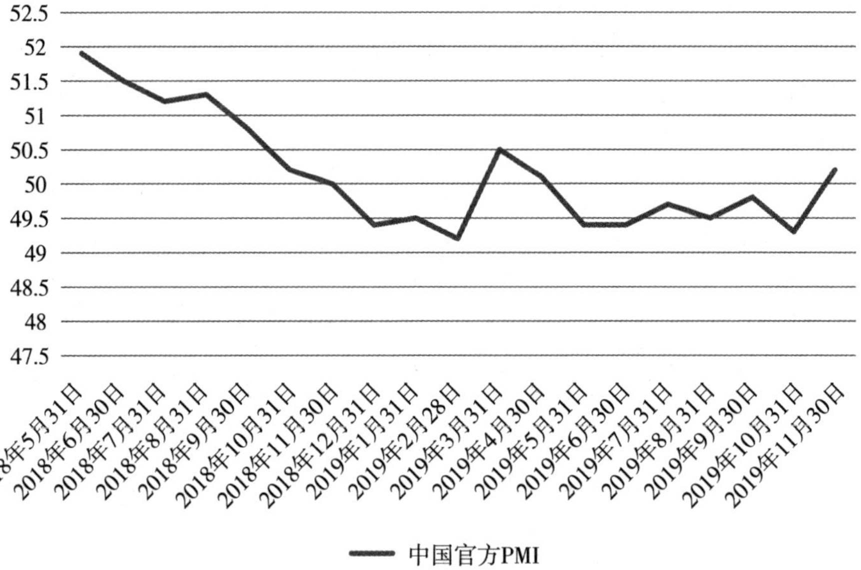

图 1-1-15　2018 年 5 月 31 日 ~2019 年 11 月 30 日中国制造业 PMI 指数

（六）大多为协商式的善意收购

善意收购是与敌意收购相对的概念，上市公司敌意收购，也称非合意收购，是指并购方在目标公司大股东、管理层对并购意图不明确或对并购行为持反对态度的情况下，强行对目标公司进行的并购。[①] 善意收购是指收购方和被收购标的公司的控股股东、实际控制人、管理层等经过充分的协商，达成交易的共识和合意，以协议约定或其他方式完成上市公司控制权的交易。从上交所、深交所成立开始，A 股市场总共经历过两轮敌意收购“风波”或“浪潮”。第一次发生在 1993 年 9 月，以“宝延风波”为代表。第二次则发生在 2015 年，以宝能系举牌万科（000002.SZ）并试图控股为代表，其他交易还包括京基集团举牌康达尔（000048.SZ）、开南系举牌 ST 新梅（600732.SH）、胡氏兄弟举牌西藏旅游（600749.SH）等。第二次敌意收购浪潮也引发数百

① 参见中国证券监督管理委员会：《中国上市公司并购重组发展报告》，中国经济出版社 2009 年版，第 5 页。

家上市公司纷纷在公司章程中增设各种反收购条款。[①]

纵向来看，中国证券资本市场中针对上市公司的敌意收购虽然数量较少，但每次都能引起巨大反响，绝大多数的控制权交易都是通过善意收购完成的。据统计，在 1993 年至 2018 年长达 25 年的期间内，仅有不超过百例交易系通过二级市场举牌的方式完成（其中也并非全部是敌意收购）。2019 年的控制权交易亦延续了此种风格，占比超过 83% 的交易均由收购人与上市公司控股股东、实际控制人沟通、谈判和协商，并最终采用协议转让和 / 或表决权安排的方式完成。

需要说明的是，新修订并已正式实施的《证券法》和《上市公司收购管理办法》进一步提高了收购人关于权益变动的信息披露义务，并限制了收购人通过违规增持方式取得股份的表决权，敌意收购的难度可能会进一步加大：

第一，提高了收购人关于权益变动的信息披露义务。收购人通过二级市场交易（集中竞价、大宗交易等）而持有上市公司股份达到 5% 后，每增加或减少 1%，都应在次日通知上市公司，并进行公告。

第二，禁止买卖窗口期延长了一天。如果收购人通过二级市场交易使持股比例首次达到 5%，应在 3 日（注：指交易日）内编制权益变动报告书、向中国证监会和证券交易所进行书面报告、通知上市公司并进行公告，且在上述期间内不得买卖上市公司股票（禁止买卖窗口期一）。收购人持股比例达到 5% 后，通过二级市场每增持或减持 5%，都应当在 3 日内履行前述报告、通知和公告义务，在报告、通知期间和公告后 3 日内（注：《证券法》修订前为 2 日内），不得买卖上市公司股票（禁止买卖窗口期二）。

第三，限制了违规增持对应股份的表决权。收购人在禁止买卖窗口期一、禁止买卖窗口期二期间违规增持的，其对违规增持的部分在买入后 36 个月内不享有表决权。

（七）收购股份比例多数在 30% 以下

《上市公司收购管理办法》规定，收购人可通过协议转让、集中竞价等方式增持上市公司股份到 30% 以下，对于超过 30% 的部分，除特殊情况外，

① 付穹：《敌意收购的法律立场》，载《中国法学》2017 年第 3 期。

应通过要约收购的方式进行。

但是，收购人出于控制收购成本与避免上市公司股份分布发生变化不再具备上市条件等考虑，会尽量避免触发要约收购义务。2017~2019 年，使用要约收购方式完成的控制权交易数量分别为 1 起、3 起和 3 起。以 2019 年西安曲江文化产业投资（集团）有限公司收购 *ST 人乐（002336.SZ）交易为例，收购人因通过协议转让（价格为 5.33 元 / 股）+ 表决权委托受让的上市公司股份权益超过 30% 而触发要约收购。各方协商确定的协议转让价格的溢价率约 1.7%，[①] 后收购人以 5.33 元 / 股的价格发出全面要约，要约收购期限截止后，预受要约股份的数量为 5,038,866 股，占上市公司总股本的 1.15%。要约收购完成后，收购人直接持有上市公司 21.15% 股份，通过表决权委托享有 22.86% 股份对应的表决权，从而成为上市公司控股股东，上市公司实际控制人也由自然人变更为西安曲江新区管理委员会。

① 上市公司披露交易公告前一个交易日股价收盘价为 5.24 元 / 股。

第二章　控制权交易的背景和目的

众所周知，使自己旗下的企业成为一家A股上市公司并不容易，无论是以IPO方式还是重组（借壳）上市方式，都需要经过证券监管机构的严格审核。对任何一家A股上市公司的控股股东和实际控制人来说，将上市公司控制权予以转让、上市公司的实际控制人换成别人，都不是能够轻易表态的决定，需要进行认真的考量和仔细的权衡。

任何涉及众多利益方的重要决定都会有其背景和决策逻辑。在本章，我们主要以在2019年完成控制权交易的上市公司为例，试图分析各起控制权交易发生的背景和各方交易目的。其中，交易背景从宏观角度着眼，具体包括证券资本市场环境的变化、企业融资难度加大、控制权转让市场的供求关系变化等，这些因素不一定概括全面，可能也没有明显地表现在每一起具体交易的信息披露文件中，但应该确实构成了控制权交易的大背景。例如，《证券法》修订后，IPO注册制和上市公司退市制度都进行了相应的改革和完善，也从上市入口的供应增加和退市出口的强化监管两头加速了上市公司“资格”和“名额”的流通，上市资格的供求关系从“供不应求”逐步转向“供大于求”，监管环境从“把住入口”逐步转变到同时还要“优化存量”，这些变化也会相应影响到实际控制人对上市公司“壳”价值的判断上。

与交易背景相比，交易目的则更为多元，也更为具体。根据相关法律法规的要求，获得上市公司控制权的收购人一般需要在信息披露文件中说明其收购目的，因此我们也得以从信息披露这个角度了解各个具体交易案例的交易目的。从2019年完成的各起控制权交易披露目的来看，其中不仅包括收购人希望改善上市公司经营状况、为上市公司纾困，也包括基于产业并购预期（横向、纵向、多元化经营）开展的交易。此外，也有民营企业参与国有企业改革、民营企业家在代际传承目的下提前进行的控制权让渡和转移等。

一、交易背景

上市公司的“资格”作为证券资本市场的一种稀缺资源，历来受到企业界和经济界的密切关注和重视，旗下拥有一家或多家上市公司成为很多企业家表明身价和企业规模的指标之一，也是显示成就感、管理能力和内心自豪感的重要客观事实。因此，出让或受让一家上市公司的控制权对任何一家企业或任何一位企业家来说都不是小事。

我们无法穷尽控制权交易的背景，因为其中或多或少会有一些只可意会不可言传的东西，但从与企业家的交流和上市公司的公告信息等角度，可以大致看出控制权交易背景中的主要部分。

（一）证券资本市场大环境的变化

2019 年 12 月 28 日，第十三届全国人大常委会第十五次会议审议通过了修订后的《证券法》，并于 2020 年 3 月 1 日起施行。新《证券法》将公开证券发行方式由过去的“核准”修改为“注册”。各方对此早有预期。2013 年，中共十八届三中全会于《中共中央关于全面深化改革若干重大问题的决定》中提出“健全多层次资本市场体系，推进股票发行注册制改革”。2015 年 4 月，《证券法》修订草案提请全国人大常委会第一次审议时，从法律层面提出了股票发行注册的申请条件和注册程序。2018 年 11 月，国家主席习近平于首届中国国际进口博览会开幕式上宣布在上交所设立科创板并试点注册制。2019 年 1~3 月，证监会发布包括《关于在上海证券交易所设立科创板并试点注册制的实施意见》等系列规定，交易所、中证登公司等同步出台配套文件。2019 年 6 月，科创板开板。2019 年 8 月，中共中央、国务院发布《关于支持深圳建设中国特色社会主义先行示范区的意见》，其中提出，“研究完善创业板发行上市、再融资和并购重组制度，创造条件推动注册制改革”。2020 年 4 月 27 日，深交所发布《关于就创业板改革并试点注册制配套业务规则公开征求意见的通知》，并同步发出七份相关规则的征求意见稿及其起草说明。2020 年 8 月 24 日，创业板注册制首批 18 家企业在深交所上市，详细进程见表 1-2-1。

表 1-2-1 A 股公开发行注册制时间

时间	事项	主要内容
2013 年	中共十八届三中全会发布《中共中央关于全面深化改革若干重大问题的决定》	健全多层次资本市场体系，推进股票发行注册制改革
2015 年 4 月	《证券法》修订草案提请全国人大常委会第一次审议	从法律层面提出股票发行注册的申请条件和注册程序
2018 年 11 月	国家主席习近平于首届中国国际进口博览会开幕式上宣布设立科创板	—
2019 年 1~3 月	证监会发布《关于在上海证券交易所设立科创板并试点注册制的实施意见》等规定	—
2019 年 6 月	科创板开板	—
2019 年 8 月	中共中央、国务院发布《关于支持深圳建设中国特色社会主义先行示范区的意见》	研究完善创业板发行上市、再融资和并购重组制度，创造条件推动注册制改革
2019 年 12 月	第十三届全国人大常委会第十五次会议审议通过了修订后的《证券法》	将公开证券发行方式由过去的“核准”修改为“注册”，取消发审委制度
2020 年 3 月	新《证券法》实施	—
2020 年 4 月	中央全面深化改革委员会第十三次会议审议通过了《创业板改革并试点注册制总体实施方案》	—
2020 年 4 月	深交所发布《关于就创业板改革并试点注册制配套业务规则公开征求意见的通知》	创业板试点注册制
2020 年 6 月	证监会发布了《创业板首次公开发行股票注册管理办法（试行）》《创业板上市公司证券发行注册管理办法（试行）》《创业板上市公司持续监管办法（试行）》《证券发行上市保荐业务管理办法》等文件	创业板注册制正式开始实施
2020 年 8 月	创业板注册制开板	

A 股主板和中小板 IPO 现行的核准制，是由证监会等监管部门对发行人进行合规性审核，在具体审核时，由发审委对发行人的申请作出表决及提出审核意见，并由证监会依法作出核准或不予核准的决定。而核准与否，将直接决定该发行人于未来数年的融资能力和股份流动性。而此次《证券法》修订，则一并取消了发审委制度。此外，在发行人公开发行新股的条件上，《证券法》也将原来的对“盈利能力”的需求改为对“持续经营能力”的需求。

除证券公开发行制度外，上市公司退市制度在近年也进行了相应调整。2018 年 8 月 27 日，中国证监会发布《关于修改〈关于改革完善并严格实施上市公司退市制度的若干意见〉的决定》，对上市公司重大违法强制退市进行了进一步的完善。2018 年 11 月，沪深两市交易所分别发布《上市公司重大违法强制退市实施办法》，该实施办法明确了重大违法行为强制退市的具体情形和强制退市的相应流程。该办法实施后，2018~2019 年退市的上市公司数量相比 2014~2017 年也有了明显的增长（不含因吸收合并而退市的上市公司）（见图 1-2-1）。

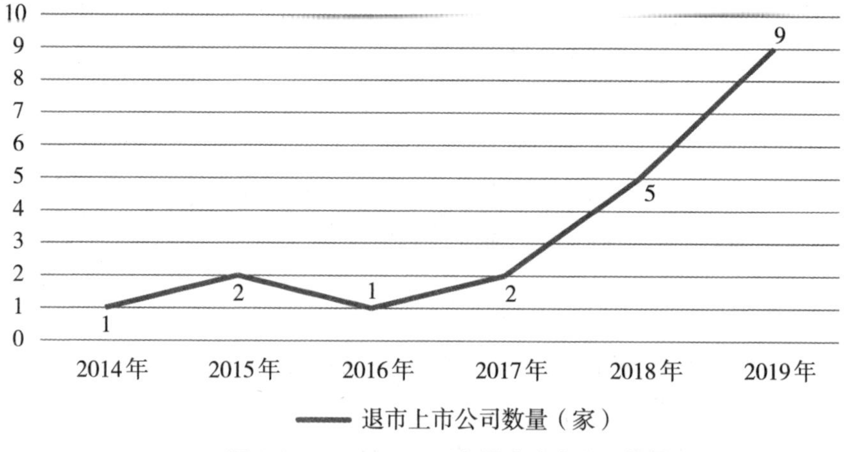

图 1-2-1 2014~2019 年退市上市公司数量

（二）企业融资难度和成本加大

2018 年左右，中国债券市场迎来了违约潮，而违约的债券则集中发生于民企发行人。有观点认为，国企没有大规模违约主要有两点原因：第一，国企融资渠道比民企更宽。2018 年 1~6 月，共有 377 支信用债推迟或取消发行，涉及金额2348.76亿元，其中推迟或取消的发行人集中在发债主体评级AA+、AA等评级较低的民营企业，而反观AAA级国企债的发行，则经常会遇到超额认购抢不到的情况。第二，去产能使国有企业利润增速远超民企。2015~2016年产能过剩使钢铁、煤炭、石化和建材等价格疲软，2017年去产能之后，工业品价格大幅上升，国有企业主导的传统产业赚的盆满钵满，而在去产能过程中被作为重点压缩对象的民营企业中小产能，利润增速远不及国企。[①]

不仅企业融资受到限制，部分新规的出台也逐渐限制了公司股东的融资能力。首先，在股份减持方面，2017年5月，沪深两市交易所分别发布《上市公司股东及董事、监事、高级管理人员减持股份实施细则》，大股东连续90日内通过集中竞价方式减持的数量不得超过上市公司股份总数的1%，对于通过非公开发行持有的股份，在解除限售后的12个月内减持不得超过50%。[②]其次，在股票质押融资方面，2018年1月修订的《股票质押式回购交易及登记结算业务办法》将股票质押率限定为60%，[③]这不仅意味着想要新入场开展股票质押的大股东融资能力缩水，也意味着那些已经将手中股票质押出去且触及60%比例要求的大股东很难再通过手中的股票获得新增融资。[④]

与上述情况相应，根据WIND数据，125起控制权交易[⑤]所涉上市公司的第一大股东股票质押率（累计股票质押数占其持股比例）在2019年1月1日的平均数为68.44%，中位数则高达84.84%。与上述情况相对应，2019年内，

① 《去杠杆之下的违约潮》，载《财新周刊》2018年第24期。

② 《上海证券交易所上市公司股东及董事、监事、高级管理人员减持股份实施细则》第4条规定，大股东减持或者特定股东减持，采取集中竞价交易方式的，在任意连续90日内，减持股份的总数不得超过公司股份总数的1%。持有上市公司非公开发行股份的股东，通过集中竞价交易减持该部分股份的，除遵守前款规定外，自股份解除限售之日起12个月内，减持数量不得超过其持有该次非公开发行股份数量的50%。

③ 《股票质押式回购交易及登记结算业务办法》第68条第1款规定，证券公司应当依据标的证券资质、融入方资信、回购期限、第三方担保等因素确定和调整标的证券的质押率上限，其中股票质押率上限不得超过60%。质押率是指初始交易金额与质押标的证券市值的比率。

④ 上市公司股票不得二次质押。《中国证券登记结算有限责任公司证券质押登记业务实施细则》第12条规定，证券一经质押登记，在解除质押登记前不得重复设置质押。

⑤ 系当年可统计股票质押率的控制权交易数量并非当年全部控制权交易数量，当年控制权交易总数为154起。

A 股市场发生了如大股东持有的股票因触及平仓线而被动减持（如腾邦国际），大股东通过协议转让上市公司股份（如胜利精密、雪人股份、森源电气、维尔利）或引入 AMC 进行债转股的方式来降低股票质押率（如九州通）的情况。此外，亦有多起因控股股东持有的股份被司法裁定拍卖、以资抵债而导致上市公司控制权变更的交易（如恒天海龙、*ST 盈方、*ST 斯太）。

（三）政策性纾困

针对民企融资难的问题，2018 年 11 月 1 日，习近平总书记在民营企业座谈会上发表了重要讲话。李克强总理于 2018 年 11 月 9 日主持召开了国务院常务会议，其中两项议题都聚焦同一个主题：缓解民营企业特别是小微企业融资难、融资贵的问题。2018 年 11 月，央行行长易纲在接受中央媒体专访时指出，央行采取了“三支箭”的政策组合，分别对应民企的贷款、发债和股权融资三种融资渠道。在此之后，各地方政府也开始纷纷设立专项驰援基金，并由各地方国资和金控平台通过过桥贷款、委托贷款、债权收购、股权收购等方式纾解民企上市公司遇到的股票质押困境。①

据统计，自 2018 年 10 月中旬政府主导的纾困基金全面铺开以来，纾困交易明显增多，截至当年 12 月 12 日，2018 年年内 A 股有 88 家民企上市公司或其参控股股东获纾困资金支持。②

（四）政策性剥离

2015 年 3 月 13 日，中共中央、国务院下发《关于深化体制机制改革加快实施创新驱动发展战略的若干意见》，其中提出逐步实现高等学校和科研院所与下属公司剥离，原则上高等学校、科研院所不再新办企业。

2018 年 6 月 20 日，国务院办公厅下发《关于高等学校所属企业体制改革的指导意见》（以下简称《校企改革意见》）。《校企改革意见》要求高校

① 《驰援民企》，载证券网：https：//www.baidu.com/link?url=4zCzUwq94p8rurvqFr8bkhKKM12wYs8PcwdDCflKga_q2MBQ-CfyUTf_EaPzkFMGNlMyDuYZ3pAnTTMOIWQ0la&wd=&eqid=c59a986e00023a6c000000025ed4edab，最后访问日期：2020 年 6 月 1 日。

② 《民企“纾困”记》，载证券网：http：//www.capitalweek.com.cn/2018-12-14/1194842723.html，最后访问日期：2020 年 6 月 1 日。

应脱钩和剥离与高校教学科研无关的企业，剥离方式既包括将企业按照国有资产管理程序，整体划转至国有资产监管机构监管的国有企业或国有资本投资运营公司，此外也可依法依规采取其他方式脱钩。在具体的实施步骤上，分两步推进实施：第一步，2018 年起选取部分高校，先行试点与总结经验；第二步，2020 年起全面推开，并原则上于 2022 年年底前基本完成改革任务。

在上述背景下，复旦大学、清华大学、中南大学等高校也于近年通过国有股权无偿划转、表决权委托、间接收购等方式筹划、推动旗下上市公司的剥离。

二、交易目的

根据《上市公司收购管理办法》的规定，如收购人取得上市公司控制权，则相应披露详式权益变动报告书或要约收购报告书等文件，而根据《公开发行证券的公司信息披露内容与格式准则第 15 号——权益变动报告书》《公开发行证券的公司信息披露内容与格式准则第 16 号——上市公司收购报告书》《公开发行证券的公司信息披露内容与格式准则第 17 号——要约收购报告书》等的规定，收购人需要在详式权益变动报告书、要约收购报告书中对其收购目的进行说明。

根据控制权发生变动的上市公告的详式权益变动报告书、要约收购报告书中对其收购目的介绍和说明，控制权交易的目的主要有以下几种。

（一）改善上市公司经营状况

改善上市公司经营状况、促进上市公司提升持续经营能力，是控制权交易中收购人“使用率”最高的交易目的之一。在不同的交易中，收购人拟实现上市公司经营状况改善的途径也有所不同。例如，发生于 2019 年的安得利（603031.SH）交易中，收购人的实际控制人说明其具有管理多支政府引导产业基金的经验，并拟借助本次交易发挥基金管理人团队在战略新兴产业领域丰富投资经验和产业整合经验，全面提升上市公司的持续经营能力；同样发生于 2019 年的荣科科技（300290.SZ）交易，收购人则说明拟继续推进上市公司现有大健康信息领域的战略布局，提升上市公司持续经营能力和盈利能力。此外，当收购人具有国资背景时，收购人进一步提升上市公司经营状况的途径还包括利用国企的信用、资金或政策优势支持上市公司业务发展，如 2019 年的汉鼎宇佑（300300.SZ）交易、跨境通（002640.SZ）交易。

（二）为上市公司纾困

在近年来企业融资难度加大的背景下，纾困也逐渐成为控制权交易涉及的目的之一。所谓"纾困"，不仅包括纾解上市公司面临的流动性压力，还包括纾解上市公司控股股东因股票质押面临的流动性风险、解决上市公司实际控制人资金占用问题等。仅在 2019 年，就有金通灵（300091.SZ）、新研股份（300159.SZ）、合众思壮（002383.SZ）、通化金马（000766.SZ）、实达集团（600723.SH）、杭州高新（300478.SZ）、*ST 皇台（000995.SZ）、ST 中基（000972.SZ）等多起交易涉及此类交易目的（见表 1-2-2）。

表 1-2-2　2019 年为上市公司纾困的部分控制权交易

公司简称 / 股票代码	详式权益变动报告书等公告的交易目的
新研股份 300159.SZ	信息披露义务人嘉兴华控基于对新研股份未来持续稳定发展的信心，看好上市公司军工业务发展前景，通过其丰富的管理经验，可**促进企业军民融合产业快发展**。本次交易将强化上市公司的法人治理结构，为上市公司主业拓展和持续发展奠定基础，有利于上市公司的长远利益和保护中小投资者利益。 本次交易完成后，上市公司原股东取得交易对价后将主要用于归还股权质押融资款项，以降低股权质押比例，解除股权质押风险。同时，本次交易可以**纾解上市公司因大股东股权质押比例较高带来的融资压力**，提升上市公司风险防控能力，有利于上市公司持续健康发展
合众思壮 002383.SZ	郑州航空港区兴慧电子科技有限公司根据自身的发展战略考虑，基于对合众思壮未来发展前景及投资价值的认可，为响应党和政府号召，**纾解上市公司流动性困难**，以支持上市公司长期、健康、稳定发展

续表

公司简称 / 股票代码	详式权益变动报告书等公告的交易目的
通化金马 000766.SZ	本次权益变动的核心是积极践行“一行两会”关于支持民营企业发展的重要精神，帮助有股票质押风险的民营上市公司渡过难关，**纾解上市公司大股东股票质押出现的流动性风险**。在当前上市公司控股股东由于股权质押风险而传导并可能影响上市公司经营稳定性的情况下，通过依法合规的方式及时推出本次权益变动，对上市公司的市场影响积极正面，能使控股股东的股票质押风险得到化解，从而使上市公司经营步入稳健的发展轨道，使全体股东的利益得到维护，有利于提升上市公司整体价值
实达集团 600734.SH	郑州航空港区兴创电子科技有限公司根据自身的发展战略考虑，基于对实达集团未来发展前景及投资价值的认可，为响应党和政府号召，**纾解上市公司流动性困难**，以支持上市公司长期、健康、稳定发展
杭州高新 300478.SZ	本次权益变动目的系信息披露义务人基于对杭州高新自身业务结构和主营业务的看好，并**希望帮助上市公司解决资金困难和上市公司实际控制人资金占用问题，以及帮助上市公司实际控制人解决其个人负债问题**，因此吕俊坤通过转让高长虹与楼永富持有的双帆投资股权，并与万人中盈签订一致行动协议，通过直接与间接方式共计控制上市公司 20% 股份
*ST 皇台 000995.SZ	由于经营管理问题及历史遗留问题，上市公司遭遇了较大的财务困难……为挽救上市公司、保护中小股东权益、重振民族品牌、为地方经济发展作出积极贡献，盛达集团旨在通过本次权益变动取得上市公司的控制权，并全面介入上市公司经营管理，从而逐步改善上市公司经营状况，持续对上市公司资源配置优化调整，整合行业优质资源，全面提升上市公司的持续经营能力，促进上市公司长期、健康、可持续发展，为全体股东带来良好回报
ST 中基 000972.SZ	本次收购以**针对新疆生产建设兵团下属的困境上市公司实施纾困救助**，创造出新的盈利模式，衍生出新的盈利点，有效缓解上市公司的流动性风险，保护上市公司中小股东的合法权益，维护资本市场稳定等为基本目标

续表

公司简称 / 股票代码	详式权益变动报告书等公告的交易目的
金通灵 300091.SZ	2018 年 12 月 14 日，信息披露义务人与上市公司控股股东、实际控制人季伟、季维东签订了《纾困暨投资协议》，为**纾解上市公司以及季伟、季维东资金流动性困难，预防季伟、季维东资金风险传导至上市公司**，信息披露义务人拟受让季伟、季维东持有的上市公司 8405 万股股份、接受表决权委托、参与上市公司再融资等。本次权益变动即各方依约履行上述《纾困暨投资协议》，本次权益变动有利于保障上市公司稳定及长远发展

（三）以资抵债

当上市公司大股东股票质押“爆仓”，无力偿还债权人借款时，债权人可能推动对大股东持有的股票进行司法拍卖，而当司法拍卖流拍时，就可能会出现以资抵债的情况。2019 年，就有不只一起通过以资抵债方式完成的控制权交易。

在 *ST 斯太（000760.SZ）交易中，财通资管执行法院裁定，对山东英达用于股票质押式回购业务而出质的标的股份进行强制执行，作价 14,243.17 万元用于抵偿应付资管计划相应金额的债务。本次权益变动完成后，财通资管间接控制的资管计划持有 *ST 斯太 8959 万股限售股股份（占上市公司总股本的 11.61%），成为上市公司第一大股东。

在 *ST 刚泰（600687.SH）交易中，因汇通基金执行法院裁定，对刚泰矿业履行《收益权转让合同》项下义务而出质的 365,440,057 股 *ST 刚泰股票进行强制执行（占上市公司总股本的 24.55%），用于抵偿相应金额的债务。相关权益变动完成后，汇通基金成为上市公司第一大股东。

（四）产业并购

按照并购双方所属行业的相关性，可将并购划分为横向并购、纵向并购和混合并购。其中，横向并购的并购双方处于相同或相关的行业。纵向并购的并购双方处于同类产品或服务的不同阶段（如上下游）。混合并购的并购双方所属行业和业务没有直接联系。[①]

举几个横向并购、纵向并购及混合并购的案例，并对其交易概况进行简要介绍，详见表1-2-3。

表1-2-3　产业并购案例

并购方式	买方	买方实际控制人	标的上市公司	交易概况
横向并购	江西铜业600362.SH；0358.HK）	江西省国资委	恒邦股份（002237.SZ）	江西铜业是中国最大的铜生产基地，而恒邦股份业务涵盖铜采选、冶炼和加工（2018年度净利润为3.92亿元）。本次交易于2019年实施后，有利于收购人增厚利润，并进行同行业业务的整合
横向并购	华润医药控股有限公司	国务院国资委	江中药业（600750.SH）	本次交易前，华润医药控股旗下已有三家医药类A股上市公司，通过本次交易，华润医药拓展了之前未涉及的肠胃道业务和咽喉含片。此外，华润较强的销售网络和配送渠道也相应补齐了江中药业在销售方面的短板
纵向并购	上海电气集团股份有限公司	上海市国资委	天沃科技（002564.SZ）	天沃科技在能源工程服务板块资质优越且经验丰富，与上海电气构成业务的上下游关系，双方具有较强的互补性。2018年，上海电气收购了天沃科技，拟进一步实现产业链上下游资源的整合

① 中国证券监督管理委员会：《中国上市公司并购重组发展报告》，中国经济出版社2009年版。

续表

并购方式	买方	买方实际控制人	标的上市公司	交易概况
混合并购	成都兴城投资集团有限公司	成都市国资委	红日药业（300026.SZ）	兴城集团为成都市国资平台，主营业务为土地开发与建筑工程领域。红日药业主营业务为药品研发，与兴城集团主营业务关联较少。但是，兴城集团也通过旗下医疗健康投资平台进行了相应布局。2019 年实施的收购红日药业的交易，进一步体现了收购人的多元化的发展和并购战略
	西安曲江文化产业投资（集团）有限公司	曲江新区管委会	*ST 人乐（002336.SZ）	2019 年度，曲江新区管委会旗下的上市公司数量由 1 家跃升至 5 家，新增的 4 家是西安旅游（000610.SZ）、西安饮食（000721.SZ）、华仁药业（300110.SZ）、*ST 人乐（002336.SZ）。其中，西安旅游的主营业务为旅游商业、饮食供应、物资供销等；华仁药业的主营业务为非 PVC 软袋大容量制剂（基础性输液、治疗性输液、腹膜透析液）及原料药等；*ST 人乐的主营业务为大卖场、综合超市及百货的连锁经营。在说明收购 *ST 人乐的目的时，收购人表示“可以为上市公司发展利用自身在文化、旅游及教育板块的相关资源帮助上市公司改善经营状况，进一步提升上市公司经营业绩。同时也有利于收购人丰富产业布局，提高国有资本配置和运营效率，促进国有资产的保值增值”

（五）重组上市

重组上市，俗称“借壳上市”“买壳上市”，是指投资者在取得对上市公司控制权之后的一段时间或者为取得对上市公司的控制权的同时，通过一定的交易形式（如发行股份购买资产），将自己拥有的资产转变成上市公司拥有的资产的过程。[①] 收购人在将自己的资产装入上市公司时，按目前的规则需要由中国证监会并购重组委审核（如涉及发行股份购买资产、吸收合并等情形）并取得核准文件。

在 2019 年的多喜爱（002761.SZ）交易中，浙江省城投平台浙江省建设投资集团股份有限公司（浙建集团）即通过“买壳 + 装入资产”两步走的方式实现了上市。2019 年 5 月，浙建集团通过协议转让方式直接取得多喜爱 29.83% 的股份，成为上市公司第一大股东，原实控人陈军、黄娅妮夫妇合计持有公司股份数量下降至 20.01%，上市公司变更为无控股股东和无实际控制人。收购完成后，多喜爱又通过重大资产置换的方式注入浙建集团资产，并通过吸收合并的方式将经营主体变更为浙建集团。

天下秀借壳 *ST 慧球（600556.SH）采用的也是类似的方式。2018 年年底，*ST 慧球前控股股东瑞莱嘉誉与天下秀股份签订了股份转让协议，瑞莱嘉誉将其持有的上市公司 46,040,052 股股份（占总股本的 11.66%）转让给天下秀。天下秀取得 *ST 慧球控制权后，又进一步推动上市公司对其予以吸收合并的交易，2019 年 9 月，*ST 慧球发行股份吸收合并天下秀的方案获得中国证监会核准，2019 年 12 月，上述交易涉及的过户登记手续顺利完成。

（六）高校剥离上市资产

为落实 2018 年 6 月《高校改革指导意见》中提出的 2022 年年底前基本完成改革任务的要求，各高校于近年开始推动旗下上市公司的剥离。

部分高校通过国有股权无偿划转的方式完成。2020 年 1 月，复旦大学旗下的复旦复华（600624.SH）披露《关于公司控股股东签订股份无偿划转协议暨控股股东、实际控制人拟变更的提示性公告》，复旦大学通过无偿划转方式将持有的复旦复华 128,338,600 股 A 股股份（占公司总股本的 18.74%）划

① 马骁：《上市公司并购重组监管制度解析》，法律出版社 2009 年版。

转给上海奉贤投资（集团）有限公司。划转完成后，上市公司的实际控制人将变更为上海市奉贤区国资委。

也有部分高校通过其他交易方式完成旗下企业的脱钩与剥离。例如，地方国资兴湘集团即通过对博云新材（002297.SZ）控股股东增资的方式取得对上市公司的控制权，博云新材的实际控制人也由中南大学变更为湖南省国资委。在兴湘集团收购博云新材控制权涉及的详式权益变动报告书中，收购人说明“本次权益变动是在校办企业大力开展国有资产管理体制改革以及湖南省国资委积极推行国有资本布局优化的背景下进行的，信息披露义务人基于对上市公司价值的认同及发展前景的看好，旨在通过本次权益变动参与上市公司的运营和管理”。

（七）财富代际传承

家族财富管理和传承在近年来成为一个热点话题，而民营企业家对于旗下上市公司控制权或管理权的转移可视为家族财富代际传承的主要方式，也是代际传承的重要内容。其中，既有通过股权赠予方式完成的控制权过渡，也有借助商业交易方式完成的控制权变更。前者如广东榕泰（600589.SH），在2020年年初的相关权益变动前，公司实际控制人及其一致行动人为杨启昭、林素娟和其子杨宝生，杨宝生系上述群体的核心成员，负责经营管理上市公司。后因公司实际控制人之一林素娟逝世，以及另一实际控制人杨启昭基于企业传承的目的，将其持有的公司控股股东股权分别赠与其子杨宝生、其孙杨腾，相关权益变动完成后，杨宝生成为公司实际控制人，继续经营管理上市公司，并对上市公司实施控制。

此外，在发生于2019年的科达股份（600986.SH）交易中，刘锋杰以协议转让的方式受让刘双珉所持有的上市公司控股股东山东科达81.75%股权，本次股权转让也间接导致科达股份的实际控制人变更为刘锋杰。因刘锋杰与刘双珉为父子关系，该次股权转让方式为无偿转让。在该次交易涉及的详式权益变动报告书中，收购人说明该次权益变动系科达股份原实际控制人刘双珉向其家庭内部成员刘锋杰转让其所持有山东科达81.75%股权所导致，其目的是满足山东科达的公司治理和未来发展之需求。

第三章　被交易的标的上市公司

在上市公司控制权交易数量逐年上升的趋势下，我们试图从标的上市公司的注册地、所属行业、控制权发生变更前的市值分布和控制权变更前一年的净利润等客观方面，来了解这些被转让控制权的上市公司是否具有某些特点，譬如是否其中隐含某种规律性或者趋势性的内容。

一、注册地分布

根据《公司法》的规定，公司营业执照上应当载明公司的住所。而根据上交所、深交所股票上市规则的规定，上市公司有注册地址、主要办公地址之分。出于各种原因，如上市公司涉及异地借壳上市又不能及时迁址（见图1-3-1），或者上市公司根据自身管理、战略等方面的需要，将主要办公地设置为不同于注册地的其他地方等，也会出现注册地址与主要办公地址不一致的情况。

《上海证券交易所股票上市规则》

11.12.7　上市公司出现下列情形之一的，应当及时向本所报告并披露：

（一）变更公司名称、股票简称、公司章程、注册资本、注册地址、主要办公地址和联系电话等，其中公司章程发生变更的，还应当将新的公司章程在本所网站上披露；

……

offcn 中公教育科技股份有限公司2019年年度报告

第二节　公司简介和主要财务指标

一、公司信息

股票简称	中公教育（亚夏汽车于 2019 年 2 月 21 日更名为中公教育）	股票代码	002607
变更后的股票简称（如有）	中公教育		
股票上市证券交易所	深圳证券交易所		
公司的中文名称	中公教育科技股份有限公司		
公司的中文简称	中公教育		
公司的外文名称（如有）	Offcn Education Technology Co., Ltd.		
公司的外文名称缩写（如有）	OFFCN EDU		
公司的法定代表人	王振东		
注册地址	安徽省芜湖市鸠江区弋江北路亚夏汽车城		
注册地址的邮政编码	241000		
办公地址	北京市海淀区学清路 23 号汉华世纪大厦 B 座		
办公地址的邮政编码	100089		
公司网址	http://www offcn.com		
电子信箱	ir@offcn.com		

图 1-3-1　中公教育（002607.SZ）因借壳上市注册地址与办公地址不一致

考虑到上市公司注册地址与办公地址分离的情况并不少见，在本章中以上市公司的注册地址（工商登记的住所地）为标准统计标的上市公司的地域分布情况。

对于广东、浙江、江苏这些上市公司大省来说，一年十余家上市公司控制权发生变更属于正常市场表现，但对于类似辽宁或宁夏这些上市公司数量本就不多的省份来说，个位数的上市公司控制权发生变更就可能会在当地产生重要影响。因此，上市公司控制权变更是否频繁发生，还要看控制权发生变更的公司数量占当地已有的全部上市公司数量的比重。

截至 2020 年 4 月，上市公司数量排名前六的省级行政单位分别为广东、浙江、江苏、北京、上海与山东（见图 1-3-2），而 2017~2019 年的控制权交易也集中发生于上述地区。从 2017~2019 年累计控制权交易数量上来看，排名前 7 的省级行政单位分别为广东、浙江、江苏、山东、上海、北京、辽宁。

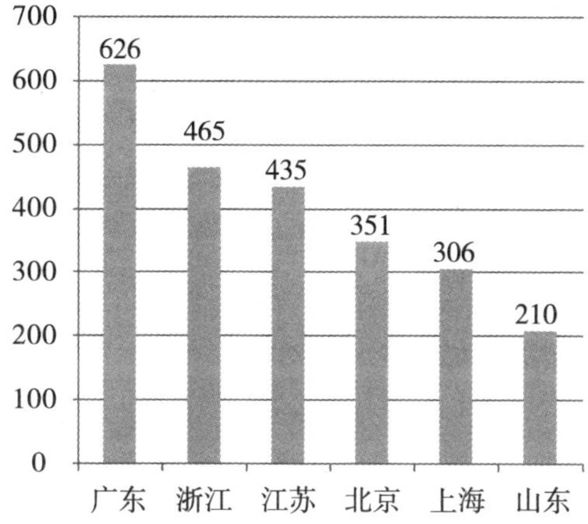

图 1-3-2　上市公司数量排名前六的地区（截至 2020 年 4 月）

注：数据来源为 choice 数据。

从控制权交易数量占当地上市公司数量的比例来看，广东、浙江、江苏、上海、北京的比例较为稳定和接近，均保持在 6% 左右，而山东和辽宁的比例则相对较高，山东省的比例达到 12.38%，辽宁省的比例更是高达 16.22%。如图 1-3-3 所示。

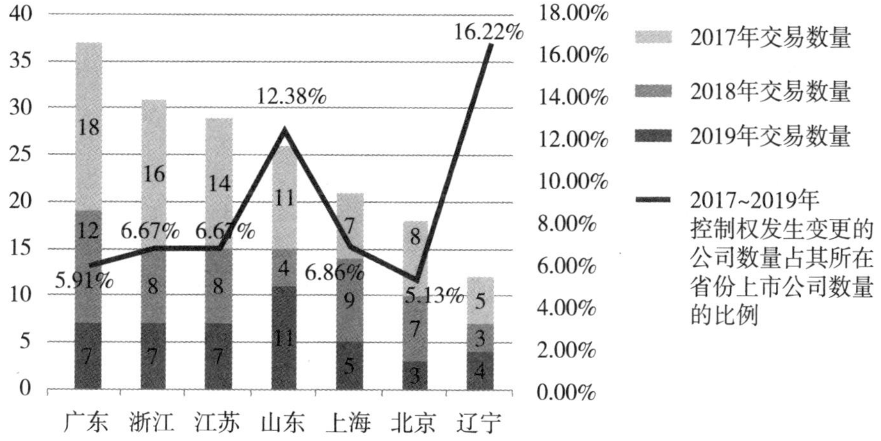

图 1-3-3：2017~2019 年主要地区控制权交易数量占当地上数公司数量比例

注 1：数据来源为 choice 数据。

注 2：图中黄线“2017~2019 年控制权发生变更的公司数量占其所在省份上市公司数量的比例”中“所在省份上市公司数量”的取值为截至 2020 年 4 月该省份的上市公司数量。

二、行业分布

上市公司的行业划分有多种标准，包括国家统计局发布的《国民经济行业分类》（GB/T 4754-2017）、中国证监会发布的《上市公司行业分类指引》（2012 年修订）（以下简称《行业分类指引》）、申万宏源行业分类、WIND 行业分类等。在此，我们以中国证监会的《行业分类指引》作为分类标准。

根据《行业分类指引》，依次分为门类和大类两层结构。其中，门类共分为制造业、采矿业、建筑业、信息传输、软件和信息技术服务业等 19 类。而大类又是对门类的进一步细分，例如，在制造业门类下，又可分为食品制造业、医药制造业、金属制品业、计算机、通信和其他电子设备制造业等 43 个大类。

根据上交所与深交所统计数据，[①] 截至 2020 年 3 月，A 股共 3905 家上市公司，其中属于制造业门类的共 2455 家，约占总数的 62.87%。2017~2019 年，控制权发生变更的制造业上市公司数量分别占当年交易数量的 63.24%、58.67%、60.39%。为进一步明确上市公司控制权集中发生变更的行业，我们在本部分采用二级指标即大类来统计行业信息。[②]

根据统计，2017~2019 年上市公司控制权变更数量前五名的大类行业为：（1）计算机、通信和其他电子设备制造业；（2）电气机械和器材制造业；（3）专用设备制造业；（4）软件和信息技术服务业；（5）化学原料及化学制品制造业。

大部分大类行业的控制权交易数量在 2017~2019 年呈递增趋势，且软件和和信息技术服务业、互联网和相关服务业的表现更为明显（见图 1-3-4）。

① 上交所数据见《上交所统计月报》（2020 年 3 月刊），载 http：//www.sse.com.cn/aboutus/publication/monthly/；深交所数据见“深圳证券交易所市场统计月报”，载 http：//www.szse.cn/market/periodical/month/index.html。

② 在部分通过借壳上市完成控制权变更的交易中，上市公司的所处行业可能会因为主营业务的变更发生改变。对于上述情况，我们以上市公司完成借壳上市前的所处行业为准进行统计。

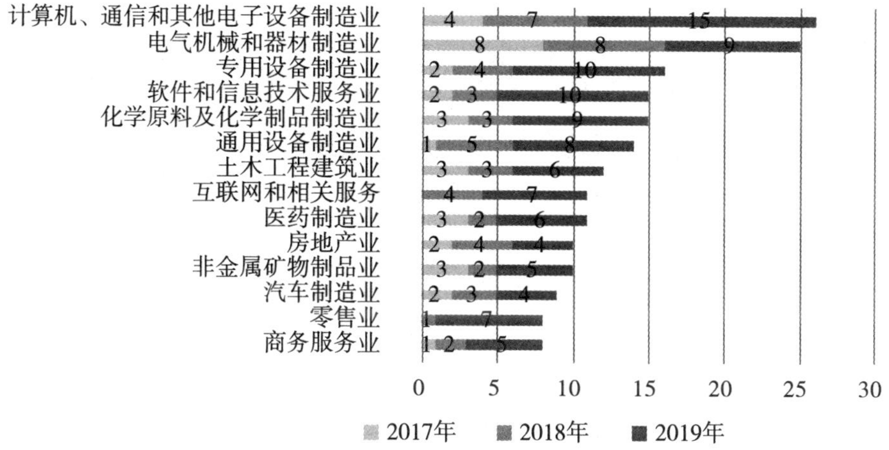

图 1-3-4 控制权交易上市公司行业分布

三、2017~2019 年控制权转让的上市公司名单

以上市公司的注册地和所属行业（大类）为标准，2017~2019 年控制权转让的上市公司如表 1-3-1~1-3-3 所示。

表 1-3-1 2017 年控制权转让的上市公司

序号	公司简称	股票代码	注册地		行业（大类）
			省级单位	市 / 区	
1	光启技术	002625.SZ	浙江	杭州	汽车制造业
2	中迪投资	000609.SZ	北京	丰台	综合
3	江泉实业	600212.SH	山东	临沂	综合
4	哈工智能	000584.SZ	江苏	无锡	专用设备制造业
5	龙净环保	600388.SH	福建	龙岩	专用设备制造业
6	银鸽投资	600069.SH	河南	漯河	造纸和纸制品业
7	吉翔股份	603399.SH	辽宁	锦州	有色金属冶炼和压延加工业
8	栋梁新材	002082.SZ	浙江	湖州	有色金属冶炼和压延加工业

续表

序号	公司简称	股票代码	注册地		行业（大类）[*]
			省级单位	市／区	
9	梦舟股份	600255.SH	安徽	芜湖	有色金属冶炼和压延加工业
10	宏创控股	002379.SZ	山东	滨州	有色金属冶炼和压延加工业
11	中润资源	000506.SZ	山东	济南	有色金属矿采选业
12	西藏药业	600211.SH	西藏	拉萨	医药制造业
13	信邦制药	002390.SZ	贵州	贵阳	医药制造业
14	云南白药	000538.SZ	云南	昆明	医药制造业
15	华塑控股	000509.SZ	四川	南充	橡胶和塑料制品业
16	祥源文化	600576.SH	浙江	杭州	文化艺术业
17	中毅达	600610.SH	上海	徐汇	土木工程建筑业
18	*ST 美丽	000010.SZ	广东	深圳	土木工程建筑业
19	新疆城建	600545.SH	新疆	乌鲁木齐	土木工程建筑业
20	青海华鼎	600243.SH	青海	西宁	通用设备制造业
21	*ST 九有	600462.SH	广东	深圳	商务服务业
22	梦网集团	002123.SZ	辽宁	鞍山	软件和信息技术服务业
23	易联众	300096.SZ	福建	厦门	软件和信息技术服务业
24	胜利股份	000407.SZ	山东	济南	燃气生产和供应
25	*ST 天仪	000710.SZ	四川	成都	汽车制造业
26	海越能源	600387.SH	浙江	绍兴	批发业
27	东方银星	600753.SH	福建	福州	批发业
28	博信股份	600083.SH	江苏	苏州	批发业
29	保龄宝	002286.SZ	山东	德州	农副食品加工业

续表

序号	公司简称	股票代码	注册地		行业（大类）
			省级单位	市 / 区	
30	威华股份	002240.SZ	广东	深圳	木材加工和木、竹、藤、棕、草制品业
31	扬子新材	002652.SZ	江苏	苏州	金属制品业
32	法尔胜	000890.SZ	江苏	江阴	金属制品业
33	金洲管道	002443.SZ	浙江	湖州	金属制品业
34	*ST 保千	600074.SH	广东	深圳	计算机、通信和其他电子设备制造业
35	奥维通信	002231.SZ	辽宁	沈阳	计算机、通信和其他电子设备制造业
36	彩虹股份	600707.SH	陕西	咸阳	计算机、通信和其他电子设备制造业
37	三盛教育	300282.SZ	北京	海淀	计算机、通信和其他电子设备制造业
38	青松股份	300132.SZ	福建	建阳	化学原料及化学制品制造业
39	ST 昌九	600228.SH	江西	南昌	化学原料及化学制品制造业
40	ST 亚星	600319.SH	山东	潍坊	化学原料及化学制品制造业
41	美达股份	000782.SZ	广东	江门	化学纤维制造业
42	*ST 尤夫	002427.SZ	浙江	湖州	化学纤维制造业
43	佳云科技	300242.SZ	广东	深圳	互联网和相关服务
44	*ST 凯瑞	002072.SZ	山东	德州	互联网和相关服务
45	国新健康	000503.SZ	海南	海口	互联网和相关服务
46	*ST 凯瑞	002072.SZ	山东	德州	互联网和相关服务
47	重庆钢铁	601005.SH	重庆	长寿经济开发区	黑色金属冶炼和压延加工业

续表

序号	公司简称	股票代码	注册地		行业（大类）
			省级单位	市 / 区	
48	宏达矿业	600532.SH	上海	宝山	黑色金属矿采选业
49	丽江旅游	002033.SZ	云南	丽江	公共设施管理业
50	云南旅游	002059.SZ	云南	昆明	公共设施管理业
51	*ST 鹏起	600614.SH	上海	上海	废弃资源综合利用业
52	狮头股份	600539.SH	山西	太原	非金属矿物制品业
53	*ST 烯碳	000511.SZ	辽宁	沈阳	非金属矿物制品业
54	四川金顶	600678.SH	四川	乐山	非金属矿物制品业
55	*ST 步森	002569.SZ	浙江	诸暨	纺织服装、服饰业
56	希努尔	002485.SZ	山东	诸城	纺织服装、服饰业
57	光大嘉宝	600622.SH	上海	上海	房地产业
58	ST 爱旭	600732.SH	上海	浦东新区	房地产业
59	通达动力	002576.SZ	江苏	南通	电气机械及器材制造业
60	ST 东电	000585.SZ	海南	海口	电气机械及器材制造业
61	中超控股	002471.SZ	江苏	宜兴	电气机械及器材制造业
62	金宇车城	000803.SZ	四川	南充	电气机械及器材制造业
63	青岛中程	300208.SZ	山东	青岛	电气机械及器材制造业
64	圣阳股份	002580.SZ	山东	济宁	电气机械和器材制造业
65	金智科技	002090.SZ	江苏	南京	电气机械和器材制造业
66	合康新能	300048.SZ	北京	通州	电气机械和器材制造业
67	韶能股份	000601.SZ	广东	韶关	电力、热力生产和供应业
68	*ST 欧浦	002711.SZ	广东	佛山	仓储业

表 1-3-2　2018 年控制权转让的上市公司

序号	公司简称	股票代码	注册地		行业（大类）
			省级单位	市 / 区	
1	江苏吴中	600200.SH	江苏	苏州	综合
2	冀凯股份	002691.SZ	河北	石家庄	专用设备制造业
3	冠昊生物	300238.SZ	广东	广州	专用设备制造业
4	达意隆	002209.SZ	广东	广州	专用设备制造业
5	江南嘉捷	601313.SH	天津	天津	专用设备制造业
6	延华智能	002178.SZ	上海	普陀	专业技术服务业
7	天沃科技	002564.SZ	江苏	苏州	专业技术服务
8	梦舟股份	600255.SH	安徽	芜湖	有色金属冶炼及压延加工业
9	国城矿业	000688.SZ	重庆	涪陵	有色金属矿采选业
10	东北制药	000597.SZ	辽宁	沈阳	医药制造业
11	利德曼	300289.SZ	北京	大兴	医药制造业
12	群兴玩具	002575.SZ	广东	汕头	文教、工美、体育和娱乐用品制造业
13	丽鹏股份	002374.SZ	山东	烟台	土木工程建筑业
14	成都路桥	002628.SZ	四川	成都	土木工程建筑业
15	奥赛康	002755.SZ	北京	丰台	土木工程建筑业
16	亿利达	002686.SZ	浙江	台州	通用设备制造业
17	中金环境	300145.SZ	浙江	杭州	通用设备制造业
18	江苏神通	002438.SZ	江苏	南通	通用设备制造业
19	新筑股份	002480.SZ	四川	成都	通用设备制造业
20	襄阳轴承	000678.SZ	湖北	襄阳	通用设备制造业
21	神州高铁	000008.SZ	北京	海淀	铁路、船舶、航空航天和其他运输设备制造业

续表

序号	公司简称	股票代码	注册地		行业（大类）
			省级单位	市/区	
22	易见股份	600093.SH	四川	成都	商务服务业
23	怡亚通	002183.SZ	广东	深圳	商务服务业
24	华星创业	300025.SZ	浙江	杭州	软件和信息技术服务业
25	华平股份	300074.SZ	上海	杨浦	软件和信息技术服务业
26	东方通	300379.SZ	北京	丰台	软件和信息技术服务业
27	大通燃气	000593.SZ	四川	成都	燃气生产和供应业
28	兴民智通	002355.SZ	山东	烟台	汽车制造业
29	曙光股份	600303.SH	辽宁	丹东	汽车制造业
30	奥特佳	002239.SZ	江苏	南通	汽车制造业
31	金一文化	002721.SZ	北京	丰台	其他制造业
32	民盛金科	002647.SZ	浙江	绍兴	其他金融业
33	爱建集团	600643.SH	上海	浦东	其他金融业
34	天音控股	000829.SZ	江西	赣州	批发业
35	康达尔	000048.SZ	广东	深圳	农副食品加工业
36	百大集团	600865.SH	浙江	杭州	零售业
37	ST 景谷	600265.SH	云南	景谷县	林业
38	ST 准油	002207.SZ	新疆	克拉玛依	开采辅助活动
39	宜安科技	300328.SZ	广东	东莞	金属制品业
40	长信科技	300088.SZ	安徽	芜湖	计算机、通信和其他电子设备制造业
41	鸿利智汇	300219.SZ	广东	广州	计算机、通信和其他电子设备制造业

续表

序号	公司简称	股票代码	注册地		行业（大类）
			省级单位	市/区	
42	东晶电子	002199.SZ	浙江	金华	计算机、通信和其他电子设备制造业
43	长方集团	300301.SZ	广东	深圳	计算机、通信和其他电子设备制造业
44	合力泰	002217.SZ	福建	莆田	计算机、通信和其他电子设备制造业
45	共达电声	002655.SZ	山东	潍坊	计算机、通信和其他电子设备制造业
46	江粉磁材	002600.SZ	广东	江门	计算机、通信和其他电子设备制造业
47	金力泰	300225.SZ	上海	奉贤	化学原料及化学制品制造业
48	赞宇科技	002637.SZ	浙江	杭州	化学原料及化学制品制造业
49	ST 亚邦	603188.SH	江苏	常州	化学原料和化学制品制造业
50	ST 抚钢	600399.SH	辽宁	抚顺	黑色金属冶炼及压延加工业
51	宏达矿业	600532.SH	上海	宝山	黑色金属矿采选业
52	华录百纳	300291.SZ	北京	石景山	广播、电视、电影和影视录音制作业
53	九华旅游	603199.SH	安徽	池州	公共设施管理业
54	西藏旅游	600749.SH	西藏	拉萨	公共设施管理业
55	鲁阳节能	002088.SZ	山东	淄博	非金属矿物制品业
56	松发股份	603268.SH	广东	潮州	非金属矿物制品业
57	报喜鸟	002154.SZ	浙江	温州	纺织服装、服饰业
58	全新好	000007.SZ	广东	深圳	房地产业
59	ST 宏盛	600817.SH	河南	郑州	房地产业
60	万业企业	600641.SH	上海	浦东	房地产业

续表

序号	公司简称	股票代码	注册地		行业（大类）
			省级单位	市/区	
61	长春经开	600215.SH	吉林	长春	房地产业
62	合金投资	000633.SZ	新疆	和田	电气机械及器材制造业
63	万里股份	600847.SH	重庆	江津	电气机械及器材制造业
64	开能健康	300272.SZ	上海	浦东	电气机械和器材制造业
65	金莱特	002723.SZ	广东	江门	电气机械和器材制造业
66	乐金健康	300247.SZ	安徽	合肥	电气机械和器材制造业
67	富通鑫茂	000836.SZ	天津	滨海	电气机械和器材制造业
68	ST 远程	002692.SZ	江苏	宜兴	电气机械和器材制造业
69	思源电气	002028.SZ	上海	闵行	电气机械和器材制造业
70	协鑫能科	002015.SZ	江苏	无锡	电力、热力生产和供应业
71	东方盛虹	000301.SZ	江苏	苏州	电力、热力生产和供应业
72	富临运业	002357.SZ	四川	绵阳	道路运输业
73	ST 云网	002306.SZ	北京	海淀	餐饮业
74	三爱富	600636.SH	上海	闵行	化学原料及化学制品制造业

表 1-3-3　2019 年控制权转让的上市公司

序号	公司简称	股票代码	注册地		行业（大类）
			省级单位	市/区	
1	江泉实业	600212.SH	山东	临沂	综合
2	智慧松德	300173.SZ	广东	佛山	专用设备制造业
3	汇金股份	300368.SZ	河北	石家庄	专用设备制造业
4	方正电机	002196.SZ	浙江	丽水	专用设备制造业
5	山河智能	002097.SZ	湖南	长沙	专用设备制造业

续表

序号	公司简称	股票代码	注册地		行业（大类）
			省级单位	市/区	
6	派思股份	603318.SH	辽宁	大连	专用设备制造业
7	环能科技	300425.SZ	四川	成都	专用设备制造业
8	金明精机	300281.SZ	广东	汕头	专用设备制造业
9	软控股份	002073.SZ	山东	青岛	专用设备制造业
10	恒立实业	000622.SZ	湖南	岳阳	专用设备制造业
11	晶澳科技	002459.SZ	河北	秦皇岛	专用设备制造业
12	山鼎设计	300492.SZ	四川	成都	专业技术服务业
13	凯恩股份	002012.SZ	浙江	丽水	造纸及纸制品业
14	精艺股份	002295.SZ	广东	佛山	有色金属冶炼和压延加工业
15	恒邦股份	002237.SZ	山东	烟台	有色金属冶炼和压延加工业
16	中飞股份	300489.SZ	黑龙江	哈尔滨	有色金属冶炼和压延加工业
17	鸿博股份	002229.SZ	福建	福州	印刷和记录媒介复制业
18	安控科技	300370.SZ	北京	海淀	仪器仪表制造业
19	华仁药业	300110.SZ	山东	青岛	医药制造业
20	通化金马	000766.SZ	吉林	通化	医药制造业
21	红日药业	300026.SZ	天津	武清	医药制造业
22	江中药业	600750.SH	江西	南昌	医药制造业
23	哈药股份	600664.SH	黑龙江	哈尔滨	医药制造业
24	恒康医疗	002219.SZ	甘肃	陇南	医药制造业
25	*ST百花	600721.SH	新疆	五家渠	研究和试验发展
26	*ST东南	002263.SZ	浙江	诸暨	橡胶和塑料制品业
27	杭州高新	300478.SZ	浙江	杭州	橡胶和塑料制品业
28	盈康生命	300143.SZ	广东	东莞	卫生

续表

序号	公司简称	股票代码	注册地		行业（大类）
			省级单位	市 / 区	
29	中化岩土	002542.SZ	北京	大兴	土木工程建筑业
30	棕榈股份	002431.SZ	河南	郑州	土木工程建筑业
31	东方园林	002310.SZ	北京	朝阳	土木工程建筑业
32	宁波建工	601789.SH	浙江	宁波	土木工程建筑业
33	美晨生态	300237.SZ	山东	潍坊	土木工程建筑业
34	*ST 美丽	000010.SZ	广东	深圳	土木工程建筑业
35	金通灵	300091.SZ	江苏	南通	通用设备制造业
36	康盛股份	002418.SZ	浙江	杭州	通用设备制造业
37	*ST 仰帆	600421.SH	湖北	武汉	通用设备制造业
38	江苏神通	002438.SZ	江苏	南通	通用设备制造业
39	永和智控	002795.SZ	浙江	台州	通用设备制造业
40	华中数控	300161.SZ	湖北	武汉	通用设备制造业
41	*ST 天马	002122.SZ	浙江	杭州	通用设备制造业
42	*ST 沈机	000410.SZ	辽宁	沈阳	通用设备制造业
43	新研股份	300159.SZ	新疆	乌鲁木齐	铁路、船舶、航空航天和其他运输设备制造业
44	*ST 莲花	600186.SH	河南	项城	食品制造业
45	兴源环境	300266.SZ	浙江	杭州	生态保护和环境治理业
46	清新环境	002573.SZ	北京	海淀	生态保护和环境治理业
47	普路通	002769.SZ	广东	深圳	商务服务业
48	万润科技	002654.SZ	广东	深圳	商务服务业
49	思美传媒	002712.SZ	浙江	杭州	商务服务业
50	腾邦国际	300178.SZ	广东	深圳	商务服务业

续表

序号	公司简称	股票代码	注册地		行业（大类）
			省级单位	市 / 区	
51	凯撒旅业	000796.SZ	陕西	宝鸡	商务服务业
52	荣科科技	300290.SZ	辽宁	沈阳	软件和信息技术服务业
53	ST 慧球	600556.SH	广西	北海	软件和信息技术服务业
54	美亚柏科	300188.SZ	福建	厦门	软件和信息技术服务业
55	真视通	002771.SZ	北京	丰台	软件和信息技术服务业
56	华软科技	002453.SZ	江苏	苏州	软件和信息技术服务业
57	汉鼎宇佑	300300.SZ	浙江	杭州	软件和信息技术服务业
58	皖通科技	002331.SZ	安徽	合肥	软件和信息技术服务业
59	天玑科技	300245.SZ	上海	青浦	软件和信息技术服务业
60	京天利	300399.SZ	北京	石景山	软件和信息技术服务业
61	万达信息	300168.SZ	上海	徐汇	软件和信息技术服务业
62	ST 中天	600856.SH	吉林	长春	燃气生产和供应业
63	胜利股份	000407.SZ	山东	济南	燃气生产和供应业
64	派生科技	300176.SZ	广东	肇庆	汽车制造业
65	登云股份	002715.SZ	广东	肇庆	汽车制造业
66	*ST 斯太	000760.SZ	湖北	荆州	汽车制造业
67	光洋股份	002708.SZ	江苏	常州	汽车制造业
68	*ST 刚泰	600687.SH	甘肃	兰州	其他制造业
69	仁东控股	002647.SZ	浙江	诸暨	其他金融业
70	汇通能源	600605.SH	上海	长宁	批发业
71	润达医疗	603108.SH	上海	金山	批发业
72	华通医药	002758.SZ	浙江	绍兴	批发业
73	神农科技	300189.SZ	海南	海口	农业

续表

序号	公司简称	股票代码	注册地		行业（大类）
			省级单位	市/区	
74	金新农	002548.SZ	广东	深圳	农副食品加工业
75	龙大肉食	002726.SZ	山东	莱阳	农副食品加工业
76	东凌国际	000893.SZ	广东	广州	农副食品加工业
77	ST 中基	000972.SZ	新疆	五家渠	农副食品加工业
78	康欣新材	600076.SH	山东	潍坊	木材加工和木、竹、藤、棕、草制品业
79	中兴商业	000715.SZ	辽宁	沈阳	零售业
80	跨境通	002640.SZ	山西	太原	零售业
81	安德利	603031.SH	安徽	合肥	零售业
82	*ST 人乐	002336.SZ	广东	深圳	零售业
83	汉商集团	600774.SH	湖北	武汉	零售业
84	居然之家	000785.SZ	湖北	武汉	零售业
85	中公教育	002607.SZ	安徽	芜湖	零售业
86	平潭发展	000592.SZ	福建	福州	林业
87	惠博普	002554.SZ	北京	海淀	开采辅助活动
88	恒泰艾普	300157.SZ	北京	海淀	开采辅助活动
89	*ST 仁智	002629.SZ	浙江	温州	开采辅助活动
90	维维股份	600300.SH	江苏	徐州	酒、饮料和精制茶制造业
91	ST 椰岛	600238.SH	海南	海口	酒、饮料和精制茶制造业
92	*ST 皇台	000995.SZ	甘肃	武威	酒、饮料和精制茶制造业
93	赛福天	603028.SH	江苏	无锡	金属制品业
94	玉龙股份	601028.SH	江苏	无锡	金属制品业
95	红宇新材	300345.SZ	湖南	长沙	金属制品业
96	昂立教育	600661.SH	上海	徐汇	教育

续表

序号	公司简称	股票代码	注册地		行业（大类）
			省级单位	市 / 区	
97	精工钢构	600496.SH	安徽	六安	建筑装饰和其他建筑业
98	GQY 视讯	300076.SZ	浙江	宁波	计算机、通信和其他电子设备制造业
99	麦捷科技	300319.SZ	广东	深圳	计算机、通信和其他电子设备制造业
100	星星科技	300256.SZ	浙江	台州	计算机、通信和其他电子设备制造业
101	东方网力	300367.SZ	北京	海淀	计算机、通信和其他电子设备制造业
102	*ST 盈方	000670.SZ	湖北	荆州	计算机、通信和其他电子设备制造业
103	合众思壮	002383.SZ	北京	海淀	计算机、通信和其他电子设备制造业
104	欧比特	300053.SZ	广东	珠海	计算机、通信和其他电子设备制造业
105	英飞拓	002528.SZ	广东	深圳	计算机、通信和其他电子设备制造业
106	锦富技术	300128.SZ	江苏	苏州	计算机、通信和其他电子设备制造业
107	华控赛格	000068.SZ	广东	深圳	计算机、通信和其他电子设备制造业
108	联创光电	600363.SH	江西	南昌	计算机、通信和其他电子设备制造业
109	奥维通信	002231.SZ	辽宁	沈阳	计算机、通信和其他电子设备制造业
110	实达集团	600734.SH	福建	福州	计算机、通信和其他电子设备制造业

续表

序号	公司简称	股票代码	注册地		行业（大类）
			省级单位	市/区	
111	同方股份	600100.SH	北京	海淀	计算机、通信和其他电子设备制造业
112	劲胜智能	300083.SZ	广东	东莞	计算机、通信和其他电子设备制造业
113	青松股份	300132.SZ	福建	南平	化学原料及化学制品制造业
114	安纳达	002136.SZ	安徽	铜陵	化学原料及化学制品制造业
115	康达新材	002669.SZ	上海	奉贤	化学原料和化学制品制造业
116	宏达新材	002211.SZ	上海	闵行	化学原料和化学制品制造业
117	日科化学	300214.SZ	山东	潍坊	化学原料和化学制品制造业
118	达志科技	300530.SZ	广东	广州	化学原料和化学制品制造业
119	金力泰	300225.SZ	上海	奉贤	化学原料和化学制品制造业
120	中核钛白	002145.SZ	甘肃	嘉峪关	化学原料和化学制品制造业
121	六国化工	600470.SH	安徽	铜陵	化学原料和化学制品制造业
122	恒天海龙	000677.SH	山东	潍坊	化学纤维制造业
123	*ST 尤夫	002427.SZ	浙江	湖州	化学纤维制造业
124	*ST 东网	002175.SZ	广西	桂林	互联网和相关服务
125	国旅联合	600358.SH	江苏	南京	互联网和相关服务
126	科达股份	600986.SH	山东	东营	互联网和相关服务
127	众应互联	002464	江苏	苏州	互联网和相关服务
128	三七互娱	002555.SZ	安徽	芜湖	互联网和相关服务
129	晨鑫科技	002447.SZ	辽宁	大连	互联网和相关服务
130	智度股份	000676.SZ	河南	郑州	互联网和相关服务
131	慈文传媒	002343.SZ	浙江	嘉兴	广播、电视、电影和影视录音制作业

续表

序号	公司简称	股票代码	注册地		行业（大类）
			省级单位	市 / 区	
132	ST 中南	002445.SZ	江苏	江阴	广播、电视、电影和影视录音制作业
133	龙泉股份	002671.SZ	山东	淄博	非金属矿物制品业
134	九鼎新材	002201.SZ	江苏	如皋	非金属矿物制品业
135	山东华鹏	603021.SH	山东	威海	非金属矿物制品业
136	博云新材	002297.SZ	湖南	长沙	非金属矿物制品业
137	深天地 A	000023.SZ	广东	深圳	非金属矿物制品业
138	多喜爱	002761.SZ	湖南	长沙	纺织业
139	*ST 中绒	000982.SZ	宁夏	灵武	纺织业
140	*ST 步森	002569.SZ	浙江	绍兴	纺织服装、服饰业
141	莱茵体育	000558	浙江	杭州	房地产业
142	招商积余	001914	广东	深圳	房地产业
143	ST 天业	600807.SH	山东	济南	房地产业
144	全新好	000007.SZ	广东	深圳	房地产业
145	聚隆科技	300475.SZ	安徽	宣城	电气机械及器材制造业
146	智光电气	002169.SZ	广东	广州	电气机械及器材制造业
147	大连电瓷	002606.SZ	辽宁	大连	电气机械和器材制造业
148	中电电机	603988.SH	江苏	无锡	电气机械和器材制造业
149	亿晶光电	600537.SH	浙江	慈溪	电气机械和器材制造业
150	天银机电	300342.SZ	江苏	苏州	电气机械和器材制造业
151	金冠股份	300510.SZ	吉林	长春	电气机械和器材制造业
152	ST 远程	002692.SZ	江苏	无锡	电气机械和器材制造业
153	ST 爱旭	600732.SH	上海	浦东	电气机械和器材制造业
154	三峡水利	600116.SH	重庆	万州	电力、热力生产和供应业

第四章　控制权的收购方和出让方

上市公司控制权的交易可能涉及多方法律主体，如收购人、出让方、标的上市公司、债权人。虽然不一定作为交易一方参与交易文件的签订，也不一定需要承担法律上的责任和义务，但在控制权转让过程中必须予以充分考虑的利益相关方还包括地方政府及其主管部门、董事会成员、监事会成员、高级管理人员、核心技术人员、关键管理人员、重要员工以及客户、供应商、合作者等。由于我国在上市公司（包括非上市公司）治理结构方面采用和推崇的是“股东会中心主义”而非“董事会中心主义”，在上市公司控制权交易中扮演主要角色，起关键性、决定性和支配性作用的是收购人与出让方，交易的标的主要是直接或间接持有的上市公司股份及其表决权。

并不是每个个人或组织都具备收购上市公司的资格，也并不是每家上市公司的控股股东都有权将手中的控制权让出——法律法规为控制权交易的各方都设置了参与条件。此外，上市公司在 IPO 时搭建和形成的以及公司上市后经过多次证券资本市场行为后所形成的股权结构、存在状态等对控股股东出让控制权时会产生什么影响，收购人应采用何种主体、选择何种方式、花多长时间来承接上市公司股份、取得上市公司控制权等，是本章中所要讨论的主要问题。

一、收购方

收购方往往是控制权交易的发起方，在整个交易过程中居于主导地位，交易能否推进、交易进程的快慢、交易能否成功，取决于收购方的意愿、实力、条件、经验和交易方案等诸多因素。也就是说，在一个控制权交易开始前，无论是收购方还是出让方都应该充分了解关于收购方的相关规定和要求。

（一）何为收购方

根据《上市公司收购管理办法》第5条的规定，收购人是指通过取得股份、投资关系、协议、其他安排成为上市公司实际控制人的投资者及其一致行动人。

> **《上市公司收购管理办法》**
>
> 第五条　收购人可以通过取得股份的方式成为一个上市公司的控股股东，可以通过投资关系、协议、其他安排的途径成为一个上市公司的实际控制人，也可以同时采取上述方式和途径取得上市公司控制权。
>
> 收购人包括投资者及与其一致行动的他人。

根据《上市公司收购管理办法》第83条的规定，一致行动是指投资者通过协议、其他安排，与其他投资者共同扩大其所能够支配的一个上市公司股份表决权数量的行为或者事实。如被认定为一致行动人，则各主体的持股比例应当合并计算。

需要说明的是，认定一致行动人既是一个法律问题，也是一个事实问题。

在法律层面，《上市公司收购管理办法》第83条主要采用推定的方式列举了一致行动人的范围，即投资者具有情形之一但又无相反证据的，应认定为一致行动人。其主要的认定标准包括投资关系（几个法人主体之间是否存在股权控制关系）、任职关系（几个法人主体的董监高是否在对方兼职）与身份关系（几个自然人主体是否存在近亲属关系）。

> **《上市公司收购管理办法》**
>
> 第八十三条　本办法所称一致行动，是指投资者通过协议、其他安排，与其他投资者共同扩大其所能够支配的一个上市公司股份表决权数量的行为或者事实。
>
> 在上市公司的收购及相关股份权益变动活动中有一致行动情形的投资者，互为一致行动人。如无相反证据，投资者有下列情形之一的，为一致行动人：
>
> （一）投资者之间有股权控制关系；
>
> （二）投资者受同一主体控制；

（三）投资者的董事、监事或者高级管理人员中的主要成员，同时在另一个投资者担任董事、监事或者高级管理人员；

（四）投资者参股另一投资者，可以对参股公司的重大决策产生重大影响；

（五）银行以外的其他法人、其他组织和自然人为投资者取得相关股份提供融资安排；

（六）投资者之间存在合伙、合作、联营等其他经济利益关系；

（七）持有投资者30%以上股份的自然人，与投资者持有同一上市公司股份；

（八）在投资者任职的董事、监事及高级管理人员，与投资者持有同一上市公司股份；

（九）持有投资者30%以上股份的自然人和在投资者任职的董事、监事及高级管理人员，其父母、配偶、子女及其配偶、配偶的父母、兄弟姐妹及其配偶、配偶的兄弟姐妹及其配偶等亲属，与投资者持有同一上市公司股份；

（十）在上市公司任职的董事、监事、高级管理人员及其前项所述亲属同时持有本公司股份的，或者与其自己或者其前项所述亲属直接或者间接控制的企业同时持有本公司股份；

（十一）上市公司董事、监事、高级管理人员和员工与其所控制或者委托的法人或者其他组织持有本公司股份；

（十二）投资者之间具有其他关联关系。

一致行动人应当合并计算其所持有的股份。投资者计算其所持有的股份，应当包括登记在其名下的股份，也包括登记在其一致行动人名下的股份。

投资者认为其与他人不应被视为一致行动人的，可以向中国证监会提供相反证据。

在事实层面，虽然不存在法律上的一致行动人关系，但如果几个主体在股票开户交易时存在使用同一IP地址、MAC地址、同时操作、开户人之间具有特殊关系等情况，也可能被认定为事实上的一致行动人。

发生于2016年的ST山水（600234.SH）案例中，交易所问询称："本所在监察中发现你公司股东郑某某、连妙甲、连妙乙、侯某某、钟某某等的开户交易情况与钟某某具有关联,疑似一致行动人。截至2016年2月18日，上述6人合计持股已达到你公司总股本的22.34%。""本所监察发现，截至2016年2月18日，连妙甲、连妙乙合计持股已超过你公司总股本5%以上，两人在交易你公司股票时的MAC地址一致，且姓名相近。请你公司向连妙甲、连妙乙核实，两人是否为一致行动人。如是，请你公司督促其按《上市公司收购管理办法》的规定，及时履行信息披露义务，披露相应的权益变动报告书。"

接到交易所问询后，连妙甲、连妙乙等人委托的律师发表意见称"根据连妙甲与连妙乙的股票交易记录并经本所律师核查，连妙甲、连妙乙不存在近亲属关系，但曾使用同一个上网设备购买山水文化股票，根据审慎原则，连妙甲与连妙乙之间存在《管理办法》第83条第2款第12项规定的'投资者之间具有其他关联关系'的情形"。

综上所述，法律层面认定一致行动人范围的主要依据是《上市公司收购管理办法》第83条的规定，在事实层面则可能需要监管机构通过问询和技术手段加以确认。

（二）资格与要求

1. 收购人资格的负面清单

控制和运营一家上市公司需要较高的知识背景、经验能力和守法合规意识，为保护中小投资者的利益，避免收购人借助所谓"资本运作""资产重组""关联交易""关联交易非关联化"等方式损害上市公司及中小股东利益，必须对上市公司的收购人进行一定的资格限制。《上市公司收购管理办法》第6条即列出了收购人条件的负面清单，如不得负有到期未清偿的大额债务、最近3年有重大违法或者涉嫌重大违法行为，如收购人为自然人的，还不得存在《公司法》第146条规定的情形。

《上市公司收购管理办法》

第六条　任何人不得利用上市公司的收购损害被收购公司及其股东的合法权益。

有下列情形之一的，不得收购上市公司：

（一）收购人负有数额较大债务，到期未清偿，且处于持续状态；

（二）收购人最近3年有重大违法行为或者涉嫌有重大违法行为；

（三）收购人最近3年有严重的证券市场失信行为；

（四）收购人为自然人的，存在《公司法》第一百四十六条规定情形；

（五）法律、行政法规规定以及中国证监会认定的不得收购上市公司的其他情形。

《公司法》

第一百四十六条　有下列情形之一的，不得担任公司的董事、监事、高级管理人员：

（一）无民事行为能力或者限制民事行为能力；

（二）因贪污、贿赂、侵占财产、挪用财产或者破坏社会主义市场经济秩序，被判处刑罚，执行期满未逾五年，或者因犯罪被剥夺政治权利，执行期满未逾五年；

（三）担任破产清算的公司、企业的董事或者厂长、经理，对该公司、企业的破产负有个人责任的，自该公司、企业破产清算完结之日起未逾三年；

（四）担任因违法被吊销营业执照、责令关闭的公司、企业的法定代表人，并负有个人责任的，自该公司、企业被吊销营业执照之日起未逾三年；

（五）个人所负数额较大的债务到期未清偿。

公司违反前款规定选举、委派董事、监事或者聘任高级管理人员的，该选举、委派或者聘任无效。

董事、监事、高级管理人员在任职期间出现本条第一款所列情形的，公司应当解除其职务。

此外，根据《上市公司收购管理办法》第78条的规定，如收购人涉及不履行要约收购义务或发出虚假要约，则其在发生上述情况的3年内也不得收购上市公司。

《上市公司收购管理办法》

第七十八条 收购人未依照本办法的规定履行相关义务或者相应程序擅自实施要约收购的，或者不符合本办法规定的免除发出要约情形，拒不履行相关义务、相应程序的，中国证监会责令改正，采取监管谈话、出具警示函、责令暂停或者停止收购等监管措施。在改正前，收购人不得对其持有或者支配的股份行使表决权。

发出收购要约的收购人在收购要约期限届满，不按照约定支付收购价款或者购买预受股份的，自该事实发生之日起 3 年内不得收购上市公司，中国证监会不受理收购人及其关联方提交的申报文件。

2. 及时履行信息披露义务

根据《上市公司收购管理办法》，收购人取得的股份超过 5% 而未到 20% 的，应披露简式权益变动报告书，[①] 取得的股份达到 20% 而未超过 30% 的，应披露详式权益变动报告书（见图 1-4-1）。

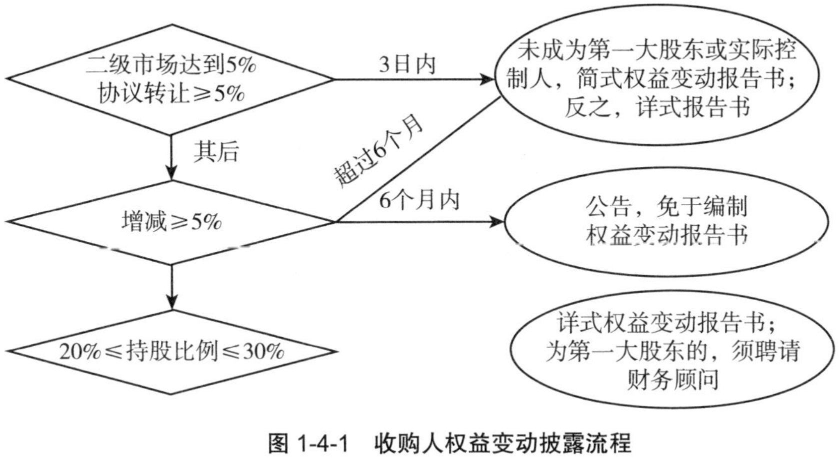

图 1-4-1 收购人权益变动披露流程

注：资料来源为中国证监会上市部起草组：《〈上市公司收购管理办法〉解读》（2006 年修订）。

① 根据《上市公司收购管理办法》第 16 条第 2 款规定，如果收购人成为上市公司第一大股东或实际控制人，即便其拥有权益的股份达到或者超过一个上市公司已发行股份的 5%，但未达到 20% 的，也应当披露详式权益变动报告书的内容。

简式权益变动报告书中应当包括投资者情况、持股目的、上市公司名称、增持资金来源[①]等情况。

《上市公司收购管理办法》(2020年修订)

第十六条　投资者及其一致行动人不是上市公司的第一大股东或者实际控制人，其拥有权益的股份达到或者超过该公司已发行股份的5%，但未达到20%的，应当编制包括下列内容的简式权益变动报告书：

(一)投资者及其一致行动人的姓名、住所；投资者及其一致行动人为法人的，其名称、注册地及法定代表人；

(二)持股目的，是否有意在未来12个月内继续增加其在上市公司中拥有的权益；

(三)上市公司的名称、股票的种类、数量、比例；

(四)在上市公司中拥有权益的股份达到或者超过上市公司已发行股份的5%或者拥有权益的股份增减变化达到5%的时间及方式、增持股份的资金来源；

(五)在上市公司中拥有权益的股份变动的时间及方式；

(六)权益变动事实发生之日前6个月内通过证券交易所的证券交易买卖该公司股票的简要情况；

(七)中国证监会、证券交易所要求披露的其他内容。

前述投资者及其一致行动人为上市公司第一大股东或者实际控制人，其拥有权益的股份达到或者超过一个上市公司已发行股份的5%，但未达到20%的，还应当披露本办法第十七条第一款规定的内容。

详式权益变动报告书除需披露简式权益变动报告书的内容外，还需增加披露收购人等主体与上市公司是否存在同业竞争、关联交易，未来12个月对上市公司资产、业务等进行调整的后续计划等情况。

---

① 增持资金来源属于《上市公司收购管理办法》(2020年修订)增加的内容。根据《上市公司收购管理办法》(2014年修订)的规定，简式权益变动报告书无须披露资金来源。

《上市公司收购管理办法》(2020 年修订)

第十七条　投资者及其一致行动人拥有权益的股份达到或者超过一个上市公司已发行股份的 20% 但未超过 30% 的，应当编制详式权益变动报告书，除须披露前条规定的信息外，还应当披露以下内容：

(一)投资者及其一致行动人的控股股东、实际控制人及其股权控制关系结构图；

(二)取得相关股份的价格、所需资金额，或者其他支付安排；

(三)投资者、一致行动人及其控股股东、实际控制人所从事的业务与上市公司的业务是否存在同业竞争或者潜在的同业竞争，是否存在持续关联交易；存在同业竞争或者持续关联交易的，是否已做出相应的安排，确保投资者、一致行动人及其关联方与上市公司之间避免同业竞争以及保持上市公司的独立性；

(四)未来 12 个月内对上市公司资产、业务、人员、组织结构、公司章程等进行调整的后续计划；

(五)前 24 个月内投资者及其一致行动人与上市公司之间的重大交易；

(六)不存在本办法第六条规定的情形；

(七)能够按照本办法第五十条的规定提供相关文件。

前述投资者及其一致行动人为上市公司第一大股东或者实际控制人的，还应当聘请财务顾问对上述权益变动报告书所披露的内容出具核查意见，但国有股行政划转或者变更、股份转让在同一实际控制人控制的不同主体之间进行、因继承取得股份的除外。投资者及其一致行动人承诺至少 3 年放弃行使相关股份表决权的，可免于聘请财务顾问和提供前款第(七)项规定的文件。

3. 收购人取得股份的锁定期

为保证上市公司控制权的稳定性,《证券法》与《上市公司收购管理办法》

规定收购人持有的股份在收购完成后 18 个月内不得转让。[①]

> **《上市公司收购管理办法》**
>
> 第七十四条　在上市公司收购中，收购人持有的被收购公司的股份，在收购完成后 18 个月内不得转让。
>
> 收购人在被收购公司中拥有权益的股份在同一实际控制人控制的不同主体之间进行转让不受前述 18 个月的限制，但应当遵守本办法第六章的规定。

是否所有的收购人都需要履行 18 个月的锁定期安排？《关于上市公司收购有关界定情况的函》（上市部函［2009］171 号）规定，相关股份锁定期的安排，应以上市公司控制权是否变化为标准。但是，上市公司实控人通过增持稳固控制权，也需要适用上述锁定期安排。中国证监会于 2015 年 9 月 18 日发布的《上市公司监管法律法规常见问题与解答修订汇编》[②] 则进一步明确，如果收购人通过交易成为上市公司第一大股东，就需要遵守 18 个月的锁定期安排。

> **《上市公司监管法律法规常见问题与解答修订汇编》（2015 年 9 月 18 日）**
>
> 二十、收购人收购上市公司后对上市公司的持股（包括直接和间接持股）比例不足 30% 的，是否需要锁定 12 个月？
>
> 答：《证券法》第九十八条、《上市公司收购管理办法》第七十四条规定："在上市公司收购中，收购人持有的被收购上市公司的股票，在收购行为完成后的十二个月内不得转让。"结合实践，对于本条款的适用问题，明确要求如下：
>
> 对于投资者收购上市公司股份成为第一大股东但持股比例低于 30% 的，也应当遵守《证券法》第九十八条、《上市公司收购管理办法》第七十四条有关股份锁定期的规定。

---

① 《上市公司收购管理办法》在 2020 年修订后规定，收购人持有的被收购公司的股份，在收购完成后 18 个月内不得转让（注：修订前为 12 个月），从而与新修订的《证券法》第 75 条的规定保持一致。

② 载 http：//www.csrc.gov.cn/pub/newsite/ssgsjgb/ssbssgsjgfgzc/ywzx/201509/t20150918_284146.html。

（三）2017~2019 年控制权交易中的收购方名单

以取得上市公司控制权收购方名称、收购方的组织形式及收购方的实际控制人为标准，2017~2019 年取得上市控制权的收购方及其相关情况如表 1-4-1~1-4-3 所示。

表 1-4-1　2017 年控制权交易的收购方

序号	证券代码	公司简称	收购方名称	收购方性质	实际控制人
1	603399.SH	吉翔股份	宁波炬泰投资管理有限公司	有限公司	郑永刚
2	601005.SH	重庆钢铁	重整投资人为重庆长寿钢铁有限公司	有限公司	四源合股权投资管理有限公司
3	600753.SH	东方银星	中庚地产实业集团有限公司	有限公司	梁衍锋
4	600732.SH	ST 爱旭	上海宏天元创业投资合伙企业（有限合伙）	合伙企业	朱旭东、李勇军、王晴华等浦东科投管理团队
5	600707.SH	彩虹股份	咸阳市金融控股有限公司	有限公司	咸阳市国资委
6	600678.SH	四川金顶	深圳朴素资本管理有限公司	有限公司	梁斐
7	600622.SH	光大嘉宝	上海光控股权投资管理有限公司	有限公司	中央汇金投资有限责任公司
8	600614.SH	*ST 鹏起	—	—	张朋起、宋雪云
9	600610.SH	中毅达	深圳市乾源资产管理有限公司、李琛、贵州天佑睿聪企业管理有限公司、贵州鑫聚投资有限公司	有限公司、自然人	—
10	600576.SH	祥源文化	祥源控股集团有限责任公司	有限公司	俞发祥

续表

序号	证券代码	公司简称	收购方名称	收购方性质	实际控制人
11	600545.SH	新疆城建	江苏金昇实业股份有限公司	有限公司	潘雪平
12	600539.SH	狮头股份	苏州海融天投资有限公司	有限公司	吴旭
13	600532.SH	宏达矿业	上海晶茨投资管理有限公司	有限公司	颜静刚
14	600462.SH	*ST 九有	北京春晓金控科技发展有限公司	有限公司	韩越
15	600388.SH	龙净环保	福建阳光集团有限公司、西藏新阳光环保科技有限公司	有限公司	吴洁
16	600387.SH	海越能源	海航现代物流有限责任公司	有限公司	海南省慈航公益基金会
17	600319.SH	ST 亚星	山东成泰控股有限公司及其实际控制人文斌	有限公司及自然人	文斌
18	600255.SH	梦舟股份	霍尔果斯船山文化传媒有限公司	有限公司	冯青青
19	600243.SH	青海华鼎	青海溢峰科技投资有限公司	有限公司	朱砂、于世光
20	600228.SH	ST 昌九	江西航美传媒广告有限公司	有限公司	北京市国有文化资产监督管理办公室
21	600212.SH	江泉实业	深圳市大生农业集团有限公司	有限公司	兰华升
22	600211.SH	西藏药业	康哲管理及其一致行动人	有限公司	林刚
23	600083.SH	博信股份	苏州晟隽营销管理有限公司	有限公司	罗静

续表

序号	证券代码	公司简称	收购方名称	收购方性质	实际控制人
24	600074.SH	*ST 保千	周培钦	自然人	周培钦
25	600069.SH	银鸽投资	深圳市鳌迎投资管理有限公司	有限公司	孟平
26	300282.SZ	三盛教育	福建卓丰投资合伙企业（有限合伙）	合伙企业	林荣滨、程璇
27	300242.SZ	佳云科技	深圳市一号仓佳速网络有限公司	有限公司	郭英成、郭英智
28	300208.SZ	青岛中程	青岛城投金融控股集团有限公司	有限公司	青岛市国资委
29	300132.SZ	青松股份	杨建新	自然人	杨建新
30	300096.SZ	易联众	张曦	自然人	张曦
31	300048.SZ	合康新能	—	—	叶进吾
32	002711.SZ	*ST 欧浦	—	—	陈礼豪家族
33	002652.SZ	扬子新材	南宁颐然养老产业合伙企业（有限合伙）	合伙企业	无
34	002625.SZ	光启技术	西藏达孜映邦实业发展有限责任公司	有限公司	刘若鹏
35	002580.SZ	圣阳股份	中民新能电力投资有限公司	有限公司	无
36	002576.SZ	通达动力	天津鑫达瑞明企业管理咨询中心（有限合伙）	合伙企业	魏少军及魏强父子
37	002569.SZ	*ST 步森	重庆安见汉时科技有限公司	有限公司	赵春霞
38	002485.SZ	希努尔	广州雪松文化旅游投资有限公司	有限公司	张劲
39	002471.SZ	中超控股	深圳市鑫腾华资产管理有限公司	有限公司	黄锦光、黄彬

续表

序号	证券代码	公司简称	收购方名称	收购方性质	实际控制人
40	002443.SZ	金洲管道	霍尔果斯万木隆股权投资有限公司	有限公司	孙进峰、封堃、李巧思
41	002427.SZ	*ST 尤夫	上海中技企业集团有限公司	有限公司	颜静刚
42	002390.SZ	信邦制药	西藏誉曦创业投资有限公司	有限公司	白莉惠、朱吉满
43	002379.SZ	宏创控股	山东宏桥新型材料有限公司	有限公司	张士平
44	002286.SZ	保龄宝	北京永裕投资管理有限公司	有限公司	戴斯觉
45	002240.SZ	威华股份	—	—	姚雄杰
46	002231.SZ	奥维通信	瑞丽市瑞丽湾旅游开发有限公司	有限公司	董勒成
47	002123.SZ	梦网集团	余文胜	自然人	余文胜
48	002090.SZ	金智科技	—	—	徐兵、叶留金、朱华明、贺安鹰、丁小异
49	002082.SZ	栋梁新材	万邦德集团有限公司	有限公司	赵守明、庄惠
50	002072.SZ	*ST 凯瑞	—	—	张培峰、任飞、王腾、黄进益、郭文芳
51	002072.SZ	*ST 凯瑞	—	—	郭文芳、任飞、张培峰、黄进益、王腾
52	002059.SZ	云南旅游	—	—	国务院国资委
53	002033.SZ	丽江旅游	华邦生命健康股份有限公司	有限公司	张松山

续表

序号	证券代码	公司简称	收购方名称	收购方性质	实际控制人
54	000890.SZ	法尔胜	—	—	周江、张炜、周津如、邓峰、缪勤、王淑虹、黄翔、林炳兴
55	000803.SZ	金宇车城	南充市国有资产投资经营有限责任公司、北京北控光伏科技发展有限公司、北清清洁能源投资有限公司、天津富欢企业管理咨询有限公司、天津富桦企业管理咨询有限公司、天津富驿企业管理咨询有限公司	有限公司	南充市国资委、北京市国资委
56	000782.SZ	美达股份	青岛昌盛日电新能源控股有限公司	有限公司	李坚之
57	000710.SZ	*ST 天仪	高扬	自然人	高扬
58	000609.SZ	中迪投资	成都中迪金控集团有限公司	有限公司	李勤
59	000601.SZ	韶能股份	前海人寿保险股份有限公司	有限公司	无
60	000585.SZ	ST 东电	北京海鸿源投资管理有限公司	有限公司	海南省慈航公益基金会
61	000584.SZ	哈工智能	无锡哲方哈工智能机器人投资企业（有限合伙）、无锡联创人工智能投资企业（有限合伙）	合伙企业	艾迪、乔徽

续表

序号	证券代码	公司简称	收购方名称	收购方性质	实际控制人
62	000538.SZ	云南白药	江苏鱼跃科技发展有限公司	有限公司	无
63	000511.SZ	*ST 烯碳	远成集团有限公司	有限公司	黄远成
64	000509.SZ	华塑控股	浙江浦江域耀资产管理有限公司	有限公司	李雪峰
65	000506.SZ	中润资源	宁波冉盛盛远投资管理合伙企业（有限合伙）	合伙企业	郭昌玮
66	000503.SZ	国新健康	中国国有资本风险投资基金股份有限公司	股份有限公司	中国国新控股有限责任公司
67	000407.SZ	胜利股份	广州润铠胜投资有限责任公司	有限公司	赖淦锋
68	000010.SZ	*ST 美丽	深圳市盛世泰富园林投资有限公司	有限公司	蒋文

表 1-4-2　2018 年控制权交易的收购方

序号	证券代码	证券名称	收购方名称	收购方性质	实际控制人
1	603268.SH	松发股份	恒力集团有限公司	有限公司	范红卫、陈建华
2	603199.SH	九华旅游	安徽省高新技术产业投资有限公司	有限公司	安徽省国资委
3	603188.SH	ST 亚邦	许芸霞	自然人	许旭东、许小初、许芸霞
4	601313.SH	江南嘉捷	天津奇信志成科技有限公司	有限公司	周鸿祎
5	600865.SH	百大集团	陈桂花	自然人	陈桂花、王水福
6	600847.SH	万里股份	家天下资产管理有限公司	有限公司	莫天全

续表

序号	证券代码	证券名称	收购方名称	收购方性质	实际控制人
7	600817.SH	ST 宏盛	西藏德恒企业管理有限责任公司	有限公司	游明设、谢群鹏、王建军、杨张峰、张宝锋、汤玉祥、牛波
8	600749.SH	西藏旅游	新奥控股投资有限公司	有限公司	王玉锁
9	600643.SH	爱建集团	—	—	王均金
10	600641.SH	万业企业	浦元投资（杭州）有限公司	有限公司	李勇军、朱旭东、王晴华
11	600636.SH	三爱富	中国文化产业发展集团有限公司	有限公司	国务院国资委
12	600532.SH	宏达矿业	上海晟天企业发展有限公司	有限公司	俞倪荣、谢雨彤
13	600399.SH	ST 抚钢	宁波梅山保税港区锦程沙洲股权投资有限公司	有限公司	沈文荣
14	600303.SH	曙光股份	华泰汽车集团有限公司	有限公司	张秀根、张宏亮
15	600265.SH	ST 景谷	周大福投资有限公司	有限公司	郑家纯
16	600255.SH	梦舟股份	李瑞金	自然人	李瑞金
17	600215.SH	长春经开	万丰锦源控股集团有限公司	有限公司	陈爱莲
18	600200.SH	江苏吴中	杭州复晖实业有限公司	有限公司	钱群英
19	600093.SH	易见股份	云南省滇中产业发展集团有限责任公司	有限公司	云南滇中新区管理委员会

续表

序号	证券代码	证券名称	收购方名称	收购方性质	实际控制人
20	300379.SZ	东方通	黄永军	自然人	黄永军
21	300328.SZ	宜安科技	株洲市国有资产投资控股集团有限公司	有限公司	株洲市国资委
22	300301.SZ	长方集团	南昌光谷集团有限公司、南昌鑫旺资本企业（有限合伙）	有限公司+合伙企业	王敏
23	300291.SZ	华录百纳	盈峰投资控股集团有限公司、宁波普罗非投资管理有限公司	有限公司	何剑锋
24	300289.SZ	利德曼	广州凯得科技发展有限公司	有限公司	广州经济技术开发区管理委员会
25	300272.SZ	开能健康	钧天（宁夏）投资管理中心（有限合伙）	合伙企业	赵笠钧
26	300247.SZ	乐金健康	融捷投资控股集团有限公司	有限公司	吕向阳、张长虹
27	300238.SZ	冠昊生物	广州永金源投资有限公司	有限公司	张永明、林玲
28	300225.SZ	金力泰	宁夏华锦资产管理有限公司	有限公司	中国国防金融研究会
29	300219.SZ	鸿利智汇	四川金舵投资有限责任公司	有限公司	泸州市国资委
30	300145.SZ	中金环境	无锡市市政公用产业集团有限公司	有限公司	无锡市国资委
31	300088.SZ	长信科技	芜湖铁元投资股份有限公司	股份有限公司	安徽省投资集团控股有限公司

续表

序号	证券代码	证券名称	收购方名称	收购方性质	实际控制人
32	300074.SZ	华平股份	智汇科技投资（深圳）有限公司	有限公司	刘海东、叶顺彭、姚莉红
33	300025.SZ	华星创业	上海繁银科技有限公司	有限公司	朱定楷
34	002755.SZ	奥赛康	京奥赛康投资管理有限公司	有限公司	陈庆财
35	002723.SZ	金莱特	深圳华欣创力科技实业发展有限公司	有限公司	蔡小如
36	002721.SZ	金一文化	北京海淀科技金融资本控股集团股份有限公司	股份有限公司	北京市海淀区国资委
37	002692.SZ	ST 远程	深圳市深利源投资集团有限公司	有限公司	李明
38	002691.SZ	冀凯股份	—	—	冯春保
39	002686.SZ	亿利达	浙江省浙商资产管理有限公司	有限公司	浙江省国资委
40	002655.SZ	共达电声	潍坊爱声声学科技有限公司	有限公司	谢冠宏
41	002647.SZ	民盛金科	内蒙古正东云驱科技有限公司	有限公司	霍东
42	002637.SZ	赞宇科技	河南正商企业发展集团有限责任公司	有限公司	张惠琪
43	002628.SZ	成都路桥	四川宏义嘉华实业有限公司	有限公司	刘峙宏
44	002600.SZ	江粉磁材	领胜投资（深圳）有限公司	有限公司	曾芳勤

续表

序号	证券代码	证券名称	收购方名称	收购方性质	实际控制人
45	002575.SZ	群兴玩具	深圳星河数据科技有限公司、成都数字星河科技有限公司以及北京九连环数据服务中心（有限合伙）	—	王叁寿
46	002564.SZ	天沃科技	上海电气集团股份有限公司	有限公司	上海市国资委
47	002480.SZ	新筑股份	四川发展（控股）有限责任公司	有限公司	四川省国资委
48	002438.SZ	江苏神通	湖州风林火山股权投资合伙企业（有限合伙）	合伙企业	罗灿
49	002374.SZ	丽鹏股份	苏州睿畅投资管理有限公司	有限公司	钱建蓉
50	002357.SZ	富临运业	宁波泰虹企业管理有限公司	有限公司	刘锋
51	002355.SZ	兴民智通	四川盛邦创恒企业管理有限责任公司	有限公司	周治
52	002306.SZ	ST 云网	上海臻禧企业管理咨询合伙企业（有限合伙）	合伙企业	陈继
53	002239.SZ	奥特佳	张永明	自然人	张永明
54	002217.SZ	合力泰	福建省电子信息（集团）有限责任公司	有限公司	福建省国资委
55	002209.SZ	达意隆	张颂明	自然人	张颂明
56	002207.SZ	ST 准油	湖州燕润投资管理合伙企业（有限合伙）	合伙企业	解直锟

续表

序号	证券代码	证券名称	收购方名称	收购方性质	实际控制人
57	002199.SZ	东晶电子	上海创锐投资管理有限公司、上海鹰虹投资管理有限公司	有限公司	钱建蓉
58	002183.SZ	怡亚通	深圳市投资控股有限公司	有限公司	深圳市国资委
59	002178.SZ	延华智能	上海雁塔科技有限公司	有限公司	潘晖
60	002154.SZ	报喜鸟	—	—	吴志泽先生及其一致行动人吴婷婷女士、上海金纱投资有限公司
61	002088.SZ	鲁阳节能	Ulysses Parent	外资企业	Behdad Eghbali, José E.Feliciano
62	002028.SZ	思源电气	—	自然人	陈邦栋、董增平
63	002015.SZ	协鑫能科	协鑫科技控股有限公司	有限公司	朱共山
64	000836.SZ	富通鑫茂	浙江富通科技集团有限公司	有限公司	王建沂
65	000829.SZ	天音控股	深圳市投资控股有限公司	有限公司	深圳市国资委
66	000688.SZ	国城矿业	浙江国城控股有限公司	有限公司	吴城
67	000678.SZ	襄阳轴承	武汉金凰实业集团有限公司	有限公司	贾志宏
68	000633.SZ	合金投资	甘霖、李强、姚军	自然人	甘霖
69	000597.SZ	东北制药	—	—	方威

续表

序号	证券代码	证券名称	收购方名称	收购方性质	实际控制人
70	000593.SZ	大通燃气	北京顶信瑞通科技发展有限公司	有限公司	丁立国
71	000301.SZ	东方盛虹	江苏盛虹科技股份有限公司	有限公司	朱红梅、缪汉根
72	000048.SZ	康达尔	京基集团有限公司	有限公司	陈华
73	000008.SZ	神州高铁	中国国投高新产业投资有限公司	有限公司	国家开发投资集团有限公司
74	000007.SZ	全新好	汉富控股有限公司	有限公司	韩学渊

表 1-4-3　2019 年控制权交易的收购方

序号	代码	公司简称	收购方全称	收购方性质	实际控制人
1	603988.SH	中电电机	宁波君拓企业管理有限公司	有限公司	无
2	603318.SH	派思股份	大连派思投资有限公司	有限公司	山东省国资委
3	603108.SH	润达医疗	杭州市下城区国有投资控股集团有限公司	有限公司	杭州市下城区财政局
4	603031.SH	安德利	合肥荣新股权投资基金合伙企业（有限合伙）	合伙企业	王文娟、袁永刚
5	603028.SH	赛福天	苏州市天凯汇润产业投资合伙企业（有限合伙）	有限合伙	无
6	603021.SH	山东华鹏	舜和资本管理有限公司	有限公司	山东省国资委
7	601789.SH	宁波建工	宁波交通投资控股有限公司	有限公司	宁波市国资委

续表

序号	代码	公司简称	收购方全称	收购方性质	实际控制人
8	601028.SH	玉龙股份	上海厚皑科技有限公司	有限公司	赖郁辰
9	600986.SH	科达股份	刘锋杰	自然人	刘锋杰
10	600856.SH	ST中天	森宇化工油气有限公司	有限公司	薛东萍、郭思颖
11	600807.SH	ST天业	济南高新城市建设发展有限公司	有限公司	无
12	600774.SH	汉商集团	阎志、卓尔控股有限公司	自然人、有限公司	阎志
13	600750.SH	江中药业	华润医药控股有限公司	有限公司	国务院国资委
14	600734.SH	实达集团	郑州航空港区兴创电子科技有限公司	有限公司	郑州航空港经济综合实验区管理委员会
15	600732.SH	ST爱旭	陈刚	自然人	陈刚
16	600721.SH	*ST百花	新疆华凌工贸（集团）有限公司	有限公司	米恩华、杨小玲
17	600687.SH	*ST刚泰	浙江汇通刚泰股权投资基金合伙企业（有限合伙）	合伙企业	无
18	600664.SH	哈药股份	重庆哈珀股权投资基金合伙企业（有限合伙）、天津黑马祺航投资管理有限公司	合伙企业、有限公司	无
19	600661.SH	昂立教育	中金投资（集团）有限公司及其一致行动人	有限公司	无

续表

序号	代码	公司简称	收购方全称	收购方性质	实际控制人
20	600605.SH	汇通能源	西藏德锦企业管理有限责任公司	有限公司	汤玉祥
21	600556.SH	ST 慧球	北京天下秀科技股份有限公司	有限公司	新浪集团和李檬
22	600537.SH	亿晶光电	深圳市勤诚达投资管理有限公司	有限公司	古耀明
23	600496.SH	精工钢构	中建信控股集团有限公司	有限公司	方朝阳
24	600470.SH	六国化工	安徽创谷新材料有限公司	有限公司	无
25	600421.SH	*ST 仰帆	浙江恒顺投资有限公司	有限公司	楼永良
26	600363.SH	联创光电	伍锐	自然人	伍锐
27	600358.SH	国旅联合	江西省旅游集团有限责任公司	有限公司	江西省国资委
28	600300.SH	维维股份	徐州市新盛投资控股集团有限公司	有限公司	无
29	600238.SH	ST 椰岛	王贵海	自然人	王贵海
30	600212.SH	江泉实业	深圳景宏益诚实业发展有限公司	有限公司	徐益明
31	600186.SH	*ST 莲花	枞阳县莲兴企业服务管理中心合伙企业（有限合伙）	合伙企业	顾华梅
32	600116.SH	三峡水利	长电资本控股有限责任公司	有限公司	国务院国资委
33	600100.SH	同方股份	中国核工业集团资本控股有限公司	有限公司	国务院国资委

续表

序号	代码	公司简称	收购方全称	收购方性质	实际控制人
34	600076.SH	康欣新材	无锡市建设发展投资有限公司	有限公司	无锡市国资委
35	300530.SZ	达志科技	湖南衡帕动力合伙企业（有限合伙）	合伙企业	王蕾
36	300510.SZ	金冠股份	洛阳古都资产管理有限公司	有限公司	洛阳市老城区人民政府
37	300492.SZ	山鼎设计	华图宏阳投资有限公司	有限公司	易定宏、伍景玉
38	300489.SZ	中飞股份	佛山粤邦投资管理有限公司	有限公司	朱世会
39	300478.SZ	杭州高新	万人中盈（厦门）股权投资合伙企业（有限合伙）、吕俊坤	自然人、合伙企业	吕俊坤
40	300475.SZ	聚隆科技	深圳市领泰基石投资合伙企业（有限合伙）及其一致行动人	合伙企业	张维
41	300425.SZ	环能科技	北京中建启明企业管理有限公司	有限公司	国务院国资委
42	300399.SZ	京天利	上饶市数字和金融产业投资集团有限公司	有限公司	上饶市国资委
43	300370.SZ	安控科技	徐辉	自然人	徐辉
44	300368.SZ	汇金股份	邯郸市建设投资集团有限公司	有限公司	邯郸市国资委
45	300367.SZ	东方网力	川投信息产业集团有限公司	有限公司	四川省国资委
46	300345.SZ	红宇新材	湖南建湘晖鸿产业投资有限公司	有限公司	卢建之

续表

序号	代码	公司简称	收购方全称	收购方性质	实际控制人
47	300342.SZ	天银机电	佛山市澜海瑞兴股权投资合伙企业（有限合伙）	有限公司	佛山市南海区国有资产监督管理局
48	300319.SZ	麦捷科技	深圳远致富海电子信息投资企业（有限合伙）	合伙企业	深圳市国资委
49	300300.SZ	汉鼎宇佑	平潭创新股权投资合伙企业（有限合伙）	合伙企业	平潭综合实验区国有资产管理局
50	300290.SZ	荣科科技	辽宁国科实业有限公司	有限公司	何任晖
51	300281.SZ	金明精机	广州万宝长睿投资有限公司、广州万宝集团有限公司	有限公司	广州市人民政府
52	300266.SZ	兴源环境	新希望投资集团有限公司	有限公司	刘永好
53	300256.SZ	星星科技	萍乡范钛客网络科技有限公司	有限公司	萍乡经济技术开发区管理委员会
54	300245.SZ	天玑科技	深圳裕龙资本投资管理有限公司	有限公司	苏博
55	300237.SZ	美晨生态	潍坊市城市建设发展投资集团有限公司	有限公司	潍坊市国资委
56	300225.SZ	金力泰	海南自贸区大禾实业有限公司	有限公司	刘少林
57	300214.SZ	日科化学	济南鲁民投金湖投资合伙企业（有限合伙）	合伙企业	无
58	300189.SZ	神农科技	曹欧劼	自然人	曹欧劼

续表

序号	代码	公司简称	收购方全称	收购方性质	实际控制人
59	300188.SZ	美亚柏科	国投智能科技有限公司	有限公司	国务院国资委
60	300178.SZ	腾邦国际	中科行发投资控股集团有限公司	有限公司	中国科学院行政管理局
61	300176.SZ	派生科技	东莞派生科技实业有限公司	有限公司	唐军
62	300173.SZ	智慧松德	佛山市公用事业控股有限公司	有限公司	佛山市国资委
63	300168.SZ	万达信息	中国人寿保险股份有限公司及其一致行动人	A 股上市公司	无
64	300161.SZ	华中数控	阎志、卓尔智能制造（武汉）有限公司	自然人、有限公司	阎志
65	300159.SZ	新研股份	嘉兴华控腾汇股权投资合伙企业（有限合伙）	合伙企业	张扬
66	300157.SZ	恒泰艾普	银川中能新财科技有限公司	有限公司	刘亚玲
67	300143.SZ	盈康生命	青岛盈康医疗投资有限公司	有限公司	海尔集团公司
68	300132.SZ	青松股份	山西欣亚辉企业管理咨询有限公司	有限公司	无
69	300128.SZ	锦富技术	泰兴市智成产业投资基金（有限合伙）	合伙企业	江苏省泰兴高新技术产业开发区管理委员会
70	300110.SZ	华仁药业	西安曲江天授大健康投资合伙企业（有限合伙）	有限公司	西安曲江新区管理委员会

续表

序号	代码	公司简称	收购方全称	收购方性质	实际控制人
71	300091.SZ	金通灵	南通产业控股集团有限公司	有限公司	南通市国资委
72	300083.SZ	劲胜智能	冯建华	自然人	无
73	300076.SZ	GQY 视讯	开封金控投资集团有限公司	有限公司	开封市人民政府
74	300053.SZ	欧比特	珠海格力金融投资管理有限公司	有限公司	珠海市国资委
75	300026.SZ	红日药业	成都兴城投资集团有限公司	有限公司	成都市国资委
76	002795.SZ	永和智控	台州永健控股有限公司	有限公司	曹德莅
77	002771.SZ	真视通	苏州隆越控股有限公司	有限公司	王小刚
78	002769.SZ	普路通	广东省绿色金融投资控股集团有限公司	有限公司	广州市人民政府
79	002761.SZ	多喜爱	浙江省建设投资集团股份有限公司	股份有限公司（台港澳合资）（外资比例低于25%	无
80	002758.SZ	华通医药	浙农控股集团有限公司	有限公司	浙江省供销合作社联合社
81	002726.SZ	龙大肉食	蓝润发展控股集团有限公司	有限公司	戴学斌、董翔
82	002715.SZ	登云股份	益科正润投资集团有限公司	有限公司	杨涛

续表

序号	代码	公司简称	收购方全称	收购方性质	实际控制人
83	002712.SZ	思美传媒	四川省旅游投资集团有限责任公司	有限公司	四川省国资委
84	002708.SZ	光洋股份	深圳富海光洋股权投资基金合伙企业（有限合伙）、深圳市东方富海创业投资管理有限公司	合伙企业、有限公司	深圳富海光洋股权投资基金合伙企业（有限合伙）
85	002692.SZ	ST 远程	无锡苏新产业优化调整投资合伙企业（有限合伙）	合伙企业	无
86	002671.SZ	龙泉股份	江苏建华企业管理咨询有限公司	有限公司	许培锋
87	002669.SZ	康达新材	唐山金控产业孵化器集团有限公司	有限公司	唐山市国资委
88	002654.SZ	万润科技	湖北省宏泰国有资本投资运营集团有限公司	有限公司	湖北省国资委
89	002647.SZ	仁东控股	北京海淀科技金融资本控股集团股份有限公司	有限公司	北京市海淀区国资委
90	002640.SZ	跨境通	广州开发区新兴产业投资基金管理有限公司	有限公司	广州开发区管理委员会
91	002629.SZ	*ST 仁智	平达新材料有限公司	有限公司	陈泽虹
92	002607.SZ	中公教育	李永新、北京中公未来信息咨询中心（有限合伙）	自然人、合伙企业	鲁忠芳、李永新
93	002606.SZ	大连电瓷	杭州锐奇信息技术合伙企业（有限合伙）	合伙企业	应坚

续表

序号	代码	公司简称	收购方全称	收购方性质	实际控制人
94	002573.SZ	清新环境	四川发展国润环境投资有限公司	有限公司	四川省国资委
95	002569.SZ	*ST 步森	北京东方恒正科贸有限公司	有限公司	王春江
96	002555.SZ	三七互娱	李卫伟	自然人	李卫伟
97	002554.SZ	惠博普	长沙水业集团有限公司	有限公司	长沙市人民政府
98	002548.SZ	金新农	广州湾区金农投资合伙企业（有限合伙）	合伙企业	无
99	002542.SZ	中化岩土	成都兴城投资集团有限公司	有限公司	成都市国资委
100	002528.SZ	英飞拓	深圳市投资控股有限公司	有限公司	深圳市投资控股有限公司
101	002464.SZ	众应互联	宁波梅山保税港区微梦互娱投资合伙企业（有限合伙）	有限合伙	李化亮
102	002459.SZ	晶澳科技	宁晋县晶泰福科技有限公司	有限公司	靳保芳、靳军淼
103	002453.SZ	华软科技	八大处科技集团有限公司	有限公司	张景明
104	002447.SZ	晨鑫科技	上海钜成企业管理（集团）有限公司	有限公司	薛成标
105	002445.SZ	ST 中南	北京首拓融汇投资有限公司	有限公司	解直锟
106	002438.SZ	江苏神通	宁波聚源瑞利投资合伙企业（有限合伙）	有限合伙	韩力

续表

序号	代码	公司简称	收购方全称	收购方性质	实际控制人
107	002431.SZ	棕榈股份	河南省豫资保障房管理运营有限公司	有限公司	河南省财政厅
108	002427.SZ	*ST 尤夫	山东航天云帆资本管理有限公司	有限公司	无
109	002418.SZ	康盛股份	重庆拓洋投资有限公司	有限公司	解直锟
110	002383.SZ	合众思壮	郑州航空港区兴慧电子科技有限公司	有限公司	郑州航空港经济综合试验区管理委员会
111	002343.SZ	慈文传媒	华章天地传媒投资控股集团有限公司	有限公司	江西省人民政府
112	002336.SZ	*ST 人乐	西安曲江文化产业投资（集团）有限公司	有限公司	西安曲江新区管理委员会
113	002331.SZ	皖通科技	南方银谷科技有限公司	有限公司	周发展
114	002310.SZ	东方园林	北京朝汇鑫企业管理有限公司	有限公司	北京市朝阳区国资委
115	002297.SZ	博云新材	湖南兴湘投资控股集团有限公司	有限公司	湖南省国资委
116	002295.SZ	精艺股份	南通三建控股有限公司	有限公司	黄裕辉、周炳高、施晖、卫波、王卫冲、徐挺、袁备、张福斌
117	002263.SZ	*ST 东南	诸暨市水务集团有限公司	有限公司	诸暨市国资委

续表

序号	代码	公司简称	收购方全称	收购方性质	实际控制人
118	002237.SZ	恒邦股份	江西铜业股份有限公司	A 股上市公司	江西省国资委
119	002231.SZ	奥维通信	潍坊润弘能源科技合伙企业（有限合伙）	合伙企业	单川、吴琼
120	002229.SZ	鸿博股份	河南寓泰控股有限公司	有限公司	尤丽娟、尤玉仙、尤友岳、尤友鸾、尤雪仙、章棉桃
121	002219.SZ	恒康医疗	宋丽华	自然人	宋丽华
122	002211.SZ	宏达新材	上海鸿孜企业发展有限公司	有限公司	杨鑫
123	002201.SZ	九鼎新材	深圳翼威新材料有限公司	有限公司	王文银
124	002196.SZ	方正电机	卓越汽车有限公司	有限公司	无
125	002175.SZ	*ST 东网	申嫒嫒	自然人	无
126	002169.SZ	智光电气	李永喜	自然人	李永喜
127	002145.SZ	中核钛白	王泽龙	自然人	王泽龙
128	002136.SZ	安纳达	安徽创谷新材料有限公司	有限公司	无
129	002122.SZ	*ST 天马	徐州乾顺承科技发展有限公司	有限公司	无
130	002097.SZ	山河智能	广州万力投资控股有限公司	有限公司	广州市人民政府
131	002073.SZ	软控股份	青岛西湾不大软件服务有限公司	有限公司	李兆年、杨浩涌
132	002012.SZ	凯恩股份	浙江凯融特种纸有限公司	有限公司	解直锟

续表

序号	代码	公司简称	收购方全称	收购方性质	实际控制人
133	001914.SZ	招商积余	招商局蛇口工业区控股股份有限公司	上市公司	招商局集团有限公司
134	000995.SZ	*ST 皇台	甘肃盛达集团股份有限公司	有限公司	赵满堂
135	000982.SZ	*ST 中绒	恒天金石投资管理有限公司	有限公司	无
136	000972.SZ	ST 中基	上海千琥医药科技有限公司	有限公司	Veronique Bibi
137	000893.SZ	东凌国际	牡丹江国富投资中心（有限合伙）	合伙企业	无
138	000796.SZ	凯撒旅业	凯撒世嘉旅游管理顾问股份有限公司	有限公司	陈小兵
139	000785.SZ	居然之家	北京居然之家投资控股集团有限公司	有限公司	汪林朋
140	000766.SZ	通化金马	张玉富	自然人	张玉富
141	000760.SZ	*ST 斯太	成都国兴昌贸易有限公司	有限公司	张展玉
142	000715.SZ	中兴商业	辽宁方大集团实业有限公司	有限公司	方威
143	000677.SZ	恒天海龙	温州康南科技有限公司	有限公司	胡兴荣
144	000676.SZ	智度股份	何德明等自然人	自然人	无
145	000670.SZ	*ST 盈方	上海舜元企业投资发展有限公司	有限公司	陈炎表
146	000622.SZ	恒立实业	深圳市艾达华商务有限公司	有限公司	马伟进
147	000592.SZ	平潭发展	王志明	自然人	王志明

续表

序号	代码	公司简称	收购方全称	收购方性质	实际控制人
148	000558.SZ	莱茵体育	成都体育产业投资集团有限责任公司	有限公司	成都市国资委
149	000410.SZ	*ST 沈机	中国通用技术（集团）控股有限责任公司	有限公司	国务院国资委
150	000407.SZ	胜利股份	山东胜利投资股份有限公司	股份有限公司	无
151	000068.SZ	华控赛格	山西国投创新绿色能源股权投资合伙企业（有限合伙）	合伙企业	山西省国有资本投资运营有限公司
152	000023.SZ	深天地 A	广东君浩股权投资控股有限公司	有限公司	林宏润
153	000010.SZ	*ST 美丽	佳源创盛控股集团有限公司	有限公司	沈玉兴
154	000007.SZ	全新好	王玩虹、陆尔东、刘红、林昌珍、李强、陈卓婷、陈军	自然人	王玩虹、陆尔东、刘红、林昌珍、李强、陈卓婷、陈军

二、出让方

控制权交易中，出让方一般为上市公司的直接或间接控股股东、实际控制人。出让方可能从未上市时起即是上市公司的控股股东、实际控制人，也可能是在取得上市公司控制权后意欲再次转让控制权。出让方是控制权交易中收购方的谈判对象，考察何种主体在何种情况下愿意且能够转让上市公司的控制权具有参考意义。

（一）何为出让方

根据《上市公司收购管理办法》第 79 条的规定，上市公司控股股东和实际控制人在转让其对公司的控制权前，应当清偿其对公司的负债，解除公司为其提供的担保，或者纠正其损害公司利益的其他情形，否则，中国证监会有权责令改正、责令暂停或者停止收购活动。

> **《上市公司收购管理办法》**
>
> 第七十九条　上市公司控股股东和实际控制人在转让其对公司的控制权时，未清偿其对公司的负债，未解除公司为其提供的担保，或者未对其损害公司利益的其他情形作出纠正的，中国证监会责令改正、责令暂停或者停止收购活动。
>
> 被收购公司董事会未能依法采取有效措施促使公司控股股东、实际控制人予以纠正，或者在收购完成后未能促使收购人履行承诺、安排或者保证的，中国证监会可以认定相关董事为不适当人选。

（二）出让方类型

为便于读者了解 2017~2019 年出让方的基本情况，我们分别统计了 2017~2019 年的出让方类型（自然人 / 有限公司 / 股份有限公司 / 合伙企业）。在统计口径方面，有以下两点需要予以说明：

一是并非所有的交易都有明确的出让方。例如，有的交易是通过收购人向上市公司控股股东增资并取得控股股东控制权的方式完成（如 2019 年江中药业，600750.SH），有的交易是通过收购人认购上市公司非公开发行股份完成（如 2017 年光启技术，002625.SZ）。在上述交易中，收购人通过在上市公司或控股股东层面增持以完成控制权让渡，并不存在一个直接的股权 / 股份出让方。综上，我们未将此类交易纳入本部分的统计范围。

二是部分交易可能存在多种类型的出让方。例如，部分交易的出让方是“自然人 + 有限公司”（如 2017 年中毅达，600610.SH），部分交易的出让方则是“有限公司 + 股份有限公司”的组合（如 2017 年三盛教育，300282.SZ）。

（三）2017~2019 年控制权交易的出让方

以转让上市公司控制权的出让方、原实际控制人姓名或名称为标准，2017~2019 年已经完成上市控制权交易的出让方及其相关情况如表 1-4-4~1-4-6 所示。

表 1-4-4 2017 年控制权交易的出让方

序号	证券代码	证券简称	原实际控制人	出让方姓名 / 名称
1	603399.SH	吉翔股份	郭光华、秦丽婧	秦丽婧、谭久刚、田刚
2	601005.SH	重庆钢铁	重庆市国资委	—
3	600753.SH	东方银星	柴春祥	晋中东鑫建材贸易有限公司
4	600732.SH	ST 爱旭	上海浦东科技投资有限公司	上海上实资产经营有限公司、上海浦东投资控股有限公司
5	600707.SH	彩虹股份	中国电子信息产业集团有限公司	非公开发行，无转让方
6	600678.SH	四川金顶	冯海良	海亮金属贸易集团有限公司
7	600622.SH	光大嘉宝	无实际控制人	—
8	600614.SH	*ST 鹏起	无	—
9	600610.SH	中毅达	何晓阳	何晓阳、深圳宝利盛投资管理有限公司
10	600576.SH	祥源文化	孔德永	孔德永、刘玉湘
11	600545.SH	新疆城建	乌鲁木齐市国资委	—
12	600539.SH	狮头股份	无	陈海昌
13	600532.SH	宏达矿业	梁秀红	梁秀红
14	600462.SH	*ST 九有	李东锋、孔汀筠、朱胜英	李东锋、孔汀筠、朱胜英
15	600388.SH	龙净环保	周苏华	周苏华
16	600387.SH	海越能源	吕小奎、袁承鹏、姚汉军、杨晓星、彭齐放等管理团队和员工	海越控股集团有限公司、吕小奎、袁承鹏、姚汉军、杨晓星、彭齐放、周丽芳、赵泉鑫、徐文秀
17	600319.SH	ST 亚星	宋晓明	施珊雅、深圳市人和汇资本管理有限公司、深圳长城汇理资产管理有限公司

续表

序号	证券代码	证券简称	原实际控制人	出让方姓名 / 名称
18	600255.SH	梦舟股份	李非列	芜湖恒鑫铜业集团有限公司
19	600243.SH	青海华鼎	青海省国资委	郭锦凯
20	600228.SH	ST 昌九	赣州市国资委	赣州工业投资集团有限公司、江西省投资集团、江西省工业投资公司
21	600212.SH	江泉实业	郑永刚	宁波顺辰投资有限公司
22	600211.SH	西藏药业	林刚、陈达彬	—
23	600083.SH	博信股份	石志敏	深圳前海烜卓投资发展中心（有限合伙）、朱凤廉
24	600074.SH	*ST 保千	庄敏	—
25	600069.SH	银鸽投资	河南省国资委	河南能源化工集团有限公司
26	300282.SZ	三盛教育	王明富	北京和君商学在线科技股份有限公司、深圳市福万方实业有限公司
27	300242.SZ	佳云科技	周建林	周建林
28	300208.SZ	青岛中程	贾全臣	—
29	300132.SZ	青松股份	柯维龙	柯维龙、一致行动人柯维新及陈尚和、邓建明、王德贵、邓新贵
30	300096.SZ	易联众	无	无
31	300048.SZ	合康新能	刘锦成、叶进吾	—
32	002711.SZ	*ST 欧浦	陈礼豪	—
33	002652.SZ	扬子新材	胡卫林	泸溪勤硕来投资有限公司
34	002625.SZ	光启技术	俞龙生、郑玉英	—
35	002580.SZ	圣阳股份	宋斌等 9 名自然人	宋斌等 9 名自然人
36	002576.SZ	通达动力	姜煜峰	姜煜峰

续表

序号	证券代码	证券简称	原实际控制人	出让方姓名 / 名称
37	002569.SZ	*ST 步森	徐茂栋	上海睿鸷资产管理合伙企业（有限合伙）
38	002485.SZ	希努尔	王桂波	新郎希努尔集团股份有限公司及其一致行动人山东新郎欧美尔家居置业有限公司、新郎·希努尔国际（集团）有限公司、达孜县正道咨询有限公司、重庆信三威投资咨询中心（有限合伙）—昌盛三号私募基金、重庆信三威投资咨询中心（有限合伙）—昌盛四号私募基金
39	002471.SZ	中超控股	杨飞	江苏中超投资集团有限公司
40	002443.SZ	金洲管道	徐水荣、周新华、俞锦方、沈淦荣	大股东金洲集团及上市公司部分董事、高级管理人员
41	002427.SZ	*ST 尤夫	蒋勇	蒋勇、蒋智
42	002390.SZ	信邦制药	张观福	张观福
43	002379.SZ	宏创控股	于荣强	于荣强
44	002286.SZ	保龄宝	刘宗利	刘宗利、薛建平、杨远志、王乃强
45	002240.SZ	威华股份	李建华	—
46	002231.SZ	奥维通信	杜方、杜安顺、王崇梅	杜方、杜安顺、王崇梅
47	002123.SZ	梦网集团	崔京涛、左强、厉伟	—
48	002090.SZ	金智科技	葛宁、徐兵、叶留金、朱华明、贺安鹰、丁小异	—
49	002082.SZ	栋梁新材	陆志宝、赵守明、庄惠	陆志宝

续表

序号	证券代码	证券简称	原实际控制人	出让方姓名 / 名称
50	002072.SZ	*ST 凯瑞	吴联模	—
51	002059.SZ	云南旅游	云南省国资委	—
52	002033.SZ	丽江旅游	丽江玉龙雪山省级旅游开发区管理委员会	—
53	000890.SZ	法尔胜	张炜、缪勤、邓峰、周江、姚冬敏、张薇、周津如以及徐波八名自然人	—
54	000803.SZ	金宇车城	胡先成	—
55	000782.SZ	美达股份	梁伟东	江门市天昌投资有限公司、广东天健实业集团有限公司
56	000710.SZ	*ST 天仪	吴进良	—
57	000609.SZ	中迪投资	郑宽	郑宽、王瑞、中北能、云心科技、伍石环境、兴润宏晟
58	000601.SZ	韶能股份	韶关市国资委	—
59	000585.SZ	ST 东电	刘钧	苏州青创贸易集团有限公司
60	000584.SZ	哈工智能	缪双大	江苏双良科技有限公司
61	000538.SZ	云南白药	云南省国资委	—
62	000511.SZ	*ST 烯碳	刘成文	刘成文、黄东坡
63	000509.SZ	华塑控股	李中	康道鸿浩、李宏、李永培、李绍清、赵光军
64	000506.SZ	中润资源	卢粉	深圳市南午北安资产管理有限公司
65	000503.SZ	国新健康	康乔	控股股东层面的增资
66	000407.SZ	胜利股份	无实际控制人	山东胜利投资股份有限公司

续表

序号	证券代码	证券简称	原实际控制人	出让方姓名 / 名称
67	000010.SZ	*ST 美丽	郑方	嘉诚中泰文化艺术投资管理有限公司、中建投（北京）矿业有限公司

表 1-4-5　2018 年控制权交易的出让方

序号	股票代码	公司简称	原实际控制人	出让方姓名 / 名称
1	603268.SH	松发股份	林道藩、陆巧秀	林道藩、陆巧秀及一致行动人林秋兰
2	603199.SH	九华旅游	九华山风景区国资委	安徽九华山旅游（集团）有限公司
3	603188.SH	ST 亚邦	许旭东、许小初	—
4	601313.SH	江南嘉捷	金祖铭、金志峰	—
5	600865.SH	百大集团	陈夏鑫	陈夏鑫
6	600847.SH	万里股份	刘悉承	深圳市南方同正投资有限公司
7	600817.SH	ST 宏盛	王文学	拉萨知合企业管理有限公司
8	600749.SH	西藏旅游	欧阳旭	国风集团有限公司、西藏考拉科技发展有限公司
9	600643.SH	爱建集团	无	—
10	600641.SH	万业企业	无	—
11	600636.SH	三爱富	上海市国资委	上海华谊（集团）公司
12	600532.SH	宏达矿业	颜静刚	上海中技企业集团有限公司
13	600399.SH	ST 抚钢	辽宁省国资委	—
14	600303.SH	曙光股份	李进巅、李海阳	辽宁曙光集团有限责任公司
15	600265.SH	ST 景谷	张兴海	重庆小康控股有限公司
16	600255.SH	梦舟股份	冯青青	霍尔果斯红鹫创业投资有限公司、北京鼎耀千翔广告有限公司

续表

序号	股票代码	公司简称	原实际控制人	出让方姓名 / 名称
17	600215.SH	长春经开	长春市国资委	长春经济技术开发区创业投资控股有限公司
18	600200.SH	江苏吴中	赵唯一、姚建林、夏建平、阎政、罗勤、钟慎政、沈赟、金建平、金力	夏建平、阎政、罗勤、钟慎政、沈赟、金建平、金力
19	600093.SH	易见股份	冷天辉	云南九天投资控股集团有限公司
20	300379.SZ	东方通	张齐春、朱曼、朱海东	张齐春
21	300328.SZ	宜安科技	李扬德	宜安实业有限公司
22	300301.SZ	长方集团	邓子长、邓子贤、邓子权、邓子华	邓子长、邓子权、邓子华、邓子贤
23	300291.SZ	华录百纳	中国华录集团有限公司	华录文化产业有限公司
24	300289.SZ	利德曼	沈广仟、孙茜	北京迈迪卡科技有限公司
25	300272.SZ	开能健康	瞿建国	瞿建国、杨焕凤、瞿佩君、上海高森资产管理有限公司等
26	300247.SZ	乐金健康	金道明、马绍琴	金道明、金浩、马绍琴
27	300238.SZ	冠昊生物	朱卫平、徐国风	—
28	300225.SZ	金力泰	骆丽娟、吴国政	吴国政
29	300219.SZ	鸿利智汇	无	—
30	300145.SZ	中金环境	沈金浩	沈金浩
31	300088.SZ	长信科技	陈奇等 9 人	新疆润丰股权投资企业（有限合伙）及赣州市德普特投资管理有限公司

续表

序号	股票代码	公司简称	原实际控制人	出让方姓名 / 名称
32	300074.SZ	华平股份	刘海兰、刘焱、刘晓露、刘晓丹	刘焱、刘晓丹、刘海兰
33	300025.SZ	华星创业	程小彦	程小彦、屈振胜、李华、陈劲光
34	002755.SZ	奥赛康	陈会利	陈会利
35	002723.SZ	金莱特	蒋小荣	蒋小荣
36	002721.SZ	金一文化	钟葱	钟葱、钟小冬
37	002692.SZ	ST 远程	夏建统	睿康控股集团有限公司
38	002691.SZ	冀凯股份	刘伟	—
39	002686.SZ	亿利达	陈金飞、章启忠	陈金飞、章启忠
40	002655.SZ	共达电声	杨进军、董晓民、葛相军、赵笃仁	潍坊高科电子有限公司
41	002647.SZ	民盛金科	郝江波	阿拉山口市民众创新股权投资有限合伙企业
42	002637.SZ	赞宇科技	方银军	方银军、陆伟娟、洪树鹏、邹欢金、高慧、许荣年、朱增选、黄亚茹、任国晓、胡剑品
43	002628.SZ	成都路桥	郑渝力	郑渝力、四川省道诚力实业投资有限责任公司
44	002600.SZ	江粉磁材	汪南东	—
45	002575.SZ	群兴玩具	林伟章、黄仕群	广东群兴投资有限公司
46	002564.SZ	天沃科技	陈玉忠	陈玉忠
47	002480.SZ	新筑股份	黄志明	黄志明
48	002438.SZ	江苏神通	吴建新	吴建新、张逸芳、黄高杨、郁正涛和陈永生
49	002374.SZ	丽鹏股份	孙红丽、霍文菊、于志芬、孙鲲鹏、孙世尧	孙世尧、霍文菊、于志芬、孙红丽

续表

序号	股票代码	公司简称	原实际控制人	出让方姓名 / 名称
50	002357.SZ	富临运业	安治富	四川富临实业集团有限公司、安治富
51	002355.SZ	兴民智通	王志成	王志成
52	002306.SZ	ST 云网	孟凯	孟凯
53	002239.SZ	奥特佳	王进飞	王进飞
54	002217.SZ	合力泰	文开福	文开福及其一致行动人陈运
55	002209.SZ	达意隆	张巍、杜力	北京凤凰财鑫股权投资中心（有限合伙）
56	002207.SZ	ST 准油	高居伟	创越能源集团有限公司、秦勇
57	002199.SZ	东晶电子	苏思通	苏思通
58	002183.SZ	怡亚通	周国辉	深圳市怡亚通投资控股有限公司
59	002178.SZ	延华智能	胡黎明	胡黎明
60	002154.SZ	报喜鸟	无	—
61	002088.SZ	鲁阳节能	Michael G.Fisch	ASP Unifrax Investco
62	002028.SZ	思源电气	董增平	—
63	002015.SZ	协鑫能科	无	上海惇德股权投资有限公司、宁波竑悦投资管理中心（有限合伙）
64	000836.SZ	富通鑫茂	徐洪	西藏金杖投资有限公司
65	000829.SZ	天音控股	无	—
66	000688.SZ	国城矿业	刘建民	—
67	000678.SZ	襄阳轴承	湖北省国资委	—
68	000633.SZ	合金投资	赵素菲	赵素菲、翁扬水
69	000597.SZ	东北制药	沈阳市国资委	—
70	000593.SZ	大通燃气	李占通	天津大通投资集团有限公司

续表

序号	股票代码	公司简称	原实际控制人	出让方姓名 / 名称
71	000301.SZ	东方盛虹	苏州市吴江区人民政府国有资产监督管理办公室	—
72	000048.SZ	康达尔	罗爱华	—
73	000008.SZ	神州高铁	无	—
74	000007.SZ	全新好	陈卓婷、吴日松、许春铮	北京泓钧资产管理有限公司、深圳前海圆融通达投资企业（有限合伙）

表 1-4-6　2019 年控制权交易的出让方

序号	股票代码	公司简称	原实际控制人	出让方
1	603988.SH	中电电机	王建裕、王建凯、王盘荣	王建裕、王建凯、王盘荣
2	603318.SH	派思股份	谢冰	大连派思投资有限公司
3	603108.SH	润达医疗	刘辉和朱文怡	刘辉和朱文怡
4	603031.SH	安德利	陈学高	陈学高
5	603028.SH	赛福天	崔志强	崔志强
6	603021.SH	山东华鹏	张刚、张德华	张德华
7	601789.SH	宁波建工	浙江广天日月集团股份有限公司	浙江广天日月集团股份有限公司
8	601028.SH	玉龙股份	王文学	拉萨市知合科技发展有限公司
9	600986.SH	科达股份	刘双珉	刘双珉
10	600856.SH	ST 中天	黄博、邓天洲	—
11	600807.SH	ST 天业	曾昭秦	山东天业房地产开发集团有限公司

续表

序号	股票代码	公司简称	原实际控制人	出让方
12	600774.SH	汉商集团	武汉市汉阳区国资办	—
13	600750.SH	江中药业	江西省国资委	—
14	600734.SH	实达集团	景百孚	—
15	600732.SH	ST 爱旭	朱旭东、王晴华、李勇军	—
16	600721.SH	*ST 百花	新疆生产建设兵团农业建设第六师	第六师国资公司
17	600687.SH	*ST 刚泰	徐建刚	甘肃刚泰控股（集团）股份有限公司
18	600664.SH	哈药股份	哈尔滨市国资委	—
19	600661.SH	昂立教育	教育部	—
20	600605.SH	汇通能源	郑树昌	上海弘昌晟集团有限公司
21	600556.SH	ST 慧球	张琲	深圳市瑞莱嘉誉投资企业（有限合伙）
22	600537.SH	亿晶光电	荀建华	荀建华
23	600496.SH	精工钢构	金良顺	上海万融投资发展有限公司
24	600470.SH	六国化工	铜陵市国资委	—
25	600421.SH	*ST 仰帆	蔡守平	—
26	600363.SH	联创光电	邓凯元	上海凯天实业投资有限公司
27	600358.SH	国旅联合	王春芳	厦门当代资产管理有限公司
28	600300.SH	维维股份	杨启典、胡云峰、魏伯玲、曹荣开、庞政堂、张桂宣	维维集团股份有限公司
29	600238.SH	ST 椰岛	无	—
30	600212.SH	江泉实业	中国东方资产管理股份有限公司	深圳市大生农业集团有限公司

续表

序号	股票代码	公司简称	原实际控制人	出让方
31	600186.SH	*ST 莲花	夏建统	浙江睿康投资有限公司
32	600116.SH	三峡水利	水利部综合事业局	—
33	600100.SH	同方股份	教育部	—
34	600076.SH	康欣新材	李洁、郭志先、周晓璐、李汉华	李洁家族
35	300530.SZ	达志科技	蔡志华	蔡志华
36	300510.SZ	金冠股份	徐海江	徐海江
37	300492.SZ	山鼎设计	车璐、袁歆	车璐、袁歆
38	300489.SZ	中飞股份	杨志峰	杨志峰
39	300478.SZ	杭州高新	高长虹	高长虹、楼永富、高兴控股集团有限公司
40	300475.SZ	聚隆科技	刘翔、刘军	刘军、刘翔、宁国汇智及其他 18 个自然人股东
41	300425.SZ	环能科技	倪明亮	成都环能德美投资有限公司
42	300399.SZ	京天利	钱永耀	钱永耀及钱永美、江阴鑫源投资有限公司、天津智汇投资合伙企业（有限合伙）、邝青
43	300370.SZ	安控科技	俞凌	—
44	300368.SZ	汇金股份	孙景涛、鲍喜波	鑫汇金公司
45	300367.SZ	东方网力	刘光	刘光
46	300345.SZ	红宇新材	朱明楚、朱红专、朱红玉	—
47	300342.SZ	天银机电	赵晓东、赵云文	常熟市天恒投资管理有限公司
48	300319.SZ	麦捷科技	丘国波及李文燕	新疆动能东方股权投资有限公司

续表

序号	股票代码	公司简称	原实际控制人	出让方
49	300300.SZ	汉鼎宇佑	吴艳	吴艳
50	300290.SZ	荣科科技	崔万涛、付艳杰	崔万涛、付艳杰
51	300281.SZ	金明精机	马镇鑫	马镇鑫
52	300266.SZ	兴源环境	周立武、韩肖芳	兴源控股集团有限公司
53	300256.SZ	星星科技	叶仙玉	星星集团
54	300245.SZ	天玑科技	陆文雄	陆文雄
55	300237.SZ	美晨生态	张磊	张磊
56	300225.SZ	金力泰	中国国防金融研究会	华锦资产管理有限公司
57	300214.SZ	日科化学	赵东日	赵东日
58	300189.SZ	神农科技	黄培劲	—
59	300188.SZ	美亚柏科	郭永芳、滕达	郭永芳、滕达
60	300178.SZ	腾邦国际	钟百胜	—
61	300176.SZ	派生科技	—	卢楚隆、卢础其、卢楚鹏
62	300173.SZ	智慧松德	郭景松及张晓玲、中山市松德实业发展有限公司	郭景松、张晓玲、中山市松德实业发展有限公司
63	300168.SZ	万达信息	史一兵	—
64	300161.SZ	华中数控	华中科技大学	—
65	300159.SZ	新研股份	周卫华	周卫华
66	300157.SZ	恒泰艾普	孙庚文	孙庚文
67	300143.SZ	盈康生命	叶运寿	叶运寿
68	300132.SZ	青松股份	杨建新	杨建新和山西广佳汇企业管理咨询有限公司、杨一鸣、康美娟
69	300128.SZ	锦富技术	富国平、杨小蔚	富国平、杨小蔚

续表

序号	股票代码	公司简称	原实际控制人	出让方
70	300110.SZ	华仁药业	周希俭	广东永裕恒丰投资有限公司、永裕恒丰投资管理有限公司
71	300091.SZ	金通灵	季伟、季维东	季伟、季维东
72	300083.SZ	劲胜智能	王九全	劲辉国际企业有限公司
73	300076.SZ	GQY视讯	郭启寅、袁向阳	郭启寅、袁向阳
74	300053.SZ	欧比特	颜军	颜军
75	300026.SZ	红日药业	姚小青	姚小青
76	002795.SZ	永和智控	应雪青、陈先云	—
77	002771.SZ	真视通	王国红和胡小周	王国红和胡小周
78	002769.SZ	普路通	陈书智	陈书智
79	002761.SZ	多喜爱	陈军、黄娅妮夫妇	陈军、黄娅妮夫妇
80	002758.SZ	华通医药	绍兴市柯桥区供销合作社联合社	凌渭土等 44 人
81	002726.SZ	龙大肉食	宫明杰、宫学斌	龙大食品集团有限公司
82	002715.SZ	登云股份	张弢等 9 名自然人	张弢等 9 名自然人
83	002712.SZ	思美传媒	朱明虬及昌吉州首创投资有限合伙企业	朱明虬
84	002708.SZ	光洋股份	程上楠、张湘文	程上楠、程上柏、朱雪英
85	002692.SZ	ST 远程	无实际控制人	陈汉康
86	002671.SZ	龙泉股份	刘长杰	刘长杰
87	002669.SZ	康达新材	陆企亭	陆企亭
88	002654.SZ	万润科技	李志江、罗小艳、李驰及其一致行动人罗明、黄海霞、罗平、李志君、胡建国	李志江、罗小艳、李驰及其一致行动人罗明、黄海霞、罗平、李志君、胡建国

续表

序号	股票代码	公司简称	原实际控制人	出让方
89	002647.SZ	仁东控股	霍东	北京仁东信息技术有限公司
90	002640.SZ	跨境通	杨建新、樊梅花	杨建新
91	002629.SZ	*ST 仁智	金环	—
92	002607.SZ	中公教育	周夏耘	安徽亚夏实业股份有限公司
93	002606.SZ	大连电瓷	朱冠成	阜宁稀土意隆磁材有限公司
94	002573.SZ	清新环境	张开元	北京世纪地和控股有限公司
95	002569.SZ	*ST 步森	赵春霞	重庆安见汉时科技有限公司
96	002555.SZ	三七互娱	吴绪顺、吴卫红、吴卫东	—
97	002554.SZ	惠博普	黄松、白明垠、肖荣	黄松、白明垠、肖荣
98	002548.SZ	金新农	无实际控制人	舟山大成欣农股权投资合伙企业（有限合伙）
99	002542.SZ	中化岩土	吴延炜	吴延炜
100	002528.SZ	英飞拓	刘肇怀	JHL INFINITE LLC
101	002464.SZ	众应互联	郭昌玮	宁波冉盛盛瑞投资管理合伙企业（有限合伙）
102	002459.SZ	晶澳科技	何志平	—
103	002453.SZ	华软科技	王广宇	华软投资（北京）有限公司、王广宇
104	002447.SZ	晨鑫科技	刘德群	—
105	002445.SZ	ST 中南	江阴高新技术创业园管理委员会	—
106	002438.SZ	江苏神通	罗灿	湖州风林火山股权投资合伙企业（有限合伙）
107	002431.SZ	棕榈股份	吴桂昌	吴桂昌

续表

序号	股票代码	公司简称	原实际控制人	出让方
108	002427.SZ	*ST 尤夫	航天科工投资基金管理（北京）有限公司	湖州尤夫控股有限公司
109	002418.SZ	康盛股份	陈汉康	陈汉康
110	002383.SZ	合众思壮	郭信平	郭信平
111	002343.SZ	慈文传媒	马中骏、王玫、叶碧云、马中骅	马中骏、王玫、叶碧云、马中骅
112	002336.SZ	*ST 人乐	何金明、宋琦、何浩	深圳市浩明投资管理有限公司
113	002331.SZ	皖通科技	王中胜、杨世宁、杨新子	—
114	002310.SZ	东方园林	何巧女、唐凯	何巧女、唐凯
115	002297.SZ	博云新材	中南大学	—
116	002295.SZ	精艺股份	冯境铭、周艳贞	冯境铭、周艳贞
117	002263.SZ	*ST 东南	浙江大东南集团有限公司	浙江大东南集团有限公司
118	002237.SZ	恒邦股份	王信恩	烟台恒邦集团有限公司
119	002231.SZ	奥维通信	杜方	杜方
120	002229.SZ	鸿博股份	尤丽娟、尤玉仙、尤友岳、尤友鸾、尤雪仙、章棉桃	尤丽娟、尤玉仙、尤友岳、尤友鸾、尤雪仙、章棉桃
121	002219.SZ	恒康医疗	阙文彬	—
122	002211.SZ	宏达新材	朱德洪	江苏伟伦投资管理有限公司
123	002201.SZ	九鼎新材	顾清波	顾清波
124	002196.SZ	方正电机	张敏	张敏
125	002175.SZ	*ST 东网	宋小忠	彭朋
126	002169.SZ	智光电气	郑晓军	—

续表

序号	股票代码	公司简称	原实际控制人	出让方
127	002145.SZ	中核钛白	李建锋	李建锋
128	002136.SZ	安纳达	铜陵市华盛化工投资有限公司	—
129	002122.SZ	*ST 天马	徐茂栋	喀什星河创业投资有限公司
130	002097.SZ	山河智能	何清华	何清华
131	002073.SZ	软控股份	袁仲雪	—
132	002012.SZ	凯恩股份	蔡阳	—
133	001914.SZ	招商积余	中国航空技术国际控股有限公司	中航国际控股股份有限公司
134	000995.SZ	*ST 皇台	吉文娟	—
135	000982.SZ	*ST 中绒	马生国	—
136	000972.SZ	ST 中基	新疆生产建设兵团农业建设第六师	—
137	000893.SZ	东凌国际	赖宁昌	广州东凌实业投资集团有限公司
138	000796.SZ	凯撒旅业	海南省慈航公益基金会	—
139	000785.SZ	居然之家	武汉国有资产经营有限公司	—
140	000766.SZ	通化金马	刘成文家族	北京晋商联盟投资管理有限公司
141	000760.SZ	*ST 斯太	冯文杰	山东英达钢结构有限公司
142	000715.SZ	中兴商业	沈阳市国资委	沈阳中兴商业集团有限公司
143	000677.SZ	恒天海龙	虞文品	—
144	000676.SZ	智度股份	吴红心	—

续表

序号	股票代码	公司简称	原实际控制人	出让方
145	000670.SZ	*ST 盈方	上海盈方微电子技术有限公司	陈志成
146	000622.SZ	恒立实业	李日晶	李日晶
147	000592.SZ	平潭发展	刘平山	刘好
148	000558.SZ	莱茵体育	高继胜	莱茵达控股集团有限公司
149	000410.SZ	*ST 沈机	沈阳市国资委	沈阳机床（集团）有限责任公司
150	000407.SZ	胜利股份	赖淦锋	—
151	000068.SZ	华控赛格	黄俞	深圳市奥融信投资发展有限公司
152	000023.SZ	深天地 A	无	林凯旋
153	000010.SZ	*ST 美丽	蒋文	深圳五岳乾坤投资有限公司
154	000007.SZ	全新好	韩学渊	—

第五章　控制权转让的交易方式

在交易各方就是否要发生交易的初步共识或决定作出之后，第二位的问题就是确定具体的交易条件和交易方式，如果交易方式和交易条件无法满足交易的目的，这笔交易就无法继续推进。交易方式是实现控制权交易的工具包、武器库和路线图，选择合适、合规的交易工具和路径，是满足各方交易诉求、顺利实现交易目的的重要前提。

没有两个完全相同的交易，每一笔交易的交易方式都是定做的。即使两宗完全不同的控制权转让采用了相同的交易方式，也是在各方充分考虑各自诉求后的选择。有些时候，由于论证不充分、考虑不周全、想象力不够或者监管政策的临时变化等原因，各方的交易方式事后来看并非最佳选择，可能在监管关注后进行必要的调整。作为控制权交易涉及的三方主体，收购人、标的上市公司、出让方的具体情况和诉求、其他股东和债权人的意见、高管和员工的利益保护、地方政府的态度和观点等，都会对交易方式的选择造成或多或少的影响。例如，大股东所持股份没有限制减持条件的，可以选择直接以协议方式转让；大股东股份有减持比例限制，但收购人又希望尽快取得公司控制权的，交易各方可以选择通过协议转让 + 表决权委托的方式来实现交易目的。

除交易主体的诉求外，相关法律法规和监管规定也影响交易方式的选择。根据《上市公司收购管理办法》（2020 年修订）的规定，除非涉及特殊情况，取得股份比例超过 30% 的收购人应当履行要约收购义务。在这种情况下，拟取得超过 30% 股份的收购人就需要提前考虑要约收购的资金成本、时间成本，并将其纳入交易规划中。而深交所与上交所在 2018 年分别发布《上市公司收购及股份权益变动信息披露业务指引》（征求意见稿）后，表决权委托、受托双方可能被视为一致行动人，并可能使大比例的表决权委托触发收购人的要约收购义务。在这种情况下，是否还要采用表决权委托、是否有其他替代性的交易方式，就成为了收购人等各方需要共同面临、协商解决的问题。

本章会分别介绍各交易方式的定义和特点、适用的情形、使用时的注意事项与近年采用各类交易方式的典型案例，以期为读者提供借鉴和帮助。

一、交易方式简介

根据《上市公司收购管理办法》（2020 年修正）等的规定，收购上市公司的交易方式包括二级市场增持、要约收购、协议转让、间接收购、重组（借壳）上市、执行司法裁定、表决权安排等。

以同时使用的交易工具数量为标准，可以将控制权转让的交易方式分为单一交易方式和复合交易方式两类。例如，有的交易通过协议转让一种方式即可以完成控制权的让渡；但有的交易中，因为上市公司控股股东持有的部分股份短期内无法全部减持、减持数量和比例达不到控制权转移的要求等，需要采用协议转让 + 表决权委托的方式出让控制权。

如果收购人拟收购的权益比例在 30% 以下，其可以选择特定的交易对象收购其持有的股份，但是，当收购人收购的权益比例超过 30% 时，除特殊情况外，其应当采用要约收购方式进行，而要约对象是上市公司全体股东（如收购人或其一致行动人已持有上市公司股份，则应排除在外）。

以 2019 年完成的 154 起控制权交易为例，105 起系采用单一方式进行，具体交易方式包括协议转让、间接收购等；45 起采用复合交易方式进行，具体交易方式包括协议转让 + 表决权委托、协议转让 + 表决权放弃等；另有 4 起通过借壳上市的方式完成（见表 1-5-1）。

表 1-5-1　2019 年收购上市公司控制权交易方式

交易方式	交易数量（起）	占交易总数比例（%）
单一交易方式（a）		
协议转让	40	25.97
间接收购	22	14.29

续表

交易方式	交易数量（起）	占交易总数比例（%）
司法裁定	17	11.04
表决权委托	15	9.74
建立一致行动关系	8	5.19
二级市场增持 / 减持	2	1.30
要约收购	1	0.65
合计（a）	**105**	**68.18**
	复合交易方式（b）	
协议转让 + 表决权委托	23	14.94
协议转让 + 表决权放弃	14	9.10
协议转让 + 表决权委托 + 表决权放弃	2	1.30
非公开发行股票 + 表决权委托	1	0.65
协议转让 + 表决权委托 + 要约收购	1	0.65
协议转让 + 间接收购 + 表决权委托	1	0.65
间接收购 + 要约收购	1	0.65
间接收购 + 表决权放弃	1	0.65
表决权委托 + 表决权放弃	1	0.65
合计（b）	**45**	**29.24**
	其他交易方式（c）	
借壳上市	4	2.60
合计（c）	**4**	**2.60**
总计（a+b+c）	**154**	**100%**

注 1：本表中，我们统计的口径为收购人取得上市公司控制权的交易方式，即收购人在取得控制权后，通过集中竞价、大宗交易、要约收购等方式增持的，不作为本表的统计范围。

注 2：2019 年度，存在部分因第一大股东减持而导致原第二大股东成为控股股东的交易，如凯撒旅业（000796.SZ）等。

注 3：*ST 东网（002175.SZ）于 2019 年发生了两次控制权变更，第一次系通过协议转让 + 表决权委托方式进行，第二次由于第一大股东持有的股份被司法拍卖，导致上市公司变更为无实际控制人，在此，我们将 *ST 东网归类为通过协议转让 + 表决权委托方式完成上市公司控制权变更的交易。

注 4：深天地 A（SZ.000023）同样于 2019 年发生了两次控制权变更，第一次系 2019 年 2 月，华旗同德等将其合计持有的 27.39% 股份过户给广东君浩，过户完成后，广东君浩成为上市公司第一大股东，广东君浩的股东林宏润、林凯旋夫妇为上市公司实际控制人。2019 年 7 月至 8 月，林凯旋将其持有的广东君浩 70% 的股权转让给林宏润，并导致上市公司实际控制人变更为林宏润一人。我们在本表中将深天地 A 归为通过协议转让方式完成的交易。

注 5：在鸿博股份（002229.SZ）交易中，根据上市公司公告，收购人通过协议转让方式取得上市公司原控股股东持有的部分股份后，对上市公司超过半数的董事会成员进行了更换。综上，虽然上市公司未披露其实际控制人发生变更，我们将鸿博股份视为控制权交易纳入本表的统计范围，交易方式列为协议转让。

二、单一交易方式

（一）协议转让

我们将协议转让定义为收购人与上市公司原控股股东等股份出让方经过协商、签订股份转让协议，受让该等出让方持有的上市公司股份的交易方式。在交易数量上，协议转让为 2019 年上市公司控制权交易应用最广泛的方式，共 40 起，具体涉及的上市公司包括：中化岩土（002542.SZ）、日科化学（300214.SZ）、智慧松德（300173.SZ）、麦捷科技（300319.SZ）、天银机电（300342.SZ）、中航善达（000043.SZ）[①] 等。

1. 协议转让的股份比例

各方在确定协议转让的股份数量和比例时，一般会考虑包括但不限于如下因素：

（1）法律法规要求。

协议转让股份比例的上限。根据《上市公司收购管理办法》第 24 条的规定，收购人持有一个上市公司的股份达到该公司已发行股份的 30% 时，继续增持股份的，应当采取要约方式进行。因此，在协议转让方式的交易中，

① 2019 年 12 月 16 日起，中航善达证券简称变更为“招商积余”，证券代码变更为“001914”。

各方一般将 30% 作为股份比例的上限（不含 30%），从而避免触发要约收购义务。

协议转让股份比例的下限。根据《上海证券交易所上市公司股东及董事、监事、高级管理人员减持股份实施细则》（以下简称《上交所减持细则》）第 6 条及《深圳证券交易所上市公司股东及董事、监事、高级管理人员减持股份实施细则》（以下简称《深交所减持细则》）第 6 条的规定，大股东减持或者特定股东减持，采取协议转让方式的，单个受让方的受让比例不得低于上市公司股份总数的 5%，转让价格下限比照大宗交易的规定执行，法律、行政法规、部门规章、规范性文件及交易所业务规则另有规定的除外。《上海证券交易所上市公司股份协议转让业务办理指引》（以下简称《上交所协议转让指引》）第 6 条第 4 项及《深圳证券交易所上市公司股份协议转让业务办理指引》（以下简称《深交所协议转让指引》）第 5 条则作出了相应的除外规定，即转让双方存在实际控制关系、均受同一控制人所控制的情形，不受前述单个受让方的受让比例不低于上市公司股份总数的 5% 规定的限制。

特殊限制。根据《公司法》第 141 条第 2 款及《上交所减持细则》《深交所减持细则》的规定，如出让方为自然人且在上市公司担任董监高职位，在任期届满前离职的，在其就任时确定的任期内和任期届满后 6 个月内，每年转让的股份不得超过其所持有上市公司股份总数的 25%；离职后半年内，不得转让其所持有的上市公司股份。根据《上市公司董事、监事和高级管理人员所持本公司股份及其变动管理规则》（证监公司字〔2007〕56 号）第 5 条的规定，上市公司董监高减持应履行前述任职期间每年转让的股份不得超过其所持有上市公司股份总数的 25% 的规定，当其所持股份不超过 1000 股时，可一次全部转让，不再受 25% 的转让比例的限制。

（2）股份受限情况。

我们理解，在各方开展控制权交易时，出让方持有的上市公司股份存在的如下受限情况可能对交易产生影响：

承诺。部分上市公司控股股东在公司 IPO 时会在锁定期 36 个月之外[①]另行作出自愿性股份减持承诺，相应承诺内容一般为在一定时间内限制承诺人的减持比例与减持价格。减持价格方面的承诺内容如中建环能（300425.SZ）交易中的“所持公司股票在锁定期满后两年内减持的，减持价格不低于本次发行的发行价”，减持比例方面的承诺内容如山鼎设计（300492.SZ）交易中的“在本人承诺的锁定期满后二十四个月内，如本人拟转让持有的发行人股票，则每十二个月转让数量不超过本人所持发行人股票数量的 15%”。

根据《上市公司监管指引第 4 号——上市公司实际控制人、股东、关联方、收购人以及上市公司承诺及履行》（以下简称《监管指引第 4 号》）第 5 条的规定，[②]如上市公司控股股东及其一致行动人拟对限售承诺予以变更的，则需由其向上市公司提交承诺变更方案并由上市公司股东大会审议。《上市公司股东大会规则》第 31 条第 1 款规定，“股东与股东大会拟审议事项有关联关系时，应当回避表决，其所持有表决权的股份不计入出席股东大会有表决权的股份总数”。因此，如上市公司控股股东将变更承诺方案提交股东大会审议的，控股股东及其一致行动人还需对该议案回避表决。

鉴于自愿性股份锁定承诺是否获得豁免将会对交易进程产生重大影响，在部分交易中，交易各方也将承诺获得豁免作为开展交易的前提条件的一部分。例如，在安德利（603031.SH）交易中，各方即将相关承诺获得豁

---

① 《上海证券交易所股票上市规则》第 5.1.5 条第 1 款规定，“发行人向本所申请其首次公开发行股票上市时，控股股东和实际控制人应当承诺：自发行人股票上市之日起 36 个月内，不转让或者委托他人管理其直接和间接持有的发行人首次公开发行股票前已发行股份，也不由发行人回购该部分股份”。《深圳证券交易所股票上市规则》第 5.1.6 条第 1 款规定，“发行人向本所提出其首次公开发行的股票上市申请时，控股股东和实际控制人应当承诺：自发行人股票上市之日起三十六个月内，不转让或者委托他人管理其直接或者间接持有的发行人公开发行股票前已发行的股份，也不由发行人回购其直接或者间接持有的发行人公开发行股票前已发行的股份”。

② 《上市公司监管指引第 4 号——上市公司实际控制人、股东、关联方、收购人以及上市公司承诺及履行》第 5 条第 2 款规定，“除因相关法律法规、政策变化、自然灾害等自身无法控制的客观原因外，承诺确已无法履行或者履行承诺不利于维护上市公司权益的，承诺相关方应充分披露原因，并向上市公司或其他投资者提出用新承诺替代原有承诺或者提出豁免履行承诺义务。上述变更方案应提交股东大会审议，上市公司应向股东提供网络投票方式，承诺相关方及关联方应回避表决。独立董事、监事会应就承诺相关方提出的变更方案是否合法合规、是否有利于保护上市公司或其他投资者的利益发表意见。变更方案未经股东大会审议通过且承诺到期的，视同超期未履行承诺”。

免作为标的股份转让的前置条件。此外，控股股东在履行自愿性股份锁定承诺期间转让控制权的，容易引起交易所的监管关注。例如，在星光农机（603789.SH）交易中，交易所的具体问询问题包括相关承诺的变更或豁免是否符合《监管指引第 4 号》的相应规定，以及相关承诺的变更或豁免是否损害上市公司及其他股东的利益等。

质押。各方开展控制权交易时，出让方持有的上市公司股份可能会存在质押的情况，质押形成的原因包括出让方开展股票质押式回购交易（债权人一般为有资格开展该类业务的证券公司）或将上市公司股份作为银行借款的质押物（债权人一般为商业银行等金融机构）。而相关的股票质押式回购协议中对于资金融入方是否可以提前回购股票以及回购条件的约定将对上市公司控制权交易中协议转让的比例造成一定影响。

冻结。如控股股东存在债务逾期或违约情况的，经债权人申请，其持有的上市公司股份还可能被司法机关采取冻结等权利限制措施。如相应冻结未解除，则控股股东所持相应股份即无法办理过户登记手续。获取控股股东所持股份是否涉及司法冻结等信息的途径包括查阅上市公司公告以及查阅由中证登公司出具的上市公司股份冻结数据表、司法轮候冻结数据表等。

（3）上市公司股东大会参会情况。

与有限责任公司不同，上市公司作为股份有限公司，在某项议案是否通过股东大会审议时，系以出席股东大会的股东和股东代表所持表决权数作为计算的分母。根据《公司法》第 103 条第 2 款的规定，股份有限公司股东大会作出决议，必须经出席会议的股东所持表决权过半数通过。但是，股东大会作出修改公司章程、增加或者减少注册资本的决议，以及公司合并、分立、解散或者变更公司形式的决议，必须经出席会议的股东所持表决权的 2/3 以上通过。因此，从收购人的角度出发，其可以通过测算上市公司近二到三年股东大会的参会人数、参会率及其所持表决权数量和比例等情况，来初步判断一般情况下其实现对上市公司的控制所应收购的股份数量和比例。

（4）交易后与原控股股东表决权差额。

上市公司第一大股东与第二大股东持股比例到底相差多少合适，才能确保第一大股东的控制权不受到过大的威胁，并没有统一的标准，但一般认为存在10%及以上的差额，可作为第一大股东控制权较为稳定的认定标准。例如，在金冠股份（300510.SZ）交易中，收购人委托的律师于上市公司实际控制人变更的法律意见书中认定，在各方办理完成第二期股份转让后，收购人与上市公司原实际控制人享有的表决权比例差额超过10%，收购人成为上市公司单一拥有表决权股份最大的股东，其所享有的表决权足以对上市公司股东大会的决议产生重大影响。在赢合科技（300457.SZ）交易中，各方采用了协议转让 + 表决权放弃的交易方式。为保证收购人对上市公司控制权的稳定性，出让方于放弃表决权的承诺函中说明，承诺于上市公司董事会完成调整之日（含当日）或2020年3月31日（含当日）孰早者起，放弃其持有上市公司剩余全部股票的表决权，直至收购人在上市公司的持股比例超出出让方不低于10%。

（5）交易对方意愿。

在部分交易中，对于并不急于全部套现离场的交易对方，在不威胁收购人对上市公司控制权的情况下，其可能选择继续持有部分上市公司股份，待收购人取得上市公司控制权并进行调整、优化、注入新资产或采取其他措施后，享有上市公司未来市值增长带来的溢价收益。

（6）收购人后续安排。

我们理解，如收购人后续拟向上市公司注入资产的，则可以考虑在合规前提下收购较高比例的上市公司股份。举例而言，假设拟注入上市公司的标的公司系收购人的全资、控股子公司且资产质量、盈利能力俱佳，如收购人于上市公司中持股比例较低，则意味着相应的收购为上市公司带来的业绩增厚需要由收购人与上市公司其他全体股东共享，即会摊薄收购人的相应收益。如为巩固控制权，以发行股份购买资产的方式较好；如控股股权比例较高、与第二大股东的表决权比例差额较大，则可以选择现金交易或者部分现金、部分股份的方式。

2. 协议转让的定价

在协议转让的价格上限方面，法律法规并未对溢价率予以限制。但是，如溢价率过高则易引起监管关注。例如，在汇通能源（600605.SH）交易中，各方协商确定的每股价格约为 20.36 元 / 股，较二级市场股价 9.73 元 / 股存在大幅溢价。上交所就此发出问询函，要求相关方说明该次股份转让的定价依据及大幅溢价的合理性，并充分提示二级市场交易风险。

在转让价格的下限方面，沪深两市交易所通过出台自律规则的方式进行了限制。

表 1-5-2　沪深交易所对转让价格下限的规定

<table>
<tr><th>交易所</th><th>协议转让价格下限具体规定</th><th>规则依据</th><th>备注</th></tr>
<tr><td>上交所</td><td>股份转让价格不低于转让协议签署日（当日为非交易日的顺延至次一交易日）上市公司股份的下限</td><td>《上交所协议转让指引》第 6 条第 5 项</td><td rowspan="2">根据《上海证券交易所交易规则》《深圳证券交易所交易规则》规定，同一交易日内，股票大宗交易的价格范围下限为二级市场价格的 90%（如为被实施退市风险警示的股票即 *ST 股则下限为二级市场价格的 95%）</td></tr>
<tr><td>深交所</td><td>上市公司股份协议转让应当以协议签署日的前一交易日转让股份二级市场收盘价为定价基准</td><td>《深交所协议转让指引》第 8 条</td></tr>
</table>

（二）间接收购

根据《上市公司收购管理办法》第 56 条的规定，间接收购系指收购人虽不是上市公司的股东，但通过投资关系、协议、其他安排获得上市公司控制权的交易方式。一般情况下，收购人通过受让上市公司控股股东股权的方式来间接取得上市公司的控制权。这种方式的优点在于没有事前的监管审核、无须上市公司的董事会、股东大会批准，时间短，交易周期可控。2019 年，采用此种方式的交易共 22 起，具体包括 GQY 视讯（300076.SZ）、科达股份（600986.SH）、派生科技（300176.SZ）、亚星化学（600319.SH）、通化金马（000766.SZ）、华通医药（002758.SZ）等。

1. 交易方式特点

相比较于协议转让等交易方式，间接收购存在如下特点：

（1）可通过受让老股或增资的方式取得控股股东的控制权。

2019 年的交易中，大多数收购人选择通过受让控股股东股权或合伙份额的方式取得控股股东的控制权，并进一步控制上市公司，具体如 GQY 视讯（300076.SZ）、科达股份（600986.SH）、通化金马（000766.SZ）等。但是，也有个别交易系通过收购人向上市公司控股股东增资进行，具体交易如派生科技（300176.SZ）、江中药业（600750.SH）。例如，在派生科技交易中，上市公司原直接控股股东广东硕博投资发展有限公司（以下简称硕博投资）于交易前的注册资本为 5000 万元，根据各方约定，收购人向硕博投资增资人民币 25 亿元，其中约 8333 万元计入硕博投资新增注册资本，剩余计入硕博投资资本公积金，从而取得硕博投资 62.5% 的股权并成为硕博投资的控股股东。

（2）可使用多种交易工具。

在赛福天（603028.SH）交易中，上市公司实际控制人崔志强通过协议转让方式将持有的赛福天控股股东无锡市赛福天钢绳有限责任公司（以下简称无锡赛福天）16.73% 的股权转让给收购人苏州市天凯汇润产业投资合伙企业（有限合伙）（以下简称天凯汇润），并将其持有的无锡赛福天剩余 50.19% 股权对应的表决权委托给天凯汇润。本次交易完成后，天凯汇润成为上市公司间接控股股东。因天凯汇润不存在单一或者存在一致行动关系且合计持股比例超过 50% 的合伙人，任何一方合伙人无法单独形成对天凯汇润的控制，所以天凯汇润无实际控制人，并导致上市公司于本次交易后无实际控制人。

（3）交易时间相对较短。

鉴于间接收购方式下，标的为上市公司控股股东的股权 / 股份。因此，如各方协商一致，可通过市场监督管理局等部门直接办理关于上市公司控股股东股权 / 股份的变更登记手续，从而间接完成上市公司控制权的变更。例如，在科达股份（600986.SH）交易中，上市公司原实际控制人刘双珉向其家庭内部成员刘锋杰转让其所持有科达股份控股股东山东科达集团有限公司（以下简称山东科达）股权，该次权益变动完成后，刘锋杰持有山东科达 82.82% 股权并通过山东科达间接控制科达股份 168,493,185 股股份，占上市公司总股本的比例为 12.71%。根据科达股份的公开披露信息，2019 年 1 月 9 日，刘锋杰与刘双珉签署《股权转让协议》，协议签署次日，各方即完成了关于山东科达股权的工商变更登记手续。

2. 典型案例

具体可参考本章第三节中“间接收购 + 要约收购”方式下的相关案例。

（三）司法裁定

1. 基本情况

执行法院裁定一般有两种类型：一是基于诉讼或者仲裁的裁定；二是基于破产重整或者股份拍卖的裁定。2019 年，共有 17 起交易系通过执行司法裁定的方式进行，其中既包括通过参与司法拍卖从而取得上市公司股份的交易（如恒天海龙、*ST 盈方），也包括相关股份被法院裁定以资抵债的交易（如 *ST 斯太）。此外，*ST 东南（002263.SZ）交易中，上市公司原控股股东被法院裁定破产重整后，收购人通过参与网络拍卖公开竞价程序取得原控股股东持有的 *ST 东南股份，本文中，我们将其也视为通过司法裁定方式取得控制权的交易。

在恒天海龙（000677.SZ）交易中，收购人温州康南科技有限公司（以下简称康南科技）通过辽宁省沈阳市中级人民法院司法拍卖途径竞得的原控股东持有的上市公司 200，000，000 股股份（占上市公司总股本的 23.15%），并于 2019 年 10 月 30 日通过中证登公司办理完毕过户登记手续，成为上市公司第一大股东。

*ST 东南（002263.SZ）交易的过程如下：2019 年 6 月 26 日，经由网络拍卖公开竞价程序，诸暨市水务集团有限公司（以下简称诸暨水务）以 12 亿元竞价成功成为浙江大东南集团有限公司（以下简称大东南集团）的重整投资者，并取得大东南集团所持有的 *ST 东南 524,158,020 股股份（占上市公司总股本的 27.91%）。截至 2019 年 8 月 2 日，该次拍卖股份过户手续已经完成，大东南集团不再持有 *ST 东南股份，诸暨水务持有 *ST 东南股份 524,158,020 股（占上市公司总股本的 27.91%）。在上市公司控制权变更后，上市公司通过召开股东大会、职工代表大会的方式对上市公司董事会成员进

行了更换。

2. 交易特点

（1）大多经营情况欠佳。

2019 年通过司法裁定方式变更控制权的 17 家上市公司，半数“披星戴帽”（被 *ST），且近两个会计年度大多盈利能力欠佳。

表 1-5-3　司法裁定交易方式部分上市公司近期财务数据

（单位：万元）

公司名称	报告期	营业收入	净利润	ROE	总资产	资产负债率（%）
恒天海龙	2019 年三季度	60,200.88	444.71	1.60	90,000.37	25.60
	2018 年度	70,681.98	185.53	0.68	87,271.27	24.69
	2017 年度	55,430.91	–57.69	–0.21	84,475.02	22.95
*ST 盈方	2019 年三季度	404.47	–4,933.26	–33.21	19,878.78	25.16
	2018 年度	10,257.73	–17,777.10	–101.59	25,295.98	22.01
	2017 年度	24,107.40	–33,097.66	–90.88	45,532.66	18.02
*ST 斯太	2019 年三季度	783.62	–5,011.35	–10.20	72,765.02	33.14
	2018 年度	21,753.33	–130,839.74	–245.80	79,820.75	32.77
	2017 年度	15,136.11	–16,894.25	–24.60	240,620.16	24.58
*ST 东南	2019 年三季度	120,366.11	2,064.93	0.93	245,786.85	9.92
	2018 年度	146,536.56	–10,988.78	–5.03	384,716.96	43.25
	2017 年度	104,851.57	–66,932.75	–30.85	331,378.41	33.14
江泉实业	2019 年三季度	18864.47	–23,223.68	–65.41	40,990.38	13.38
	2018 年度	24,506.53	–17,412.38	–29.84	61,536.86	5.18
	2017 年度	25,173.24	2,053.93	2.72	79,575.54	5.12

注：本表中数据来源为各上市公司合并报表范围内数据。其中净利润采用的数据为扣非后归属母公司股东的净利润，ROE 采用的数据为扣非后 ROE（摊薄）。

（2）交易时间不可控。

一般情况下，司法裁定方式的交易流程为：

①上市公司控股股东违约，债权人起诉控股股东；

②法院作出生效裁决，控股股东应承担违约责任；

③控股股东无力承担违约责任，法院裁定对控股股东持有的上市公司股票进行拍卖；

④收购人通过参与司法拍卖，竞得上市公司股票；

⑤法院下发裁定，将该等股票过户给收购人。

在案件进展过程中，诉讼各方当事人提出管辖权异议或在取得一审判决后提起上诉等因素均会延缓案件进程。此外，在案件执行阶段，如控股股东涉及债务较多，亦可能发生优先债权的执行法院（以下简称优先权法院）发现标的上市公司股份已被其他法院（以下简称首封法院）在财产保全程序或执行程序中首先查封、扣押或冻结的情况。而优先权法院与首封法院关于标的上市公司股份的移送执行事宜也可能会花费较长时间。

在非发生于本年度的准油股份（002207.SZ）交易中，根据公告，2016年5月，广东省深圳市福田区人民法院（以下简称福田区法院）即作出裁定，准许拍卖、变卖控股股东质押给中融信托的上市公司股票4026万股。但是，直到2018年2月，收购人才得以通过司法拍卖方式竞得该等股票，并办理完成过户登记手续。换言之，此种交易方式可能无法满足希望快速获得上市公司控制权的收购人的需求。

（3）可能存在其他风险。

在收购人成功竞得上市公司股票后，也可能存在因相关当事人提出执行异议而导致相应股票被冻结的风险。例如，在恒天海龙（000677.SZ）交易中，收购人康南科技取得上市公司股份仅数日，其持有的上市公司2亿股股份即被全部冻结并引起深交所关注。经康南科技说明，相关股份被冻结的原因为原控股股东向法院提出执行异议，法院要求康南科技在异议审查期间暂不转让上市公司股票，并将康南科技所持恒天海龙2亿股股票协助执行冻结，冻结期限为36个月；待执行异议审查完毕后予以解除。

3. 典型案例

在 *ST 斯太（000760.SZ）控制权变更的交易中，因上市公司控股股东无力履行股票质押的回购义务而导致违约，收购人选择通过受让股票质押式回购交易对应的信托计划受益权的方式成为控股股东的债权人，并通过司法裁定的方式最终取得了原控股股东持有的上市公司股份。

详细情况请参见本书第二部分第一章单一方式中“司法裁定”的介绍。

（四）表决权委托

1. 基本情况

表决权委托系指上市公司控股股东或其他股东将其持有的上市公司股份对应的表决权等非财产性权利授予收购人或其指定主体行使的交易方式。2019 年度，采用此种方式的交易包括 *ST 仁智（002629.SZ）、腾邦国际（300178.SZ）、软控股份（002073.SZ）。此外，类似的交易还包括仁东控股（002647.SZ），在该起交易中，包括上市公司原控股股东在内的主体与北京海淀科技金融资本控股集团股份有限公司（以下简称海科金集团）签订《股份托管协议》和《一致行动协议》，将其持有的 21.27% 上市公司股份对应的表决权等股东权利委托海科金集团进行管理，并在上市公司所有重大事项决策中与海科金集团保持一致行动。

与其他交易方式相区别，因无须进行股份变更登记，此种交易方式可协助收购人尽快取得上市公司控制权，但缺点亦明显，即可能导致上市公司控制权存在不稳定的风险。例如，2017 年至 2018 年，采用此种交易方式的 ST 准油（002207.SZ）、中科云网（002306.SZ）等控制权交易中，作为被委托人的收购人均因表决权委托事项而与作为委托人的上市公司原控股股东就表决权委托是否可撤销等事项产生争议。

在表决权委托交易中，委托人一般会与作为被委托人的收购人约定，由收购人向上市公司提供资金支持，或以担保方式为上市公司提供增信，或在业务方面为上市公司推介优质业务或项目资源，以提高上市公司的盈利能力。此外，在部分交易中，收购人会向委托人收取在委托期限内的管理费用（如腾邦国际、仁东控股）。

此外，虽然表决权委托会导致上市公司控股股东发生变更，但上市公司实际控制人发生变更却并非必然事项。在裕兴股份（300305.SZ）交易中，2019 年 6 月 14 日，上市公司控股股东、实际控制人王建新及其他 7 名股东与常州市科技街城市建设有限公司（以下简称常州科技城建）签署了《股东投票权委托协议》，约定由王建新等 8 名自然人将其持有的合计 29.61% 股份对应的表决权委托给常州科技城建行使，上市公司于 2019 年 6 月 15 日披露的《关于公司股东签署〈股东投票权委托协议〉暨实际控制人发生变更的提示性公告》中称，本次股东投票权委托完成后，常州市科技街城市建设有限公司将成为公司单一拥有表决权份额最大的股东。公司控股股东变更为常州市科技街城市建设有限公司，公司实际控制人变更为常州市钟楼区人民政府。2019 年 8 月 24 日，裕兴股份披露《关于实际控制人变更的补充说明公告》，并对上市公司实际控制人的认定进行了更正，根据该公告，裕兴股份董事会认定前次表决权委托事项完成后，常州科技城建成为上市公司单一拥有表决权份额最大的股东。因常州科技城建未直接参与上市公司经营管理，在受托投票表决前，会征求王建新董事长意见。鉴于王建新的意见会影响受托人的表决结果，基于更谨慎的判断，上市公司的实际控制人仍然为王建新。

2. 表决权委托的典型案例

2019 年上半年，腾邦国际（300178.SZ）控股股东腾邦集团有限公司（以下简称腾邦集团）未经审计的净利润为 –83,996.72 万元。此外据公开信息，腾邦集团 2017 年向合格投资者非公开发行公司债券累计余额 17 亿元均已实质违约，实际控制人钟百胜股票质押违约持续被平仓。

2019 年 6 月 10 日，腾邦集团及实际控制人钟百胜与深圳市大晋投资咨询有限公司（以下简称大晋投资）签署了《表决权委托协议》。腾邦集团及钟百胜将其所持有的 28.30% 上市公司股票表决权委托给大晋投资行使。本次表决权委托完成后，史进因持有大晋投资 100% 股权，并将成为上市公司实际控制人。

2019 年 6 月 28 日，上市公司召开临时股东大会，并补选史进为上市公司董事。

2019 年 7 月 26 日，上市公司召开临时股东大会，补选王建平为上市公司独立董事。

2019 年 8 月 26 日，上市公司公告称，收到腾邦集团、钟百胜发来的《关于表决权委托的撤销通知》，腾邦集团、钟百胜于当日起撤销 2019 年 6 月 10 日与大晋投资签订的《表决权委托协议》。

上市公司收到前述表决权委托撤销通知的同日，腾邦集团及钟百胜与中科建业高新技术有限公司（以下简称中科建业）签订了新的表决权委托协议，约定腾邦集团及钟百胜将其所持有的上市公司 27.80% 股份对应的表决权委托给中科建业行使。钟百胜控制的深圳市百胜投资有限公司与段乃琦亦签订了表决权委托协议，约定将其持有的上市公司 2.68% 股份对应的表决权委托给段乃琦行使。同日，段乃琦及中科建业共同出具了《关于不构成一致行动关系的声明》。而本次表决权委托完成后，中科建业成为上市公司的控股股东，中科建业的实际控制人中国科学院行政管理局成为上市公司实际控制人。深交所在注意到上述事项后，要求腾邦集团说明同时向两方委托表决权的原因，是否符合《上市公司收购管理办法》第 17 条的规定。

2019 年 9 月 16 日，上市公司召开董事会，审议通过了《关于聘任公司高管的议案》，同意聘任段乃琦为公司执行总裁。段乃琦的其他任职包括现任腾邦国际副董事长，腾邦集团董事。

2019 年 9 月 29 日，上市公司董事会审议通过了《关于增补公司董事的议案》、《关于增补公司独立董事的议案》《关于罢免董事职务的议案》及《关于召开 2019 年第四次临时股东大会的议案》，拟补选张岚为公司董事、苑德军为公司独立董事，并罢免史进的董事职务。公司董事史进对上述议案投反对票，公司独立董事王建平对上述议案投弃权票，史进反对理由为：钟百胜应受与大晋投资签署的《表决权委托协议》约束，其已不再具有提案权。且大晋公司就表决权一事向深圳市前海合作区人民法院提请诉讼，要求确认腾邦集团、钟百胜与中科建业签署的表决权委托协议无效，要求继续履行大晋公司与腾邦集团、钟百胜的表决权委托协议。在案件正在审理中，在人民法院未作出最终的生效法律文书的基础上，关于提案权和表决权均归属于大晋公司，钟百胜本人均无权向股东大会和董事会行使提案权。王建平弃权理由为：该等议案对上市公司的长远发展尚有不确定性。

2019 年 10 月 16 日，上市公司召开临时股东大会，审议通过了前述《关于增补公司董事的议案》《关于增补公司独立董事的议案》《关于罢免董事职务的议案》。

2019 年 11 月 18 日，腾邦集团及钟百胜与大晋投资及史进生签署了《表决权委托解除协议》，经各方合意，解除大晋投资及史进在原《表决权委托协议》及《补充协议》项下享有的标的股份所对应所有权利。

（五）二级市场增持

1. 二级市场增持的定义与特点

二级市场增持包括集中竞价与大宗交易。《上市公司收购管理办法》（2020 年修订）第 13 条规定，“通过证券交易所的证券交易，投资者及其一致行动人拥有权益的股份达到一个上市公司已发行股份的 5%时，应当在该事实发生之日起 3 日内编制权益变动报告书，向中国证监会、证券交易所提交书面报告……”根据《上海证券交易所关于执行〈上市公司收购管理办法〉等有关规定具体事项的通知》规定，投资者及其一致行动人通过交易所竞价交易系统或者大宗交易系统买卖上市公司股份的，均属于《上市公司收购管理办法》规定的“通过证券交易所的证券交易”。

与协议转让、间接收购等交易方式不同的是，集中竞价与大宗交易作为通过证券交易所平台完成的交易，一般通过收购人单方主体即可以实现[①]。此外，与协议转让相区别，二级市场增持也不存在最低受让 5% 的比例限制。上述特征也给控制权交易中的敌意收购留下了一定空间。

---

① 大宗交易也可以通过协议的方式实现。根据《深圳证券交易所交易规则》第 3.6.2 条规定，在协议大宗交易方式下，大宗交易双方可互为指定交易对手方，协商确定交易价格及数量的交易方式。根据《上海证券交易所交易规则》第 3.7.7 条规定，买卖双方就大宗交易达成一致后，应当委托会员通过交易业务单元向本所交易系统提出成交申报。

2. 二级市场增持的相关规则

《上市公司收购管理办法》(2020年修订)第13条、第14条规定了收购人在二级市场增持时所应履行的“慢走规则”或“慢走义务”。即如收购人通过二级市场交易使持股比例首次达到5%,应在3日(注:指交易日)内编制权益变动报告书、向中国证监会和证券交易所进行书面报告、通知上市公司并进行公告,且在上述期间内不得买卖上市公司股票。此外,收购人持股比例达到5%后,通过二级市场每增持或减持5%,都应当在3日内履行前述报告、通知和公告义务,在报告、通知期间和公告后3日内,不得买卖上市公司股票。

另外一个与二级市场增持有关的规则是“爬行增持”。根据《上市公司收购管理办法》(2020年修订)第63条第1款第4项的规定,对于持股比例达到30%的收购人,如果其在之后每年增持不超过2%股份,则可以免于履行要约收购义务。鉴于协议转让等交易方式存在最低受让股份比例等限制,适用“爬行增持”的收购人,一般会选择集中竞价或大宗交易的方式控制增持的比例,从而既实现增持效果,又可免于履行要约收购义务。

3. 二级市场增持的相关典型案例

发生于2019年的*ST仰帆(600421.SH)交易中,上市公司股东浙江恒顺投资有限公司通过“爬行增持”规则每年增持不超过2%的公司股份,并最终通过行使股东权利的方式完成上市公司董事会的改选,成为上市公司的控股股东。

深圳市宝能投资集团有限公司通过南宁市富天投资有限公司(以下简称富天投资)收购南宁百货(600712.SH)股份的交易则可以视为敌意收购的表现之一。[①] 在该起交易中,富天投资在通过协议方式受让前海人寿持有的14.65%南宁百货股份后,又于2019年12月通过参与司法拍卖的方式取得4.21%南宁百货股份,持股比例将超过南宁沛宁资产经营有限责任公司(以

① 前海人寿保险股份有限公司于2015年9月至2018年通过集中竞价等方式增持南宁百货股份,并于2019年4月通过协议转让的方式将其持有的14.65%的南宁百货股份转让给富天投资。

下简称南宁沛宁）并成为上市公司第一大股东。随后南宁沛宁与南宁农工商集团有限责任公司（截至签署协议时持股比例为 2.94%）签署一致行动人协议,结成一致行动人关系,以维持控股股东地位。截至 2019 年 12 月 31 日，南宁百货控股股东为南宁沛宁及其一致行动人，实际控制人仍为南宁市国资委。

（六）要约收购

要约收购，是指投资者向被收购公司全部股东发出收购各股东所持有的全部或部分股份的要约，以增加其持有的被收购公司股份比例的交易方式。

1. 要约收购的分类

（1）自愿要约与强制要约。

根据《上市公司收购管理办法》第 23 条、第 24 条的规定，以投资人是否自愿为标准，要约收购可以分为自愿要约收购和强制性要约收购。其中，除特殊情况外，对于已经持有 30% 股份而拟继续增持的投资人，应当履行要约收购义务。

（2）全面要约与部分要约。

以投资者拟增持的股份比例是否设定限制为标准，要约收购可以分为全面要约收购和部分要约收购。其中，全面要约收购，是指收购人无法选定其拟收购的股份比例，而部分要约收购是指收购人可以选定其拟收购的股份比例，但最低不得低于 5%。

根据《上市公司收购管理办法》的规定，当收购人采用协议收购、二级市场增持方式触发要约收购义务时，其可以选择发出全面要约或者部分要约。当收购人采用间接收购方式触发要约收购义务时，其应当发出全面要约。

需要说明的是，采用全面要约最终取得的股份并不一定会多于部分要约方式取得的股份，在 2019 年的两起要约收购中，虽然收购人发出全面要约，但因为要约价格与二级市场价格并没有明显差别，所以导致接受要约的比例偏低。

表 1-5-4　两起要约收购情况对比

股票简称	股票代码	要约股份占比	接受要约的股份比例	要约价格	要约期截止日	截止日价格
*ST 人乐	002336.SZ	30.89%	1.15%	5.33 元 / 股	2019.10.25	5.32 元 / 股
江中药业	600750.SH	56.97%	0.000,034,9%	17.56 元 / 股	2019.04.02	18.23 元 / 股

2. 要约收购的特点

（1）要约收购的市场效率较高。

要约收购可以在较短时间内取得被收购公司的大量股份，帮助收购人较快实现收购目的。在 2015 年的上海家化（600315.SH）交易中，收购人平安信托在一个多月的时间内，即通过发出部分要约的方式巩固了其实际控制人地位。[①]

（2）要约收购需要的资金成本较高。

首先，要约收购需要收购较大比例的上市公司股份。《上市公司收购管理办法》规定符合条件的收购人可以选择发出全面要约或部分要约，但即便采用部分要约，收购人的预定收购比例也不得低于标的公司已发行股份的 5%。[②]

其次，要约收购存在价格下限。《上市公司收购管理办法》第 35 条第 1 款对要约收购的价格下限进行了规定：如果收购人在发出要约收购提示性公告前 6 个月取得标的公司股份的，则要约价格不得低于前述 6 个月内收购人取得股份的最高价格。举例而言，收购人先与标的公司控股股东签署了股份转让协议，以高于二级市场的每股价格取得了公司 29.99% 的股份（一般情况下，大额股份的转让会有控制权溢价）。如收购人拟进一步增持，则需要采用要约收购的方式，且要约的价格不得低于其通过协议转让方式取得标的股份的价格，这也会相应推高收购人要约收购的成本。

① 《上海家化：大股东协议 + 要约收购》，载《证券法苑》2017 年第 1 期。

② 《上市公司收购管理办法》第 25 条规定："收购人依照本办法第二十三条、第二十四条、第四十七条、第五十六条的规定，以要约方式收购一个上市公司股份的，其预定收购的股份比例均不得低于该上市公司已发行股份的 5%。"

最后，收购人需要通过提前缴存履约保证金等方式来证明其履约能力。根据《上市公司收购管理办法》第 36 条第 2 款规定，收购人在作出要约收购提示性公告的同时，需要提供以下至少一项安排保证其具备履约能力：①以现金支付收购价款的，将不少于收购价款总额的 20% 作为履约保证金存入证券登记结算机构指定的银行。收购人以在证券交易所上市交易的证券支付收购价款的，将用于支付的全部证券交由证券登记结算机构保管。②银行对要约收购所需价款出具保函。③财务顾问出具承担连带保证责任的书面承诺，明确如要约期满收购人不支付收购价款，财务顾问进行支付。

（3）收购人无法锁定特定交易对方。

此外，也存在收购人利用要约收购的价格机制来锁定特定交易对方的交易。例如，在某起交易中，收购人持股比例已达到 29.99%，无法通过协议方式受让特定股东 A 持有的股份。此时，收购人按照要约收购的价格下限发出要约，如中小股东判断公司未来发展向好，则很有可能不会接受要约。在此种情况下，特定股东 A 接受收购人发出的要约，就很有可能通过要约收购的形式实现协议转让的法律效果。在海隆软件（002195.SZ，目前已变更证券简称为“二三四五”）交易中，公司在公告要约收购报告书摘要时以 15.06 元 / 股的价格确定了两位预受要约意向方，并在随后公告重组预案，待股价上涨至 33.86 元 / 股后公告了要约收购报告书。股价上涨导致中小股东持股观望，最终除两位预受要约方外无人接受要约，从而通过要约收购实现了协议转让的法律效果。[①]

3. 要约收购的豁免

根据《上市公司收购管理办法》（2014 年修订）第 63 条规定，对于符合豁免条件的要约收购，投资者可以向中国证监会提出免于发出要约的申请，中国证监会自收到符合规定的申请文件之日起 10 个工作日内未提出异议的，相关投资者可以向证券交易所和证券登记结算机构申请办理股份转让和过户登记手续。而修订后的《上市公司收购管理办法》（2020 年修订）取消了向

① 《上海家化：大股东协议 + 要约收购》，载《证券法苑》2017 年第 19 期。

中国证监会申请豁免的规定。《上市公司收购管理办法》（2020年修订）生效后，对于符合豁免条件的收购人，其可以直接免于要约收购，不需要再向中国证监会申请豁免。但是，其仍需委托律师就其收购是否符合免于发出要约条件出具专项核查意见。

4. 要约收购涉及的其他问题

（1）收购人发出要约后，预受股份超过要约比例的处理。

根据《上市公司收购管理办法》第43条的规定，若预受要约股份的数量超过拟收购的比例，则由收购人按照同等比例收购被股东预受的股份。

（2）收购人发出要约后，预受股份不足要约比例的处理。

《上市公司收购管理办法》目前并没有设置要约收购失败机制，即便预受股份不足要约比例，一般也由收购人按照要约价格受让该等预受股份。

需要说明的是，要约期间的股价异动也可能影响要约收购效果。在上海家化（600315.SH）控制权交易中，收购人平安信托于2015年11月4日发出部分要约，要约价格为40元，较发出要约收购提示性公告的前一个交易日收盘价溢价15%左右。2015年11月26日，距离要约收购期截止日还有4个交易日的时候，一笔近4亿元的"神秘资金"将上海家化的股价拉升至43.77元，从而高于平安信托的要约收购价，并直接导致要约收购期限届满后只有73户共计1.52%的股份接受了平安信托的收购要约。[①]

（3）如果收购人前期未取得标的公司股份，要约收购的价格应如何确定。

根据《上市公司收购管理办法》第35条的规定，要约价格不得低于要约收购提示性公告日前6个月内收购人取得该种股票所支付的最高价格。要约价格低于提示性公告日前30个交易日该种股票的每日加权平均价格的算术平均值的，收购人聘请的财务顾问应当就该种股票前6个月的交易情况进行分析，说明要约价格的合理性等情况。如果收购人在发出要约前6个月内并未取得上市公司的股票，则可以选择以要约收购提示性公告日前30个交易日该种股票的每日加权平均价格的算术平均值作为定价依据。

① 《上海家化：大股东协议+要约收购》，载《证券法苑》2017年第1期。

三、复合交易方式

为同时满足交易各方的需求，有的控制权交易最终选择包括多种交易工具的复合交易方式完成。例如，当上市公司控股股东需要遵守减持规则，而收购人又希望尽快取得公司控制权时，各方即可以选择“协议转让 + 表决权委托”的方式先完成控制权的让渡，后续再完成表决权委托部分的股份转让。而在控股股东愿意出让控制权，但又希望保留部分持股，交易各方可以采用“协议转让 + 表决权委托 + 非公开发行”的方式来促成交易：收购人先通过协议转让与表决权委托成为新的控股股东，并在未来通过参与上市公司非公开发行以加强自己的控股股东地位。在这种情况下，出让方可以保留自己的部分持股，以在未来分享上市公司股价上升所带来的溢价。

除交易各方主动选择外，复合交易方式还可能会被动触发。例如，收购人通过间接收购方式取得上市公司 30% 以上股份可能会触发要约收购义务，从而形成“间接收购 + 要约收购”的复合交易方式。

在本节，我们将分别对“协议转让 + 表决权委托”“协议转让 + 表决权放弃”“间接收购 + 要约收购”等复合交易方式的内涵和使用时需要关注的要点进行说明。各复合交易方式的具体案例介绍与评析则可以见本书第二部分。

（一）协议转让 + 表决权委托

在本书中，我们将表决权委托定义为上市公司控股股东或其他股东将其持有的上市公司股份对应的表决权等非财产性权利授予收购人或其指定主体行使的交易方式，此种方式一般与协议转让一同使用。在 2019 年，主要通过协议转让 + 表决权委托完成控制权变更的交易共 23 起，具体包括：新研股份（300159.SZ）、棕榈股份（002431.SZ）、慈文传媒（002343.SZ）、美亚柏科（300188.SZ）、中飞股份（300489.SZ）、合众思壮（002383.SZ）、润达医疗（603108.SH）等。

1. 各方采用协议转让 + 表决权委托进行交易的原因

各方采用此种交易方式的原因包括但不限于：（1）出让方持有的部分上

市公司股份因股票质押式回购交易、作为对外借款担保、属于限售股而存在质押、冻结等权利限制状态（相关交易如棕榈股份、慈文传媒）；（2）如上市公司大股东同时在上市公司担任董事、监事或高级管理人员的，则其需遵守《上交所减持细则》《深交所减持细则》的相应规定，例如，其每年转让的股份不得超过其所持上市公司股份总数的25%，以及离职后半年内不得转让其所持上市公司股份（相关交易如东方园林）；（3）收购人基于整体收购成本考虑选择只收购上市公司控股股东持有的部分股份，并通过自控股股东或其他股东处获得表决权委托来加强收购人对上市公司控制权的稳定性，或收购人基于相关融资安排和进度，选择先收购上市公司控股股东持有的部分股份外加获授表决权委托的方式获得上市公司控制权，待后续融资到位再收购表决权委托部分对应的股份；（4）于各方签署股份转让协议时，出让方与收购人尚未就全部股份的转让价格完全达成一致等。

2. 协议转让＋表决权委托交易涉及的重要事项

（1）表决权委托的相关安排。

在委托人方面，大部分表决权委托交易的委托人为上市公司的控股股东。此外也包括部分控股股东以外的其他股东作为委托人的交易（如润达医疗、新研股份、美亚柏科）。

在委托内容方面，除对外委托的权利内容外，各方一般还会对委托方式、委托期限作出明确约定。

在委托方式方面，各方一般会约定相关委托为全权的、不可撤销的委托。例如，在2019年12起采用协议转让＋表决权委托方式的交易中，11起均明确委托方式为“不可撤销”的委托，而该等11起交易中的5起交易，更进一步明确了委托方式系不可撤销的、唯一的、排他的委托。

在委托期限方面，部分交易将委托期限限定在一定的时间范围内（如慈文传媒、华仁药业、跨境通交易中，各方约定委托期限至某年某月某日止），但更多的交易采用设定多个表决权委托终止条件的方式对委托期限进行约定，如中飞股份（300489.SZ）控制权交易中，各方约定表决权委托的委托期限为“本协议所述委托表决权的委托期限自本协议生效之日起，本次委托表决权的终止之日以下列情形中孰早发生者为准：①本协议生效之日起届满三年；②甲方不再持有中飞股份的任何股份之日；③双方对解除或终止表决权委托协商一致并书面签署终止文件；④触发《股份转让协议》中约定的甲方单方解除权的情形”。其他采用与中飞股份交易类似约定方式的还包括发生于 2019 年的新研股份（300159.SZ）、棕榈股份（002431.SZ）控制权交易。除上述情况外，部分交易也会在表决权委托协议中约定，受托人在委托人后续减持时享有同等条件下优先受让的权利，如同样发生于 2019 年的东方网力（300367.SZ）控制权交易。

（2）收购人与原控股股东各自控制的表决权差额。

在采用协议转让 + 表决权委托方式的交易中，上市公司控制权的稳定性是包括收购人、出让方及监管机构在内的各方关注的重点。我们统计了 2019 年各起“协议转让 + 表决权委托”交易中，在获得表决权委托后，收购人及其一致行动人与上市公司原控股股东及其一致行动人享有的表决权比例差额。具体如表 1-5-5 所示。

表 1-5-5　表决权比例差额（a）

分布	交易数量（起）	占交易总数的比例（%）
a ＜ 5%	2	8.69
5% ≤ a ＜ 10%	3	13.04
10% ≤ a ＜ 15%	3	13.04
15% ≤ a ＜ 20%	2	8.69
a ≥ 20%	13	56.54
合计	23	100.00

根据上表，收购人及其一致行动人与上市公司原控股股东及其一致行动人享有的表决权比例差额在 10% 以上的交易数量占协议转让 + 表决权委托交易总数的 78.27%。根据各上市公司公开披露的信息，表决权比例差额在 5% 以下的两起交易对应的上市公司分别为东方园林（002310.SZ）、合众思壮（002383.SZ）。在收购合众思壮控制权的交易中，各方在完成协议转让涉及的

股份变更登记手续及表决权委托交易后，收购人与上市公司原控股股东享有的表决权比例差额为 3.12%。

此外，我们还统计了 2019 年各起采用“表决权委托＋协议转让”方式的控制权交易完成后，收购人及其一致行动人与上市公司原控股股东及其一致行动人直接持股比例（注：直接持股比例不含收购人通过表决权委托享有的表决权权益比例）的差额。具体如表 1-5-6 所示。

表 1-5-6　持股比例差额（a）

分布	交易数量（起）	占交易总数的比例（%）
a < –15%	3	13.04
–15% ≤ a < –10%	3	13.04
–10% ≤ a < –5%	1	4.35
–5% ≤ a < 0%	4	17.39
0% ≤ a < 5%	9	39.13
5% ≤ a < 10%	2	8.70
a ≤ 10%	1	4.35
合计	23	100.00

根据上表，截至该等 23 起交易涉及的上市公司控制权发生变更时，有 11 起交易对应的上市公司原控股股东的持股比例要高于收购人的持股比例，其中 3 起交易对应的上市公司原控股股东的持股比例比收购人高 15% 以上，但仍获得了上市公司控制权。在北京朝汇鑫企业管理有限公司（以下简称朝汇鑫）收购东方园林控制权的交易中，各方在完成协议转让涉及的股份变更登记手续及表决权委托交易后，收购人朝汇鑫及其一致行动人直接持有 10% 的上市公司股份，上市公司原实际控制人何巧女、唐凯仍合计持有 39.13% 的上市公司股份，即收购人与原控股股东直接持有的上市公司股份比例差额约为 29.13%。

（3）避免因表决权委托而触发要约收购义务。

2018 年 4 月 13 日，深交所与上交所分别发布了《深圳证券交易所上市公司收购及股份权益变动信息披露业务指引》(征求意见稿)(以下简称《深交所信披指引》)与《上市公司收购及股份权益变动信息披露业务指引》(征求意见稿)(以下简称《上交所信披指引》)。根据《深交所信披指引》第 31 条第 1 款及《上交所信披指引》第 21 条第 4 款的规定,投资者委托表决权的,受托人和委托人视为存在一致行动关系,即委托人与受托人在一个上市公司中拥有的权益应当合并计算。举例而言,收购人目前持有某上市公司 10% 的股份,并希望进一步获得该上市公司控制权。该上市公司控股股东持有 21% 的上市公司股份,如该控股股东选择将其持有的 10% 上市公司股份对应的表决权等非财产性权利委托给收购人行使,则虽然收购人仅享有 20% 的表决权,但其会因与上市公司控股股东构成一致行动人,导致双方持有的上市公司股份合并计算而触发要约收购义务。

截至本书的截稿日,上述《上交所信披指引》及《深交所信披指引》均为征求意见稿,尚未公布正式稿,也未开始实施。但是,上述《上交所信披指引》及《深交所信披指引》中关于"投资者委托表决权的,受托人和委托人视为存在一致行动关系"的规定仍有指导意义。例如,在汉鼎宇佑(300300.SZ)、众应互联(002464.SZ)、山河智能(002097.SZ)等控制权交易中,都存在交易各方将交易方案从"协议转让 + 表决权委托"变更为"协议转让 + 表决权放弃"的情况。

以广州万力投资控股有限公司(以下简称万力投资)收购山河智能(002097.SZ)为例,各方最初披露的交易方案为协议转让 + 表决权委托,但经交易所问询后,各方对交易方案进行了修改和调整,最终实施的方案仅采用了协议转让的方式。此外,在美亚柏科(300188.SZ)和润达医疗(603108.SH)控制权交易中,上市公司控股股东自身持股比例较高(持股比例超过 30%),收购人选择以协议转让的方式自上市公司控股股东处受让部分上市公司股份,并与除上市公司控股股东以外的其他股东签订表决权委托协议从而获授表决权委托,最终通过此种方式获得上市公司控制权。

但 2019 年下半年发生的个别交易却构成了对《上交所信披指引》及《深交所信披指引》规定的"突破"。具而言之,即协议转让 + 表决权委托交易方式下的协议股份转出方和表决权委托的委托方均为上市公司原控股股东，在相应交易实施后，收购人的持股比例或享有的表决权比例虽未超过 30%，但其与原控股股东的持股比例合计超过 30%，具体情况如表 1-5-7 所示。

表 1-5-7　与原控股股东的持股比例合计超过 30% 的情况

公司名称股权代码	原控股股东	收购人	收购人合计受让股份比例	原控股股东转让后持股比例	表决权委托比例	协议转让后收购人与原控股股东合计直接持股比例	披露控制权发生变更时间
合众思壮 002383	郭信平	兴慧电子	9.70%	29.11%	10.29%	40.76%	2019 年 10 月 30 日
东方园林 002310	何巧女、唐凯	朝汇鑫	10.00%	39.13%	16.80%	49.13%	2019 年 9 月 30 日

综上所述，虽然《上交所信披指引》及《深交所信披指引》并未正式颁布并生效，但从 2019 年的相关交易来看，仅有个别交易并未按照《上交所信披指引》及《深交所信披指引》中“投资者委托表决权的，受托人和委托人视为存在一致行动关系”的相关规定执行。我们认为，在协议转让 + 表决权委托的交易方式下，如上市公司控股股东持股比例较高，为避免交易所将受托人和委托人认定存在一致行动关系从而触发要约收购义务，交易各方可考虑采用协议转让 + 表决权放弃等在内的其他方式进行交易。

（4）原控股股东是否需要解除一致行动关系。

2019 年度，惠博普（002554.SZ）、真视通（002771.SZ）均系主要采用协议转让 + 表决权委托方式完成的交易。在该等交易中，原控股股东及实际控制人为多名自然人，且在出让上市公司控制权前建立了一致行动关系，并于交易完成后对于一致行动关系进行了解除。

在惠博普交易中，交易各方约定“黄松、白明垠、肖荣于前述股权转让过户及表决权委托完成当日自动解除一致行动关系”。在真视通交易中，交易各方约定“自王国红、胡小周及马亚、陈瑞良、吴岚将拟转让的合计

24,720,000 股真视通股份过户至苏州隆越名下之时不可撤销地自动解除一致行动关系”。换言之，在上述两起交易中，出让方均将标的股份完成过户等作为解除一致行动关系的前提条件。

我们认为，在控制权交易中，收购人为保证其对上市公司控制权的稳定性，较大可能会要求控股股东解除一致行动关系。而作为出让方的控股股东，为保证交易的顺利进行，其可以选择作出解除一致行动关系的安排，并通过在表决权委托协议中对于表决权委托的期限、条件等进行特别约定的方式来规避可能产生的风险。

（二）协议转让 + 表决权放弃

1. 基本情况

这种方式是指上市公司控股股东或其他股东通过出具承诺函或与收购人签订协议等方式承诺放弃其持有的上市公司股份对应的表决权等非财产性权利、一般与协议转让一同使用的交易方式。出让方作出表决权放弃的承诺或约定，可以相应加大收购人与上市公司其他股东可以行使的表决权的差距，提高收购人的表决权在股东大会全部有效表决权中的占比，从而使收购人对上市公司的控制权更加稳固。

近年来，使用此种方式的交易呈逐年递增的趋势。仅 2019 年就有如下控制权交易涉及使用表决权放弃：中电电机（603988.SH）、汉鼎宇佑（300300.SZ）、派思股份（603318.SH）、安德利（603031.SH）、山鼎设计（300492.SZ）等。

2. 代表案例

在汉鼎宇佑（300300.SZ）的控制权交易发生前，吴艳持有上市公司 30.34% 股份，为上市公司的控股股东及实际控制人。本次交易中，吴艳将其持有的 15% 上市公司股份转让给收购人平潭创新股权投资合伙企业（有限合伙）（以下简称平潭创投），吴艳及其一致行动人汉鼎宇佑集团有限公司（以下简称宇佑集团）放弃持有的剩余股份对应的表决权。本次交易完成后，各方直接持股比例及享有表决权比例具体如表 1-5-8 所示。

表 1-5-8　各方持股及表决权情况

交易方	股东名称	持有股数（股）	占总股本比例（%）	享有表决权比例（%）
出让方	吴艳	104,314,895	15.34	0.00
	宇佑集团	49,223,794	7.24	0.00
收购人	平潭创投	101,991,874	15.00	15.00

本次交易完成后的 2019 年 12 月 31 日，上市公司召开临时股东大会，对超过半数的董事会成员进行了改选。

值得一提的是，汉鼎宇佑控制权交易涉及的交易方案在公告后经过了相应调整。各方最初拟定的交易方案为吴艳将其持有的 15% 的上市公司股份转让予平潭创投，并将 10% 的上市公司股份对应的表决权委托给平潭创投行使。而在各方将交易方案由“协议转让 + 表决权委托”调整为“协议转让 + 表决权放弃”后，深交所亦进行了问询，关注问题包括交易各方是否构成一致行动关系，本次交易安排是否存在规避要约收购的情形等。

（三）协议转让 + 表决权委托 + 表决权放弃

2019 年仅有 2 起采用协议转让 + 表决权委托 + 表决权放弃方式收购上市公司控制权的交易。其中，在思美传媒（002712.SZ）交易中，作出表决权委托及表决权放弃的主体均为上市公司原控股股东。而在实达集团（600734.SH）交易中，因上市公司第一大股东持股比例较高（占比为 32.92%），最终系由上市公司第一大股东及其一致行动人作出表决权放弃，由上市公司第二大股东及其一致行动人（持股比例为 11.54%）向收购人作出表决权委托。

在四川省旅游投资集团有限责任公司（以下简称四川旅投）收购思美传媒（002712.SZ）控制权的交易中，各方采用的交易方式为：四川旅投以协议转让的方式受让上市公司原控股股东朱明虬及其一致行动人持有的合计 60,398,762 股上市公司股份（占上市公司总股本的 10.39%），但原控股股东仍持有 28.87% 上市公司股份。为协助收购人取得上市公司控制权且避免被认定为一致行动人从而触发要约收购义务，朱明虬与四川旅投签署了《表决权委托协议》，约定将其持有的113,903,864股股份（占上市公司总股本的19.60%）对应的表决权委托四川旅投行使。此时，四川旅投取得的股份（10.39%）加上表决权委托（19.60%），合计表决权比例为29.99%。对于朱明虬持有的思美传媒剩余53,852,263股股份对应的表决权（占上市公司总股本的9.27%），朱明虬出具了《放弃部分表决权的承诺函》，承诺不可撤销地放弃其持有的剩余股份对应的表决权。交易完成后，四川旅投享有的表决权比例为29.99%，原控股股东享有表决权的股份比例为0.00%，思美传媒的控股股东变更为四川旅投，实际控制人变更为四川省国资委。

前述实达集团的交易方案可以体现出《上交所信披指引》及《深交所信披指引》中"投资者委托表决权的，受托人和委托人视为存在一致行动关系"相关规定的指导意义。而思美传媒系2019年唯一一起采用"协议转让+表决权委托+表决权放弃"方式且表决权委托、表决权放弃主体为同一主体的控制权交易。

（四）协议转让+表决权委托+要约收购

在*ST人乐（002336.SZ）交易中，收购人西安曲江文化产业投资（集团）有限公司因通过协议转让+表决权委托受让的上市公司表决权比例超过30%而触发要约收购。该起交易中，各方协商确定的协议转让价格约为5.33元/股，溢价率仅1.7%。后收购人以5.33元/股的价格发出全面要约，要约收购期限截止后，预受要约股份的数量为5,038,866股，占上市公司总股本的1.15%。要约收购完成后，收购人直接持有上市公司21.15%的股份，另外通过表决权委托享有22.86%股份对应的表决权，从而成为上市公司控股股东。上市公司实际控制人也由何金明等自然人变更为西安曲江新区管理委员会。

需要说明的是，收购人并非一定触发全面要约。根据《上市公司收购管理办法》的规定，收购人通过协议转让或集中竞价方式增持到30%时，可选择向除收购人以外的其他上市公司股东发出部分收购要约。例如，在宝鼎科技（002552.SZ）[a]交易中，收购人在通过协议转让方式取得上市公司29.90%股份后，选择进行部分要约收购，收购比例为8%，即若预受要约股份的数量为该次预定收购股份数24,498,600股，则收购人按照收购要约约定的条件收购被股东预受的股份；若预受要约股份的数量超过24,498,600股，则收购人按照同等比例收购被股东预受的股份。

（五）非公开发行股票＋表决权委托

根据《上市公司证券发行管理办法》《上市公司非公开发行股票实施细则》等的规定，非公开发行股票系指上市公司采用非公开方式，向特定对象发行股票的行为。协议转让、二级市场增持交易方式下，收购人的股票来源为上市公司已发行在外的"存量"股票，而参与认购上市公司非公开发行的收购人，其股票来源则是"增量"。在近年，采用非公开发行交易方式的控制权交易，既有"协议转让＋表决权委托＋非公开发行"（如惠博普）的组合，也有"非公开发行＋表决权委托"的案例（如皖通科技）。将参与上市公司非公开发行纳入控制权交易的工具箱，可以实现出让方保留部分持股以获得上市公司未来股价上涨带来的溢价，以及收购人以相对低的价格取得上市公司股票[②]等多重交易目的。

发生于2019年的皖通科技（002331.SZ）交易[c]中，收购人南方银谷科技有限公司（以下简称南方银谷）于2018年11月通过认购上市公司发行股份购买资产之募集配套资金非公开发行股份24,013,157股，占该次交易时上市公司总股本的5.83%，从而成为上市公司持股5%以上的股东。

2018年12月12日，皖通科技控股股东、实际控制人王中胜、杨世宁、杨新子等三人与南方银谷签署了《表决权委托协议》，约定由王中胜、杨世宁、杨新子等三人将其合计持有的上市公司5.00%股份对应的表决权委托给南

① 截至2019年12月31日，该交易涉及的要约收购尚未完成，上市公司实际控制人尚未发生变更。

② 2020年2月再融资规则修订后，上市公司非公开发行的发行价格由不低于定价基准日前20个交易日公司股票均价的90%下降为80%。定价基准日由"发行期首日"变更为"发行期首日"或"本次非公开发行股票的董事会决议公告日、股东大会决议公告日或者发行期首日"。

③ 本次交易实施时，再融资新规尚未生效。

方银谷行使。根据皖通科技公司章程的规定，“控股股东发生变化前，公司、原控股股东和新控股股东应分别向国务院国防科技工业主管部门履行审批程序”。

深交所亦对该次表决权委托予以关注，并通过发送问询函的方式要求上市公司说明委托方股东将相关股份的表决权委托给南方银谷的原因、决策时间，是否与南方银谷认购上市公司募集配套资金非公开发行股份构成一揽子安排。

2018 年 12 月至 2019 年 3 月，南方银谷通过集中竞价、大宗交易的方式增持 1.33% 左右股份，持股比例上升至 7.16%。

2019 年 3 月 6 日，四川省国防科工办和国防科工局原则同意王中胜等三人将上市公司股票对应的表决权委托给南方银谷。该次表决权委托完成后，王中胜等三人享有的表决权比例下降至 7.16%，南方银谷享有的表决权比例上升至 12.16%。上市公司控股股东由王中胜、杨世宁、杨新子等三人变更为南方银谷，实际控制人由王中胜、杨世宁、杨新子等三人变更为南方银谷的实际控制人周发展。

（六）协议转让 + 间接收购 + 表决权委托

在广东省绿色金融投资控股集团有限公司（以下简称绿色金控）收购普路通（002769.SZ）控制权的交易中，在各方开展本次交易前，上市公司原控股股东、实际控制人陈书智持股比例为 24.55%，上市公司第二大股东张云持股比例为 6.93%，陈书智及张云共同出资的深圳市聚智通信息技术有限公司（以下简称聚智通）另持有上市公司 5.29% 的股份。

在本次交易中，各方协商确定了协议转让 + 间接收购 + 表决权放弃的交易方案，即由陈书智将其直接持有的 5.37% 股份转让给绿色金控；陈书智及张云将其所持有的聚智通 100% 股份（间接持有 5.29% 上市公司股份）转让给绿色金控。同时，陈书智将其在该次股份转让后所持剩余 19.18% 上市公司股份所对应的全部表决权委托给绿色金控行使。

控制权变更完成后，各方的持股比例及拥有表决权比例情况如表 1-5-9 所示。

表 1-5-9　持股比例及表决权比例情况

交易方	股东名称	直接持有股数（股）	间接持有股数（股）	占总股本比例（%）	享有表决权比例（%）
出让方	陈书智	71,599,567	0	19.18	0.00
收购人	绿色金控	20,066,931	19,743,607	10.66	29.84

（七）间接收购 + 要约收购

在间接收购交易方式下，收购人的收购标的为上市公司控股股东的股权/股份，但如果收购人取得控股股东的控制权，且该控股股东持有的上市公司股份比例在 30% 以上，则除特殊情况外（如国有股权无偿划转），收购人亦需要履行要约收购义务（如江中药业）。此外，在间接收购交易方式下，亦有收购人为避免触发要约收购义务而进行减持（如精工钢构）。

在精工钢构（600496.SH）交易中，收购人中建信控股集团有限公司（以下简称中建信）通过受让精工钢构之控股股东精工控股集团有限公司（以下简称精工控股）10% 的股权，成为精工控股的控股股东，并间接控制上市公司 36.74% 股份。为避免履行要约收购义务，在取得精工控股控制权后，精工控股通过大宗交易、协议转让方式减持 7.07% 的上市公司股份，并将持股比例下降至 29.9995%[a]。

在江中药业（600750.SH）交易中，华润医药控股有限公司（以下简称华润医药）选择通过向江中药业控股股东江西江中制药（集团）有限责任公司（简称江中集团）增资的方式取得江中集团 51% 的股权，从而间接控制江中集团持有的 43.03% 江中药业股份，并导致上市公司实际控制人由江西省国资委变更为国务院国资委。在该起交易中，因不属于免于进行要约收购的事项，收购人在取得江中集团 51% 股权后履行了要约收购义务。

① 《上市公司收购管理办法》（2020 年修订）第 61 条："符合本办法第六十二条、第六十三条规定情形的，投资者及其一致行动人可以：（一）免于以要约收购方式增持股份；（二）存在主体资格、股份种类限制或者法律、行政法规、中国证监会规定的特殊情形的，可以申请免于向被收购公司的所有股东发出收购要约。不符合本章规定情形的，投资者及其一致行动人应当在 30 日内将其或者其控制的股东所持有的被收购公司股份减持到 30% 或者 30% 以下；拟以要约以外的方式继续增持股份的，应当发出全面要约。"

（八）间接收购 + 表决权放弃

在永和智控（002795.SZ）控制权变更前，上市公司控股股东台州永健控股有限公司（以下简称永健控股）持有上市公司 29% 的股份，上市公司原实际控制人应雪青、陈先云夫妇控制的其他三名主体分别持有上市公司 22.38%、9.25%、7.50% 的股份（上述三名主体合计持股数为 39.13%）。

2019 年 10 月 10 日，永健控股、应雪青、陈先云与成都美华圣馨医疗科技合伙企业（有限合伙）（以下简称成都美华）签署《增资及借款协议》：成都美华拟对永健控股增资 20，000 万元，增资完成后成都美华持有永健控股股权比例为 88.89%，从而获得永健控股控制权。应雪青、陈先云持有永建控股股权比例被动减少为 11.11%。成都美华同时向应雪青、陈先云提供附条件豁免的免息借款 57,500 万元。同时，应雪青、陈先云控制的上市公司其他股东分别出具《放弃表决权声明》，承诺不可撤销地放弃其持有的上市公司合计 39.13% 股份对应的表决权。

本次交易完成后，成都美华通过永健控股控制上市公司 29% 的股份，同时因原实际控制人控制的上市公司其他股东分别放弃了全部表决权，成都美华成为上市公司间接控股股东，曹德莅成为上市公司新实际控制人。

四、重组（借壳）上市方式

（一）借壳上市概况

一般而言，借壳上市，是指收购人及其关联方在取得控制权时或其后一定时间内对上市公司进行重大资产重组，注入自身（或关联方）资产或业务，且相关指标达到一定比例，实现间接上市的行为。[①]

根据《上市公司重大资产重组管理办法》（2020 年修订）第 13 条的规定，借壳上市共有两类判断指标，第一是上市公司控制权发生变化，第二是上市公司控制权发生变更之日起 36 个月内，向收购人及其关联人购买资产，导致上市公司总资产、净资产等财务指标（见表 1-5-10）或主营业务发生重大变化。

① 袁钰菲：《借壳上市认定标准研究》，载《证券法苑》2015 年第 14 期。

表 1-5-10 借壳上市计算指标

借壳上市计算指标
➢ 总资产：$\frac{\text{标的资产之总资产}}{\text{上市公司（控制权变更前一个会计年度）总资产}} > 100\%$
➢ 营业收入：$\frac{\text{标的资产（最近一个会计年度）营业收入}}{\text{上市公司（控制权变更前一个会计年度）营业收入}} > 100\%$
➢ 净资产：$\frac{\text{标的资产之净资产}}{\text{上市公司（控制权变更前一个会计年度）净资产}} > 100\%$
➢ 发行股份比例：$\frac{\text{为购买标的资产发行的股份}}{\text{上市公司总股份}^{①}} > 100\%$

在交易种类上，既有上市公司通过向收购人发行股份购买资产等方式来实现借壳上市的交易，也有收购人先取得上市公司控制权、后装入资产，即“两步走”的交易方式。在相关案例方面，前者如居然之家借壳武汉中商，后者如天下秀借壳 ST 慧球等。

（二）2017~2019 年借壳上市情况

2017~2019 年，A 股共发生 9 起借壳上市交易，具体情况如表 1-5-11 所示。

表 1-5-11 2017~2019 年借壳上市交易情况

序号	上市公司简称	股票代码	上市公司原控股股东	收购方 / 借壳方
2019 年				
1	ST 爱旭	600732.SH	上海新达浦宏投资合伙企业（有限合伙）	陈刚
2	武汉中商	000785.SZ	武汉商联（集团）股份有限公司	北京居然之家投资控股集团有限公司
3	亚夏汽车	002607.SZ	安徽亚夏实业股份有限公司	李永新、北京中公未来信息咨询中心（有限合伙）
4	天业通联	002459.SZ	深圳市华建盈富投资企业（有限合伙）	宁晋县晶泰福科技有限公司

① 根据《上市公司重大资产重组管理办法》（2020 年修订）第 13 条的规定，此外上市公司总股份以上市公司首次向收购人及其关联人购买资产的董事会决议前一个交易日的股份数为准。

续表

序号	上市公司简称	股票代码	上市公司原控股股东	收购方 / 借壳方
2018 年				
1	江南嘉捷	601313.SH	金祖铭、金志峰	天津奇信志成科技有限公司
2	江粉磁材	002600.SZ	汪南东	领胜投资（深圳）有限公司
3	东方新星	002755.SZ	陈会利	京奥赛康投资管理有限公司
2017 年				
1	新疆城建	600545.SH	乌鲁木齐国有资产经营（集团）有限公司	江苏金昇实业股份有限公司
2	*ST 天仪	000710.SZ	成都天兴仪表（集团）有限公司	高扬

第六章　控制权转让的交易价格

上市公司控制权交易是一个多维的、立体的、长时间跨度的过程，不同的市场参与主体所关心的角度也不尽相同。广大中小股民关心的是控制权交易完成后是否能带动上市公司股价短期的上涨和长期的利好；监管机构关心的是控制权交易是否符合相关法律法规及规范性文件的合规性要求、控制权交易的各方主体是否存在违法违规行为；而作为上市公司控制权交易最主要的参与者——买方和卖方，其最关心的毫无疑问是交易的价格。“买的贵不贵？卖的值不值？”是所有交易中双方谈判的重点与博弈的核心。对于买方而言，总是希望能够买到物超所值的商品，即便不是物超所值，至少也是等价交换，最怕买到质次价高的伪劣产品、假冒产品。对于卖方而言，总是希望能够以高于商品价值的价格出售，至于能高到多少，就各凭本事了。

在服务客户的过程中，我们深切地感受到，除了法律事项外，客户最关注的几个问题几乎离不开“这个价格出手我是不是卖亏了？”“这个价格入手我是不是买贵了？”“现在是抄底收购上市公司的好时候吗？”世界上没有两片完全相同的叶子，每一个交易在交易标的、买卖双方等方面也都存在千差万别，并不存在一个统一的标准来判断某一次交易价格。但是，事物的发展也总是有规律可循的，通过分析上市公司控制权交易价格的定价逻辑、梳理交易价格的变化趋势、波动区间等，无疑能够为我们进行控制权交易的定价提供有益的借鉴。

本章以 2017~2019 年可取交易价格的上市公司控制权交易案例为基础，通过对 2017~2019 年上市公司控制权交易价格的相关情况进行统计、分析，以供上市公司控制权交易的各参与方参考。

需要说明的是，本书所指的交易价格是指经交易双方协商确定的、在上市公司相关公告中披露的，收购人为取得上市公司控制权支付的对价。交易的本质是资产和资源的交换，除实际付出的真金白银外，收购人与被收购人之间的产业资源、社会资源、行业影响力等都是影响交易价格的重要无形资产。但是，鉴于该等资源的对价难以取得及准确计量，我们仅以上市公司披露的相关价格为研究对象。

一、A股上市公司控制权交易价格的影响因素

在分析A股上市公司控制权交易价格的影响因素前，我们首先要回答一个核心问题，为什么大家要收购上市公司的控制权？收购人取得上市公司的控制权会出于各种目的。深谙资本运作之道的金融玩家，可能希望利用上市公司的平台，实现套利；近年来在上市公司收购中频频出手的各级各地国有资产运营、投资机构，可能希望通过收购上市公司实现国有资产的保值增值、带动地方经济发展、产业升级；一些有情怀的民营企业家，可能希望通过收购上市公司实现自己的上市梦。

从本质上看，供求关系是影响A股上市公司控制权交易价格的首要因素。在上市公司控制权交易中，供求关系是指控制权可供交易的上市公司数量或者其稀缺程度。决定A股上市公司数量的是股票发行制度和退市机制。A股股票发行制度经历了探索时期的审批制，成型时期的核准制，并在2020年正式迈入注册制。在核准制下，基于维护证券资本市场稳定、保护广大中小投资者权益的考虑，证监会从历史沿革、盈利能力、财务会计、规范性运作、持续经营能力、信息披露等方面设置了严格的审核标准，对公司IPO进行实质审核。因此，在核准制下，成功上市对绝大多数公司来说绝非易事，能够满足这些标准的公司可以说是凤毛麟角、万里挑一，这些公司大都是各自细分行业的龙头企业。上市公司由于其股票交易的优越流动性、融资的便利性和上市过程的严格性，成为资本市场上的一种稀缺资源，上市公司的壳价值就有其存在的合理性。随着科创板、创业板及新《证券法》的正式实施，注册制——这一一直悬在中国证券资本市场上的“达摩克利斯之剑”终于落地。注册制的全面实施是否会对上市公司控制权交易的价格产生影响？（答案是

肯定的。）但是，中国证券资本市场的发展具有自身独特的特色，即便是在注册制下，A股股份发行制度也仍会具有较强的行政调控色彩，上市公司的稀缺程度会下降，却仍难满足优质资产证券化的需求。

再融资及并购重组制度也是影响A股上市公司控制权交易价格的重要因素。能够在公开市场融资是吸引投资者收购上市公司的动因之一，通过并购重组制度，投资者才能实现将优质资产装入上市公司的目的。2020年2月14日再融资制度迎来的松绑，2020年3月20日《上市公司收购管理办法》《上市公司重大资产重组管理办法》等进行了修订，这对于市场参与各方都是一个重大的利好消息，一系列制度的调整将更加有利于上市公司发挥融资及资本运作平台的优势。

二、2017~2019年协议转让控制权的交易价格

上市公司控制权交易的方式多种多样，协议转让、间接收购、要约收购、二级市场增持、司法拍卖，以及不需要支付现金的表决权委托、表决权放弃、签署一致行动协议、控制董事会等，都能构成上市公司控制权的变动。在前述交易方式中，最主要也是最常见的控制权交易方式是协议转让或协议转让+表决权委托/表决权放弃的方式。在本小节，我们以2017年至2019年已完成的采取协议转让、协议转让+表决权委托/表决权放弃案例为样本（以下将两种方式合称为“协议转让”），对2017年至2019年上市公司控制权交易中协议转让方式下交易价格的相关情况进行统计、分析。

（一）协议转让方式的定价规则

上市公司股份的协议转让是场内交易的重要补充。无论是高卖还是低卖，协议转让所确定的交易价格均基于交易双方真实意思的表达，若不存在违反法律、行政法规或其他规范性文件的事由，应充分尊重市场参与者的自主定价权。然而，由于定价约束制度的缺失，导致协议转让在实施过程中出现了诸如通过降低协议转让价格以减少税负、公司大股东以远低于二级市场价格向关联方转让股份等问题。

2015年股灾之后，为避免控股股东、大股东等通过协议转让方式大幅减

持公司股份，对原本已非常脆弱的二级市场股价产生进一步冲击，2016 年 3 月 7 日深交所发布并实施《深圳证券交易所上市公司股份协议转让业务办理指引》，并于同年 11 月对其进行修订，其中规定“上市公司股份协议转让应当以协议签署日的前一交易日转让股份二级市场收盘价为定价基准，转让价格范围下限比照大宗交易的规定执行”。2018 年 1 月 26 日，上交所发布并实施《上海证券交易所上市公司股份协议转让业务办理指引》对协议转让的定价机制也作出了类似的规定。

根据深交所及上交所股票交易规则，大宗交易方式的定价约束为“有价格涨跌幅证券的成交申报价格，由买方和卖方在当日价格涨跌幅限制范围内确定”。即对于一般上市公司（每日涨跌幅为 10%），其协议转让的交易价格不得低于上一交易日收盘价的 90%；对于被实施风险警示（股票简称前标注 ST）或其他风险警示的上市公司，（每日涨跌幅为 5%）其协议转让的交易价格不得低于上一交易日收盘价的 95%。

为了防止国有股东在转让上市公司股份过程中造成国有资产流失，《上市公司国有股权监督管理办法》等对上市公司国有股东协议转让的定价作出了规定。根据《上市公司国有股权监督管理办法》第 32 条的规定：“国有股东非公开协议转让上市公司股份的价格不得低于下列两者之中的较高者：（一）提示性公告日前 30 个交易日的每日加权平均价格的算术平均值；（二）最近一个会计年度上市公司经审计的每股净资产值。”第 33 条规定：“国有股东非公开协议转让上市公司股份存在下列特殊情形的，可按以下原则确定股份转让价格：（一）国有股东为实施资源整合或重组上市公司，并在其所持上市公司股份转让完成后全部回购上市公司主业资产的，股份转让价格由国有股东根据中介机构出具的该上市公司股票价格的合理估值结果确定；（二）为实施国有资源整合或资产重组，在国有股东之间转让且上市公司中的国有权益并不因此减少的，股份转让价格应当根据上市公司股票的每股净资产值、净资产收益率、合理的市盈率等因素合理确定。”

综上，目前对协议转让方式，无论其交易标的为一般上市公司还是被实施风险警示的上市公司，无论其转让方为国有企业还是非国有企业，法律、法规及规范性文件对交易价格的上限并未作出禁止性规定，却对交易价格的下限作出了禁止性规定。交易各方在采用协议转让方式时，应当遵守法律、法规及规范性文件对交易价格下限的相关规定。

经过我们对2017~2019年度已完成上市公司控制权交易价格的统计，上市公司控制权交易仍以溢价转让为主，折价转让占比较小。虽然溢价转让是上市公司控制权交易的主流，但是近年来随着A股股价的下行压力较大、上市公司数量不断增多，折价转让的案例也随之呈现逐年增加的趋势。

（二）协议转让方式下的交易价格

1. 协议转让方式下交易价格的总体情况

在2017~2019年度已完成上市公司控制权交易中，各年度采用协议转让方式的上市公司控制权交易金额的总金额、平均值、中位数、最高值及最低值的相关情况，如表1-6-1所示。

表1-6-1　2017~2019年协议转让交易价格

年份	2017年	2018年	2019年
数量（起）	26	42	73
总金额（亿元）	334.44	380.64	685.38
平均值（亿元）	12.86	9.76	9.39
中位数（亿元）	11.60	8.24	8.74
最高值（亿元）	32.40	32.19	30.00
最低值（亿元）	1.49	1.33	1.11

注1：总金额指2017~2019年度已完成上市公司控制权交易中，各年度采用协议转让方式的上市公司控制权交易金额的合计。

注2：平均值、中位数、最高值及最低值指2017~2019年度已完成上市公司控制权交易中，各年度采用协议转让方式的上市公司控制权交易金额中的平均值、中位数、最高值及最低值。

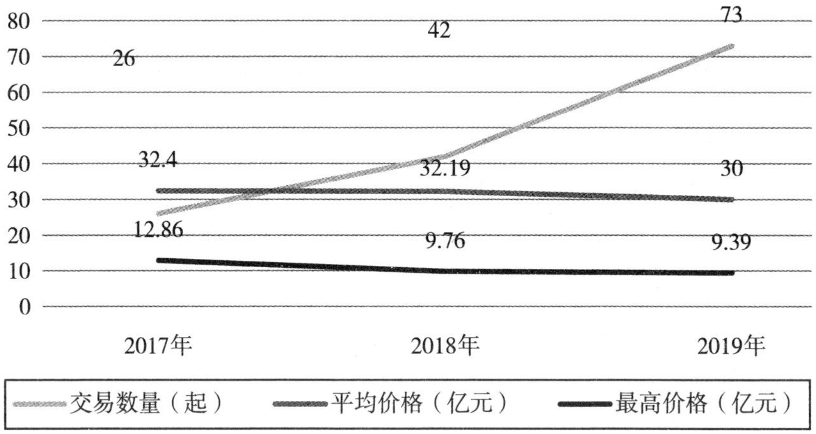

图 1-6-1 控制权交易平均价格及最高价格（协议转让方式）

通过统计相关交易，可以看到 2017~2019 年，采用协议转让方式的上市公司控制权交易金额的平均值在逐年下降，2018 年及 2019 年的控制权交易金额中位数较 2017 年数值也有较大幅度的下降。从极值角度来看，2017 年至 2019 年，采用协议转让方式的上市公司控制权交易金额的最高值、最低也都呈现明显的下降趋势。

2. 协议转让方式下的交易价格

在 2017 年至 2019 年已完成上市公司控制权交易中，各年度采用协议转让方式的上市公司控制权交易金额的分布情况，如表 1-6-2 所示。

表 1-6-2 2011~2019 年协议转让交易价格分布

单位：起

年份	2017 年	2018 年	2019 年
5 亿元以下	3	12	16
5 亿 ~10 亿元	7	13	30
10 亿 ~15 亿元	7	12	18
15 亿 ~20 亿元	6	3	6
20 亿 ~25 亿元	1	1	1

续表

年份	2017 年	2018 年	2019 年
25 亿 ~30 亿元	0	0	1
30 亿元以上	2	1	1

在 2017~2019 年已完成上市公司控制权交易中，各年度采用协议转让方式的上市公司控制权交易金额主要集中在 5 亿 ~15 亿元，其中交易金额在 5 亿 ~10 亿元的案例在各年度案例中均占比最高。

（三）协议转让方式下的溢价率及折价率

不同于少数股权的转让，股权转让构成控制权转让的，通常其转让价格中包含一定的控制权溢价，但少数案例中亦存在折价转让的情况。本书的控制权溢价及折价是指协议转让价格较协议签署前一个交易日收盘价的溢价及折价情况，具体公式为：

溢价率 / 折价率 =（协议转让的每股价格 – 协议签署前一个交易日收盘价）/ 协议签署前一个交易日收盘价 ×100%。

其中，若根据该公式计算的结果为正数，则该笔交易为溢价转让，该正数即为本次控制权交易的溢价率；若根据该公式计算的结果为负数，则该笔交易为折价转让，该负数即为本次控制权交易的折溢价。若根据该公式计算的结果为 0，则该笔交易为平价转让，协议转让的每股价格为协议签署前一个交易日的收盘价。

如前所述，协议转让价格通常以上市公司二级市场股票价格为基准进行溢价转让，其中协议转让的溢价率也是双方就交易价格进行谈判的焦点。但是，近年来折价转让的案例也在逐年增多。上市公司的原实控人能够放弃控制权溢价，甚至接受低于二级市场股价的转让价格，有的是股票质押危机、资金链断裂等危机情况下的被迫之举；有的则是看好收购方对上市公司未来发展的助力，从长远角度考量作出的利益取舍。

本小节对 2017~2019 年协议转让方式下控制权交易的溢价情况、折价情况进行了统计、分析。

1. 协议转让方式下的溢价率总体情况

在 2017~2019 年度已完成上市公司控制权交易中，各年度采用协议转让方式的上市公司控制权交易的溢价转让案例数量、溢价率的平均值、中位数、最高值及最低值的相关情况，如表 1-6-3 所示。

表 1-6-3 协议转让方式下的溢价率总体情况

年份	2017 年	2018 年	2019 年
协议转让数量（家）	26	42	73
溢价转让数量（家）	21	32	53
溢价转让交易占比	80.77%	76.19%	72.60%
溢价率平均值	44.80%	48.34%	37.50%
溢价率中位数	42.39%	39.06%	21.03
溢价率最高值	143.93%	179.30%	254.74%
溢价率最低值	0.40%	2.61%	0.59%

在 2017~2019 年度已完成上市公司控制权交易中，各年度采用协议转让方式的上市公司控制权交易的溢价转让案例数量占当年度协议转让数量比重均在 70% 以上，但溢价转让的占比在逐年下降。2017 年至 2019 年协议转让方式下的溢价率平均值及中位数均在逐年下降。

2. 协议转让方式下的溢价率分布

在 2017 年至 2019 年已完成上市公司控制权交易中，各年度采用协议转让方式的上市公司控制权交易的溢价率分布情况，如表 1-6-4 所示。

表 1-6-4 2017~2019 年协议转让方式下的溢价率分布

单位：家

年份	2017 年	2018 年	2019 年
10% 以下	6	7	14
10%~20%	1	2	12
20%~30%	2	5	5

续表

年份	2017 年	2018 年	2019 年
30%~40%	0	3	6
40%~50%	4	3	7
50%~60%	1	1	2
60%~70%	3	5	0
70%~80%	1	1	2
80%~90%	0	1	1
90%~100%	1	0	0
100% 以上	2	4	4

在 2017~2019 年已完成上市公司控制权交易中，各年度采用协议转让方式的上市公司控制权交易溢价率为 50% 以下，在年度案例中，溢价率在 10% 以下的占比最高。同时，各年度都不乏溢价率 100% 以上的案例。

3.2017~2019 年控制权交易的折价率

在 2017~2019 年度已完成上市公司控制权交易中，各年度控制权交易中，平价转让、折价转让及折价率情况，如表 1-6-5 所示。

表 1-6-5　2017~2019 年控制权交易的折价率

年份	2017 年	2018 年	2019 年
协议转让数量（家）	26	42	73
平价转让数量（家）	1	4	5
折价转让数量（家）	4	6	15
平价及折价转让交易占比	19.23%	23.81%	27.40%
折价率平均值	–8.19%	–6.55%	–5.68%
折价率中位数	–8.90%	–6.56%	–5.16%
折价率最高值	–10.00%	–9.82%	–0.31%
折价率最低值	–4.98%	–1.57%	–10.00%

在 2017~2019 年度已完成上市公司控制权交易中，各年度采用协议转让方式的上市公司控制权交易的平价及折价转让占比在逐年上升。

三、2017~2019 年间接转让方式控制权的交易价格

间接收购也是上市公司控制权收购中一种常见的操作方式，相比“简单明了”的协议转让方式而言，间接收购是一种更为灵活、更具操作性的转让方式。间接收购的灵活性不仅体现在通过间接收购可以解决上市公司股份质押、冻结等导致出让方无法直接转让上市公司股份的问题，其灵活性更体现在间接收购的定价方式上。在间接收购中，双方可协商确定交易价格，同时该交易价格不受《深圳证券交易所上市公司股份协议转让业务办理指引》等法律法规及规范性文件规定的协议转让价格下限的限制。因此，近年来也出现了金一文化 1 元收购、梦舟股份 2 元收购等案例。但是，需要注意的是，这些低价收购上市公司的案例多为承债式收购，其交易价格具有一定的合理性；在非承债式收购案例中，若收购方以不合理的低价收购上市公司，也会受到交易所的关注与问询。

在本小节，我们以 2017 年至 2019 年已完成的采取间接收购案例为样本，对 2017 年至 2019 年上市公司控制权交易中间接收购方式下交易价格的定价规则进行了统计、分析。

（一）间接收购的主要方式

间接收购主要包括两种方式，一种是间接转让，即收购人通过受让上市公司控股股东股权从而间接控制上市公司；另一种是间接增资扩股，即收购人向上市公司控股股东增资，从而间接取得上市公司控制权。

间接转让是 A 股控制权间接收购的主要方式，绝大多数的间接收购均为间接转让上市公司控股股东的股份，从而实现对上市公司的控制。通过间接转让，上市公司的原实控人等可以控制权交易完成时即取得现金交易的对价，从而实现上市公司的原实控人退出的诉求。2019 年完成的华控赛格（SZ.000068）控制权交易即采用间接转让的方式，收购人通过取得上市公司控股股东 51% 股权，从而实现了对该上市公司的间接控制。

相较间接转让而言，因无法实现上市公司原实控人退出的诉求，以增资扩股方式取得上市公司控制权的方式相对较少。2017 年至 2019 年因控股股东增资扩股导致控制权发生变更的，主要集中在国有企业混合所有制改革相关案例中。例如，2017 年完成的丽江旅游（SZ.002003）、云南白药（SZ.000538）、云南白药（SZ.000538）、2019 年完成的六国化工（SH.600470）、哈药股份（SH.600664）、安纳达（SZ.002136）等控制权变更案例。

（二）间接转让的一般定价规则

在协议转让方式中，股份转让价格主要以二级市场股价为定价基准，同时包含双方协商确定的控制权溢价；若为折价转让，则转让价格范围下限为协议签署日的前一交易日转让股份二级市场收盘价的 90%（ST/*ST 为 95%）。间接转让的定价规则不受上述协议转让价格下限的限制，即间接转让的价格下限可突破上一交易日收盘价 90%（ST/*ST 为 95%），其转让数量亦不受协议转让最低比例 5% 的限制。

交易价格通常由双方根据标的公司所持上市公司股份价值及标的公司净资产值为参考协商确定，或者由交易双方对标的公司进行评估，以评估报告确定价值作为交易价格的定价基准。在间接转让中，股权转让价格的定价方式主要包括以下四种：

第一，以上市公司二级市场股价为定价基准。在 2019 年完成的 ST 亚星（600319.SH）交易中，收购人受让成泰一号、成泰二号、成泰三号和成泰四号 100% 出资额，从而间接控制上市公司 13.20% 股份。协议签署日前一交易日上市公司股票收盘价为 5.23 元 / 股，按照标的合伙企业所持有的所有上市公司 4,653,962 股股份计算，本次折合亚星化学每股转让价格 5.15 元。

第二，以上市公司的估值为定价基准。在 2019 年完成的赛福天（603028.SH）交易中，上市公司原实际控制人持有上市公司控股股东 66.93% 的股权，收购人受让上市公司控股股东 16.73% 股权，并通过表决权委托取得上市公司原实际控制人持有的上市公司控股股东剩余未转让 50.19% 的股权，间接取得上市公司控制权。其中，股权转让价款的定价依据为："上市公司整体估值 × 目标公司持有上市公司的股份比例 × 上市公司原实际控制人本次转让目标公司的股权比例。”交易双方协商确定上市公司整体估值为 30 亿元。

第三，以标的企业资产负债表、资产明细表、负债明细表等为定价基准。在 2017 年祥源文化（600576.SH）交易中，收购人受让上市公司控股股东股权，间接控制上市公司。其中股权转让价款的定价依据由交易双方依据标的公司资产负债表、资产明细表、负债明细表等为基础，商议确定。

第四，以评估机构对标的企业出具的《评估报告》为定价基准。在 2019 年完成的 GQY 视讯（300076.SZ）、华通医药（002758.SZ）案例中，交易双方以评估机构对标的企业出具的《评估报告》为基础，协商确定标的公司估值及股权转让价格。

（三）国有股东间接转让的定价规则

国有股东间接转让其所持有的上市公司股份的，应当遵守《上市公司国有股权监督管理办法》等国有资产监督管理规范性文件中有关上市公司股份转让价格的相关规定。除国有股东转让股权外，间接转让的交易价格通常为交易双方协商确定的。

根据《上市公司国有股权监督管理办法》第 43 条第 1 款的规定，“国有股东所持上市公司股份间接转让应当按照本办法第二十三条规定确定其所持上市公司股份价值，上市公司股份价值确定的基准日应与国有股东资产评估的基准日一致，且与国有股东产权直接持有单位对该产权变动决策的日期相差不得超过一个月”。第 23 条规定：“国有股东公开征集转让上市公司股份的价格不得低于下列两者之中的较高者：（一）提示性公告日前 30 个交易日的每日加权平均价格的算术平均值；（二）最近一个会计年度上市公司经审计的每股净资产值。”

2017 年完成的国有股东间接转让案例银鸽投资（600069.SH）、ST 昌九（600228.SH）均委托资产评估机构对标的资产进行了评估，并履行了国有资产监督管理的程序。

（四）间接转让中的承债式收购

2017 年以来，股权质押危机及控股股东、实际控制人资金链断裂成为上市公司易主的两大动因，上市公司纾困更是在2018年成为A股市场的主题词。作为一种纾困方式，间接转让中的承债式收购逐渐成为一种趋势。

所谓的承债式收购是指收购人受让股权的同时，承担被并购方全部债务或者部分债务。我们对2017年至2019年上市公司控制权交易中较为典型的承债式收购案例进行了梳理，在间接收购中承债式收购的操作模式主要包括以下两种：

第一，以象征性价格收购，并承诺收购后提供资金支持或承担相关主体负债。在2018年完成的金一文化（SZ.002721）案例中，收购人以1元的价格受让上市公司控股股东73.32%股权，间接控制上市公司，同时收购人承诺将根据上市公司的业务、资产和市场情况，适时向上市公司提供流动性支持，累计额度不低于30亿元。根据相关公告，截至协议签署日，上市公司控股股东的负债为300,543.61万元，其中，股权质押借款89,700万元，其他往来款负债210,843.61万元；上市公司及合并范围内子公司的负债610,940.38万元。收购人以1元的象征性价格先行取得上市公司的控制权，在取得控制权后，再向上市公司注入资金能够有效降低收购方的资金风险。同时，收购方取得控制权后提供的资金支持能够缓解上市公司、控股股东及原实际控制人等的资金链危机，从而实现为上市公司纾困的目的。

在2018年完成的梦舟股份（SH.600255）案例中，收购人向上市公司控股股东增资2亿元，并以2元价格受让上市公司原实际控制人持有的上市公司控股股东剩余股权。根据相关公告，截至股权转让协议签署日，上市公司控股股东的负债合计为5.52亿元。

第二，支付部分资金，并承担相关方全部负债。相较于金一文化的1元收购，此种类型的承债式收购更为常见。在此种方式下，收购人通过股权转让、增资等方式支付少量现金，并承担收购方的全部负债。在2017完成的*ST尤夫（SZ.002427）案例中，收购人以1亿元价格受让上市公司控股股东的股权，同时承担其25.81亿元负债，转让总价款及承担的债务合计为26.81亿元。在2018年完成的江苏吴中（SH.600200）、西藏旅游（SH.600749），2019年完成的恒立实业（SZ.000622）均采用此种模式。

第七章　控制权交易的监管问询

根据属地监管原则，即上市公司注册地和上市地监管原则，上市公司的日常监管一般由注册地的中国证监会在各地的派出机构（证监局）和上市公司所属证券交易所（沪深交易所）负责。上市公司在日常经营、管理和证券资本市场行为过程中如有需要提示、警示、督促、补充披露、要求改正等轻微违法违规事项的，沪深交易所或证监局一般会以发送问询函、关注函、监管函、警示函等方式进行日常监督管理。沪深交易所内部均设有专门针对上市公司日常行为的监管部门，指定专门的监管人员对每一个上市公司的动态进行日常监管，对一些可能影响股价和中小投资者利益的重大事件，交易所监管部门更是重点关注。

本章节旨在就沪深交易所针对上市公司控制权变更可能问询或关注的要点及上市公司向交易所的答复、对外发布的公告信息的思路进行分析，以向读者展现 2019 年度交易所向上市公司发出问询或关注函的整体全貌，特别是就上市公司控制权变更中易被交易所问询、要求补充披露的重点事项，并以部分案例作为分析重点，以求窥一斑而知全豹，准确掌握监管思路和监管力度。

一、监管问询 / 关注的基本情况

一般而言，如上市公司收购涉及以下情况，则该等收购与重组事项尚需经过证监会的审核：（1）属于《上市公司重大资产重组管理办法》第 13 条的重大资产重组或重组上市（借壳上市）;（2）发行股份购买资产；（3）非公开定向发行。到目前为止，上述审核一般是事前审批。

除上述需要事前审批的情况外，大多数上市公司收购或控制权交易都力求快速和高效，从监管工作程序上并不需要事前向中国证监会申报审批。因此，除非需要证监会的事先审批，上市公司的控制权交易通常不会直接收到中国证监会的监管反馈，更多的是沪深交易所的日常监管措施。相较于证监会的事前审批，交易所则是一种事后监管，通常在上市公司公告其签署了股份转让框架协议、股份转让协议等可能导致控制权变动的协议、披露了权益变动报告书后，交易所可能会就上市公司控制权变动的一系列事项进行反馈。一般而言，交易所会向上市公司发出以下几种类型的监管文件：

问询函：上市公司不一定违规，但是交易所需要上市公司对相关情况进行核查、说明和补充披露。交易所在出具问询函的同时，会要求上市公司在指定日期前作出答复。

关注函、监督关注函、监管函：是指监管部门对上市公司的某一个或几个不一定违规或者虽有违规、但情节轻微的事项给予特别关注监管，用以提示和督促改正。这几类函件在效力和力度上处于同一个层级。不同的监管部门出具的函件名称会有所区别：证监会和证监局出具的叫作监管关注函，深交所出具的叫作关注函或监管函，上交所的出具的叫予以监管关注的决定。

监督关注函是证监局的监管动作，深交所出具的关注函或监管函和上交所的予以监管关注的决定是交易所的纪律处分。

警示函：是指上市公司有违规现象，但不严重，不构成行政处罚，一般针对违规减持、资金占用、信息披露不全面等事件为主。警示函是几个函件中唯一属于行政监管措施的，新《证券法》第170条第2款规定："为防范证券市场风险，维护市场秩序，国务院证券监督管理机构可以采取责令改正、监管谈话、出具警示函等措施。"行政监管措施只能由证监会及其派出机构出具。

截至2019年12月31日，在已经发生的154起上市公司收购的案例中，合计44起案例收到了交易所发出的问询函或关注函，沪、深交易所的反馈概率总体约为29.53%。

二、披露交易后的监管问询

截至2019年12月31日，在已经收到反馈的44起上市公司控制权变更的案例中，正常情况下上市公司会在公告签署股份转让协议或框架协议之日后的 1~5 个交易日内收到交易所问询函或关注函，少部分交易收到问询函或关注函的时间距离首次披露的时间较长。

时间间隔较长的原因可以分为以下几类：（1）交易复杂，涉及重组上市；（2）交易自首次披露后，较长时间未能更新进展；（3）自首次公告后，出现新的影响上市公司控制权变更的新情况。

三、监管问询的具体问题

根据我们对 2019 年度发生的控制权变更事件中，上市公司受到交易所关注或问询案例的分析，发现上市公司控制权变更受到交易所问询或关注的问题可以分为以下两种：一是一般性问题，受到交易所问询或关注的上市公司控制权变更的案例中，多数上市公司都被问询或关注到了这类问题，这类问题主要集中在收购人的背景、资金来源、交易方案、控制权认定及稳定性、交易后续安排及一些信息披露的事项；二是特殊性的问题，一般这类问题多存在于案例中有特殊情况时，交易所会问询或关注到，这类问题主要集中在收购方存在有限合伙人、信托或基金，收购资金来源于借款，收购后上市公司变更为无实际控制人，交易方案中涉及上市公司或出售方的债务安排，业绩对赌等。

我们对上述一般性问题和特殊性问题进行分析如下：

（一）一般性问题

表 1-7-1　2019 年一般性问题分析

序号	问题类型	问题内容
1	关于收购人	（1）收购人股权结构、实际控制人、业务、投资范围、财务状况或履约能力； （2）收购资金来源及合规性（是否来源于上市公司、是否来源于杠杆资金、是否存在特殊利益安排等）； （3）收购方及其关联方所从事的业务与上市公司的业务之间是否存在同业竞争或潜在的同业竞争

续表

序号	问题类型	问题内容
2	关于交易方案	（1）交易价格的合理性、定价依据（尤其是存在交易价格大幅溢价的情况下）； （2）收购的原因、背景； （3）表决权委托的受托方及委托方是否为一致行动人（针对表决权委托的情况）
3	关于上市公司实际控制人认定及控制权的稳定性	（1）认定上市公司实际控制人变更的依据或变更后实际控制人认定的依据； （2）该次收购后，上市公司控制权的稳定性及保持稳定性的措施
4	关于交易涉及的后续安排	收购后，收购方对上市公司是否有业务调整、董事变更、资产购入或出售计划或其他后续安排
5	信息披露	（1）详细披露上市公司控制权变更所涉事项的背景、具体过程、最新进展、交易对方的具体情况、下一步安排及该事项对公司生产经营可能产生的影响； （2）提供内幕知情人名单； （3）梳理并说明交易是否符合信息披露义务

收购人资金来源、资金实力是监管关注的重点问题。《上市公司收购管理办法》（2014 年版）规定，取得权益达到 5% 但未达到 20% 的收购人，需要披露简式权益变动报告书，但简式权益变动报告书中无须披露资金来源，持有权益达到 20% 但未超过 30% 的收购人需要披露详式权益变动报告书，且需要在详式权益变动报告书中说明其资金来源。而修订后的《上市公司收购管理办法》（2020 年版）则增加了简式权益变动报告书的披露要素，要求收购人在简式权益变动报告书中披露其资金来源。《公开发行证券的公司信息披露内容与格式准则第 15 号——权益变动报告书》第 31 条则进一步规定，如收购人为上市公司董、监、高或其控制的法人、其他组织的，收购人应当在权益变动报告书中披露其支付方式即资金来源，“如资金来源于第三方借款，应当披露借款协议的主要内容，包括借款方、借款的条件、金额、还款计划及资金来源”。

2019 年的部分控制权交易中，收购人的支付能力、资金来源，以及交易是否涉及杠杆收购同样是交易所的关注重点。

表 1-7-2　2019 年部分控制权交易中的监管问询

公司简称	股票代码	问询问题
荣科科技	300290.SZ	信托计划的资金来源；实际控制人认定的依据；杠杆收购对上市公司未来控制权稳定性的影响等
精艺股份	002295.SZ	结合本次股权转让价格和方式，补充说明该次转让的定价依据及合理性，并结合受让方财务数据分析其是否具有履约能力，如履行能力存在重大不确定性，作出充分的风险提示
国旅联合	600358.SH	关于本次关联交易的支付安排。公告披露，公司拟以人民币 6831.81 万元将持有的 1.12% 股权转让给公司实际控制人王春芳、王春芳控制之企业或其指定的第三方。请公司核实并披露本次交易支付对价的资金来源、支付方式和支付时间安排，并就交易对方履约能力进行说明
日科化学	300214.SZ	认定实际控制人变更的依据；基金的认购金额、转让方式等；收购人是否已实缴出资、资金来源；未来 12 个月是否存在增持计划；本次交易大幅溢价的合理性；股权转让资金的来源及合规性
方正电机	002196.SZ	资金来源；收购人控股股东的财务情况；收购人的履约能力；收购人的实际控制人认定；上市公司控制权的稳定性；上市公司治理、经营安排；交易定价
恒泰艾普	300157.SZ	支付股份转让款的最终出资人及出资比例，是否存在代缴情形；详细说明最终出资人的资金来源及其合规性，说明是否存在杠杆资金，出资是否被设定了还本付息、收益兜底或者其他特殊利益安排；说明最终出资人与上市公司、孙庚文是否存在关联关系或其他经济利益关系
华通医药	002758.SZ	资金来源
达志科技	300530.SZ	资金来源
汉鼎宇佑	300300.SZ	详细说明收购人资金来源，是否存在杠杆资金、收益兜底或者其他利益安排；结合收购人的财务状况说明其是否具备支付全部股权转让款的履约能力

（二）特殊性问题

表 1-7-3　2019 年特殊性问题分析

序号	触发特殊性问题的具体情形	问题内容
1	如收购方及其一致行动人中存在有限合伙或基金 / 信托	穿透披露至基金的主要基金份额持有人并说明其认购金额及向其他合格投资者转让份额的方式、程序、存续期限、结构化安排、托管事项、募集总额等
2	收购资金部分来源于借款	（1）借款的具体安排、是否设定担保及还款安排； （2）控制权是否稳定
3	收购后，上市公司变更为无实际控制人	（1）认定为无实际控制人的原因，收购方是否与上市公司其他股东存在一致行动关系、关联关系或其他利益安排； （2）收购方是否存在进一步收购行动、收购方就上市公司资产、治理等是否存在后续安排，是否有进一步成为上市公司实际控制人的计划
4	收购方案中涉及债务安排	（1）拟转让的股份对应的质押情况及解除安排； （2）实际控制人变更后如何应对流动性风险和偿债压力
5	业绩承诺	（1）业绩承诺安排的合理性，以及是否存在损害上市公司独立性及中小投资者利益的情形； （2）承诺方是否具备完成业绩承诺的能力

就以上的特殊性问题，本书以具体案例进行分析及说明。

1. 收购方股东有有限合伙企业

根据《首次公开发行股票并上市管理办法》等法律法规及监管要求，上市公司控股股东和受控股股东、实际控制人支配的股东持有的上市公司股份不存在重大权属纠纷。在上市公司控制权变更案例中，当收购方及其一致行动人中存在有限合伙或基金时，也就意味着未来该上市公司的控股股东、实际控制人或其一致行动人中也存在有限合伙或基金，而控股股东、实际控制人或其一致行动人存在有限合伙或基金时，其直接或间接持有的上市公司股份权属可能比较复杂（如存在代持或嵌套其他信托、基金等），影响了其清晰度，因此需要向监管机构进一步披露投资者的明细、基金/有限合伙的架构、出资来源等信息。同时，考虑到基金或有限合伙企业一般在其基金合同/合伙协议中会约定投资方向，如果是专门从事投资业务的基金或有限合伙企业，则很可能存在除该拟收购上市公司外的其他投资项目，且增加了关联交易的披露义务，并较易触及同业竞争的红线。因此，这些元素导致交易所对有限合伙或基金的出资、资金来源、结构化安排、控制权稳定及该等有限合伙或基金的对外投资等予以一定关注。

对于交易所的此种问询，我们分析了日科化学、荣科科技等案例，回复内容总结如下：

（1）通过核查基金所涉的《基金合同》、募集说明书，查阅了鲁民投基金管理公司提供的投资者明细，并访谈基金及基金管理公司相关人员的方式，向交易所回复中披露基金的架构、基金合同中所涉的募集、托管、运作方式、结构化安排、存续期限等关键信息。

（2）通过核查合伙企业的出资银行回单等方式，披露合伙企业的出资来源及实缴情况，如有需要，基金或信托计划的出资人还可出具书面说明，说明出资来源、出资权属、是否存在他人委托或权属纠纷等事项。

（3）披露基金或合伙企业控制的核心企业、核心业务及关联企业，就关联交易及同业竞争情况进行披露，同时基金及其基金管理人还分别出具了《关于避免与上市公司同业竞争的承诺》《关于保障上市公司独立性的承诺》《关于减少及规范与上市公司关联交易的承诺》等书面承诺文件。

2. 收购资金来源于借款

收购方的收购资金中，有部分来源于借款，则该借款占收购资金的比例、利息、是否设定担保（有时会以上市公司资产或未来收益做担保）以及还款安排等事项将直接影响到收购方收购上市公司后的控制权的稳定性，如未来收购方资金链断裂无法还款导致上市公司控制权变更或导致上市公司资产/收益被执行，都将影响上市公司其他中小股东的利益。

对于交易所的此种问询，我们分析了日科化学、荣科科技、龙泉股份、华通医药、汉鼎宇佑等案例，回复内容总结如下：

（1）披露借款方、本金及利息、借款及还款的具体安排，尤其是资金来源于银行并购贷款、资管公司、投资公司、P2P 平台等情况，有的上市公司还进一步披露杠杆率。

（2）说明收购资金没有直接或间接来源于上市公司的情形。

（3）披露借款的担保情况，是否涉及上市公司资产或未来收益用于担保的情形。

（4）披露收购资金来自借款的风险，披露控制权可能受到影响的风险。

3. 收购后无实际控制人

如上市公司在收购后变更为无实际控制人，则很可能影响上市公司经营管理方面的稳定性，同时，交易所也可能质疑上市公司收购交易背后是否存在其他利益安排，或者说收购方是否后续还有进一步收购安排。在 108 起案件中，有 11 起案例均为变更后无实际控制人的案例，而其中金新农、日科化学、方正电机、维维股份、ST 远程这 5 起案例在控制权最终认定上受到了交易所的反馈问询。

对于交易所的此种问询，我们分析了上述案例，回复内容总结如下：

（1）因出现收购后无实际控制人的情况，多数是收购后第一大股东与第二大股东所持有的股份相差不大，因此，上市公司对交易所的回复中可以说明收购完成后持有上市公司 5% 以上股份的股东情况，说明单一股东无法控制股东大会、单一股东无法决定董事会半数以上成员选任的情况，以此说明认定上市公司控制权变更后无实际控制人的原因。

（2）上市公司对交易所的回复中可以披露，未来收购方的增持计划（可以选择出具增持承诺）及董事会人员的安排、第二大股东的减持计划（可以选择出具减持承诺），以确保未来上市公司控制权的稳定（如金新农）；或者披露股份转让协议或表决权委托协议中关于表决权委托的情况，说明上市公司未来控制权的稳定性（如方正电机）；如收购方确实没有进一步谋求上市公司控制权的行为，如实披露即可（如维维股份）。

4. 收购方案中涉及债务安排

部分上市公司控制权变更的案例涉及了上市公司存在负债，而控股股东或实际控制人持有的上市公司股份用于该等负债的质押。在此种情形下，如果上市公司公告有关控制权拟变更的事项时，质押的股份仍未解压，则可能影响该等上市公司控制权交易的顺利实施，从而引发交易所反馈。如果本次上市控制权变更本身就具有偿还负债、纾困的因素，则交易所还会关注在控制权变更后，上市公司将可能采取的应对流动性风险和偿债压力的措施。

对于交易所的此种问询，我们分析了东方园林、精艺股份、龙泉股份等案例，回复内容总结如下：

（1）就股份质押情况及解除安排，如是披露实际控制人的股份质押情况，披露股份收购款是否用于股份解押，披露在收购前是否进行股份解押，或者披露债权人出具的同意质押中的股份进行过户的说明。

（2）说明变更后的实际控制人将向上市公司提供增信支持；加快业务整合；优化债务结构，拓展融资渠道，减低短期债务风险；提高股权融资比例，降低债务负担；加强项目结算力度，改善融资节奏；改善经营回款情况等方式降低上市公司的流动性风险和偿债压力（如东方园林）。

5. 存在业绩承诺

在收到交易所反馈的案例中，汉鼎宇佑、金新农、达志科技在业绩对赌、业绩承诺方面受到了交易所的问询或关注。根据我们对收到反馈的 3 个案例的分析，发现收到反馈的案例与未收到反馈的案例（如新研股份、宁波建工等）相比，其可能受到交易所关注的原因如下：（1）转让方承诺的业绩相较于目前及往来的业绩情况差距较大（如金新农、汉鼎宇佑）；（2）业绩承诺中约定，第二年的业绩承诺期未实现的净利润金额以第三年的业绩承诺期实现的净利润优先补足（如达志科技），交易所要求就该约定进行进一步说明。

对于交易所的此种问询，我们分析了汉鼎宇佑、金新农等案例，回复内容总结如下：

（1）从宏观趋势、商务板块发展、近期增速等方面，说明目前及往年的业绩下滑的原因及未来业绩上升的原因。

（2）说明业绩承诺期内管理团队的稳定性或优势。

（3）说明转让方此次业绩承诺，是其自身作出的单方面承诺，未履行上市公司相应程序，不构成业绩预测，不会对公司生产经营产生风险和负面影响，相关的业绩补偿承诺亦不涉及公司的资产与权益，不存在损害上市公司独立性及中小投资者利益的情形。

（4）进一步说明业绩承诺条款具体约定内容。

四、被重点问询的代表性案例

就以上被交易所反馈的问题，我们选取了部分具有代表性的案例进行分析总结，其中在荣科科技控制权变更案例中，收购方股权穿透后的投资者中有信托产品；在金新农控制权变更案例中，被交易所监管问询两次。从这两个案例的监管问询中，可以部分了解在控制权交易中交易所的监管思路，以供参考。

（一）荣科科技控制权变更

荣科科技控制权交易因收购方股权穿透后，出资人有信托计划，所使用的资金相当大比例也来自信托计划而广受关注，也收到了交易所的监管问询函。

1. 交易简介

荣科科技股份有限公司（以下简称荣科科技，代码：300290）是一家布局智慧医疗、健康数据和智能云服务的领域的深交所上市公司。

2018 年 12 月 24 日，荣科科技控股股东、实际控制人崔万涛、付艳杰与辽宁国科实业有限公司（以下简称国科实业）签署了《崔万涛、付艳杰与辽宁国科实业有限公司关于荣科科技股份有限公司之股份转让协议》（以下简称《股份转让协议》），崔万涛、付艳杰拟将合计持有的荣科科技 29.00% 的股份通过协议转让方式转让给国科实业，转让价格为 5.81 元 / 股。本次股权转让对价合计 5.7 亿元，国科实业的资金来源包括现有股东何任晖、李涔出资 5000 万元，渤海信托设立的信托计划“荣科 1 号单一资金信托”作为财务投资人向国科实业增资 1.8 亿元，以及该信托向国科实业提供的并购借款 3.4 亿元。

2019 年 1 月 18 日，荣科科技控股股东、实际控制人崔万涛、付艳杰所持拟转让股份已经向国科实业过户完毕。荣科科技控股股东从崔万涛、付艳杰变更为国科实业，实际控制人从崔万涛、付艳杰变更为何任晖。

2. 监管问询及上市公司回复

在本案例中，深交所于 2019 年 1 月 3 日向荣科科技发出问询函，2019 年 1 月 4 日，荣科科技向深交所书面回复并予以公告，具体问询内容及回复要点如下：

（1）问题：“荣科 1 号单一资金信托”委托人的主要信息，包括名称、出资额及资金来源，享有的产品份额、享有的投资决策等权利，承担的义务；穿透披露至最终的主要出资人，并说明其提供资金的原因。

回复要点：“荣科 1 号单一资金信托”（以下简称荣科 1 号）的单一委托人系北钢管业（营口）有限公司（以下简称北钢管业或委托人），出资额为人民币 5.2 亿元，资金来源系企业自有资金。荣科科技对北钢管业的基本信息进行了披露。根据《渤海信托・荣科 1 号单一资金信托资金信托合同》，荣科 1 号的委托人、受益人均为北钢管业，其享有全部产品份额。荣科科技回复中，披露了该信托的信托目的、信托财产的管理、委托人的权利义务、受益人的权利义务等基本信息。荣科 1 号的最终出资人为北钢管业，其出具了《关于出资权属的承诺函》。同时，关于提供资金的背景，荣科科技披露中指出本次交易的出发点系化解上市公司原大股东的股权质押平仓风险，原股东并非完全退出，交易后作为一致行动人仍为上市公司第二大股东。因此原股东在选择受让方时，非常看重对方的行业背景、资源、是否能合作把上市公司经营好。而荣科 1 号委托人出于对本次交易受让方（何任晖）的信任，向国科实业提供资金。

（2）问题：前述 3.4 亿元借款的资金成本、担保安排、还款期限、还款计划及还款资金来源等，国科实业未来 12 个月内是否存在将所持上市公司股份进行质押的安排。

回复要点：根据国科实业与渤海信托签订的《信托贷款合同》，该 3.4 亿元借款的资金成本为 4.9% 的固定年利率，无担保安排，贷款期限为 5 年。同时披露还款计划、还款资金来源。国科实业表示暂时无将上市公司股份质押的安排，但不排除在股份过户后 12 个月内将所持上市公司股份进行质押。

（3）问题：国科实业、何任晖与前述信托计划及其主要出资人是否存在其他应披露而未披露的相关协议安排。

回复：无其他应披露未披露的协议安排。

（4）问题：结合国科实业的股权结构、经营管理团队构成和实际控制关系，以及上述增资、出资协议或其他安排，说明认定何任晖为荣科科技实际控制人的依据。

回复要点：从股权结构、经营管理团队构成等角度出发，说明何任晖为国科实业第一大股东，且荣科1号系国科实业财务投资人，不介入经营管理，不介入董事会，何任晖为国科实业实际控制人；从股份转让完成后的股权结构及董事会安排角度出发，说明何任晖为股份转让后的荣科科技的实际控制人。同时，进一步披露杠杆收购对荣科科技控制权稳定性的影响，从国科实业负债层面，本次收购的杠杆比率为3.4：2.3=1.48，所有借款为其股东荣科1号提供，且未设定担保或质押，债务风险较为可控。荣科1号作为财务投资人，不参与国科实业经营管理，国科实业的控制权较为稳定。但鉴于国科实业控股股东何任晖先生认缴的9亿元注册资本尚未实际缴足，未来如果国科实业因极端情况发生重大不利变化，何任晖先生需按照认缴金额对国科实业承担责任。

（5）问题：荣科1号最终出资方的产业背景情况，该出资方及何任晖控制的核心企业的主营业务及经营状况，与上市公司是否存在同业竞争，未来是否可能发生关联交易，如有，请说明避免同业竞争以及保持荣科科技独立性的具体安排。

回复要点：披露荣科1号最终出资人北钢管业及北京神州云安科技有限公司（以下简称神州安云，何任晖控制的另一关联企业）基本信息、近两年财务数据、核心企业主营业务及经营状况，披露说明北钢管业、神州安云与荣科科技不存在同业竞争。同时，国科实业及其实际控制人何任晖、北钢管业、神州云安均出具了《关于避免同业竞争的承诺函》及《关于减少与规范关联交易的承诺函》。何任晖进一步出具了关于保持上市公司独立性的承诺函。

（6）问题：未来12个月内，国科实业、何任晖及前述信托计划的主要出资方是否存在进一步收购荣科科技股份的计划，是否存在对上市公司主营业务进行重大调整的计划，是否存在注入、购买、出售资产的相关安排，对上市公司董监高的调整计划，以及崔万涛、付艳杰是否存在减持荣科科技股份的计划。

回复要点：未来 12 个月内，国科实业、何任晖及北钢管业不存在进一步收购上市公司股份的计划；不存在未来 12 个月内对上市公司主营业务进行重大调整的计划，不存在注入、购买、出售资产的相关安排；披露对上市公司董、监、高的调整计划。崔万涛、付艳杰暂无进一步减持荣科科技股份的计划。但不排除崔万涛、付艳杰未来继续减持荣科科技股份的可能。

3. 监管问询重点

荣科科技控制权变更涉及以下交易所比较关注的重点：

高度关注收购方的资金实力和潜在风险。收购方的股权结构中含有信托，且收购方的收购资金中含有杠杆资金。交易所要求上市公司对信托的委托人、受益人、最终出资人及其权利义务安排，对杠杆资金的还款计划、还款来源、占总收购款的比例、对上市公司未来控制权稳定性的影响等方面进行充分披露，以便投资者作出投资判断。

高度关注收购方与上市公司的潜在同业竞争和关联交易。如收购方实际控制人存在控制其他企业的，收购方及其实际控制人等还需就避免同业竞争、规范关联交易、保持上市公司独立性方面作出承诺或其他措施。

（二）金新农控制权变更

金新农控制权交易曾受到监管机关两次关注。其中深交所在框架协议签署并公告后向金新农发出了问询函；在 2019 年 1 月 11 日原控股股东大成欣农与收购方湾区金控签署了正式的《股权转让合同》后，深交所又于 5 天后的 1 月 16 日向金新农发出了关注函。

1. 交易简介

深圳市金新农科技股份有限公司（以下简称金新农，代码：002548）是一家主营业务涵盖全系猪用饲料研产销、种猪繁育、动保兽药、互联网通信技术等业务的深交所上市公司。

2018 年 12 月 8 日，金新农控股股东舟山大成欣农股权投资合伙企业（有限合伙）（以下简称大成欣农）与粤港澳大湾区联合控股有限公司（以下简称湾区联控）签署了《股权转让框架性协议》（以下简称框架协议），大成欣农拟将其所持有的部分金新农股份合计 9400.00 万股普通股（占公司总股本的 24.70%）转让给湾区联控或其指定方。

2019 年 1 月 11 日，大成欣农与湾区联控指定方广州湾区金农投资合伙企业（有限合伙）（以下简称湾区金农）签署了《股权转让合同》，拟将其所持有的部分金新农股份合计 94,000,000 股普通股（占合同签署日金新农总股本的 24.70%）转让给湾区金农。湾区联控持有湾区金农 100% 股权。

本次协议转让前，大成欣农持有金新农股份 148,356,576 股，占合同签署日金新农总股本的 38.98%，为金新农控股股东，且金新农无实际控制人；本次协议转让完成后，大成欣农持有金新农股份 54,356,576 股，占合同签署日金新农总股本的 14.28%，变为金新农第二大股东。本次协议转让完成后，湾区金农将持有金新农股份 94,000,000 股，占合同签署日金新农总股本的 24.70%，将成为金新农控股股东，金新农仍然无实际控制人。

2. 监管问询及上市公司回复

在本案例中，深交所于 2018 年 12 月 14 日向金新农发出了问询函，就大成欣农签署的框架协议事项进行问询，2018 年 12 月 18 日，金新农向深交所回复，其涉及的重要的反馈问题及回复如下：

（1）问题：请详细说明大成欣农筹划该次控制权变更事项的背景、具体过程、目前进展。

回复要点：大成欣农进行控制权变更的主要因素包括：①大成欣农与多家证券公司存在股权质押融资，框架协议签署前，大成欣农持有金新农 38.98% 的股份，大成新农累计质押金新农 31.35% 的股份，占其合计持有金新农股份比例为 80.41%。②优化股东结构、整合行业优质资源。金新农对大成欣农与湾区联控签署框架协议的过程及信息披露过程进行了介绍。因金新农拟转让股份中的部分已经被质押，因此湾区联控先行向大成欣农支付保证金用于解除股份质押手续。

（2）问题：请详细披露截至目前大成欣农在股份锁定和减持方面所作出的承诺情况，并结合承诺履行情况、股票质押冻结情况等，说明本次控制权变更是否存在违反承诺以及存在受限的情形。

回复要点：金新农披露了大成欣农在金新农 IPO 时出具关于股份锁定期的承诺、后期出具的不减持承诺，披露大成欣农已经履行承诺完毕；同时，披露了大成欣农持有的金新农 6.07% 的股份被质押，但根据《深圳证券交易所上市公司股份协议转让业务办理指引》第 9 条的规定①，该等质押不影响股权转让。

（3）问题：请披露湾区联控的基本信息，包括但不限于主要业务、股权结构、出资情况、实际控制人等。

回复要点：金新农如实披露了湾区联控的基本情况。关于湾区联控实际控制人的问题，其披露内容为："经湾区联控书面回复：其母公司湾区产融的股权非常分散，单一股东持股比例均不超过 20%，股东之间不存在股权代持、一致行动、表决权授予，且董事会构成分散等无控制支配主体之事实，湾区联控不存在实际控制人。"

（4）问题：根据公告，大成欣农股权转让后，仍持有金新农总股本 14.29%。此外，金新农现任董事、总经理王坚能持有金新农 0.51% 股份，并担任大成欣农执行事务合伙人。金新农现任董事长陈俊海持有金新农 4.01% 股份。金新农第一期员工持股计划持有金新农 4.99% 股份。前述主体合计持有金新农 23.8% 股份，与本次转让后湾区联控所持金新农股份比例较为接近，且陈俊海与王坚能及其他自然人曾为一致行动人。请说明以下问题：①请结合大成欣农出资及决策程序，说明大成欣农、陈俊海、王坚能及员工持股计划之间是否存在关联关系、一致行动关系或其他安

---

① 《深圳证券交易所上市公司股份协议转让业务办理指引》第 9 条规定的不受理的情形：（1）拟转让的股份已被质押且质权人未出具书面同意函；（2）拟转让的股份存在尚未了结的诉讼、仲裁或者其他争议或者被司法冻结等权利受限情形；（3）本次转让存在中国证监会《上市公司大股东、董监高减持股份的若干规定》规定的不得减持的情形；（4）违反股份转让双方作出的相关承诺；（5）本次转让可能导致规避股份限售相关规定；（6）本次转让可能构成短线交易或者其他违反法律法规的情形；（7）本所认定的其他情形。

排。②请说明本次股份转让后，认定湾区联控或其指定方为金新农控股股东的理由及依据。③请核查并说明大成欣农是否存在未来 12 个月内减持金新农股份的计划。

回复要点：

1）根据大成欣农的各合伙人出资情况，各合伙人的出资比例相对分散，任一合伙人在出资比例上均不能单独实际控制大成欣农。同时，根据大成欣农的合伙协议及书面说明，大成欣农各合伙人之间不存在一致行动协议或表决权授予的安排，大成欣农的重大事务由全体合伙人 2/3 以上合伙人同意且同意合伙人所持合伙企业出资份额占全体合伙人 2/3 以上方为有效，上述人员均不能对大成欣农决策产生决定性影响。同时，根据员工持股计划方案及组织结构、受托运营管理情况，金新农解释员工持股计划独立运营，与大成欣农、陈俊海、王坚能不存在关联关系、一致行动关系或其他安排。

2）从《公司法》《上市公司收购管理办法》的角度，解释湾区联控将成为金新农第一大股东，且金新农股权结构分散，结合本次股份转让完成后的金新农的股权结构、公司章程、股东大会决议规定、金新农董事会董事候选人的提名与选举规定，湾区联控或其指定方作为金新农第一大股东，其足以对金新农股东大会的决议以及对金新农董事会成员的选举等相关事项产生重大影响，因此，湾区联控或其指定方将成为金新农的控股股东。

3）大成欣农回复称“未来 12 个月内不排除还会出让部分股权给受让方”。

在金新农原控股股东大成欣农与湾区联控指定方湾区金控签署了正式的《股权转让合同》后，深交所又向金新农发出了关注函，2019 年 1 月 20 日，金新农向深交所进行了回复，其涉及的重要反馈问题及回复如下：

（5）问题：大成欣农承诺金新农现有业务（不含将来可能并购的业务）在 2019 年、2020 年业绩承诺期内经审计的扣除非经常性损益后的净利润累计不低于 3 亿元。金新农 2016 年、2017 年归属于上市公司股东的扣除非经常性损益的净利润分别为 12,994.44 万元、5700.17 万元，金新农预计 2018 年度归属于上市公司股东的净利润变动区间 2000 万元至 4000 万元。请说明上述业绩承诺安排的合理性，以及是否存在损害上市公司独立性及中小投资者利益的情形。

回复要点：主要从业务、未来业绩预测的角度，金新农解释了目前业绩与业绩承诺的业绩目标有一定的差距，但如募投项目可按计划进行，则2019年和2020年将会是生猪产能释放的年份。转让方此次业绩承诺，是其自身作出的单方面承诺，未履行上市公司相应程序，不构成业绩预测，不会对金新农生产经营产生风险和负面影响，相关的业绩补偿承诺亦不涉及金新农的资产与权益，不存在损害上市公司独立性及中小投资者利益的情形。

（6）问题：说明金新农控制权及实际控制人的认定依据及理由。

回复要点：基本与金新农于2018年12月18日第一次回复深交所关于认定控股股东、实际控制人等问题的角度一致，即本次收购完成后，金新农控股股东为湾区金农，无实际控制人。

（7）问题：受让方湾区金农为合伙企业，请结合湾区金农合伙协议，说明普通合伙人和有限合伙人之间的权利义务关系、利益分配等情况，湾区金农收购上市公司后保持金新农控制权稳定的相关措施，以及对金新农下一步发展规划等。

回复要点：披露了湾区金农合伙协议中约定的有限合伙人和普通合伙人的权利义务关系；湾区金农承诺，在未来12个月内，其拟在合法合规且不违背相关规则和承诺的前提下，通过多种方式继续增持上市公司股份，且不会转让其已持有的上市公司股份；大成欣农作为金新农第二大股东，承诺其不会以任何方式增持（包括本企业增持或通过任何主体增持）上市公司股份、签署一致行动协议或其他安排的方式谋求金新农的控制权。

3. 监管问询重点

在金新农控制权变更的案例中，交易所比较关注的重点为：

（1）转让方拟转让的上市公司股份存在受限情况（一般为质押），需质押权人出具同意函或者由受让方支付一定款项将被质押股份解押，此时需要披露其解除受限股份情况的进展、方式等情况。

（2）因与转让方先后签署框架协议、《股份转让合同》中约定的受让主体不一致，交易所两次要求补充披露受让方的具体情况、认定受让方及收购后上市公司的实际控制人等方面信息；由于金新农股份转让后，第一大股东、第二大股东所持上市公司股份比例差距不大、股权较为分散，且认定为无实际控制人，交易所要求上市公司详细披露认定实际控制人时的法律法规、章程依据、上市公司内部治理结构（如董事会人员构成、高管人员构成等方面）、各股东之间的协议安排、员工持股平台及内部管理结构等。

（3）转让方在《股份转让合同》中约定了业绩承诺，其承诺的业绩标准与公司当前的业绩情况存在较大差距，交易所要求上市公司核实并披露转让方出具该等业绩承诺的原因、背景、合理性、是否损害上市公司及中小股东利益等情况。

（4）本次交易中的受让方为合伙企业，交易所要求披露合伙企业持有上市公司股权的稳定性、合伙企业的出资结构及各合伙人的权利义务等情况。

（三）恒天海龙控制权变更

恒天海龙控制权交易的特殊性表现在受让方通过参加司法拍卖并取得了上市公司相关拍卖股份，但原转让方在拍卖股份过户完成后提出了执行异议，相关法院将标的股份予以司法冻结，因此受到交易所监管关注。

1. 交易简介

恒天海龙股份有限公司（以下简称恒天海龙，代码：000677.SZ）是一家主营业务为化学纤维制造的上市公司。

2019 年 10 月 12 日至 2019 年 10 月 13 日，辽宁省沈阳市中级人民法院（以下简称沈阳中院）在京东网络司法拍卖平台上，公开拍卖恒天海龙控股股东兴乐集团有限公司（以下简称兴乐集团）持有的恒天海龙 2 亿股股票（占恒天海龙总股本的 23.15%，股份性质为无限售流通股），竞买人温州康南科技有限公司（以下简称康南科技）以 58,122 万元竞买成功。

此次股份过户完成后，康南科技持有恒天海龙股份 2 亿股无限售流通股，占恒天海龙总股本的比例为 23.15%，为恒天海龙第一大股东。兴乐集团不再持有恒天海龙任何股份，恒天海龙控股股东从兴乐集团变更为康南科技，实际控制人从虞文品变更为胡兴荣。

2. 监管问询及上市公司回复

2019 年 10 月 31 日，恒天海龙公告康南科技通过中证登公司办理完毕过户登记手续，当天深交所即向恒天海龙发出关注函，2019 年 11 月 23 日，恒天海龙公告了向深交所的回复。监管关注的重点问题及其回复要点如下：

（1）问题：补充披露康南科技所持恒天海龙股份的股票状态，是否存在质押、冻结或轮候冻结等情形。

回复要点：因上海聚品融资租赁有限公司与兴乐集团（原恒天海龙第一大股东）借款执行一案，沈阳中院作出的（2018）辽民初字第 41 号判决书已经发生法律效力，兴乐集团所持恒天海龙 2 亿股股票已于 2019 年 10 月 30 日依法过户至康南科技。但因兴乐集团提出执行异议，沈阳中院要求康南科技在异议审查期间暂不转让公司股票，并将康南科技所持恒天海龙 2 亿股股票协助执行冻结，冻结期限为 36 个月；待执行异议审查完毕后予以解除。除上述冻结之外，康南科技所持恒天海龙股票不存在质押、冻结和轮候冻结情形。

（2）问题：进一步补充披露康南科技收购恒天海龙股权的资金来源，详细说明自有资金的比例以及最终来源，涉及自筹资金的，请穿透披露至最终出资的法人或自然人，并按不同资金来源途径分别列示融资方式、融资方名称、金额、融资成本、期限、其他重要条款以及后续还款计划，是否附带其他义务等。

回复要点：本次权益变动支付总资金 5.8122 亿元，其中康南科技自有资金 5000 万元，自筹资金 53,122 万元，自筹资金占比为 91.40%。自筹资金均来自康南公司的关联企业，主要为康南科技股东胡兴荣、涂金连控制的企业，该部分资金不涉及融资成本、无其他附带义务。

3. 监管问询重点

在恒天海龙控制权变更案例中，交易所关注的重点为：

（1）收购方以拍卖方式取得上市公司股份，虽然已经在中证登公司办理了过户登记，但因转让方向法院申请执行异议，导致标的股份被冻结并暂时不能转让，交易所要求补充披露其股份存在状态、是否存在其他受限制情况等。

（2）收购人用于收购标的股份的资金大部分来自收购人自筹资金（占比达到91.40%），少部分来自自有资金，交易所要求补充披露收购人自有资金、自筹资金的来源、金额、期限、还款计划、附带义务等可能影响上市公司未来控制权稳定的事宜，上市公司需穿透披露该等杠杆资金的构成、义务、期限、金额等事项。

第八章　控制权交易的主要程序

正如以上章节所述，上市公司控制权交易各方可以通过协议转让、间接收购、表决权委托等善意收购方式完成控制权的转移。本章我们不讨论敌意收购的程序和注意事项，而以善意收购为例。一旦交易各方根据各自的需求和状况达成初步控制权交易的初步意向后，上市公司控制权交易的各个环节和程序即告开始。

一、控制权交易主要流程及信息披露

收购上市公司控制权主要可分为选定标的公司或合作对象，收购人与上市公司控股股东、实际控制人接触、达成成交意向并签订框架协议，各方开展尽职调查、签署正式协议并办理标的股份转让等手续以及完成标的股份变更登记手续、收购人改选董事会 / 监事会完成收购等几个阶段。其每一个部分都内容丰富，充满知识、经验、技巧和智慧，既是技术，也是艺术。为理清控制权交易的整体脉络，下面简要介绍其主要流程及需要履行的信息披露事项。

（一）选定收购标的或合作对象

就控制权交易的收购方而言，如果有明确的收购战略，会依据战略规划对潜在的拟收购对象进行分析和筛选，确定拟接触和沟通的对象范围，选定与潜在收购标的的沟通顺序和优选目标；如果收购方没有清晰的战略和方向，在临时获得一个或多个潜在收购标的的信息时，也需依据一定的标准和原则，选定收购标的。

对出让方而言，与收购方一样也会有并购战略，只不过是寻求被并购的机会。可能是主动寻找、挑选，也可能是被动接受、在被动中寻求主动挑选的机会，也可能是双方一拍即合。

需要注意的是，从消除信息不对称的角度，收购方对收购标的与出让方对收购方（合作对象）不了解的程度应该是相当的、相互的及对等的。但从交易习惯和交易的实践来看，对尽职调查更重视的往往是收购方，出让方对作为合作方的收购方仅仅只做初步的尽职调查，大多并没有进行全面考察，由此埋下并购交易后整合不力、整合不顺或并购失败的隐患。

（二）签订框架协议及保密协议 / 条款

通常情况下，交易各方在经过接触、达成初步成交意向后需要签署框架协议或意向协议，其中会约定交易方案的主要内容、定价原则、排他期和保密条款等，随后收购人开展对上市公司的业务、财务、法律等方面的尽职调查工作。如各方签订的框架协议中约定收购人拟成为上市公司持有 5% 以上股份股东并取得上市公司控制权的，上市公司应当履行相应信息披露义务。

为了避免在收购过程中获取的上市公司保密信息被不当披露或使用，参与交易的各方应首先签订保密协议。根据我们以往的项目经验，在保密协议的签订形式方面，以签署双向保密协议或在框架协议中约定保密条款较为常见，但也会存在上市公司要求各方以单向保密协议或承诺函等形式进行签署的情况。

根据近期 A 股控制权交易案例，交易所可能在上市公司披露实际控制人拟发生变更公告后的 5 日内发出问询函。若上市公司信息披露不充分、完整，可能会引起交易所持续关注，要求及时、公平地履行信息披露义务、方便投资者知悉并作出投资判断。

（三）委托中介机构

上市公司控制权交易离不开各专业中介机构的协助。根据法律法规和其他规范性文件的规定、交易方案的复杂程度、交易金额的大小、交易方式的不同等情况，收购方和出让方应聘请一家或多家第三方中介机构参与收购项目。通常情况下，收购方会聘请（独立）财务顾问、会计师事务所、律师事务所和资产评估师事务所等中介机构，其主要工作和职责是协助进行尽职调查、方案设计、参与谈判、起草和确定交易文件、协助履行审批程序及协助交割等。

在交易的早期阶段，中介机构最重要的工作和职责是协助收购方或出让方根据尽职调查结果决定是否继续进行交易，以及交易的方案、交易方式、交易的定价原则和交易价格、价款支付的条件和进度、交割时间、交割后事项等，并确定交易协议的文本和申报审批（如有）等。

（四）全面尽职调查

根据收购方的商业目的、交易结构的设计以及所收购上市公司后期运作筹划要求，需要对标的上市公司、出让方及收购方进行全面、详细的尽职调查。根据标的资产的复杂程度、所处状态、交易方案、收购后的整合等不同诉求，委托中介机构进行尽职调查的范围包括但不限于业务和技术、财务与会计、主体资格、历史沿革、资产状况、重大合同、债权债务、税务与财政补贴、关联交易、同业竞争、行政处罚、诉讼与仲裁、内幕信息知情人买卖股票情况、实际控制人和控股股东承诺、规范治理、人力资源、知识产权、企业文化等与交易和交易后整合有关的众多方面。

为保证交易的效率，一般情况下，收购人于10~45个自然日内完成对上市公司的尽职调查工作。

需要强调的是，由于控制权交易一旦开启后，各方都希望尽快达成一致、迅速交割，留给中介机构的尽职调查时间极为有限，而且尽调的结果很大程度上取决于被调查对象的配合程度。要在不长的时间内取得充分的证据和信息以保证交易的成功和交割后整合的顺利，难度和挑战极大。因此，对中介机构的专业性、敬业度、责任心等提出了很高的要求。根据对近年来控制权交易失误或失败案例的分析，除常规尽职调查范围和手段以外，对控制权交易而言，不仅要考虑到交易本身的风险和限制因素，还应考量交易后的整合难度。因此，尽职调查和核查的重点还应包括财务数据的真实性、收购后业务和人员的协同性、已有的或潜在的关联交易及同业竞争、收购方与被收购企业的文化相容性、收购方资金来源的合法性及充足性、控制权转让后与其他股东或利益相关方的关系等方面。

（五）确定初步交易方案

根据各中介机构的尽职调查结果，各中介机构会与收购方、出让方、标的上市公司、实际控制人等沟通尽调结果、商定是否继续交易，探讨及论证可能的交易方案、交易方式、交易对价等事项。

根据我们以往的项目经验，收购方式主要包括：协议收购、间接收购、二级市场增持、表决权委托、要约收购及司法裁定（拍卖）等一种或多种交易方式的结合。

交易方案是整个控制权交易过程中的核心内容，也是综合考验交易各方及中介机构经验和实力的最重要环节。有的控制权交易方案极为简单，实施过程也极为快捷和顺利；有的交易方案却较为复杂，推进和实施过程也不顺利，甚至不得不终止交易。

交易方案的最终达成需要一系列条件的满足，需要在交易双方的诉求、标的资产的受限状况、交易条件和对价、内部和外部审批结果、交易进程和时间、其他相关方的态度等方面达成一致。任何一方面条件不能满足或不能通过谈判达成妥协，都可能影响交易方案和交易文件的最终确定。

（六）就交易方案与各方谈判

如前面交易方案的主要内容所述，在确定初步交易方案后，收购方及其中介机构需要就其所涉及的具体内容与相关方，特别是出让方进行沟通、协调和谈判，以最大可能满足交易双方和其他方的各种诉求、监管要求、行政审批要求等。

各方就初步交易方案中待定事项的谈判过程就是一个形成完整方案的过程，当全部的事项都达成一致后，就可以制作和确定交易文件了。比较常见的现象是：在交易的主要方面和核心要素不能全部达成一致，双方互不妥协，多次谈判后仍不能达成共识，于是交易暂停或终止；主要条款达成一致，其他方面虽不能达成一致，但各方同意暂时搁置争议，待交易完成后再协商解决。

（七）确定及签署交易文件

一般来说，交易文件是各方所达成一致意见的书面化或纸面化。根据控制权转让的交易方案和交易方式的不同，交易文件一般包括股份（股权）转让协议、增资协议、表决权委托协议等交易文件，以及关于特殊事项（如表决权放弃）的承诺函、声明函等。

各方正式确认交易协议的内容无误并签署交易文件后，一般还需要履行内部决策或审批程序，以及信息披露义务。如根据交易方案和交易协议的约定，收购人成为上市公司的控股股东、上市公司的实际控制人发生变更，其作为信息披露义务人应编制详式权益变动报告书并予以公告，其聘请的财务顾问应对详式权益变动报告书出具核查意见。如果上市公司原控股股东股份下降的比例超过 5%，原控股股东作为信息披露义务人应编制简式权益变动报告书并履行信息披露义务。

各方签署正式交易文件后，如符合《国务院关于经营者集中申报标准的规定》第 3 条规定的经营者集中申报标准的，还应当事先向有关反垄断执法机构申报，并在反垄断执法机构作出不实施进一步审查决定或者逾期未做出决定后，才能实施交易。

（八）各方履行审批程序

为确保收购人有权开展本次收购、出让方有权出让标的资产，收购方、出让方应履行关于本次收购的内部和外部监管、审批程序。内部审批程序包括但不限于董事会决议、股东（大）会决议、股东决定、合伙人会议决议、投资决策委员会决议等；外部监管、审批程序包括交易所的事先审核、证监会的行政审批等；如收购方或出让方属于国有股东，其应根据国有资产监督管理的相关法律法规，履行本次交易的报批程序。

就上述内部、外部的审批程序，达到信息披露标准和条件的，应及时履行信息披露义务。

在上市公司发布相关公告后，交易所作为监管机关根据具体情况可能会发出监管关注函、问询函等，提出与交易方案、交易对象有关的各种问题，要求上市公司和信息披露义务人进行补充披露、要求相关中介机构进行补充核查、发表专业意见并将核查结果和专业意见予以公告。

（九）股份交割和接管

交易各方根据已签署并生效的协议约定和监管机关的审批情况进行股份（股权）的交割，完成标的股份（股权）的变更登记手续。

交割是控制权交易的重要环节，一旦开始交割，意味着交易方案开始进入实施阶段，各方所签署并生效的协议和约定开始得到实质性履行。为了交割的顺利进行，各方应在交割的前提条件、交割进程与款项支付时间节点和衔接关系、资金监管措施及相关违约条款等方面进行合理安排。

在控制权交易的交割完成后，还意味着新的控股股东和实际控制人对上市公司日常管理事务和重大事项的介入、接管和控制。例如，通过股东大会决议改选、更换董事会、监事会成员；更换法定代表人和营业执照；通过董事会改聘新的高级管理人员；指派人员接收和管理上市公司的重要工具和载体，如印章、执照、密钥等。

在本阶段，上市公司需要就标的股份过户完成、表决权委托、公司控股股东及实际控制人变更完成等事项依法进行公告。

二、控制权交易的时间周期

如果以交易各方签订股份转让框架协议 / 正式股份转让协议之日起，至标的股份完成变更过户登记且公告控股股东 / 实际控制人发生变更之日，作为考察各起控制权交易所需时间的标准，根据各上市公司公开披露信息，2019 年 108 起交易中用时最短的为 1 天（科达股份），用时最长的为 845 天（亿晶光电，600537.SH）。鉴于亿晶光电交易过程较为特殊、用时过长，且与次之的交易用时为 295 天（美晨生态）相差较多，为更加客观地展现交易平均用时，我们剔除最长用时的亿晶光电，对 2019 年其他 107 起交易进行了统计。2019 年 107 起交易的平均用时约为 72 天，其中，上交所上市公司的交易平均用时约为 74 天，深交所上市公司的交易平均用时约为 71 天（见图 1-8-1、1-8-2）。

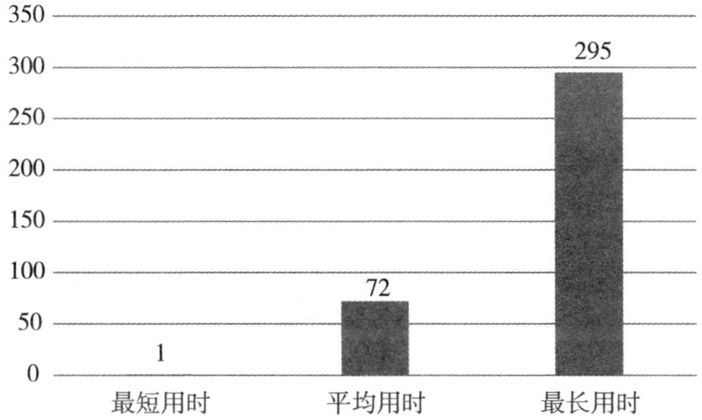

图 1-8-1　2019 年收购上市公司控制权交易用时统计（单位：自然日）

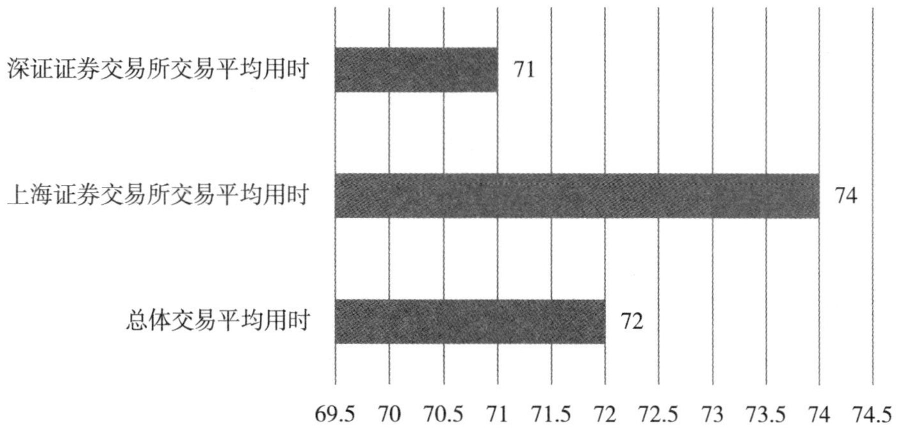

图 1-8-2　2019 年收购上市公司控制权各交易所交易平均用时统计（单位：自然日）

根据我们对上市公司首次披露交易后、董事会成员出现变更的时间及董事会成员出现半数以上变更的时间等情况的统计，在 108 起可统计的交易中：

1. 上市公司于首次披露交易后，交易完成之前开始变更董事会成员的共有 6 起，占比约 5.6%。

2. 对于截至 2019 年 12 月 31 日已经完成董事会半数以上成员变更的交易，在交易完成后至上市公司董事会半数以上成员发生变更所需的时间平均约为 64 天，其中用时最长的交易为金新农（002548.SZ），用时 253 天，用时最短的交易为日科化学（300214.SZ），用时 2 天（见图 1-8-3）。

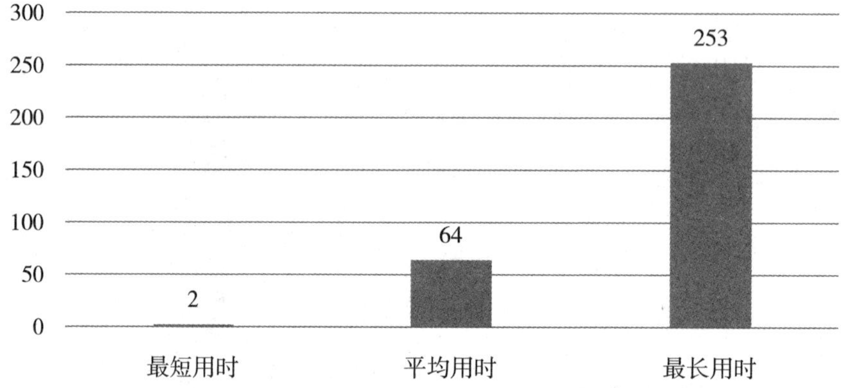

图 1-8-3　2019 年已完成董事会半数以上成员变更的交易用时（单位：自然日）

3. 对于截至 2019 年 12 月 31 日已经完成董事长 / 法定代表人变更的交易，在交易完成至上市公司董事长发生变更所需的时间平均约为 58 天，其中用时最长的交易为金新农（002548.SZ），用时 253 天，用时最短的交易为日科化学（300214.SZ），用时 4 天。详见图 1-8-4。

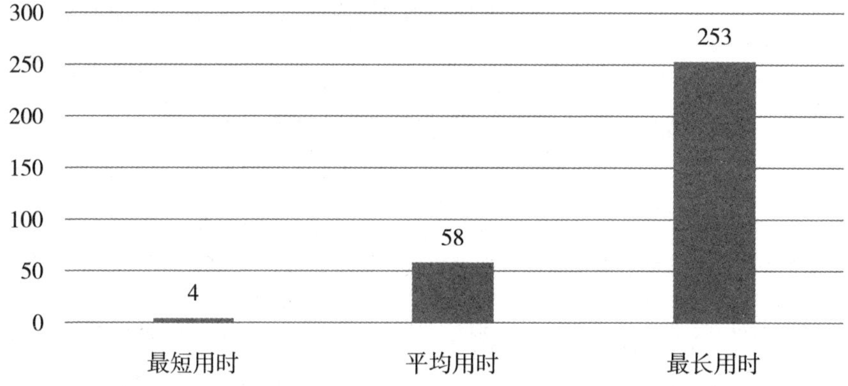

图 1-8-4　2019 年已完成董事长变更的交易用时（单位：自然日）

三、控制权交易程序示例

为了更加直观地展示上市公司控制权变更交易的整体流程，我们以控制权交易用时最长的亿晶光电（600537.SH）为例，列明其控制权变更交易的各环节事项及相应时间，供读者参考，详见表 1-8-1。

表 1-8-1 亿晶光电控制权交易过程[①]

序号	文件出具时间	事项	概述
1	2016 年 11 月 8 日	控股股东大宗交易减持 1.7% 股份	—
2		控股股东大宗交易减持 1.28% 股份	—
3	2016 年 12 月 26 日	控股股东与勤诚达签署《合作框架协议》	《合作框架协议》未及时披露，在后续收到上交所监管函后才补充披露
4	2016 年 12 月 27 日	重大事项停牌	紧急停牌一天，可能涉及公司股份转让
5	2017 年 1 月 3 日	重大事项继续停牌	控股股东筹划股份转让事项继续停牌
6	2017 年 1 月 10 日	重大事项继续停牌	筹划控股股东股份转让事项继续停牌
7		控股股东与勤诚达签署《股份转让协议》	仅按时披露了协议中的第一期股份转让，协议中约定的第二期股份转让及交易的一揽子其他安排均在 2017 年 5 月 26 日才公告披露
8	2017 年 1 月 11 日	股东权益变动暨控股股东利润补偿义务履行安排的提示性公告	控股股东与勤诚达于 2017 年 1 月 11 日签署《股份转让协议》，控股股东将其持有的公司 7.59% 的股份以 15 亿元价格协议转让给勤诚达，控股股东仍持有公司 22.77%，未导致控股股东变化。 本次公告中，信息披露义务人说明无继续增持公司股份的计划
9		上交所关于控股股东股份转让事项问询函	1. 高溢价转让原因； 2. 权益变动后，勤诚达将成为 5% 以上股东，需补充披露自权益变动报告书披露之日起的未来 12 个月内，是否存在计划对公司进行并购、业务重组、资产剥离和资产注入等重大事项
10		控股股东、勤诚达披露简式权益变动报告书	均明确未来 12 个月内无增减持公司股份计划，但已签署的股份转让协议中实际上已约定了未来 12 个月内可能增减持的安排

① 标黄为未及时信息披露的事项，标蓝为相关主体受到证监监管及投资者诉讼情况。

续表

序号	文件出具时间	事项	概述
11	2017年1月12日	回复问询函	—
12	2017年1月13日	复牌	—
13	2017年3月17日	签署股份转让协议补充协议	未及时披露股份转让补充协议，在2017年5月26日才公告披露
14	2017年3月23日	签署《备忘录》	未及时披露股份转让补充协议，在2017年5月26日才公告披露
15	2017年4月28日（5月3日公告）	办理完成过户	勤诚达持有公司7.59%股份
16	2017年5月3日	上交所就股份转让过户登记事项问询	1. 控股股东控制权是否稳固； 2. 勤诚达与控股股东、公司及董、监、高是否存在关联关系，股份转让后是否存在质押股份情形或计划等； 3. 勤诚达明确未来12个月的相关计划，包括增减持、更换管理层及派驻董事、是否存在与股份转让构成一揽子交易的资产注入或置出计划等； 4. 再次问询高溢价原因及是否存在控制权溢价安排等
17	2017年5月4日（5月6日公告）	控股股东股份质押给勤诚达	控股股东向勤诚达质押持有的公司12.41%股份
18	2017年5月5日（5月6日公告）	回复上交所5月3日关于股份转让过户登记事项的问询	1. 截止回复日，勤诚达未来12个月不存在增减持计划。 2. 将对现任董事会、监事会或高级管理人员构成适时提出调整建议

续表

序号	文件出具时间	事项	概述
19	2017年5月8日	上交所就股份转让及质押事项问询	1. 质押是否与股份转让是一揽子交易，后续是否有继续质押计划，是否存在有关控制权让渡的默契及相关安排。 2. 是否存在质押平仓而导致公司控制权转移的情形等。 3. 勤诚达购买股份资金来源问题。 4. 勤诚达进一步明确未来12个月内是否有更换管理层或派驻董事的计划
20	2017年5月9日	董事长及总经理变更	董事长由荀建华变更为荀耀； 董事长辞去总经理职务
21	2017年5月11日	董事辞职	1名董事及1名独立董事辞职（公司共9名董事）
22	2017年5月11日	监事辞职	1名监事辞职（公司共3名监事）
23	2017年5月16日	回复上交所5月8日关于股份转让及质押事项的问询	1. 质押不属于与股份转让的一揽子交易，不存在控制权让渡的默契及相关安排。 2. 关于更换管理层和派驻董事的安排无法最终确定
24	2017年5月25日（5月26日公告）	控股股东股份转让且公司控制权可能变更的提示性公告	1.2017年1月10日《股份转让协议》。 （1）控股股东将持有的公司12.41%股份（为2017年1月10日《股份转让协议》中约定的第二期股份转让，协议中还约定了包括股份质押、董、监、高调整等一揽子交易安排，此前公司一直未予以披露）以15亿元转让给勤诚达，过户于2017年11月9日后办理。 （2）公司治理结构如董、监、高调整以及控股股东股份质押等事项，在协议中均有明确安排。

续表

序号	文件出具时间	事项	概述
			2.2017 年 3 月 17 日的股份转让协议之补充协议将第二期 12.41% 股份转让的价款从 15 亿元调整为 14 亿元。 3.2017 年 3 月 23 日的《备忘录》。 对第一期 7.59% 股份转让的价款进行调整。 注：上述 2017 年 3 月 23 日签署的《股份转让协议之补充协议》及《备忘录》均未按规定进行信息披露，本次披露也是在上交所约见监管谈话加以持续督促后才完整披露
25	2017 年 5 月 26 日（5 月 27 日公告）	上交所对 5 月 26 日公告的公司股份转让事项问询	1. 公司未完整披露股份转让协议内容，且未及时披露股份转让协议补充协议及《备忘录》的原因，是否存在违反信息披露规定。 2. 第二期股份转让可能无法顺利进行，请说明主要障碍及相关风险提示
26	2017 年 6 月 1 日	回复上交所 5 月 26 日关于股份转让信息披露等事项的问询	1. 公司说明未及时履行信息披露原因为公司控股股东及勤诚达提供函件及资料问题所致。勤诚达认为其希望全部披露交易信息，未及时披露的原因主要在控股股东。 2. 第二期股份转让可能无法顺利进行的原因，控股股东及勤诚达均认为对方违约。未来是否可能达成进一步协议存在不确定性
27		公司未收到勤诚达的详式权益变动报告书	按照股份转让协议，勤诚达将持有公司 20% 股份，应编制和披露详式权益变动报告书
28		控股股东披露简式权益变动报告书	该报告已晚于应披露时间数月

续表

序号	文件出具时间	事项	概述
29	2017年6月2日	宁波证监局对勤诚达采取责令改正监管措施	勤诚达于2017年1月12日披露的简式权益变动报告书中“无继续增持公司股份的计划”与实际情况不符；通过协议在公司中拥有权益的股份拟达到公司已发行股份的20%时，未编制详式权益变动报告书，给予责令改正监管措施
30	2017年6月2日	宁波证监局对控股股东出具警示函措施	控股股东在公司情况发生重大变化时未主动告知公司董事会并配合公司履行信息披露义务，未在权益变动报告书中披露对勤诚达的相关调查情况，给予警示函措施
31	2017年6月8日（6月13日公告）	勤诚达详式权益变动报告书	其中说明了交易在履行过程中出现的可能导致解除协议条款的原因，该报告已晚于应披露时间数月
32	2017年6月12日（6月13日公告）	公司对勤诚达详式权益变动报告书相关内容的澄清公告	公司对勤诚达说明的可能导致解除协议条款的原因进行澄清说明
33	2017年6月20日	上交所出具股份转让后续事项的监管工作函	1. 交易各方仅披露了股份转让协议中的第一期股份转让内容，未及时披露第二期股份转让及一揽子交易安排； 2. 控股股东作为董事长兼总经理，违反了任职期间每年仅可转让25%股份的规定； 3. 公司孙公司重大仲裁事项未及时披露
34	2017年6月21日	证监会发出立案调查通知	公司涉嫌信息披露违法违规，证监会决定对公司进行立案调查

续表

序号	文件出具时间	事项	概述
35	2017年6月24日	勤诚达关于上交所在6月20日发出的关于股份转让后续事项监管函的回复	1. 未全面披露交易信息的原因为控股股东作为交易主导方坚持分期披露，勤诚达在协商过程中期望全部披露交易。 2. 因对信息披露规则不熟悉，认识欠缺，导致未及时编制并披露详式权益变动报告书，曾说明的“无继续增持上市公司股份计划”与实际情况不符。 3. 控股股东作为公司董事长及总经理，违法转让股份，影响公司股权稳定及正常经营秩序，已影响社会公共利益，且交易双方对履行交易已发生严重争议，交易存在终止的可能性
36	2017年6月27日	公司关于上交所在6月20日发出的关于股份转让后续事项监管函的回复	1. 控股股东及勤诚达未在签约时即将一揽子交易安排及相关协议及时通知上市公司，未及时披露详式权益变动报告书，未在交易所问询中如实披露一揽子交易。 2. 公司孙公司重大仲裁事项未及时披露等
37		控股股东对未如实披露信息进行说明和道歉	1. 考虑到交易时间长、资金规模大、程序复杂，为避免对市场造成影响，控股股东及勤诚达决定仅披露第一期股份转让安排，并由勤诚达方草拟第一期转让协议文本交由控股股东签署（在2017年5月26日披露的控制权可能变更提示公告中，并未明确第一期股份转让单独签署了协议，而是第一期和第二期股份转让在同一份协议中体现）。 2. 控股股东主观没有隐瞒交易恶意
38		公司对勤诚达回复的上交所监管函内容进行的澄清	1. 认为信息披露违规原因并非控股股东及上市公司，而是控股股东及勤诚达。 2. 勤诚达详式权益变动报告书的披露原因也为勤诚达提供披露文件不及时所致

续表

序号	文件出具时间	事项	概述
39	2018年2月7日	签署股份转让协议补充协议二	1. 调整第一期及第二期股份转让价款； 2. “双方将按照原协议的约定继续履行并实施本次交易，非因双方原因导致标的股份不能按照本协议约定完成过户登记的，由双方秉着继续履行的原则另行协商解决”
40	2018年4月4日	公司对上交所发出股份质押及控制权转让监管函的回复	证监会对公司立案调查或被司法机关侦查期间，以及在行政处罚决定、刑事判决作出之后未满6个月的，控股股东不得减持股份。公司、荀建华及勤诚达充分评估该事项对后续股份转让时间的影响： 1. 第二期股份转让时间具有不确定性； 2. 尚未收到证监会行政处罚； 3. 双方将继续履行并实施该次交易； 4. 对股份质押、资金来源、实际控制人认定等事项进行说明
41	2018年4月24日	上交所发出纪律处分决定	对公司、控股股东、董秘、勤诚达予以公开谴责，上交所将纪律处分通报证监会和浙江省人民政府，并计入上市公司诚信档案
42	2018年4月25日	宁波证监局发出行政处罚事先告知书	1. 公司：责令改正 + 警告 +60万元罚款； 2. 控股股东：警告 +30万元罚款； 3. 董秘：警告 +20万元罚款； 4. 财务总监：警告 +10万元罚款
43	2018年8月13日	公司被12名投资者提起投资者诉讼	截至8月15日，公司累计收到43名投资者以证券虚假陈述责任纠纷为由对公司提起的民事诉讼案件材料，诉讼金额共计人民币5,110,399.45元。提起投资者诉讼的投资者数量后续持续增多

续表

序号	文件出具时间	事项	概述
44	2019 年 5 月 7 日	控股股东及实际控制人变更	原控股股东持有公司 10.36% 股份，勤诚达作为变更后的控股股东持有公司 21.65% 股份，公司实际控制人也相应变更
45	截至 2019 年 11 月 28 日	投资者诉讼进展情况	截至 2019 年 11 月 28 日，公司累计收到多名投资者对公司提起的合计 1052 起民事诉讼案件材料（不包含 3 起因原告未按规定缴纳案件受理费，被法院按原告撤回起诉处理的案件），诉讼金额累计人民币 114,831,268.52 元（该金额为原诉讼请求金额，未考虑部分案件变更诉讼请求金额或撤诉的情况）

第九章　成交后对上市公司的接管和控制

在上市公司控制权交易过程中的股份交割完成后，收购方成为上市公司控股股东，所持有的股份及所获得的受委托表决权合计在股东大会的全部表决权中占有优势地位，能够对上市公司的重大事项产生决定性的影响力和控制力。新的实际控制人也需要与原控股股东及实际控制人办理一系列与控制权有关的交接、接管手续。但仅有股东大会的表决权优势是不够的，具体负责执行公司日常经营管理和监督事务的还有董事会、监事会、高级管理人员及关键岗位人员等。控股股东要对上市公司形成控制，需要对上述机构的人员构成和关键岗位人员进行调整，以能够充分行使支配权和控制权，这既是保障股东利益和权利的需要，也是认定实际控制人是否发生变更以便进行信息披露告知投资者的需要。

一、何为上市公司“控制权”

现代企业存在所有权与经营权、管理权相分离的情况，具体表现为股东大会、董事会、监事会及管理层（主要由高级管理人员组成），即所谓“三会一层”的制度和机制设计，分别履行决策、执行、管理和监督职能。

“三会一层”的职能及其运行机制等一套治理体系经过发达国家长期的实践，已被证明是行之有效的公司治理之道，虽然是从国外引进、并非本土发明，但已全面被我国《公司法》、中国证监会颁布的《上市公司章程指引》、沪深交易所的《上市公司规范运作指引》等法律法规、规范性文件所接受和借鉴，成为对现代企业特别是上市公司规范治理的基本要求，甚至是强制性规范。

除上述规范性文件的一般性和原则性规定外，作为我国监管上市公司收购的主要制度性文件,《上市公司收购管理办法》(以下简称《收购办法》) 主要从股东大会和董事会两个层面出发，规定了控制权的认定标准，其重点在于能够支配、控制的股份比例和表决权比例的大小，以及能否对股东大会的决议产生决定性重大影响。

上述关于控制权的规定假定的前提和逻辑是，控制了公司股东大会就可以控制董事会，控制了董事会就可以控制管理层，控制了股东大会、董事会和管理层就可以控制整个公司。但出于各种原因，在各方出现分歧时，尤其是在仅控制了一个层级(如股东大会)没有控制其他机构(如董事会、管理层),或者反过来，仅控制了管理层没有控制股东大会和董事会时，极易产生矛盾和冲突，形成公司治理的僵局或对控制权的争夺。

如果把一个公司视同为一个有机的整体，我们理解，对一个公司的控制权表现在五个层面，如图 1-9-1 所示。

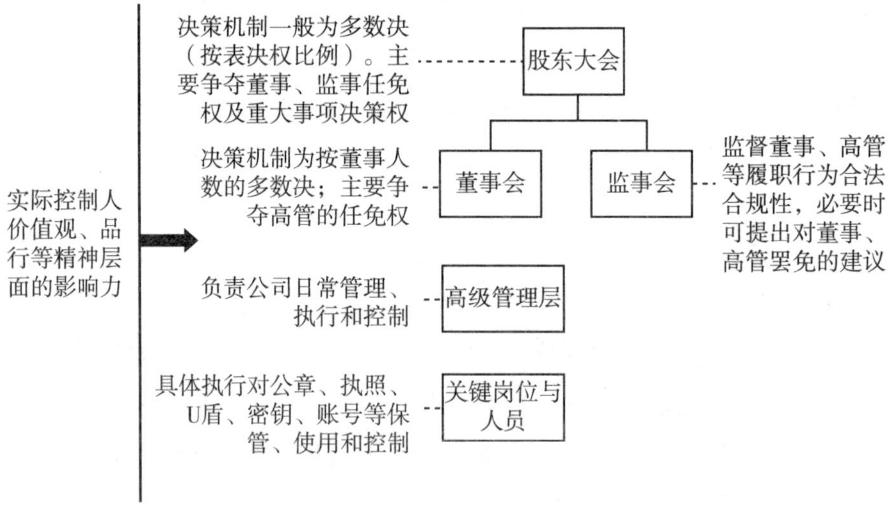

图 1-9-1　公司控制权的五个层面

结合法律法规和规范性的规定，考虑到上市公司日常经营管理过程的实际状况，我们认为，对上市公司完整意义上的控制权包括：

1. 拥有或者能够实质性影响出席股东大会股东所持表决权的比例超过 50%；

2. 一方提名或者能够代表该方利益的董事人数占比超过董事会成员数量的 1/2；

3. 至少提名一名监事或者至少有一名监事能够代表该方利益；

4. 管理层主要成员，包括总经理、财务总监和董秘为一方提名并能够代表该方利益；

5. 上述人员能够始终或者在关键决策中在心理上认同及 / 或行为上支持实际控制人；

6. 关键岗位人员的关键行为能够根据实际控制人的意思表示执行，或者在没有明确指示的情况下实质性代表该实际控制人的利益；

7. 实际控制人始终与其一致行动人、投票权委托人、投票权放弃人等保持一致，提名且当选的董事、高管始终代表并维护提名人利益；以及

8. 实际控制人在价值观、品行等精神层面上对上述人员的影响力和支配力。

这些环节或条件构成一个链条或者是"网状"结构，彼此关联和依靠、互为条件和结果，其中任何一个部分出现问题都会导致实际控制人控制上市公司的控制力存在缺陷。

二、董监高及关键人员调整

按照上市公司规范治理的要求，通常情况下在控股股东取得上市公司表决权的优势后，应该提议上市公司先召开股东大会改选董事会、监事会成员；再通过改选后的董事会改选董事长、法定代表人、改聘总经理及其他高级管理人员；通过监事会改选监事会主席；总经理等高级管理层再通过内部决策程序任命或调整关键管理岗位人员。

为考察控股股东在完成股份过户后，对上市公司董事会、监事会和高级管理人员的改选和变更情况，我们对 2019 年度完成控制权交易的上市公司案例进行了统计。据统计，截至 2019 年 12 月 31 日，在收购上市公司控制权的 108 起交易中：

1.62 家上市公司的董事会成员进行了半数以上变更，占比约 57%；

2.67 家上市公司的董事长 / 法定代表人进行了变更，占比约 62%；

3.68 家上市公司的独立董事发生了部分或全部变更，占比约 63%；

4.73 家上市公司的监事会成员发生了变更，占比约 68%；

5.75 家上市公司对高管进行了变更，占比约 69%，其中对财务总监、董事会秘书及总经理同时进行变更的共计 45 家，占比约 42%。

除上述通过上市公司公告能够查询到的变动信息外，根据企业管理实践和实现控制权需要。上市公司应该在控股股东变化后对相关关键岗位的人员进行了必要的调整，但我们无法从公开渠道得知该等变动信息。

这些关键岗位和人员是指虽不是高管人员，但其所在岗位对公司的日常管理极为重要。例如，公司公章、财务专用章、合同专用章、营业执照正副本、U 盾、密钥、微信公众号、企业微博、微信、邮箱等具有唯一性、象征性、关键性物件、物品、工具的保管者、操作者、管理者或控制者。关键岗位和人员的重要性在于可以携证脱岗、拒交、拒绝执行、取消权限、发布或限制发布消息等，对实际控制人能否完全、彻底控制上市公司产生较大影响。

三、控制权变更过程中的争议和纠纷

由于上市公司控制权交易的过程持续时间较长，再加上前面第八章所述的为提高成交效率而有意将分歧延后的做法所留下的隐患，以及收购人取得上市公司优势股份和表决权后的资金支付进度可能并未严格按照协议和约定履行等因素，控股股东主导的对董事会、监事会或高管人员的变更并非一帆风顺，容易产生争议和纠纷，如公司决议纠纷、公司证照返还纠纷。

（一）公司决议纠纷

控股股东依据控制权协议、合同或法院强制执行文书发生变更后，只表示控股股东在上市公司股东大会上的股份比例和表决权比例占有优势，要真正实现对上市公司的控制，还需要对董事、监事、高管人员进行调整和更换。但是，在这个时候，上市公司现任董事会成员、监事会成员及高级管理层的多数成员往往都还是原控股股东提名的人员，代表的是原控股股东的利益。如果原控股股东意欲阻止新控股股东对上市公司的接管和控制，围绕上市公司董事会、股东大会的程序及决议效力，就可能产生一系列的争议和纠纷。

根据已有的案例和我们以往项目经验，针对相关董事会及股东大会的决议效力可能会产生三类诉讼：决议撤销、决议无效及决议不成立。根据相关法律及司法解释，这三类纠纷的审查标准分别如下：

1. 决议撤销。根据《公司法》第 22 条第 2 款规定，股东会或者股东大会、董事会的召集程序、表决方式违反法律、行政法规或者公司章程的规定，或者决议内容违反公司章程规定的，股东可以自决议作出之日起 60 日内，请求人民法院撤销。需要提醒注意的是，根据《最高人民法院关于适用〈中华人民共和国公司法〉若干问题的规定（四）》规定，"会议召集程序或者表决方式仅有轻微瑕疵，且对决议未产生实质影响的"，人民法院不予支持撤销请求。

2. 决议无效。主要是针对决议内容违反法律、行政法规之规定，该等情况下，公司股东、董事、监事均可提起确认决议无效之诉。

3. 决议不成立。主要是针对公司决议事项未经召开会议或表决，以及表决时的比例没有达到公司章程规定，即无法认定公司意志已经形成，无法体现民事行为成立，该等情况下，公司股东、董事、监事均可提起确认决议不成立之诉。

若公司根据原决议已办理完毕变更登记的，在法院作出撤销原决议或者宣告原决议无效 / 不成立的裁决后，公司应当向公司登记机关申请撤销变更登记。

【案例】东凌国际董事会决议效力确认纠纷案。广州东凌国际投资股份有限公司（000893.SZ，以下简称东凌国际）成立于 1998 年 10 月 27 日，其股票于同年 12 月 24 日在深圳证券交易所上市。2015 年东凌国际以发行股份购买资产并募集配套资金的方式收购中国农业生产资料集团公司（以下简称中农集团）等 10 家交易对手所持中农国际钾盐开发有限公司 100% 股权，中农集团遂成为东凌国际单一最大股东。后因中农集团等对上市公司收购的标的资产的业绩承诺无法实现，东凌国际主张中农集团等交易对手须按照《盈利预测补偿协议》的约定对东凌国际进行股份及现金补偿，其各自所持上市公司股权的权属存在较大不确定性，在任期即将届满之际，东凌国际董事会通过决议，同意延长本届董事会任期至《盈利预测补偿协议》履行完毕为止。

东凌国际第六届董事会任期的三年任期应于2017年4月25日届满，但届满后仍继续履职，没有改选出新一届董事。

2018年7月4日，一审法院作出判决：确认东凌国际董事会作出的“延长董事会任期至《盈利预测补偿协议》履行完毕为止”的决议无效。

就此东凌国际提起上诉。二审法院认为，东凌国际董事会以东凌国际与中农公司等10家交易对手存在纠纷为由而自行决定董事会任期至有关协议履行完毕为止不符合《公司法》和东凌国际《公司章程》有关董事会任期的规定。《公司法》第45条规定的“但每届任期不得超过三年”属于强制性的规定，东凌国际公司认为董事会有权决定任期延期，显然与《公司法》所要规范公司的组织和行为的目的不符，剥夺了股东有选择管理者的权利。东凌国际董事会之所以将其任期自行延长在于其与中农公司等股东存在纠纷而不愿意改选所致，而非《公司法》第45条第2款所规定的情形。中农公司作为东凌国际公司的股东之一享有股东的权利，东凌国际董事会的运作应该符合《公司法》和东凌国际公司章程的规定，东凌国际与中农公司等股东的纠纷已另行处理，但东凌国际公司董事会无权剥夺中农公司作为其股东的合法权利。上诉人东凌国际的上诉理由依据不足，本院不予采纳。原判认定事实清楚，适用法律正确，处理恰当。判决驳回上诉，维持原判。

这个案例在上市公司控制权交易和上市公司争夺方面具有典型意义。首先，东凌国际发行股份购买资产的程序已经完成，中农集团取得上市公司的股份已在中证登公司登记，也已成为上市公司单一最大股东，法律上应享有相应的股东权利，包括对董事会成员改选的权利。其次，因各种原因（主要是配套募集资金没有到位），中农集团对拟收购资产的业绩承诺无法实现（原拟以募集资金投入标的资产并产生效益），中农集团应补偿的股份和现金的诉讼也尚未有结果，上市公司认为收购优质资产的目标没有实现，其不愿在改选董事会时大股东提名的人员控制董事会的诉求也有其一定的合理性。再次，在中农集团已是上市公司大股东的情况下，通过股东大会决议延长董事会任期的做法肯定无法通过，东凌国际原控股股东和实际控制人遂以自己控制下的董事会自行决定延长本届董事会任期的方式意欲阻止中农集团对上市公司的控制进程，虽然一审、二审法院均未支持东凌国际的做法，但上市公司控制权争夺的事实已经发生，公司内部治理陷入困难和僵局的局面已然形成。最后，本案例中的两个小概率事件同时发生：一是发行股份购买资产后的募集配套资金没有完成，导致对标的资产的现金投入无法实现，进而致使标的资产的承诺利润也无法完成；二是拟收购的标的资产位于境外，属于钾矿开采项目、投入巨大，更重要的是当时国际市场钾肥价格大跌，即使有资金投入，商业上的回报也不理想。

任何争议和纠纷都有其自身的原因和背景。这个案例给我们的启示是，在进行上市公司控制权转让、控制权交易的方案设计时，交易各方应该充分考虑到各种风险和小概率事件的影响，提前做好预案，并体现在交易文件之中。

（二）公司证照返还纠纷

公司证照返还纠纷是最高人民法院《民事案件案由规定》颁布的“与公司有关的纠纷”中的具体案由之一。“公司证照”是统称，具体包括公司行政章、财务专用章、发票专用章、合同专用章等印章，也包括公司营业执照正副本、组织机构代码证、社保登记证等证件，还包括账务账册、人事档案、业务合同原件等凭证。现实经济活动中，常常将在相关文件上加盖公司公章的行为视为公司的意思表示；但是实际上，并无直接的法律规定公章证照的特殊法律地位，加盖公章行为并不必然代表公司的意志；司法实践中，通常将公章证照作为公司的财产，援引《物权法》①《公司法》②相关条款予以保护。

最高人民法院在（2019）最高法民申 2898 号案件的判决书中认为，尽管公章是公司对外作出意思表示的重要外在表现形式，但法律并未规定法定代表人以外持有公司公章的人仅凭其持有公章的事实就能够直接代表公司意

---

① 《物权法》第 33 条规定，因物权的归属、内容发生争议的，利害关系人可以请求确认权利。第 34 条规定，无权占有不动产或者动产的，权利人可以请求返还原物。

② 《公司法》第 147 条规定，董事、监事、高级管理人员应当遵守法律、行政法规和公司章程，对公司负有忠实义务和勤勉义务。董事、监事、高级管理人员不得利用职权收受贿赂或者其他非法收入，不得侵占公司的财产。

志，持有公章是一种客观状态，某人持有公章只是反映该人可能有权代表公司意志的一种表象，至于其是否依授权真正体现公司意志，仍需进一步审查。

《九民纪要》第41条规定，人民法院在审理案件时，应当主要审查签约人于盖章之时有无代表权或者代理权，从而根据代表或者代理的相关规则来确定合同的效力。法定代表人或者其授权之人在合同上加盖法人公章的行为，表明其是以法人名义签订合同，除《公司法》第16条等法律对其职权有特别规定的情形外，应当由法人承担相应的法律后果。据此可以看出，《九民纪要》中对加盖公章行为的效力的规定也并未背离既往的司法实践，审查盖章行为的效力时重点考察是否得到了法定代表人的授权。

【案例】聚力文化印章证照多次失控案。

2016年，帝龙新材（SZ.002247，现已更名为聚力文化）收购苏州美生元信息科技有限公司（以下简称美生元）股权，彼时余海峰为美生元的实际控制人，借此被收购机会，余海峰成为上市公司董事长。但是，以姜飞雄为主的原管理层一直掌控着上市公司的证照。2018年1月，作为董事长的余海峰讨要公司公章证照不成，通过登报声明作废原有公章证照，申请重新办理上市公司的公章证照印章。2019年12月，姜飞雄等通过提出临时议案的方式在上市临时股东大会上重组了董事会人选，随后董事会选举陈智剑为新董事长。新董事长陈智剑要求前董事长归还公司印章未成，采取了与余海峰同样的方式，作废原公章，启用新公章。

2019年12月24日，聚力文化发布《关于公司及公司部分子公司印章、证照资料失控的公告》。该公告称，总经理于2019年12月7日因公司部分人员工作调整因素通知负责保管聚力文化、聚力文化北京分公司和聚力文化文娱板块子公司、分公司相关印章、证照资料的员工刘某某、周某按照公司《印章管理制度》的规定，将保管的公司印章、证照资料清点移交给公司总经理。刘某某、周某拒绝移交，并连续脱岗不到公司上班。经公司多次联系、催促，该二人仍拒绝交出保管的印章和证照资料，并继续脱岗拒绝到公司上班。经公安备案后，公司于2019年12月13日对公司存放印章及资质文件的办公室门锁进行了开锁，发现保管上述印章、资料的保险柜已不在办公室。

公司已多次联系前任董事长，要求其指示相关人员将相关印章、证照交还。截至目前，上述相关印章、证照资料仍未移交，也未配合公司办理工商变更登记手续。公司上述印章、证照资料已处于失控状态。公司已向公安机关报案，并已向当地政府、证券监督管理部门、公安机关、工商行政管理机关寻求帮助和支持，采取各种合法合规方式追讨或补办公司相关印章、证照等。

深交所向其下发了关注函，要求其说明相关印章、证照资料出现失控的主体情况，公司是否仍对相关主体具有控制权等问题。

这个案例在上市公司控制权交易和上市公司争夺方面也具有典型意义。首先，很多收购人或控股股东以为只要以较小的代价取得上市公司的多数股份或表决权就可以控制股东大会，进而改选董事会、监事会，并在改选董事会后改聘公司高级管理人员，实际上这个链条很长，任何一个环节都可能出现问题，偏离当初的预期。其次，即使改选了董事会、重新聘任了部分或全部高级管理人员，但不能忽视一些关键管理岗位人员，这些人员的不合作行为有可能给控制权的行使带来巨大困难和麻烦。最后，市场环境在不断变化，原来预测和假定的情况会发生变化，从而降低上市公司及其收购资产的盈利水平，加上公司内部的控制权争夺给日常经营带来的负面影响，将会使上市公司的经营状况和盈利能力大幅下降，使各方愈加认为是对方的错，控制权的争夺更加激烈和持久。

第十章　控制权交易中的行政和刑事处罚

控制权交易或变动可能对上市公司经营和发展产生重大影响，市场和投资者、监管机构对此一直保持较高的关注度。对任何一家上市公司来说，控制权发生变化都是重要信息，对某些处于特殊状态或特殊时期的上市公司来说甚至是最重要的信息。如果不是因为停牌无法交易，控制权交易或控制权变动的消息一旦公之于众，高概率会引起上市公司的股价波动。对于这一点，很多人认为提前得知消息、提前进行股票买卖操作、待正式信息公告股价变动后再卖出或者买入是个难得的“商机”，应该加以“利用”。但是，这种行为实际上非常可能构成违规、违法甚至犯罪。

按照相关行为违规、违法的程度以及作出处分、处罚机关的不同，可以将相关责任分为三个层次：监管措施（纪律处分）、行政处罚和刑事处罚。其中，监管措施包括：监管（关注）函，通报批评，公开谴责及公开认定。监管措施一般由证券交易所负责调查并作出决定。

从中国证监会的官方网站和有关媒体的报道，可以获知大量的案例、行政处罚和刑事处罚信息。本章我们主要讨论与上市公司控制权交易有关的、在控制权交易过程中容易发生的行政处罚和可能涉及的刑事犯罪。

一、证券违法行为的行政处罚

行政处罚是介于监管措施和刑事处罚之间的一种法律责任，其受行政处罚行为的违法程度较之刑事处罚要轻，但比证券交易所的监管措施或纪律处分要重。

行政处罚包括：警告，罚款，没收违法所得、没收非法财物，责令停产停业，暂扣或者吊销许可证，行政拘留等。行政处罚一般由中国证监会负责立案调查、查明事实并作出处罚决定。

此外，根据《证券法》的规定，违法、违规情节严重的，中国证监会还可以对有关责任人员采取证券市场禁入措施。[①] 在《证券法》实施后，也可以将市场禁入措施视同为行政处罚的一种。

1. 行政违法类型及处罚概况

根据中国证监会网站的公开资料，证监会 2019 年全年共下发 136 份行政处罚书，较去年增加 5 份。下发市场禁入决定书 13 份。其中涉及内幕交易的案件多达 55 宗，占比超过 40%；涉及信披违规案件有 29 宗，市场操纵案件 14 宗，从业人员炒股案件 9 宗。此外还涉及关联交易、传播虚假信息、非法经营证券投资咨询业务等违法行为；有 10 家中介机构被行政处罚。[②]

从 2016 年开始，证监会每年会公布 20 起典型证券违法案件。2016~2019 年度行政处罚的典型案件分布如表 1-10-1 所示。

表 1-10-1　2016~2019 年行政处罚典型案件类型分布

序号	2016 年	2017 年	2018 年	2019 年
1	操纵市场	虚假陈述及中介机构未勤勉尽责	虚假陈述及中介机构未勤勉尽责	虚假陈述及中介机构未勤勉尽责
2	IPO 欺诈发行及信息披露违法	内幕交易及利用未公开信息交易	操纵市场	信息披露违法违规
3	中介机构违法违规	操纵市场	内幕交易及利用未公开信息交易	操纵市场
4	内幕交易及利用未公开信息交易	编造传播证券期货虚假信息	欺诈发行公司债券	内幕交易及利用未公开信息交易
5	编造、传播虚假信息	私募机构违法违规	编造传播证券期货虚假信息	挪用基金财产

① 《证券法》第 221 条规定，违反法律、行政法规或者国务院证券监督管理机构的有关规定，情节严重的，国务院证券监督管理机构可以对有关责任人员采取证券市场禁入的措施。前款所称证券市场禁入，是指在一定期限内直至终身不得从事证券业务、证券服务业务，不得担任证券发行人的董事、监事、高级管理人员，或者一定期限内不得在证券交易所、国务院批准的其他全国性证券交易场所交易证券的制度。

② 《证监会 2019 行政处罚"成绩单"来了》，载《证券时报》http：//news.esnai.com/2020/0117/199050.shtml，最后访问日期：2020 年 1 月 17 日。

续表

序号	2016 年	2017 年	2018 年	2019 年
6	私募机构违法违规	证券从业人员违规买卖股票	—	—
7	非法经营	—	—	—

从证监会每年公布的典型案件可以看出，重点案件依然高发、多发，并越来越集中于虚假陈述及中介机构未勤勉尽责、信息披露违法违规、操纵市场、内幕交易及利用未公开信息交易等少数类型。

2. 与控制权交易有关的行政处罚及典型案例

控制权交易由于对上市公司的影响大、牵涉的利益方多、交易周期较长，也容易诱发违法违规行为。从控制权交易的过程角度，有几种行为容易触发行政处罚，具体而言，包括虚假陈述及中介机构未勤勉尽责，信息披露不准确、不完整、不及时，操纵市场及内幕交易。

根据证监会公布的典型案例，我们将 2016~2019 年与控制权交易有关的行政处罚案例整理如表 1-10-2 所示。

表 1-10-2　2016~2019 年与控制权交易有关的行政处罚案例

年度	行政处罚类型	典型案例	处罚结果
2019	虚假陈述及中介机构未勤勉尽责	中安消技术有限公司在借壳中安科股份有限公司上市过程中虚增置入资产，虚增营业收入 5515 万元。资产评估机构对评估资产未予充分关注，收益预测和评估值严重虚增	没收业务收入并处罚款；对相关责任人员警告并处罚款
	信息披露违法违规	深圳美丽生态股份有限公司在收购江苏八达园林有限责任公司 100% 股权的重大重组文件中未如实描述相关项目的进展情况、对其收入预测不切合实际、将部分已终止的框架协议披露为已签订协议；证券公司作为上述项目独立财务顾问，出具存在误导性陈述的报告及相关核查意见	对上市公司及相关责任人员警告并处罚款

续表

年度	行政处罚类型	典型案例	处罚结果
2019	操纵市场	2015~2018 年，浙江金利华电气股份有限公司董事长、实际控制人与公司原财务总监、配资中介合谋，在筹划实施重大资产重组和股权转让过程中人为控制股票停牌时点，操纵股价	实际控制人滥用信息优势操纵上市公司股价。责令处理非法持有的证券，处以罚款
	内幕交易	2016 年 6 月至 2017 年 2 月，苏州春兴精工股份有限公司在筹划收购某境外公司股权过程中，公司董事长、实际控制人及董事等内幕信息知情人利用内幕信息非法买入本公司股票 2.75 亿元	责令处理非法持有的证券，处以罚款
2018	操纵市场	上海阜兴金融控股（集团）有限公司在取得大连电瓷控股权后，与李某某合谋，通过控制公司重大信息披露的发布节奏和内容，利用资金优势操纵“大连电瓷”股价	对阜兴集团及相关责任人警告及处以罚款
	内幕交易	2016 年 2 月至 10 月，汉鼎宇佑互联网股份有限公司在筹划收购汉鼎宇佑传媒集团有限公司的过程中，实际控制人及关联公司高管等内幕信息知情人利用本人及他人账户，在内幕信息敏感期内提前大量买入公司股票	对相关人员处以罚款
2017	财务造假及中介机构未勤勉尽责	浙江九好办公服务集团有限公司为了重组上市，与上市公司鞍重股份联手进行“忽悠式”重组，通过各种手段虚增巨额收入和银行存款。审计、法律、评估机构、独立财务顾问及其从业人员未勤勉尽责，出具专业意见存在虚假记载	对组织、决策实施财务造假的九好集团实际控制人等人采取市场禁入措施，对 4 家中介机构分别给予顶格处罚

续表

年度	行政处罚类型	典型案例	处罚结果
2017	财务造假	江苏雅百特科技股份有限公司重组上市过程中，披露承接巴基斯坦木尔坦地铁公交工程的金属屋面围护系统工程，合同金额3250万美元。重组上市后，2015年报披露工程完工，实现收入2亿元。经查，雅百特通过虚构承揽境外项目、虚构跨境资金循环、虚构建材出口、虚构境内建材贸易等手法，虚增收入5.8亿元，虚增利润2.6亿元	借跨境业务进行隐蔽造假。对雅百特顶格罚款，对责任人员采取市场禁入措施。后实际控制人犯违规披露重要信息罪，被判有期徒刑
	内幕交易	李某从武汉华中数控股份有限公司总裁处获知上市公司重大资产重组内幕信息，随即借用他人账户大量买入“华中数控”股票，并暗示其妹妹同期买入，两人合计获利700余万元，构成内幕交易	“裙带化”的内幕交易。李某获刑2年6个月，没收违法所得并处罚金
2016	信息披露违法违规	广西证监局调查组对重组方、上市公司、中介机构、企业客户等20多个涉案主体开展全面调查，成功克服了系统造假手段隐秘、部分证据被销毁或隐匿、调查对象不配合等困难，快速查实了康华农业为实现上市目的，长期有组织地进行系统性财务造假，造假金额巨大，造假手段恶劣，情节严重的涉嫌违法犯罪事实	首例重大资产重组财务造假案。康华农业被顶格处罚并移送公安机关，3名责任人员被市场禁入并移送公安机关，浙江步森股份被处罚款

3. 典型违规案例分析：被监管关注“贯穿始终”的控制权交易

上市公司控制权交易过程中存在多处触发信息披露义务的时间节点，交易相关方及其他信息披露义务人应对法律法规及信息披露规则有足够的了解、对规则的严肃性和监管的持续性保持足够的敬畏。否则，将面临更加严格的民事责任、行政责任甚至承担刑事责任。因此，交易过程中信息披露义务人一定要秉承真实、准确、完整、及时、公平原则进行信息披露。

自2017年1月开始，直至2019年5月7日深圳市勤诚达投资管理有限公司（以下简称勤诚达）成为新的控制股东，历时两年多才完成控制权变更的亿晶光电（600537.SH，），曾因信息披露不真实、不准确、不完整、不及时而被交易所持续问询（4 次）、关注（3 次）并被证监局处以行政处罚，也因信息披露违规被众多投资者（超过 1000 名）提起了民事索赔诉讼。在此，我们以亿晶光电为例，通过对相关事件经过及其信息披露违规的全过程的整理，以使读者了解违反信息披露可能产生的不同层面的后果。详见图 1-10-1。

2017.1.11	公司披露股东权益7.59%的变动提示公告，并未披露第 二期股份转让及一揽子交易安排；上交所第一次问询，是否有股份质押、董监高委派、继续增减持、控制权变更等其他安排
2017.1.12	回复第一次问询，部分内容未如实回复
2017.5.3	公司公告7.59%股份转让过户完成；上交所第二次问询，再次问询是否有其他一揽子交易安排
2017.5.5	回复第二次问询，对问询内容仍未如实回复
2017.5.8	就控股股东将股份质押给勤诚达，上交所发出第三次问询，再次询问是否有其他一揽子交易等
2017.5.16	回复第三次问询，对问询内容仍未如实回复
—	上交所约见监管谈话
2017.5.25	上交所约见监管谈话后，公司才如实披露第二 期股份转让和一揽子交易安排，以及交易过程中签署的补充协议和备忘录
2017.5.26	上交所第四次问询。公司是否违反信息披露及交易继续履行障碍情况
2017.6.1	回复第四次问询。公司认为信息披露违规的原因在控股股东及勤诚达，而勤诚达认为原因在控股股东；交易双方互相认为交易履行障碍原因在于对方违约
2017.6.2	宁波证监局宁波证监局对勤诚达采取责令改正监管措施、对控股股东出具警示函措施
2017.6.20	上交所出具监管工作函，各方信息披露违规、控股股东减持违规
2017.6.21	证监会立案调查
2017.6.24–27	勤诚达、公司陆续对上交所监管工作函进行回复及澄清说明
2018.4.4	公司回复上交所的第二份监管函（收到监管函时间未知）
2018.4.24	上交所对公司、控股股东、董秘、勤诚达予以公开谴责，纪律处分通报证监会及浙江省人民政府，并计入上市公司诚信档案
2018.4.25	宁波证监局对公司、控股股东、董秘、财务总监处以行政处罚
2018.8.13	公司被12名投资者提起民事诉讼，提起投资者诉讼的投资者数量后续持续增多
截至2019.11.28	公司累计收到多名投资者提起的合计1052起民事诉讼案件材料，诉讼金额累计人民币114,831,268.52元

图 1-10-1 亿晶光电控制权交易的过程

在控制权交易的过程中，亿晶光电及收购方主要存在如下问题：

（1）交易双方故意隐瞒重要信息。

2017年1月10日，亿晶光电原控股股东与勤诚达签署“一揽子”控制权转让协议，原控股股东同意将其持有的亿晶光电20%股份转让予勤诚达，转让对价30亿元。根据约定，该协议分两期实施，第一期标的股份为亿晶光电总股本的7.59%，转让款15亿元；第二期标的股份为亿晶光电总股本的12.41%，转让款15亿元。上述协议实施完毕后，亿晶光电控制权将发生变更。

上述协议签署后，亿晶光电及相关方仅在1月12日公告了双方约定的第一期7.59%的股份转让事项，对于协议中约定的包括第二期股份转让、股权质押、董、监、高调整变更等其他涉及控制权转移的重大事项均未对外披露。在上交所连续多次问询中，亿晶光电及股份受让方仍称不存在控制权让渡的默契及相关安排，对相关事项予以隐瞒。在上交所约见监管谈话并加以持续督促后，双方才于5月26日完整披露了前述控制权转让协议的相关事项。

（2）信息披露不准确、不及时。

2017年1月12日，亿晶光电公告协议转让7.59%股份时，荀建华与勤诚达均同时披露了《简式权益变动报告书》。原控股股东披露称，除本报告书披露的持股信息外，信息披露义务人没有通过任何其他方式增加或减少在上市公司拥有权益的情况，未来12个月内不减持股份，且权益变动未导致上市公司控股股东及实际控制人变化。勤诚达披露称，未来12个月内无继续增持上市公司股份的计划。双方均在《简式权益变动报告书》中披露未来12个月内无增减持公司股份的计划。

5月26日，亿晶光电披露《关于控股股东协议转让股份暨实际控制人可能发生变更的提示性公告》。根据公告，原控股股东拟将亿晶光电合计20%股份转让给勤诚达，标的股份分两期转让交割。除第一期7.59%股份已办理完毕过户登记外，第二期12.41%股份过户手续拟在2017年11月9日后办理。

股份转让双方在1月12日的权益变动报告书中披露称，未来12个月内无增减持股份计划。4个半月后，原控股股东由公告拟向勤诚达转让12.42%股份，双方未如实披露后续增、减持股份的计划，前后信息披露不一致。

此外，勤诚达通过上述控制权转让协议在亿晶光电中拥有权益的股份拟达到上市公司已发行股份的 20% 时，也未及时编制并披露《详式权益变动报告书》。后经监管督促，直至 2017 年 6 月 13 日才予以披露。

（3）未及时披露其他重要信息。

交易进行过程中，亿晶光电下属子公司、孙公司存在仲裁事项，涉及金额合计约 2.988 亿元，占亿晶光电最近一期经审计净资产的 10.86%，但亿晶光电未就仲裁事项及时履行信息披露义务，直至 2017 年 4 月 15 日才予以披露。

二、新《证券法》下的行政处罚

2019 年 12 月 28 日，第十三届全国人民代表大会常务委员会第十五次会议审议通过了新修订的《证券法》。在违反信息披露义务、进行内幕交易、操控证券市场的法律责任方面，新《证券法》将相关行政处罚的金额进行了大幅度的上调。相关修订内容详见表 1-10-3。

表 1-10-3　新旧《证券法》关于违法责任的修改变化

2014 年《证券法》	2019 年《证券法》	修订点
第 202 条　证券交易内幕信息的知情人或者非法获取内幕信息的人，在涉及证券的发行、交易或者其他对证券的价格有重大影响的信息公开前，买卖该证券，或者泄露该信息，或者建议他人买卖该证券的，责令依法处理非法持有的证券，没收违法所得，并处以违法所得一倍以上五倍以下的罚款；没有违法所得或者违法所得不足三万元的，处以三万元以上六十万元以下的罚款。单位从事内幕交易的，还应当对直接负责的主管人	第 191 条　证券交易内幕信息的知情人或者非法获取内幕信息的人违反本法第五十三条的规定从事内幕交易的，责令依法处理非法持有的证券，没收违法所得，并**处以违法所得一倍以上十倍以下的罚款**；没有违法所得或者违法所得不足五十万元的，**处以五十万元以上五百万元以下的罚款**。单位从事内幕交易的，还应当对直接负责的主管人员和其他直接责任人员给予警告，**并处以二十万元以上二百万元以下的罚款**。国务院证券监督管理机	1. 将内幕信息知情人从事内幕交易行为处以的罚款金额上限调整为“违法所得 10 倍”，没有违法所得或违法所得不足 50 万元的，罚款上限调整为“500 万元”。 2. 将单位从事内幕交易时，对单位责任人员的罚款上限调整为“200 万元”。 3. 中介服务机构工作人员内幕交易行

续表

2014 年《证券法》	2019 年《证券法》	修订点
员和其他直接责任人员给予警告，并处以三万元以上三十万元以下的罚款。证券监督管理机构工作人员进行内幕交易的，从重处罚	构工作人员从事内幕交易的，从重处罚。 违反本法第五十四条的规定，利用未公开信息进行交易的，依照前款的规定处罚	为，依照前述规定处罚
第 203 条　违反本法规定，操纵证券市场的，责令依法处理非法持有的证券，没收违法所得，并处以违法所得一倍以上五倍以下的罚款；没有违法所得或者违法所得不足三十万元的，处以三十万元以上三百万元以下的罚款。单位操纵证券市场的，还应当对直接负责的主管人员和其他直接责任人员给予警告，并处以十万元以上六十万元以下的罚款	第 192 条　违反本法第五十五条的规定，操纵证券市场的，责令依法处理其非法持有的证券，没收违法所得，并**处以违法所得一倍以上十倍以下的罚款**；没有违法所得或者违法所得不足一百万元的，**处以一百万元以上一千万元以下的罚款**。单位操纵证券市场的，还应当对直接负责的主管人员和其他直接责任人员给予警告，并**处以五十万元以上五百万元以下**的罚款	1. 对操纵证券市场的行为，将罚款上限调整为“违法所得 10 倍”，对于没有违法所得或违法所得不足 100 万元的，罚款上限调整为“1000 万元”。 2. 单位操纵证券市场的，将单位责任人员罚款上限调整为“500 万元”
第 193 条 发行人、上市公司或者其他信息披露义务人未按照规定披露信息，或者所披露的信息有虚假记载、误导性陈述或者重大遗漏的，责令改正，给予警告，并处以三十万元以上六十万元以下的罚款。对直接负责的主管人员和其他直接责任人员给予警告，并处以三万元以上三十万元以下的罚款。 发行人、上市公司或者其他信息披露义务人未按照规定报送有关报告，或者报送的报告	第 197 条 信息披露义务人未按照本法规定报送有关报告或者履行信息披露义务的，责令改正，给予警告，并**处以五十万元以上五百万元以下的罚款**；对直接负责的主管人员和其他直接责任人员给予警告，并**处以二十万元以上二百万元以下**的罚款。发行人的控股股东、实际控制人组织、指使从事上述违法行为，或者隐瞒相关事项导致发生上述情形的，**处以五十万元以上五百万元以下**的罚款；对直接负责的主管人员	1. 对不进行信息披露的，将信息披露义务人罚款上限调整为“500 万元”，对单位责任人员的罚款上限调整为“200 万元”。 发行人控股股东、实际控制人存在违法行为的，将罚款上限调整为“500 万元”，对直接责任人员的罚款上限调整为“200 万元”

续表

2014年《证券法》	2019年《证券法》	修订点
有虚假记载、误导性陈述或者重大遗漏的，责令改正，给予警告，并处以三十万元以上六十万元以下的罚款。对直接负责的主管人员和其他直接责任人员给予警告，并处以三万元以上三十万元以下的罚款。 发行人、上市公司或者其他信息披露义务人的控股股东、实际控制人指使从事前两款违法行为的，依照前两款的规定处罚	和其他直接责任人员，**处以二十万元以上二百万元以下**的罚款。 信息披露义务人报送的报告或者披露的信息有虚假记载、误导性陈述或者重大遗漏的，责令改正，给予警告，并**处以一百万元以上一千万元以下的罚款**；对直接负责的主管人员和其他直接责任人员给予警告，并**处以五十万元以上五百万元以下**的罚款。发行人的控股股东、实际控制人组织、指使从事上述违法行为，或者隐瞒相关事项导致发生上述情形的，**处以一百万元以上一千万元以下**的罚款；对直接负责的主管人员和其他直接责任人员，**处以五十万元以上五百万元以下**的罚款	2. 对信息披露虚假记载、误导性陈述或重大遗漏的，将信息披露了义务人罚款上限调整为“1000万元”，对直接责任人员罚款上限调整为“500万元”。 3. 发行人控股股东、实际控制人存在违法行为的，将罚款上限调整为“1000万元”，对直接责任人员的罚款上限调整为“500万元”

新《证券法》回应了市场人士长期以来对于违法成本太低的诟病，大幅增加了虚假信息披露、内幕交易和操纵市场等相关违法事项的成本，相信会有力地遏制住违法行为高发的势头。

三、证券行政执法与刑事司法的衔接关系

对拟上市公司、已上市公司以及其他有关市场主体在上市（IPO）、再融资、重大资产重组、控制权转让、日常工作（年报、半年报披露）、证券投资、股票买卖等证券行为中的监管机关是中国证监会及其派出机构、证券交易所。通常情况下最早发现证券违法违规行为的是证券监管机关。可是，如果证券监管机关发现了证券违法或者涉嫌犯罪行为后，是先由自己立案、调查和行

政处罚，在发现情节严重、可能构成刑事犯罪后，再移送公安机关进行刑事立案、侦查呢？简单说，对涉嫌犯罪的证券行为的查处，是先行政再刑事，还是先刑事再行政？还是其他什么情况？

1.《行政执法机关移送涉嫌犯罪案件的规定》

根据国务院于2001年7月9日发布并施行的《行政执法机关移送涉嫌犯罪案件的规定》（国务院令第310号）的规定，其中的重点法条如下：

第3条　行政执法机关在依法查处违法行为过程中，发现违法事实涉及的金额、违法事实的情节、违法事实造成的后果等，根据刑法关于破坏社会主义市场经济秩序罪、妨害社会管理秩序罪等罪的规定和最高人民法院、最高人民检察院关于破坏社会主义市场经济秩序罪、妨害社会管理秩序罪等罪的司法解释以及最高人民检察院、公安部关于经济犯罪案件的追诉标准等规定，涉嫌构成犯罪，依法需要追究刑事责任的，必须依照本规定向公安机关移送。

第8条　公安机关应当自接受行政执法机关移送的涉嫌犯罪案件之日起3日内，依照刑法、刑事诉讼法以及最高人民法院、最高人民检察院关于立案标准和公安部关于公安机关办理刑事案件程序的规定，对所移送的案件进行审查。认为有犯罪事实，需要追究刑事责任，依法决定立案的，应当书面通知移送案件的行政执法机关；认为没有犯罪事实，或者犯罪事实显著轻微，不需要追究刑事责任，依法不予立案的，应当说明理由，并书面通知移送案件的行政执法机关，相应退回案卷材料。

第11条　行政执法机关对应当向公安机关移送的涉嫌犯罪案件，不得以行政处罚代替移送。

行政执法机关向公安机关移送涉嫌犯罪案件前已经作出的警告，责令停产停业，暂扣或者吊销许可证、暂扣或者吊销执照的行政处罚决定，不停止执行。

依照行政处罚法的规定，行政执法机关向公安机关移送涉嫌犯罪案件前，已经依法给予当事人罚款的，人民法院判处罚金时，依法折抵相应罚金。

第13条　公安机关对发现的违法行为，经审查，没有犯罪事实，或者立案侦查后认为犯罪事实显著轻微，不需要追究刑事责任，但依法应当追究行政责任的，应当及时将案件移送同级行政执法机关，有关行政执法机关应当依法作出处理。

2.《关于加强行政执法与刑事司法衔接工作的意见》

在《行政执法机关移送涉嫌犯罪案件的规定》施行以后，一大批危害社会主义市场经济秩序和社会管理秩序的犯罪行为受到刑事制裁，有力遏制了违法犯罪活动。但也要看到，在一些行政执法领域，有案不移、有案难移、以罚代刑的问题仍然比较突出。针对这种情况，为了进一步加强行政执法与刑事司法衔接工作，中共中央办公厅、国务院法制办等部门提出了《关于加强行政执法与刑事司法衔接工作的意见》，以中办发〔2011〕8 号文予以转发。其主要内容为：

（1）行政执法机关在执法检查时，发现违法行为明显涉嫌犯罪的，应当及时向公安机关通报。接到通报后，公安机关应当立即派人进行调查，并依法作出立案或者不予立案的决定。

（2）行政执法机关在移送案件时已经作出行政处罚决定的，应当将行政处罚决定书一并抄送公安机关、人民检察院；未作出行政处罚决定的，原则上应当在公安机关决定不予立案或者撤销案件、人民检察院作出不起诉决定、人民法院作出无罪判决或者免予刑事处罚后，再决定是否给予行政处罚。

（3）对受理的案件，公安机关应当及时审查，依法作出立案或者不予立案的决定并书面通知行政执法机关，同时抄送人民检察院。公安机关立案后决定撤销案件的，应当书面通知行政执法机关，同时抄送人民检察院。公安机关作出不立案决定或者撤销案件的，应当将案卷材料退回行政执法机关，行政执法机关应当对案件作出处理。

3. 公安机关认为不构成刑事犯罪并移送证监会管辖的行政违法案例

中国证监会于 2020 年 3 月 31 日作出《行政处罚决定书（汪耀元、汪琤琤）》（〔2020〕10 号），依法对汪耀元、汪琤琤内幕交易健康元药业集团股份有限公司（以下简称健康元）股票案作出行政处罚，罚没款合计 36 亿余元。这是截至目前，中国证券资产市场上数额最大的行政处罚案件，也是一起公安机关依法审查后认为不构成刑事犯罪并移送证监会管辖的行政违法案件。证监会在收到公安机关移交的案件线索后，依法进行了调查并作出了行政处罚决定，并认为本案属于典型的联络、接触型内幕交易行政违法案件，损害证券市场“三公”原则,侵害了广大投资者对上市公司信息的知情权和公平交易权，依法应予惩处。

根据行政处罚决定书所载，其主要情况如下：

在健康元第二大股东鸿信行有限公司减持及转让健康元股份的内幕信息公开前，汪耀元与相关内幕信息知情人联络、接触，并与汪琤琤共同控制多个账户并投入巨额资金交易“健康元”股票，交易行为明显异常，且没有正当理由或正当信息来源，构成2005年修订的《证券法》第202条所述内幕交易行为。证监会决定：没收汪耀元、汪琤琤违法所得906,362,681.39元，并处以2,719,088,044.17元罚款。

4. 证券违法案件处理趋势：刑事追责优先

证监会于2020年6月24日在官方网站再次公布了上述内幕交易案。同时表示：证监会始终高度重视做好行政执法与刑事司法衔接工作，既坚持刑事追责优先，对在行政执法检查过程中发现的涉嫌犯罪线索，优先依法移送公安机关追究刑事责任；又坚持依法严厉打击，对公安和司法机关依法认定不构成刑事犯罪并移送我会管辖的案件，依法作出处理，其中，依法应当给予行政处罚的，坚决依法实施行政处罚，确保过罚相当、不枉不纵。

证监会下一步将贯彻落实好新证券法，把“严”的执法主基调长期坚持下去，一以贯之依法严厉打击各类资本市场违法违规行为。并会同公安、司法机关构建起自律管理、日常监管、稽查处罚、刑事追责、集体诉讼和民事赔偿有机衔接、权威高效、立体多元的资本市场执法体系，综合运用民事、行政和刑事追责手段提高违法违规成本，为促进发挥资本市场枢纽功能、更好支持疫情防控和经济社会发展提供坚强执法保障。

四、与控制权交易有关的刑事处罚

在不断加大对证券违法行为的监管执法力度，对财务造假等恶性违法违规保持“零容忍”，严肃市场纪律、净化市场环境的大背景下，对一些性质恶劣、情节严重的证券资本市场违法行为，利用刑事处罚作为清理净化的手段，无疑将会成为一个重要选项。

通过在巨潮网以“刑事”“拘留”等可能涉刑的关键字对上市公司公告进行检索，截至2019年12月31日，发现2019年度共计37家上市公司（扣除同一案件的重复公告）的公告中涉及刑事相关事件，其中涉及刑事的主体不乏上市公司实际控制人、高管人员、子公司或其他关联公司。已公告披露的案件涉及的罪名主要有：非法吸收公众存款罪、污染环境罪、合同诈骗罪、违规披露、不披露重要信息罪、非法经营罪、虚开增值税专用发票罪等。对公告披露的罪名来进行分类，2019年上市公司公告中涉及刑事犯罪数量最多的是破坏社会主义市场经济秩序罪，主要包括内幕交易罪、泄露内幕信息罪、合同诈骗罪、非法吸收公众存款罪、非法经营罪、违规披露、不披露重要信息罪等。①

结合上市公司控制权交易的过程及环节，除了行政处罚外，从已有的刑事处罚案例来看，比较容易触发刑事处罚的违法事项集中在内幕交易、泄露内幕信息、违规披露、不披露重要信息，相应的罪名包括内幕交易罪、泄露内幕信息罪，违规披露、不披露重要信息罪等。

（一）相关刑事案件立案标准

为及时、准确打击经济犯罪，根据《刑法》《刑事诉讼法》《最高人民检察院、公安部关于公安机关管辖的刑事案件立案追诉标准的规定（二）》等有关法律规定，对公安机关经济犯罪侦查部门管辖的刑事案件立案追诉标准作出了规定，其中，内幕交易、泄露内幕信息案和违规披露、不披露重要信息案的立案追诉标准分别如下：

内幕交易、泄露内幕信息案的立案追诉标准为：证券、期货交易内幕信息的知情人员、单位或者非法获取证券、期货交易内幕信息的人员、单位，在涉及证券的发行，证券、期货交易或者其他对证券、期货交易价格有重大

---

① 曾峥等：《2019年资本市场公众公司公告涉刑分析》，载https：//www.sohu.com/a/366669455_115124，最后访问日期：2020年1月13日。

影响的信息尚未公开前，买入或者卖出该证券，或者从事与该内幕信息有关的期货交易，或者泄露该信息，或者明示、暗示他人从事上述交易活动，涉嫌下列情形之一的，应予立案追诉：

1. 证券交易成交额累计在 50 万元以上的；

2. 期货交易占用保证金数额累计在 30 万元以上的；

3. 获利或者避免损失数额累计在 15 万元以上的；

4. 多次进行内幕交易、泄露内幕信息的；

5. 其他情节严重的情形。

违规披露、不披露重要信息案的立案追诉标准为：依法负有信息披露义务的公司、企业向股东和社会公众提供虚假的或者隐瞒重要事实的财务会计报告，或者对依法应当披露的其他重要信息不按照规定披露，涉嫌下列情形之一的，应予立案追诉：

1. 造成股东、债权人或者其他人直接经济损失数额累计在 50 万元以上的；

2. 虚增或者虚减资产达到当期披露的资产总额 30% 以上的；

3. 虚增或者虚减利润达到当期披露的利润总额 30% 以上的；

4. 未按照规定披露的重大诉讼、仲裁、担保、关联交易或者其他重大事项所涉及的数额或者连续 12 个月的累计数额占净资产 50% 以上的；

5. 致使公司发行的股票、公司债券或者国务院依法认定的其他证券被终止上市交易或者多次被暂停上市交易的；

6. 致使不符合发行条件的公司、企业骗取发行核准并且上市交易的；

7. 在公司财务会计报告中将亏损披露为盈利，或者将盈利披露为亏损的；

8. 多次提供虚假的或者隐瞒重要事实的财务会计报告，或者多次对依法应当披露的其他重要信息不按照规定披露的；

9. 其他严重损害股东、债权人或者其他人利益，或者有其他严重情节的情形。

（二）相关刑事案件案例

我们从与上市公司控制权交易或者可能与控制权交易有关的信息披露角度，以案例方式，介绍上述几个高发的刑事处罚罪名的司法判决或司法处理情况。

1. 首例单位内幕交易罪[①]

厦门市中级法院一审判决的上海祖龙案，是首个法人单位犯内幕交易罪。

创兴科技（600193）是厦门的一家 A 股上市公司，目前已经更名为创兴置业。2007 年 2 月开始，原董事长陈某某计划将其所控制的上海振龙房地产开发有限公司有关资产注入创兴科技，由此也开始了内幕交易。

2007 年年初开始筹划资产注入时，陈某某将其控制的上海祖龙、上海振龙等公司的资金 5090 万元，陆续转入其控制的股票账户，利用内幕信息大量买卖创兴科技股票。上市公司股价从 3 月初的 5 元 / 股左右一路上涨到 5 月 8 日的 16.54 元 / 股。尽管 5 月 24 日创兴科技发布公告取消了相关资产注入方案，但他已获利丰厚，累计账面盈利 1915 万多元。

厦门市中级法院作出一审判决，判定陈某某任董事长的上海祖龙犯内幕交易罪，被判处罚金 1915 万余元；陈某某本人犯内幕交易罪，判处有期徒刑两年，缓刑两年；上海祖龙违法所得 1915 万余元上缴国库。上海祖龙因此成为首个因内幕交易被刑事判决的法人单位。

2. 内幕交易罪与泄露内幕信息罪[②]

从 2006 年 2 月开始，时任广发证券总裁的被告人董某青以支持延边公路股改为由，多次要求被告人董某伟买入延边公路股票。同年 5 月中旬，被告人董某青利用其掌握广发证券借壳延边公路的内幕信息，向被告人董某伟泄露该内幕信息，建议被告人董某伟买入和卖出延边公路股票。同期，被告人董某青又将该内幕信息泄露给被告人赵某亚。

被告人董某伟利用该内幕信息，在 2006 年 5 月 10 日至 6 月 5 日，利用其控制的多个他人账户买卖延边公路股票，获利人民币共计 22,846,712.42 元。被告人赵某亚利用该内幕信息，在上述期间，利用其控制的账户买卖延边公

① 《内幕交易案例（一）——首例单位内幕交易罪》，载中国证会网：http：//www.csrc.gov.cn/pub/gansu/xxfw/tzzzsyd/201204/t20120420_209006.htm，最后访问日期：2020 年 4 月 20 日。

② 《【案例七】董正青等内幕交易、泄露内幕信息案》，载中国证会网：http：//www.csrc.gov.cn/tianjin/tjfzyd/tjaljs/201211/t20121122_217187.htm，最后访问日期：2020 年 4 月 20 日。

路股票，获利约人民币 100 万元。

天河区人民法院先后于 2008 年 7 月 18 日、8 月 1 日两次开庭审理。法院认为：被告人董某青作为广发证券借壳延边公路内幕信息的知情人员，在该内幕信息公开之前，向被告人董某伟、赵某亚泄露该内幕信息，情节严重，构成泄露内幕信息罪；被告人董某伟、赵某亚非法获取广发证券借壳延边公路的内幕信息后，在该内幕信息公开前，买入、卖出延边公路股票，情节严重，构成内幕交易罪；事实清楚，证据充分；但同时认为，由于现有证据尚不足以证实被告人董某青与董某伟、赵某亚有内幕交易的共同主观故意及客观行为，故指控被告人董某青内幕交易罪名不能成立。

判决结果：（1）被告人董某青犯泄露内幕信息罪，判处有期徒刑四年，并处罚金人民币 300 万元。（2）被告人董某伟犯内幕交易罪，判处有期徒刑四年，并处罚金人民币 2500 万元。（3）被告人赵某亚犯内幕交易罪，判处有期徒刑一年九个月，并处罚人民币 100 万元。

3. 违规披露、不披露重要信息罪

信息披露违法违规一直是证券监管机构查处和打击的重点之一。上市公司一旦因涉嫌信息披露违法被立案调查，不仅可能被行政处罚，遭受大批投资者的巨额索赔，情节严重的还可能构成刑事犯罪。

违规披露、不披露重要信息罪，是指依法负有信息披露义务的公司、企业向股东和社会公众提供虚假的或者隐瞒重要事实的财务会计报告，或者对依法应当披露的其他重要信息不按照规定披露，严重损害股东或其他人利益，或者有其他严重情节的行为。

违规披露、不披露重要信息罪在过去的实践中案例较少。虽然早在 2006 年“违规披露、不披露重要信息罪”便被写入刑法，但十余年来在国内资本市场最终真正被定罪并因此获刑的案例却屈指可数，单独以该罪入刑的案例更为罕见，责任人通常因同时还构成欺诈发行股票罪、背信损害上市公司利益罪、伪造金融票证罪、故意销毁会计凭证罪、贪污罪、合同诈骗罪等罪而被追究刑事责任。根据公开信息，华锐风电、江苏琼花（现已更名为鸿达兴业）、博元投资等三家上市公司的董事长都曾因该罪而获刑。[①]

但从 2019 年以来，违规披露、不披露重要信息案件除需接受证券监管机关的行政处罚外，司法机关对这一刑事处罚罪名的查处力度和动向也值得高度关注。我们将上市公司董事、高管、实际控制人已被刑事处罚和因涉嫌犯罪可能被追究刑事的相关案例分列如下，以供参考。

（1）江苏琼花（002002.SZ）前董事长违规不披露重要信息案。

2010 年 3 月被公安机关立案侦查的江苏琼花（现已更名为鸿达兴业）前董事长于某青案便是近十余年来第一起涉违规披露、不披露重要信息罪的案件。

2006 年 11 月至 2008 年 11 月，时任江苏琼花法定代表人、董事长的于某青使用江苏琼花公章，以江苏琼花的名义，为明显不具有清偿能力的控股股东琼花集团等关联方提供 24 笔担保，担保金额共计人民币 1.6 亿元，占江苏琼花 2008 年 12 月 31 日经审计的净资产的 101.29%。其中，2007 年 11 月 1 日至 2008 年 10 月 31 日连续 12 个月的担保累计金额为 1.2 亿元，占江苏琼花 2008 年 12 月 31 日经审计的净资产的 75.83%。而江苏琼花对上述担保事项未按规定履行临时公告披露义务，也未在 2006 年年报、2007 年年报、2008 年半年报中进行披露。2009 年 6 月 24 日，于某青主动到公安机关投案。因于某青犯罪以后自动投案，如实供述自己的罪行，属于自首，依法可以从轻处罚，并可给予一定的考验期限。且截至 2009 年 12 月 31 日，琼花集团、于某青均通过以股抵债或者用减持股票款方式向债权人清偿了全部债务，江苏琼花的担保责任已经解除。最终，扬州市邗江区人民法院以被告人于某青犯违规不披露重要信息罪，判处拘役 3 个月，缓刑 6 个月，并处罚金人民币 20 万元。

（2）博元股份（已退市）前董事长违规不披露重要信息案。

2017 年 5 月判决的珠海市博元投资股份有限公司（以下简称博元股份，原股票代码：600656，现已退市）前董事长余某妮案则是因“违规披露、不披露重要信息罪”而获刑最重的案例。

① 赵擎：《突发！大智慧实控人被刑拘，信披违规也将被判刑？他们也曾因此获罪》，载 https://stock.hexun.com/2019-04-27/196986480.html，最后访问日期：2019 年 4 月 27 日。

博元股份在并购重组过程中，有关人员曾作出了业绩承诺，在业绩不达标时需向博元股份支付股改业绩承诺款。2012 年至 2014 年，博元股份实控人余某妮、李某甲夫妇，利用 37 张从某公司买进的虚假银行承兑汇票，多次虚构将上述银行承兑汇票进行贴现、票据置换和支付预付款等交易，并根据相关置换来的虚假银行承兑汇票进行记账，制作博元股份的虚假财务报表，致使博元股份披露的 2011 年至 2014 年的半年报、年报中虚增资产金额或者虚构利润均达到了当期披露的资产总额或利润总额的 30% 以上。此外，博元股份还违规不披露实际控制人及其关联公司等信息。案发后，被告人余某妮主动到公安机关投案。

2014 年 6 月 18 日中国证监会广东证监局对博元股份立案调查，发现该公司涉嫌违规披露、不披露重要信息罪和伪造、变造金融票证罪并移交公安机关。上海证券交易所于 2015 年 5 月 15 日对该公司的股票实施停牌，同月 28 日对该公司的股票暂停上市，2016 年 3 月 21 日对该公司股票作出终止上市的决定。

2017 年 2 月 22 日，珠海市中级人民法院以违规披露、不披露重要信息罪判处被告人余某妮等五人有期徒刑 1 年 7 个月至拘役 3 个月不等刑罚，并处罚金。宣判后，5 名被告人均未提出上诉，判决生效。

（3）华锐风电（601558.SH，已退市）前董事长违规不披露重要信息案。

2017 年 6 月，北京市一中院判处的一起有关案件，则可能是资本市场中最为知名的涉违规披露、不披露重要信息案，也是北京市首例违规披露、不披露重要信息案。

2011 年 1 月 13 日上市的华锐风电，在上市当年便出现了业绩变脸，净利润同比下滑七成，至 2013 年，华锐风电归属净利润更是由上市当年的 5.99 亿元下滑至 –34.46 亿元。这一异动引发了监管层的注意。面对外界重重质疑，2013 年 3 月 7 日，华锐风电公告称，经自查发现，2011 年度财务报表的有关账务处理存在会计差错。

后经公安机关调查获知，时任华锐风电公司董事长韩某良在 2011 年指派时任华锐风电副总裁兼财务总监的陶刚等公司高级管理人员，通过组织公司财务部、市场部、客户服务中心、生产管理部等部门虚报数据等方式虚增华锐风电公司2011年的收入及利润，合计虚增利润2.58亿余元，占华锐风电公司2011年年度报告披露的利润总额的34.99%。

2017年1月3日，北京市一中院认定被告人韩某良犯违规披露重要信息罪，判处有期徒刑11个月，并处罚金人民币10万元。

（4）*ST百特董事长违规披露重要信息案。

江苏雅百特科技股份有限公司（02323.SZ，现简称为*ST雅博，公司名称现已更名为山东雅博科技股份有限公司）为了实现重组上市业绩承诺，2015年至2016年9月通过虚构境外工程项目、虚构国内及出口建筑材料贸易、伪造工程合同和销售回款等方式虚增营业收入合计约5.8亿元，虚增利润约2.6亿元。其中，2015年虚增利润2.3亿元，占当期披露利润总额的73%。

2017年12月14日，证监会依法对雅百特及相关人员涉嫌违反证券法律法规案作出行政处罚和市场禁入决定。2018年7月5日，证监会发布通告，依法向公安机关移送雅百特及相关人员涉嫌证券犯罪案件。2019年9月10日停牌一年有余的上市公司发布公告，江苏省盐城市中级人民法院已作出刑事判决，公司实际控制人陆某犯违规披露重要信息罪，判处有期徒刑9个月，缓刑1年，并处罚金人民币15万元。上述判决已发生法律效力。

（5）大智慧前董事长涉嫌违规披露、不披露重要信息罪被拘留。

2019年4月26日晚间，大智慧（601519.SH）发布公告称，公司控股股东及实际控制人张长虹因2016年中国证监会《行政处罚决定书》涉及事项涉嫌违规披露、不披露重要信息罪被公安机关拘留，接受调查。

根据公告，张长虹已于2016年7月23日辞去公司所担任的董事、董事长、总经理职务，不再参与公司的经营管理。大智慧表示，公司生产经营活动目前不受影响，经营情况正常。

成立于2010年的大智慧，于2011年登陆上交所，曾是国内最大的互联网金融信息服务提供商，作为其创始人的张长虹，也一度进入“亿万俱乐部”，登上福布斯富豪榜。但由于信披违规、重组失败、董事长辞职、直播业务巨亏等一系列风波影响，大智慧业绩遭遇连续滑坡，一度濒临退市边缘。

（6）被提起公诉的上海首例违规披露重要信息案。

2020年1月13日，上海检察三院发布微信公众号文章称，近期其依法以涉嫌违规披露重要信息罪对任某某、林某某、秦某某、盛某4名被告人提起公诉。该案是上海市检察机关提起公诉的首例违规信息披露犯罪案件。

经查，2015年10月，为虚增上市公司业绩，经时任公司副董事长、总经理任某某决定，由副总经理、财务总监林某某、财务经理秦某某及某下属子公司副总经理盛某实施，将已由他人完工的工程收入违规计入公司三季度报告，并对外披露，共虚增利润1063万余元，占同期披露利润总额的81.35%，虚增净利润797万余元。

据了解，上海检察三分院为全国首家跨行政区划检察院，管辖范围包括食品药品、环境资源、知识产权、走私、金融等“跨”“特”“专”的案件。

第十一章　收购活动开始前后应关注的重点问题

“收购”，是指一个企业通过产权（股权或资产）交易取得其他企业股权或资产的所有权和 / 或控制权，以实现一定战略目标（不追求短期经济回报、甚至收购后还要加大投入）和经济目标的经济行为。“收购”，从汉字的字面意义和中国人的传统理解上说，是站在收购方的角度（从被收购方的角度，叫“出售”）来表达的。“收”“购”二字合在一起有想要买（包括收购方主观上有意愿、主动发出邀约，甚至包括一部分上位者的优势心态和自豪感等），所有权（控制权）转移（交付、交割），也包括交易对价的支付（要有价款支付，但不一定要等付清价款才会转移所有权）等。从商业的角度，之所以叫收购，是收购者希望收购完成后标的公司的资产、人员、业务、收入和利润等软的、硬的、有形的、无形的资产都成为收购方的一部分，构成一个有机的整体。法律上表现为标的公司或标的资产被收购方所管理和控制，财务会计上表现为需要合并财务报表，管理上需要尊从或者符合收购方的发展战略和经营管理制度等。

“并购”一般是指两家或者更多的独立企业合并组成一家企业，通常由一家占优势的企业吸收一家或者多家企业，并购一般包括兼并和收购。并购与收购的区别在于：收购属于并购的一种形式，并购除了采用收购的方式，还可以采用兼并的方式，兼并又称吸收合并，是指两个独立的法人通过并购的方式合二为一，被兼并企业的法人主体资格消亡，其资产和债权债务等权利义务概括性转移至实施并购的企业，实施兼并的主体一般需要相应办理公司变更登记。就收购行为而言，如果是股权收购，收购完成后收购方将取得被收购的目标公司的多数股权（包括绝对多数和相对多数）以及对目标公司的控制权，目标公司成为收购公司的子公司；如果是资产收购，收购完成后收购方取得标的资产，而目标公司的法人主体资格仍然存在和保留，除非另有安排，目标公司与收购方不存在控制或者被控制的关系。

需要强调指出的是，本章所讨论的收购活动中应关注的重点问题的逻辑前提和价值判断是建立在以下假设基础上的：

1. 收购人希望通过并购活动将本企业做强、做大，成为“百年老店”且基业长青；

2. 在做强、做大两者有冲突时，做强优先于做大，但不否认做大后再做强的可能性；

3. 收购方、被收购方都期待收购活动的过程进展顺利，收购后的结局皆大欢喜；

4. 收购人追求并购结果对收购人整体产生短期及/或长期的回报，且以长期回报为主；

5. 不否认企业家（无论是收购方还是被收购方）瞬间作出的“商业直觉”判断的正确性，也不否认企业家依“直觉”连续作出正确决策的可能性；

6. 赞成企业通过主营业务内生式增长的“快速发展”，鼓励通过同行业并购实现“快速发展”，不反对适当超过自身管理控制能力的跨行业并购；

7. 不赞成通过“并购题材”的操作，达到短期提整股价和市值、从而变相减持的做法；

8. 本章的观点不依赖于数理统计和大数法则，仅是从经验和案例的角度作出最坏情况下的风险提示，因此绝不排除个案的例外；

9. 本章的观点只是主观建议，不构成赖以决策的直接依据，也不是对个案的正式法律意见，不保证依该建议作出决策的结果一定如愿。

为了表述的方便和方便读者的理解，考虑到本书讨论的主题是“控制权交易”，一般不会涉及并购活动中的吸收合并、非股权性的资产收购等内容，并多以“收购”的形式出现，故本书的表述重点放在“收购”，如果少数地方表述为“并购”，也基本与“收购”同义，不再作严格的区分。

一、收购活动就是小型系统工程

整个收购活动可以看成一个小型的系统工程，因为商业组织也是一个具备多种功能的系统，各个系统之间彼此联系，既可能相互支持和帮扶，也可能彼此对立和制约。就像一个人体，有各种组织、器官和系统，不同的器官扮演不同的角色、起到不同的作用和功能。一个部分出现问题，其他部分也会跟着受影响，甚至引起系统崩溃（死亡）。一个健康的人应该是每一个组成部分都处于正常状态，既服务和依赖于其他部分，同时也受其他部分的影响和牵制，否则就是亚健康甚至是病态。在机体或组织整体正常运行的情况下（偶尔例外，如著名英国物理学家霍金），其中的部分功能可能会比较强大（如肌肉、大脑），成为其突出的强项，于个人或者组织都会外化为优势或者核心竞争力。

一个优秀的收购者，既有清晰明确的收购战略、有实力付出大额现金（或者是有条件以股票作为支付手段）、提供独特的组织资源和社会资源、拥有巨大的品牌优势、体制机制的吸引力、无法言说的影响力、高手云集的员工、能力出色的管理者、经验丰富的中介团队、优异的资质条件，也可能是心理上的上位者，其创始人、管理者很可能还有巨大的人格魅力，总之占据多方面的优势。面对这样的收购者，一些被收购方可能视有机会被其收购为荣幸，期待因收购方的“加持”而获得更快的发展和更大的空间。

与此不同的是，具备上述特点和优势的收购者毕竟是少数，更多的收购方可能仅具有几个方面的优势，期待通过收购后与被收购方的合作和协同，在其他非明显优势的方面对收购方进行“补缺”或“补强”，这种情况下，收购方极易出现“抢占先机”“抓大放小”“快刀斩乱麻”“先收、其他的收购了再说”等想法和做法，也容易导致收购过程不顺利、收购后整合困难、原有的优势因内耗或拖累不复存在，诉讼争议（如劳动仲裁、知识产权纠纷等）增加、外界口碑（如网上发帖、发泄不满引起媒体关注、热炒）下降、重要员工（特别是关键管理人员和核心技术人员）不必要的流失，造成“双输”或者“1+1 ＜ 2”的后果。

从另一个角度，一个成功的收购，既是技术，也是艺术；既要有长远的战略，也要有现实的考量；既要照顾对方的利益，也要闪耀人性的光辉；既要敬畏规则的禁锢，也要发扬人格的魅力；既要信守承诺，也要有宽广的胸怀；既要有硬实力，也要考虑文化、管理等软实力。一个成功的收购基本是个小型系统工程，忽视或短缺了任何其中一个方面都有可能给收购全局带来麻烦，严重的会导致收购目标落空，导致收购失败。

二、并购活动中的“陷阱”

企业并购由来已久，从 1895 年开始到现在，世界经济史上共经历了 5 次大的并购浪潮。随着经济全球化进程的发展和中国加入 WTO 以及国企改革的深入、互联网经济的快速发展，以及数字经济、5G 和物联网、人工智能、生物医药等新兴产业的迅猛发展，我国也面临着产业整合、企业重组、产业升级、社会资源的重新配置等一系列变革。我国政府已大幅度放宽了对企业并购的限制，修改了《证券法》《上市公司收购管理办法》，出台了上市公司再融资、重大资产重组等新规。随着中美贸易摩擦的不断演化以及此次新冠肺炎疫情的全球漫延，可以预料一些企业必将遇到困境，而另外一些企业也将逆势崛起，国内也会掀起一拨并购浪潮。

虽然并购已成为企业扩大规模、增强实力、提高效率的重要手段和方式，但综观我国企业的并购史，真正成功的并购还不到全部并购交易的 10%。

我们先看看一个近期发生的、基本可以认定为上市公司连续收购不成功的案例：

广东文化长城集团股份有限公司（SZ：300089，原主营业务为艺术陶瓷的研发设计、生产和销售，以下称文化长城或上市公司）分别于 2016 年 8 月和 2018 年 3 月，以发行股份及支付现金方式收购了联汛教育（主营教育信息化服务）80% 股权（交易价格为 5.76 亿元，其中现金支付金额为 2.3 亿元）、翡翠教育（一家职业 IT 教育机构）100% 股权（交易价格为 15.75 亿元，为当年国内数额最大的教育行业并购案，其中现金支付金额为 7.53 亿元）。2018 年 4 月，文化长城公告称，在向翡翠教育派出财务总监后，翡翠教育漠视财务总监的存在，通过各种手段架空财务总监，导致其无法履行工作职责，通过各种“软暴力”的手段向财务总监实施压力以达到驱离财务总监的目的，致使文化长城在重要的财务总监岗位无法履行监督控制职责。2018 年 11 月，因上市公司在收购翡翠教育后未能完成现金对价的支付，翡翠教育原股东向法院起诉请求上市公司支付股权转让款。同月，翡翠教育副董事长鲁某、董事庄某因个人原因辞去上市公司副总经理职位。

自 2018 年 5 月至 2020 年 1 月，文化长城董事、监事及高级管理人员陆续减持所持上市公司股票。根据《2018 年年报》，文化长城大股东蔡某某、吴某某（两人为夫妻关系）所持股份已全部质押。

2019 年 2 月，文化长城将审计机构由广东正中珠江会计师事务所更换至大华会计师事务所，并受到交易所问询。2019 年 4 月 30 日，大华会计师事务出具了无法表示意见的审计报告，原因为：（1）翡翠教育拒不配合审计、上市公司已对其失去控制；（2）联汛教育大额采购无形资产，无法审核其交易真实性；（3）期末存在大额应收款，无法判断该等款项的性质及真实性。2019 年 6 月，文化长城发布公告称，已完全对全资子公司翡翠教育失去控制。具体包括：翡翠教育核心管理层和经营团队未曾向翡翠教育的董事会进行经营述职，且存在多次违规进行资金调拨、对外投资、对外收购、对外处置子公司的行为；翡翠教育原股东、核心管理团队在履约和经营管理中还存在违约行为和违法行为。一个月后，翡翠教育 7 名原股东提请公司董事会立即召开临时股东大会审议罢免蔡某某（董事长）、吴某某（副董事长）和任某（董秘）三人董事职务的议案，函中提到蔡某某、吴某某存在所负数额较大的债务到期未清偿情形，包括 990 万元借款及质押股份取得借款 6.64 亿元已全部到期尚未偿还，不适合继续担任公司的董事。该罢免议案未获董事会通过。2019 年 11 月，文化长城因涉嫌信息披露违法违规，被证监会立案调查。2019 年 12 月，文化长城公告称，翡翠教育总部办公场所已经处于空置状态，调查走访的翡翠教育大部分分支机构的工商登记地址处于空置或由其他用户实际使用的状态。

2020年1月，文化长城就联汛教育失控情况发布公告，称联讯教育于2019年第三季度报告之后不再向上市公司提供财务报表，经多次催促仍拒绝提供，导致上市公司无法将联汛教育2019年度财务数据并入合并报表。2020年2月，文化长城发布公告，就收购翡翠教育被诈骗一案向北京市公安局东城分局报案，该局已立案侦查。自2019年至2020年2月28日，文化长城多次发布《关于公司股票可能被暂停上市的风险提示公告》称，若2019年仍被出具否定或者无法表示意见的审计报告，深交所可能暂停公司股票上市。

值得关注的是，包括上述两个案例在内，文化长城开展的三次并购都是高溢价并购。其中并购联讯教育产生商誉6.03亿元；并购智游臻龙产生商誉2.63亿元；并购翡翠教育产生商誉7.61亿元，合计商誉总额高达16.28亿元。

这个案例比较具有代表性，收购活动中充分利用了需要发挥的优势，问题是需要克服的缺点、不该发生的故事或事故，也几乎全都发生了。首先，收购方是上市公司，天然具有上市公司的光环效应和吸引力，较高的现金支付能力、极高的股票（股份）流动性和增值空间、通畅的融资手段和融资工具优势（如可以发行股份购买资产等），同时也应该具有规范管理企业的经验和能力（因为上市过程对规范治理的要求比较严格）；其次，上市公司收购的标的资产所处行业与上市公司原有的主营业务并不相同，看起来是赛道转换和战略并购，但从事后从上市公司董监高、股东的减持和变现等行为推测，更多的像是追逐热点题材、试图短期拉抬股价，也就是说并非战略并购，而是财务性并购，追求的是短期利益；再次，本次并购属于跨行业并购，作为收购方的上市公司及其相关工作人员并无从事类似行业的经验，管理和驾驭并购资产和人员的能力严重不足，并进而导致失去控制；最后，收购过程中及收购后的整合环节还暴露或出现了标的资产不实、价款支付违约、管理失效、资金调拨失序、文化不认同、后期隐含的潜在风险巨大（如大额商誉减值、应收账款减值、存货减值、上市公司退市等），甚至还出现了针对收购当事人的刑事责任风险等。

一个成功的收购一定是多方面都做到位的结果（没有做到位的也能够被

包容和体谅），一个失败的案例可能只需要一条理由或一个失误就可以。正如列夫·托尔斯泰在小说中所说的：幸福的人都是相似的，不幸的人各有各的不幸。因此，即使我们将公认的成功收购案例分析得再透彻和全面，也很难保证下一个收购者在具备同样的要素和能力后，会与其他收购者一样成功。但是，我们可以换个思路，即分析如何避免收购失败。因为只要不失败，最坏的结果就是比较平庸，但很可能会成功。从这个角度来看，总结失败并购案例中的经验和教训显得尤为重要。

下文中，我们试图从经验和案例的角度出发，提示资本市场各方参与者，特别是潜在的并购方在收购活动展开前，应该予以充分关注的重点问题。

三、收购活动中应关注的重点问题

假如你是一个有一定资金和管理经验的企业老板（大股东、实际控制人），旗下有企业、效益还不错，但不是上市公司也不是新三板挂牌公司，也没有参与过 IPO 或新三板挂牌的经验，对资本市场非常有兴趣，身边有朋友早就是上市公司大股东了、身价不低。你也想探究一家上市公司看看到底是怎么运行的。现在你听朋友说有一家 A 股上市公司老板想退出，你有机会成为大股东并控制这家上市公司，你会思考哪些问题？我们设想会考虑如表 1-11-1 所列问题。

表 1-11-1　收购活动中应关注的问题

标的公司现状	在哪个省？本地的还是外地的？
	股价多少？市值多少？我能不能“吃”得下？
	都有哪些股东？大股东持股比例多少？
	原来的大股东和实际控制人为什么不想干了？
	他（们）是否会接受我的收购？收购后怎么安排他们？
	收购后上市公司会不会被退市？
	收购后我怎么控制这家公司？有什么好处？什么获得收益？
	地方政府的态度如何？

续表

资产	标的公司有哪些资产？土地、房产、知识产权、资质如何？
	这些资产是不是都被抵押、质押了？
	是不是有很多诉讼纠纷？为什么被起诉？最坏的结果是什么？
	收购后原来的资产还要不要？不要的话怎么处理？
	我的现有资产能不能装进去？不能装的话有没有合适的其他资产装进去？
业务	标的公司是做什么业务的？我是否熟悉和了解？
	为什么原来的业务没发展起来？越来越差了？
	原有业务和人员与我的公司是否匹配？是否能够产生配套、协同效应？
	标的公司现有的业务是否亏损？还会不会继续亏下去？
	标的公司内部管理如何？是否有很多乱七八糟的事情？
	收购后原有的业务是保留、还是剥离出去？什么时候剥离？
人员	我的身份是否合适？是以公司名义还是个人名义收购？
	标的公司原有的人员怎么办？高管人员能不能换掉？换谁？
	是我自己干，还是要找人合作一起干？
	收购后谁当董事长、法定代表人？我不当，别人当行不行？
	派哪几个管理人员过去接手？能不能接住？
财务	负债多少？能不能够偿还？
	账上是否还有现金？是否还能贷款或者进行其他融资？
	我需要准备多少资金？有没有花钱比较少的办法？
	我有哪些融资、筹资渠道？能融资多少？
	当地有没有税收优惠、政府补贴或者其他优惠政策？
收购执行	拿下一家上市公司对我个人有没有特别的要求？需要补充学习哪些知识？
	我公司里面让谁来具体负责、主抓这件事？他（她）能不能拿得下来？
	要请哪些中介机构？收费情况如何？经验和能力如何？
	有没有现成的中介机构朋友可以问一下，或者有朋友可以推荐比较靠谱的？
	需要多长时间来操作？

我们将这些问题进行归纳整理，并建议收购方重点关注以下问题：

（一）制定良好的并购战略

并购战略是指企业并购的目的及如何实现该目的的规划，包括并购意图、并购对象、并购方式、手段、时机、代价、并购后的整合与协同等内容。通常是指主动发起收购行为的收购方应提前制定并购远期规划，并依据该规划提前准备相应的条件、物色合适的并购对象。当然被并购方也可能将被并购作为其发展战略的实现路径之一。例如，有很多互联网企业创始人在创业之初制定的企业战略（或达成的共识）就是未来要么自己独立上市、要么卖给互联网巨头。

从并购对象与收购方主营业务在产业链上的关系，并购可分为：横向并购（长胖、补强）和纵向并购（长高、补缺）。从区域分布上可分为：境内并购和跨境并购。从主营业务是否相同方面可分为：同行业并购与跨行业并购。从追求并购收益实现的时间周期性长短来看，可分为财务性并购和战略性并购。

控制权交易的本质是调整和改变收购方及被收购方的顶层设计及最终控制方，重点在于关乎双方企业发展最核心、最重要、最长远的问题，外在表现为企业之间的并购和重组。因此，在控制权发生之前，就应该制定收购方的并购战略。并购战略在企业并购活动中起着提纲挈领的作用，如果没有并购战略或者并购战略不清晰、不坚定，在并购机会来临时，就可能犹豫不决、无法快速作出有效的、正确的决策，即使作出了决策，因为没有系统性、策略性安排，在并购实际执行过程中也非常可能手忙脚乱、失误频频，并导致并购失败。相反，如果提前确定了并购战略，并以此进行诸如文化融合、制度制定、决策流程、行业研究、标的寻找、并购条件筹划、资金筹措、人才和岗位储备、并购后的整合与协同布局等方面的准备和安排，之后各项与并购有关的工作就会井井有条、忙而不乱，顺利达成并购目的。

举两个上市公司在并购战略方面的案例：

案例一：2019年12月26日，华测检测认证集团股份有限公司（SZ：300012，以下简称华测检测）公告《董事会战略与并购委员会工作细则》，其中对总则、组成、职责权限、工作程序、议事规则等方面进行了详细规定。其主要内容包括：委员会成员由五名董事组成，其中包括至少两名独立非执行董事；委员会下设工作小组，由公司高级管理人员、投资部、董事会办公室及相关部门负责人组成；对华测检测长期发展战略进行研究并提出建议、审议华测检测的中长期发展战略规划和目标，监控战略的执行，并适时提出战略调整计划；对年度综合投资计划和投资方案、年度经营预算、重大资本运作项目、涉及控制权变更的股权转让事项等进行研究并提出建议。

案例二：2017年8月15日，西藏珠峰资源有限公司（SH：600338，以下简称西藏珠峰）发布《关于签署投资并购基金战略合作框架协议暨关联交易的公告》，其主要内容为：矿产资源是矿业公司发展的根本，其消耗性和不可再生性决定了矿业公司发展必须做到提前规划和合理安排。西藏珠峰正处于矿业规模发展的关键时期，优质矿权的获取、矿产资源勘查和开发工作是战略要点。为更好地利用资本市场蓬勃发展的趋势，助力公司战略的不断推进，进一步提升企业竞争力，在实现主业不断发展的同时也能获得较高的资本增值收益，西藏珠峰于2017年8月14日与上海歌石祥金投资合伙企业（有限合伙）、华融华侨资产管理股份有限公司就设立“西藏珠峰歌石华融资源投资并购基金”签订战略合作框架协议。各方共同投资设立“西藏珠峰歌石华融资源投资并购基金”，基金总规模约为100亿元人民币（或等值的美元）。基金将依托国家“一带一路”发展战略，在“一带一路”沿线国家矿藏资源领域投资并购，重点是贵金属、铜钴铅锌、铀资源等优质资源，满足国家相关矿藏资源的战略需求，促进产业链整合。基金的投资项目将以IPO、并购或回购为主要退出方式，西藏珠峰在同等条件下对投资项目有优先并购权。

上述华测检测案例中，按照上市公司规范治理的相关要求，上市公司董事会一般会设立战略委员会作为董事会的内设专门委员会，协助董事会进行重大决策。华测检测明确将并购作为公司发展战略的一部分，在不单设并购委员会的情况下，设立战略与并购委员会，将并购事宜纳入公司的战略与并购委员会工作职责，并制定了详细而规范的工作规程，可见公司对并购事项的重视和严谨程度。

上述西藏珠峰案例中，西藏珠峰在公告文件中明确提出了公司处于规模扩张的关键时期，未来将聚焦主营业务，开展并购活动，并购标的为"一带一路"沿线国家优质矿权的获取、矿产资源勘查和开发类企业，标的产品为贵金属、铜钴铅锌、铀资源等金属类矿产品，并且已为此做好了资金筹划和投资主体的布局安排，并且也指出了未来并购（投资）标的的退出途径。

（二）配置专业和经验兼备的人员

一般来说，在收购方确定（即使没有形成书面的）并购战略后，收购方要做的工作、收购行为要履行的程序大致包括：

1. 寻找和筛选符合并购战略的优质标的资产；

2. 与交易对方初步接触、展开收购谈判；

3. 签署保密协议、排他协议、框架性或意向性协议；

4. 聘请中介机构（包括财务顾问、会计师事务所、律师事务所、资产评估师事务所等）对拟收购标的公司进行尽职调查；

5. 中介机构出具相关专业文件，如《审计报告》《法律意见书》《资产评估报告》等；

6. 与交易对方协商、谈判，确定收购对价和条件以及交易协议的主要内容；

7. 收购方及交易对方分别履行内部决策程序；

8. 协调与上市公司有关的全过程信息披露事务；

9. 签署正式交易文件，及 / 或支付部分交易价款；

10. 申报并取得监管机构的核准或同意；

11. 协调收购方资金、人员等条件，履行交易协议并进行交割；

12. 交割后的整合与协同；

13. 与交易有关的其他事项。

上述每一项都与收购方有关，都需要收购方统筹管理和协调，既有法律法规及其他规范性文件的强制性要求，同时也极具专业性，对收购方决策、管理和执行人员的专业素质、工作能力、敬业精神乃至忠诚度等方面的要求都非常高，极具挑战性。

一些并购活动比较频繁的大型企业和上市公司，设置有专门负责并购事务的机构或部门，配备具有深厚专业背景和丰富并购经验的管理人员和其他辅助人员。根据企业发展阶段，甚至在资金条件、绩效考核奖励等方面进行额外的倾斜，以鼓励该部门和人员的工作成果符合和满足企业并购战略的需要。除了专业性、技术性、经验性等方面的要求外，还需要收购方相关管理人员主观心态上要尊重专业、心怀敬畏，大处着眼、小处着手，善于组织和协调、充分调动和发挥中介机构的作用。

上市公司控制权转让如果构成重大资产重组、需要增发股份（发行股份购买资产）、实施合并、分立等事项的，按照现行规则和要求，应制作申报文件并需经过监管部门的审核或审批。监管机构在审核过程中会重点审查并要求充分核查和披露与交易有关的法律、财务会计、业务技术、资产评估等方面的专业问题，虽然实践中大部分申报文件都由中介机构起草和制作，但并购方的相关决策、管理、执行人员的专业、敬业、勤勉和合作依然极为重要，所发现和核查的问题、所披露的信息必须满足监管机构资深专业人员的审核要求。

根据《上市公司并购重组专家咨询委员会工作规则》（2012年2月6日，证监会公告〔2012〕2号）第3条，专家咨询委由中国证监会会内外法律、会计、资产评估等专业领域或熟悉产业政策的专家组成，人数不超过35名。专家咨询委委员每届任期3年，可以连任。专家咨询委根据需要可以设立法律、会计、资产评估等专业小组。各专业小组设组长1名。

第5条　专家咨询委委员应当符合以下条件：……（三）熟悉上市公司并购重组的法律和政策，具有扎实的专业知识和丰富的实践经验，从业时间不少于8年，且目前仍从事该专业或行业工作。

根据《中国证券监督管理委员会上市公司并购重组审核委员会工作规程》（2018年修订），上市公司并购重组审核委员会（以下简称并购重组委）审核下列并购重组事项的，适用本规程：（一）根据中国证监会的相关规定构成上市公司重大资产重组的；（二）上市公司以新增股份向特定对象购买资产的；（三）上市公司实施合并、分立的；（四）中国证监会规定的其他情形。

第8条　并购重组委委员应当符合下列条件：……（三）熟悉上市公司

并购重组业务及有关的法律、行政法规和规章；（四）精通所从事行业的专业知识，具有丰富的行业实践经验；（五）没有违法、违纪记录；（六）中国证监会规定的其他条件。

找到优质并购标的比找结婚对象都难。收购方对潜在收购标的的判断标准之一就是要与收购方能够做到多方面的匹配和协调，理想的收购结果是双方双赢或各方多赢，取得 1+1 ≥ 2 的效果。

一个成熟企业并购一个处于成长期的、有一定管理或实力落差的比较容易成功。成功的并购会增强收购方及其收购团队再次并购的信心，成功的并购经验与并购信心的叠加会形成一种“马太效应”，即越是并购成功，越倾向于继续并购；越是并购失败，越可能导致再次失败并难以再次并购。

（三）选择合适的支付手段和金融工具

收购企业一般需要有一定数额的资金支付（全部以股份或股权作为支付手段的除外），特别是现金的支付。一般来说，除自有资金外，企业的融资路径有三种：股权融资、债权融资及股债结合的融资。股权融资通常包括现金增资（增发股份）、出售（下属企业）股权等以处分、稀释股权（股份）比例的方式取得的融资，特点是无须偿还本金、不用支付利息，但会稀释原股东的持股比例；债权融资通常包括向商业银行、非银行金融机构、企业或个人的借贷资金，特点是需要还本付息、需要提供担保（抵押、质押、保证等）；股债结合的融资通常包括可转债（可转换为公司股票的债券）、可交债（可转换为公司股票的债券）、债转股、“明股实债”等。

收购方可根据交易对方的诉求，结合自身的资金储备情况和未来的融资安排进行收购方案的设计和谈判。其中的支付手段包括全现金、全股权（股份）、部分现金部分股权等三种。有的收购人现金充裕、支付手段丰富，实力雄厚、风格稳健，无论哪种支付方式和条件都能应付有余；而另外一些收购人则可能比较激进，“没有条件创造条件”、“尽量少地使用现金”、“尽量不用自己的钱”、追求“以小博大”快速扩张的效果。

多年以前的“德隆系”、近年来的“海航系”等都以大量、频繁的收购、控股和参股闻名资本市场。我们可以回顾一下当年的“德隆事件”。

1986年，德隆创建于新疆乌鲁木齐，以经营照片彩扩赚下第一桶金。2000年年初，德隆在上海注册了德隆国际战略投资有限公司。经过十多年的发展，德隆逐渐形成了以传统产业的区域市场、全球市场为目标的重组和整合能力，涉足的领域涵盖制造业、流通业、服务业、金融业和旅游业等十几个行业。德隆旗下拥有新疆屯河(SH:600737,以下简称中粮糖业)、湘火炬(SZ:000549，已终止上市)、合金投资（SZ：000633）3家主要上市公司。就融资规模而言，德隆在中国企业界独一无二，而德隆正是凭借这些合法与不合法的融资方式成为庞大的企业集团。德隆在鼎盛时期，股价居高不下，股权盘根错节，资产状况隐秘。2004年4月13日，德隆系老三股之一合金投资高台跳水，德隆开始步入危机。次日，新疆屯河和湘火炬也相继跌停。在短短一周时间内，德隆股票彻底崩盘。在各界的质疑下，银行开始注意到风险，切断对德隆的资金供应，旗下拥有177家子孙公司和19家金融机构的巨型企业集团随即全线崩溃、轰然倒下。

德隆集团迅速倒下后，曾入选《福布斯》中国富豪榜的主要创始人最终因非法吸收公众存款和操控证券等罪名被捕入狱。有人分析其失败的原因包括：

1. 高速发展缺乏业绩支撑，德隆没有依托主业，也没有培育主业的核心竞争优势，盲目进行扩张。在资本市场筹集资金方面，德隆是谋求通过坐庄在资本市场赚取价差。德隆的产业政策模糊，在进行产业的整合过程中，德隆在多数领域并不具有优势，分散的产业领域加大了整体经营的难度。

2. 德隆的资金链条隐蔽性强，牵涉面广，德隆旋风般控制湘火炬等三家上市公司，反映了民营企业对于资本市场的灵敏。德隆的手法看似技高一筹，其实蕴含巨大风险。它的典型手法是：通过二级市场收集“老三股”，拉高股价，然后利用高股价进行抵押贷款，贷款后再进行实业收购。但是风险已经在这个过程中积累起来，因为抵押贷款及坐庄的成本已远远高于实业的盈利。

3. 缺乏有效的金融支持。我国民营企业的融资渠道一直不畅，在间接融资上，民营企业得到银行信贷的支持相对来说难度较大。在直接融资方面，主板市场主要向国有大中型企业倾斜，中小企业板在 2004 年才设立。融资渠道的短缺也是造成德隆失败的重要原因。

德隆经过十多年的爆发式增长，最终轰然倒塌，在中国企业界是个“现象级”事件和案例。其主要人员外逃、资产被托管、创始人被判刑后的相当长时间内仍被资本市场人士津津乐道，尤其是其极具想象力的开创性操作手法对一些急于投身资本市场、追求“暴富”的人士来说，相当于进行了一次“启蒙式”教育，而不是教训。

凡事预则立、不预则废。我们仍然希望，并购本身不是目的，只是企业发展战略过程中阶段性的手段和方式，最终应服务于企业的使命、愿景和价值观。因此，在并购开始之前，提前进行充分的融资规划和安排、合法地使用支付手段、合理地使用金融工具显得尤为重要。

（四）遴选靠谱的中介机构

如果收购活动是金额不大、标的资产不复杂、交易结构简单的小型收购，且收购方自身拥有足够的专业人员和业务能力，收购方一般会出于节省成本和提高效率的考虑自行操作，不再单独聘请第三方中介机构。如果是交易金额巨大，标的资产庞杂，瑕疵、隐患和争议众多，交易结构和交易程序复杂，涉及上市公司控制权和实际控制人变更，涉及股份发行及证券监管机构的行政审批和监管，涉及上市公司信息披露的重大收购等，收购方应根据法律、法规及其他规范性文件的要求聘请第三方专业机构，既是对交易双方重大利益负责、弥补自身能力不足、确保交易顺利进行的需要，同时也能满足外部监管的要求。

专业的人做专业的事。即使没有法律法规的硬性规定，大型并购也应该聘请专业机构参与，目的在于减少和消除并购双方的信息不对称，调整和修正不恰当的收购预期，并使收购后的整合更加具有预见性和针对性。

收购方通常需要聘请的第三方中介机构包括独立财务顾问（证券公司）、会计师事务所、律师事务所、资产评估师事务所等。对交易金额极为巨大、交易结构特别复杂等标的资产的收购，风险意识强的收购方可能还会另外聘请其他专业机构，如税务筹划、知识产权、人力资源等机构。涉及跨国跨境的重大交易还会聘请两套专业机构，如另行聘请标的资产所在地的律师事务所、上市地的主承销商等。中介机构的主要工作包括：撮合交易，法律、财务及业务方面的尽职调查，交易方案的设计和疑难问题解决，融资方案的设计及其组织协调，交易文件的起草、谈判、修改、翻译，股票发行事务的申报，监管机构反馈问题回复，股票发行及上市，交易标的的交割过户等事务。

就境内收购而言，A股上市公司的重组上市（俗称借壳上市）无疑是最为复杂的，号称资本市场“皇冠上的明珠”，这类交易由于资产交易量大且涉及上市控制权交易、会导致上市公司实际控制人变更，具有时间紧、任务重、金额大、难度高等特点，对收购方、资产出售方、中介机构的要求很高，特别要求中介机构的相关负责人员具有极强的撮合交易能力、业务技术能力、风险识别能力、沟通协调能力以及最为重要的勤勉尽责精神。这些能力必须同时具备，不能有明显的短板，否则，极易使收购失败，还非常可能“阴沟翻船”，导致严重后果。

试举一例，鞍山重矿（SH：002667）与九好集团重组上市案，不仅重组事项终止，所有涉及的各方均被中国证监会处罚。

2015年4月7日，鞍重股份开始停牌筹划重大资产重组，2016年4月22日，鞍重股份董事会通过与九好集团的重组方案，交易方案包括重大资产置换、发行股份购买资产和发行股份募集配套资金。同年5月11日，鞍重股份向证监会报送《鞍山重型矿山机器股份有限公司重大资产置换及发行股份购买资产并募集配套资金暨关联交易报告书》及其他行政许可申请材料。5月27日收到中国证监会《调查通知书》。2017年4月25日董事会审议通过了《关于终止重大资产重组的议案》，决定终止本次重大资产重组。

即使上市公司终止了重大资产重组，由于各方申报文件存在虚假记载、重大遗漏，也遭致中国证监会的严厉处罚。根据中国证监会2017年4~6月陆续发告的《行政处罚决定书》，2013年至2015年，九好集团通过各种手段虚增服务费收入2.65亿元，虚增2015年贸易收入57.48万元，虚构银行存款3亿元、未披露3亿元借款及银行存款质押。九好集团的财务造假行为导致九好集团、鞍重股份所申报和披露的《审计报告（2013年至2015年）》《重大资产重组报告书》《收购报告书摘要》等存在虚假记载、重大遗漏。

中国证监会根据当事人的违法事实、性质、情节与社会危害程度，依据《证券法》的相关规定，分别对相关企业和人员进行了处罚：

1. 责令九好集团改正，给予警告，并处以60万元罚款；对九好集团董事长、总经理、财务总监给予警告，并分别处以30万元罚款。对董事长郭某某采取终身证券市场禁入措施（另外两位人员分别采取10年、5年证券市场禁入措施），在禁入期间内，不得从事证券业务或者担任上市公司、非上市公众公司董事、监事、高级管理人员职务。

2. 对鞍重股份给予警告并处以60万元罚款；对直接负责的主管人员和其他责任人员给予警告，并处以3~30万元数额不等的罚款。

3. 责令重大资产重组的财务顾问改正，没收业务收入，并处以业务收入五倍的罚款；对财务顾问主办人给予警告，并分别处以10万元罚款。

4. 没收本次重组审计师事务所的业务收入，并处以业务收入五倍的罚款；对财务顾问主办人给予警告，并分别处以10万元罚款；对直接负责的主管人员给予警告，并分别处以10万元罚款。导致其受处罚的主要事实为：（1）对银行存款审计程序不到位；（2）对函证审计程序不到位；（3）对收入的审计程序不到位；（4）对供应商和客户的现场走访工作存在瑕疵和矛盾。

5. 没收本次重组资产评估机构的业务收入，并处以五倍罚款；对主要责任人员分别给予警告，并分别处以10万元罚款。导致其受处罚的主要事实为：（1）对风险实施的评估程序不到位；（2）形成未来收益预测的评估假设明显不合理，导致评估值高估；（3）以预先设定的价值作为评估结论；（4）对九好集团银行存款实施的评估程序不到位，出具的资产评估报告存在重大遗漏等。

6. 没收本次重组法律顾问机构的服务费，并以五倍罚款，对律所负责人和直接负责的责任人员分别处以10万元罚款。

对这个重组上市失败、各中介机构及其相关责任人员事后还被顶格处罚的案例，从公开披露的信息及中国证监会立案调查所查实的证据来看，可以发现以下问题：（1）上市公司、资产注入方（收购方）、相关中介机构已将重组上市的申报文件提交监管机构后，尚未开始正式审查即被立案调查，在上市公司公告终止重组事项后随即迎来中国证监会的行政处罚；（2）中国证监会的调查发现，审计机构对虚增的收入、虚增的银行存款审计程序不到位、对供应商和客户的实地走访工作存在瑕疵和矛盾；（3）资产评估师评估假设明显不合理、对拟注入资产的银行存款评估程序不到位，导致评估值过高，以预先设定的价值作为评估结论；（4）因前述问题导致财务顾问和律师事务所出具的申报文件存在虚假记载、重大遗漏；（5）资产注入方的主要负责人采取终身证券市场禁入的监管措施；（6）重要的不是你做对了什么、做对了多少，而是你没有做什么、做错了什么。

我们不能判断哪些机构和人员在这个事件中到底是故意还是过失，还是部分故意、部分过失，但从中国证监会最后出台的处罚力度，可见一斑。根据现有的规定，财务顾问、律师事务所、评估师事务所引用其他专业机构的意见和结论不能免除自己的法律责任，但实践中，确实存在一些专业机构（如律师事务所）限于专业技能和客观情况，不能自行判断其他专业机构所负责的事项，最后选择相信其他专业机构意见并直接引用其专业意见的情况。

这个案例沉重的教训告诉我们，在企业面临重大并购业务时，选择勤勉敬业、认真负责、坚守执业准则的中介机构及其工作人员非常重要。“细节是魔鬼”，一个机构、一个工作人员在细小事情上的无原则放弃，可能直接导致重组大厦倒塌、满盘皆输。

（五）收购活动中需要关注的其他重点问题

在收购活动中，除上述重点问题外，还有一些其他的重要问题，也需要在收购时，特别是作出收购决定前应该认真考虑。因为收购决策与其他重大决策一样，不太可能允许反悔、“倒车”，一旦收购完成发现不如意后不太可能再“恢复原状”。

1. 避免盲目多元化

改革开放以来，中国经济迅猛发展，产生了一大批成功的企业家，也派生出众多“富豪”。“富豪”这个词特别形象，“富”是指自己有钱或者可以自己决定花费的钱多，前者指包括净利润在内的自有资金，后者还包括借贷、应付账款。“豪”是指做决定时气魄大、直爽、痛快、干脆利落、毫不犹豫，反过来说也指临时性决定的“一时兴起”。企业家和富豪有很多共同点，但他们之间的区别还是很明显的，主要表现在理性（冷静）与感性（直觉）、深思熟虑（多维度决策）与一时冲动（单维度决策）、长线（战略）思维与短期（财务）思维、算大账（整体思维）与算小账（局部思维）等。

在中国语境下，经营企业的“有钱人”特别容易产生“大而全”和“快速扩张”的想法，以大和快为荣，以能够迅速驾驭众多不同的行业领域为自豪。

“多元化”本身是个中性词，并不是贬义词。多元化最大的好处是在集团内部可以在周期性不同的行业之间能够风险对冲，减少集团整体业绩的大幅波动。世界上有很多多元化非常成功的企业集团。没有“好的”多元化或者“坏的”多元化，最重要的是否有清晰的多元化战略、是否为多元化准备好了足够的资金、人才和其他资源，对多元化战略是否坚持、坚信，多元化是短期考量还是战略布局。

很多企业在小有成就和一定名气后，尽管其主营业务不突出、经济实力不雄厚、企业管理不成熟，但急于进行多元化，进入所谓的“风口”和高利润的行业，而不管对该行业熟悉与否，盲目多元化并购的结果并没有产生预期的经济效益且分散了企业的有限精力和资源。在新的行业中没站住脚且把在原有行业中的竞争优势丢掉了，掉进了多元化“陷阱”，反而导致企业的综合经济效益和整体实力下降。

2. 警惕财务性并购

财务性并购是以价值转移为目的，追求的是短期财务目标，特别是现金（或间接现金）回报目标，并不打算长期经营被收购的标的企业，因而无意将被并购企业的资产、业务、人员、技术和其他要素等整合为收购方自己的一部分。

战略性并购是以价值创造为目的，双方以各自的核心能力为基础，通过优化资源配置的方式在适度的范围内继续强化主营，产生协同效应，创造大于各自独立价值之和的新增价值。

企业的并购目的和安排如果过多地倾向于财务性目标，则往往在并购后没有动力和能力对被并购企业产品（服务）结构、市场划分和定位、组织结构和企业文化等方面进行实质性改变或优化，过多地从被并购企业抽取资金回报，往往导致并购后的并购标的效益和整体效益反而下降。德鲁克认为，企业的收购应以经营战略为基础，而不应以财务战略为基础，“以财务战略为基础的收购或多或少都会招致失败的命运”。

3. 根据自身实力控制杠杆率

随着中国经济的长期高速增长，总会有阶段性的流动性充裕和资金过剩的时期，一些企业及其管理者不可避免地萌生“钱越多越好”的想法，以“短债长投”“结构性融资”等方式进行高杠杆收购。“高财务杠杆收购”是资本市场永远的主题，甚至在某些场景下成为衡量收购方案好坏、财技是否高超的主要标志。我们不评价稳健和激进的好坏，不否认“高杠杆”的价值，甚至可以说没有“高杠杆”，资本市场可能会失去大部分活力。需要提示的是，“高杠杆”收购需要丰富的金融技能、良好的社会关系、高超的平衡技巧，也依赖于稳定的、良性的外部金融环境。在经济上升周期，这种做法可能是企业快速扩张、迅速做大做强的“法宝”，但在经济周期下行、流动性趋紧的环境下，一旦现金流枯竭，极为容易因“失血过多”产生“挤兑”和“踩踏”事件，一夜之间，陷入困境。

事实上，在恰当的时候有足够用的钱，从现有的资金实力、管理和控制能力出发，不做或少做“以小博大”、无足够现金流支撑的并购，是收购方稳健经营、着眼长期的最健康做法。最近出现的“雨润集团”“三胞集团”“庞大集团”、“方正集团”“凯迪生态”等之前快速扩张、高度依赖于现金流的上市公司或企业集团，都因为现金流首先出现问题而爆发危机，不得不以破产重整等极端形式寻求再生。

4. 高度关注并购后的整合

企业并购是一个复杂的过程，从并购目的的角度来看，并购后的整合是决定被否最终实现并购目的极为重要的一环，也可以说是最为关键的一步。在并购筹划、尽职调查、协议谈判、协议定稿、签署阶段以及并购完成交割等全过程中都需要重点关注。每一个环节不仅要着眼于达成交易和交割，还要从并购后的顺利整合角度出发，考察、评估并提前准备整合预案。

在签署正式的交易文件之前，收购方要主动介绍（当然被收购方也可以主动了解）收购方收购后的安排，包括但不限于：标的公司在交割后的定位，业务和市场的分工、协同与互补，财务与资金的管理、使用和调拨，与收购方内部治理制度的关系，管理风格的差异，管理规范、管理流程的衔接、融入和协同，标的公司原高管和员工的工资待遇、岗位及晋升、股权激励和员工持股计划，收购方其他资源的投入等。

既要熟悉规则、体察人性，也要善用工具。行之有效的并购后整合措施能够弥补和挽救前期并购战略、决策过程、并购协议等过程中的瑕疵、欠缺和不足，使收购方能对被并购企业进行充分的“消化”，避免“消化不良”。

5. 检视并提炼并购文化

收购，本质上具有主动性和冒险性，与收购方企业的发展阶段有关（借壳上市相反，上市公司形式上是收购方、实质上是被收购方）。作为收购方，其已具备相当的经济实力和营利能力、在某些领域已经取得一定的成就，在企业管理和企业文化建设方面应该会有一些思考和心得。

在并购前，总结和提炼收购方自身企业文化中的基因和核心元素，包括使命、愿景、价值观、核心竞争力等，在检查并评判收购方企业自身这些基因是否具有侵略性、包容性、辐射力、同化力和先进性等特质的同时，将这些内容贯彻在对被收购方的尽职调查和与被收购方的谈判过程中，以此判断被收购方及其主要人员的价值观等是否与收购方所坚持和倡导的理念和价值观匹配、是否还具备改变和调整的可能等，这些比对、判断的结果应该体现在收购后的整合过程中。

收购方的企业文化是一种软实力，如果收购方品牌形象差、核心竞争力不强、制度的先进性不高、被收购后的附加价值低、资源输出力不够，甚至企业家个人缺乏足够的人格魅力，都会降低对被收购方的吸引力。如同男女生谈朋友要结婚一样，谈谈可以，但结婚会比较慎重。

虽然我国每年都会发生数量众多的收购案例，但总体上并购文化不算发达，并购氛围不浓厚，并购文化被研究、总结、整理的不多。这方面还有待学术界和实务界不断的探索和总结。

6. 防止和避免内幕交易

上市公司控制权的变更是事关上市公司股价的重大事项，在正式交易以前，各方指派的相关人士总会有一个接触、谈判、沟通的过程，其中不可避免地要涉及上市公司估值、股价、交易方案、资产注入等重要事项，都是能够影响股价的极为敏感的信息。稍有不慎，就会导致内幕信息泄露，包括主观上属于故意的或过失的。

一些对资本市场法律法规和规则不熟悉（或者虽然了解但心存侥幸）的人士，在交易方案初步确定后、上市公司尚未公告或停牌前，认为发财的机会来了，直接以自己、亲友名义或者有意规避规则以他人名义购买涉案上市公司股票，试图利用非公开信息进行证券买卖，谋取利益。曾有多起看起来非常不错的上市公司拟收购资产案例，就因为被并购方的相关管理人员在得知并购可能成交的信息后，自己购买或者告知关联人士提前购买收购方（上市公司）股票，涉嫌利用非公开信息进行交易，最终导致上市公司不得不主动终止收购行为、放弃收购。

中国证监会网站公告的众多利用非公开信息交易的处罚案例清晰地表明，即便是上市公司董事、监事、高级管理人员，即便是与其朝夕相处的家属，对证券资本市场的法律法规和自律监管规则严重缺乏学习和了解的也大有人在。因此，在证券法律知识缺乏、守法合规意识不足、拜金主义和贪图小利盛行的大背景下，作为收购方的上市公司应在收购行为启动前与潜在的被收购方及其工作人员签署保密协议，强调敏感信息的范围、事项及应严守秘密、在敏感信息未公开前不得传播、不得买卖相关股票的注意事项，避免这类风险的发生。

7. 预防并购后的控制权争夺

企业并购的结果，使原来在成长背景、组成人员、发展经历、职业规划、收入预期、知识结构、管理风格、企业文化、价值观、收购后的股权比例，在董事会、监事会、高管层的任职等方面完全不同的两个企业及其人员共处于同一时空环境之中，必然要经过一个接触、冲突、磨合、妥协与适应的互动过程。处理不好，企业内会充满矛盾和派系，常常暗流涌动，导致决策和执行不畅，造成内耗甚至僵局，员工（特别是主要员工）会重新考虑与所供职的企业间的心理契约和交换关系，给原来的心理契约稳定结构带来冲击，增强了它朝不稳定状态转变的趋势。心理契约一旦被破坏，大量不利于并购整合和企业正常经营的员工行为就会在组织中出现，给企业造成巨大的经营损失和整体资源成本的增加。同时这些行为反过来又加重了契约的破坏，一旦形成了恶性循环，如不及时扭转，会加速并购整合的失败。

整合不畅的结果可能是：

（1）收购方与被收购方融合困难、日常经营管理不协调，相互排斥、互不买账、形成“两张皮”；

（2）收购方强行接管，开除或逼迫被收购方原股东、原管理层主要人员，最终导致原管理团队成员大量或全部离职；

（3）收购方作为被收购方的控股股东无法作出针对被收购方的有效决策，即使形成决策，也无法有效执行；

（4）因被收购方选派代表的不同意见，使收购方董事会、管理层会议无法作出有效决策，或者虽作出决策，也执行不了、执行不力；

（5）收购方对被收购方丧失管理和控制能力，彻底失控；

（6）被收购方原股东、原管理层，单独或与外来投资者联手，形成内部“派系”，进行管理权和控制权的争夺；

（7）被收购方原股东、原管理层，单独或与外来投资者联手，将收购方架空，甚至将创始人或大股东赶出董事会，失去管理权和控制权。

大量的类似案例和惨痛教训告诉我们，并购之初的交易方案绝不仅仅是估值、交易定价、支付条款、产品和业务、引进外来投资者等法律和财务技术层面的买卖关系，还应该包括更广泛、更深层次的内容和措施，避免出现收购后的整合不顺、管理不畅、派系之争、控制权争夺等负面后果，使并购结果偏离原有的并购目的，最终并购目的无法实现。

第二部分

控制权交易典型案例及评析

随着国内外政治、经济、金融环境的变化及国内证券资本市场监管政策的变化，上市公司自身情况、控股股东及实际控制权的情况也在不断变动之中，上市公司控制权交易的发生频率及其交易方式也会随之发生变化。可能之前比较常用的控制权交易方式，随着监管政策的不时变化，之后不能再使用了。

本章将以最近的2019年度完成控制权交易的上市公司为案例，重点介绍比较典型的几种交易方式的交易方案及其特点，对监管问询等进行分析和介绍，根据该案例的特点、背景，结合相关法律规定和注意事项进行适当点评和延伸。

第一章　单一方式

单一方式是指在上市公司控制权的交易方案中，只使用了一种交易工具就完成了上市公司控制权变更。具体包括协议转让、间接收购、司法裁定、二级市场增持或者减持、要约收购等。本章将对每一种方式，通过案例解剖分别进行详细介绍。根据不同案例的具体情况，主要内容包括案例介绍、监管问询、案例分析、案例点评、案例评析等，若该案例中还涉及其他相关问题，则以案例延伸的方式进行分析和提示。

一、协议转让

同行业上市公司间的强强联合：江西铜业收购恒邦股份

做强和做大是所有企业特别是上市公司永恒的主题。是先做大再做强、先做强再做大，还是边做大边做强，这是个问题。在 A 股市场上，单独来看，处于同一行业、从事相同或类似业务的江西铜业和恒邦股份都是不错的公司，盈利能力都很强，但江西铜业规模更大，无论是总资产、营业收入还是净利润都远远超过恒邦股份。江西铜业用比较单一的交易方式，即完成了对恒邦股份的收购，证实了强强联手、强强合作的可能性。

（一）案例介绍

1. 标的上市公司

山东恒邦冶炼股份有限公司（002237.SZ，以下简称恒邦股份）是一家于 1994 年成立、2008 年在深交所中小板上市的民营企业。本次交易前一年度 / 末，恒邦股份总资产为 149.20 亿元、营业收入为 212.00 亿元、净利润为 4.06 亿元。本次交易开始前，烟台恒邦集团有限公司持有恒邦股份 35.87% 的股份，为恒邦股份的控股股东；王信恩通过持有烟台恒邦集团有限公司 30.90% 股权而成为恒邦股份的实际控制人。

恒邦股份业务领域涵盖了铜的采选、冶炼和加工，贵金属和稀散金属的提取与加工，硫化工，以及金融、贸易等领域，并且在铜以及相关有色金属领域建立了集勘探、采矿、选矿、冶炼、加工于一体的完整产业链，是中国重要的铜、金、银和硫化工生产基地。恒邦股份的产品有阴极铜、黄金、白银、硫酸、铜杆、铜管、铜箔、硒、碲、铼、铋等 50 多个品种。

2. 收购方

江西铜业股份有限公司（600362.SH，以下简称江西铜业）是一家于 1997 年成立、1997 年在香港联交所主板上市（0358.HK）、2002 年在上交所主板上市的地方国有企业。本次交易前一年度 / 末，江西铜业的总资产为 1029.66 亿元、营业收入为 2152.90 亿元、净利润为 244.75 亿元。江西铜业集团有限公司持有江西铜业 41.55% 股份，为江西铜业的控股股东；江西省国资委通过 100% 控制江西铜业集团有限公司而成为江西铜业的实际控制人。

江西铜业是集采矿、选矿、冶炼、贸易、技术为一体的国内最大的综合性铜生产企业，业务包括铜、金、银、稀土、铅、锌等多金属矿业开发及支持矿业发展的金融、投资、贸易、物流、技术支持等增值服务体系。江西铜业不仅是中国最大的铜生产基地，也是中国最大的伴生金、银生产基地，还是中国重要的化工基地，所生产的阴极铜在伦敦金属交易所和上海期货交易所注册，是期货市场主要交割品牌之一，且江西铜业已建立阴极铜、硫酸、电金、电银等产品质量保证体系，通过了 ISO9002 国际质量体系认证。

3. 交易方式及交易进程

2019 年 3 月 4 日，江西铜业与恒邦股份的控股股东、实际控制人及其一致行动人（合称出让方）签署了《股份转让协议》，出让方将其合计持有的恒邦股份 29.99% 的股份（对应公司 273,028,960 股）以 10.90 元 / 股的价格转让给江西铜业，交易总转让金额为 29.76 亿元，控制权溢价率[①] 为 9%。

本次交易完成后，江西铜业成为恒邦股份的控股股东，因恒邦股份与江西铜业的主营业务在行业分类上同属于制造业中的有色金属冶炼和压延加工业，为避免同业竞争，江西铜业及其控制的企业承诺在交易完成后的 60 个月内通过将竞争性资产注入、剥离或托管等方式解决与恒邦股份及其下属企业的竞争及潜在竞争关系。

本次交易从签署《股份转让协议》到完成交易股票过户用时 3 个多月，在交易股票完成过户后的两个多月内，江西铜业即将恒邦股份董事会（共 9 人）成员中的 8 人进行了更换，对监事会成员及部分高管（包括财务总监）也进行了调整。

本次交易仅采用协议转让方式进行，不涉及表决权委托 / 放弃、间接收购、要约收购等其他方式。2019 年 6 月 26 日，交易股票完成过户登记手续，交易前后各方持有的权益比例如表 2-1-1 所示。

表 2-1-1　交易前后各方持有的权益比例

出让方			受让方	
出让方名称	转让前持股（%）	转让后持股（%）	受让方名称	转让后持股（%）
烟台恒邦集团有限公司	35.87	11.53	江西铜业	29.99%
王信恩	6.85	5.14		
高正林	1.75	0		
张吉学	1.75	0		
王家好	1.75	1.31		

（二）监管问询

本次交易的收购方及被收购对象均为境内 A 股上市公司，作为收购方监管机构的上交所和作为被收购方监管机构的深交所均未发出监管问询函。

① 溢价率 =（协议约定的转让价格 / 首次公告日前一日上市公司总市值 × 股权转让比例 -1）× 100%。

（三）案例分析

本次交易具有如下特点：

1. 收购方与被收购标的公司均为同行业上市公司

2019 年度已完成的上市公司控制权变更交易中，收购方及被收购方均为上市公司的交易仅 2 起［另一起为招商蛇口（001979.SZ）收购招商积余（001914.SZ）交易］，本次交易即为同属于有色金属冶炼和压延加工业上市公司之间的产业并购，收购方及被收购方均为境内 A 股上市公司，其中收购方江西铜业为江西省国资委控制的地方国资控股上市公司。收购完成后将形成母子公司均为 A 股上市公司的局面，这一点相当于是反向的 A 股拆分上市。

（1）收购方频繁收购同行业企业。江西铜业作为江西省地方国有上市公司，其在同行业并购方面频繁出手，在收购恒邦股份前刚刚于 2019 年 1 月 3 日收购了另一家地方国企烟台国兴铜业有限公司。

（2）被收购方业绩良好。本次交易的被收购的标的公司恒邦股份为一家 A 股上市公司，其交易前一年度即 2018 年年末的净利润有 4.06 亿元，具备良好的盈利能力，但本次交易的溢价率仅为 9%，这可能与收购方国资背景的谨慎性、出让方股份质押及资金需求、制造业市场行情及资本市场回归理性等都有一定关系。

（3）收购方与被收购方均需履行信息披露义务。由于本次交易涉及两家上市公司，收购方与被收购方均需按照上市公司信息披露相关规则履行严格的信息披露义务。江西铜业在整个交易中及时对交易的各个环节如内部决策、对外投资、交易进展等方面均及时进行信息披露，而恒邦股份作为被收购方也对控制权变更提示、权益变动报告书、交易进展、交易过户、董监高变动等事项及时进行了信息披露。

（4）收购方承诺避免同业竞争。因收购方与被收购方为同行业公司，各方就在交易完成后的同业竞争问题也做了相应安排，包括承诺在交易完成后一定时间内将竞争性资产注入、剥离或托管等，以消除潜在竞争问题。

2. 受让股份比例低于 30%

根据《上市公司收购管理办法》第 24 条等的规定，收购人持有一个上市公司的股份达到该公司已发行股份的 30% 时，除特殊情况外，继续增持股份的，应当采取要约方式进行。为避免触发要约收购，本次交易中转让方合计向江西铜业出让其持有的恒邦股份的股权比例为 29.99%。

3. 交易过户后及时完成董监高的改选和改聘

交易股票完成过户后，江西铜业的持股比例为 29.99%，而转让方（恒邦股份原控股股东、实际控制人及一致行动人）仍合计持有恒邦股份 17.98% 股份，江西铜业与转让方的持股比例差额仅为 12.01%。交易股票过户完成后的两个多月内，江西铜业即将恒邦股份董事会、监事会成员，以及包括财务总监在内的部分高管更换为江西铜业提名或聘任的人员，实现了在执行层面控制恒邦股份的目的。

（四）案例点评

上市公司产业并购可能构成垄断的问题提示

江西铜业作为经营者集中的申报义务人，在该次交易过程中进行了经营者集中申报并取得了国家市场监督管理总局同意该次交易实施集中、不实施进一步审查的决定书。但在类似大体量主体尤其是在上市公司或国有非上市公司的并购交易中，考虑到该等主体的体量及市场份相对会比较大，无论是否为产业并购，我们都建议交易各方按照反垄断法有关构成垄断的标准，在交易开展前或初期对交易各方的财务数据、市场份额等是否构成垄断的指标进行自查，提前对收购方和被收购方双方的市场占有份额、话语权、财务指标等进行评估，根据评估结果决定是否开展或继续交易，以免交易进行过程中因被认定为构成垄断而被迫终止交易，以免重蹈 2008 年可口可乐收购汇源果汁因构成垄断被叫停而使汇源果汁受到重创的覆辙，给各方带来不必要的损失。

二、间接收购

间接收购下的多种交易方式组合拳：赛福天成功完成实际控制人变更

间接收购是相较于直接收购的概念，即收购方收购的是上市公司控股股东的控制权，收购完成后，收购方成为上市公司控股股东的控股股东，不直接持有上市公司的股份，也不是上市公司的直接控股股东。与直接收购一样，间接收购也可以采用单一交易方式或者复合交易方式，包括股份 / 股权的协议转让、表决权委托、司法裁定、一致行动关系调整等一种或多种交易方式的组合。

赛福天（603028.SH）控股股东层面控制权的变更采用的交易方式是“协议转让 + 表决权委托 + 协议转让”的组合交易方式。交易完成后，赛福天也短暂的处于无实际控制人状态。[①] 该案例提供了一个间接收购上市公司的借鉴，即为达成交易目的，不应拘泥于一种交易方式。

（一）案例介绍

1. 标的上市公司

赛福天（603028.SH）前身为江苏赛福天钢绳有限公司。2011 年 9 月由有限公司改制变更为股份有限公司。2016 年赛福天股票在上交所主板挂牌上市。

赛福天上市时的主营业务为特种钢丝绳与索具的研发、生产和销售；主要产品为电梯用钢丝绳、起重用钢丝绳、钢丝绳索具和合成纤维吊装带索具；上市后主营业务未发生变化。赛福天现为高新技术企业，是国内主要特种钢丝绳生产企业，也是电梯用钢丝绳领域的领先企业。

本次交易前，赛福天的控股股东为无锡赛福天（交易过程中更名为“吴中融泰控股有限公司”），实际控制人为崔志强。

2. 收购人

天凯汇润为本次交易的收购方，为设立于 2019 年 5 月、出资总额 9 亿元的合伙企业，自设立起至收购赛福天时尚未实际开展经营业务。天凯汇润设立时的股权结构如图 2-1-1 所示。

① 本次交易于 2019 年 12 月 20 日完成工商变更登记，赛福天处于无实际控制人状态。赛福天间接控股股东天凯汇润通过 2020 年 1 月 7 日召开合伙人会议并作出调整天凯汇润控制人的方式，将江苏省吴中经济技术发展集团有限公司、苏州鼎鑫投资有限公司、苏州市吴中金融控股集团有限公司、苏州市越旺集团有限公司、苏州市滨湖集团有限公司五个公司共同确定为天凯汇润的控制者。自此赛福天又调整为有实际控制人状态。

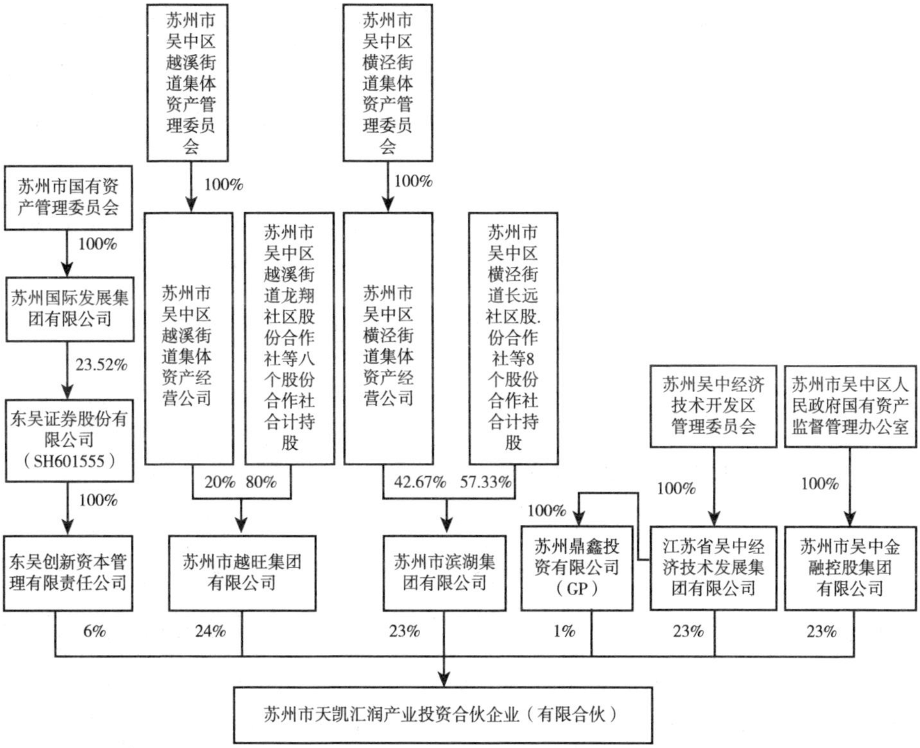

图 2-1-1　天凯汇润设立时的股权结构

就交易目的而言，收购方主要基于看好上市公司及其所处行业未来发展前景，获得上市公司的控制权，并以上市公司为平台有效整合资源，进一步增强上市公司的盈利能力。

3. 交易方式与交易过程

2019 年 6 月 13 日，天凯汇润与崔志强签署了《股权转让协议》，崔志强将所持有的无锡赛福天 16.73% 股转让给天凯汇润，并与天凯汇润签署了《表决权委托协议》，将所持有的无锡赛福天剩余 50.19% 股权所对应的表决权委托给天凯汇润。

本次交易完成前，无锡赛福天为赛福天的控股股东，持有赛福天 28.91% 股份。本次交易完成后，赛福天的直接控股股东仍为无锡赛福天，天凯汇润持有无锡赛福天 16.73% 的股权，合计控制无锡赛福天 66.93% 的表决权，并进而控制上市公司赛福天 28.91% 的表决权；交易完成后，天凯汇润成为赛福天的间接控股股东。但根据天凯汇润的《合伙协议》，天凯汇润不存在单一或者存在一致行动关系且合计权益比例超过 50% 的合伙人，任何一方合伙人无法单独形成对天凯汇润的控制，所以天凯汇润无实际控制人，并导致赛福天于交易完成后亦无实际控制人。

本次交易从签署《股权转让协议》及《表决权委托协议》到完成交易用时约六个月左右。从交易协议签署当日开始后的9个月时间里，赛福天的董事、监事及高级管理人员陆续进行了调整，无锡赛福天的法定代表人也进行了变更。

比较特别的是，在本次交易完成后，崔志强即将其持有的无锡赛福天剩余 50.19% 股权全部转让给了天凯汇润（“第二次股权转让”），并于 2020 年 3 月 4 日完成了第二次股权转让的工商变更登记，收购人成为无锡赛福天的单一最大股东，其对上市公司的控制权得以完全稳固。崔志强分两次进行股权转让不知是基于何种考虑，但其第一次股权转让后将剩余股权的表决权委托给收购方可以视同为对第二次股权转让的一种担保，并在股权转让的条件具备时，及时将剩余股权进行转让，使收购方的表决权完全转化为股权。

（二）监管问询

在首次股权转让和表决权委托过程中，赛福天未收到上交所的监管问询函。

但在赛福天拟进行后续 50.19% 股权转让，发布《关于公司控股股东股权变动的提示性公告》的同一天，赛福天收到上交所的问询函，具体问询内容如下：

1. 公司 2019 年 6 月 14 日披露，崔志强通过协议转让将持的赛福天有限公司 16.73% 的股权转让给天凯汇润，并将其持有的赛福天有限公司剩余 50.19% 股权对应的表决权委托给天凯汇润，公司实际控制人由崔志强变为无实际控制人。本次股权转让完成后，公司仍无实际控制人。请公司：（1）穿透披露天凯汇润至最终的权益持有人，并结合天凯汇润的合伙协议，分析说明认定上市公司为无实际控制人的原因及合理性；（2）天凯汇润是否存在不得收购上市公司的情形；（3）结合公司目前主营业务、收购方下属产业，说明收购方是否存在向上市公司注入资产的计划。

2. 据披露，本次交易，天凯汇润以 435,324,631 元受让崔志强持有的吴中融泰 50.19% 的股权，该价格主要根据公司整体估值 30 亿元进行计算。请公司 :（1）说明对公司整体估值 30 亿元的合理性，是否已包含控制权溢价 ;（2）天凯汇润的收购资金来源情况，如涉及自筹资金，请披露自筹资金金额、资金融出方名称、资金成本、融资期限等具体情况，并分析说明天凯汇润的履约能力。

3. 据披露，目前吴中融泰累计质押 50,065,000 股，占其所持有公司股份的 78.43%，质押比例较高。请公司补充披露 :（1）公司控股股东、原实际控制人崔志强及其关联方是否存在未清偿对公司的负债、未解除公司为其负债提供的担保等损害公司或其他股东合法权益的情形，如存在，是否已提出切实可行的解决方案 ;（2）天凯汇润是否拟改选公司董事会，是否拟改变公司的主营业务范围 ;（3）结合上述情况，说明本次股权转让对公司经营管理稳定性是否可能产生不利影响。

（三）案例分析

赛福天完整的控制权变更及稳固过程本身并不复杂，其可供参考借鉴的部分在于对整个交易方案和交易过程的精心设计和周全安排，各方信守承诺、履约顺畅、层层推进、环环相扣、一气呵成。综观整个交易过程，可以分为四个阶段，具体包括 :

首先，确定并实施了间接收购，完成上市公司控股股东的部分股权转让和剩余股权的表决权委托，使上市公司从有实际控制人变为无实际控制人。

其次，为进一步强化控股股东股东及股权结构变化后的管理，调整了上市公司部分董事和高管人员。

再次，收购人继续受让原实际控制人所持的控股股东剩余股权，使原接受表决权委托的所有股权都实际转化为实质股权，无须再接受表决权委托，前后两次股权转让的变更登记时间相隔不到 3 个月。

最后，完成对上市公司董事、监事及高级管理人员、法定代表人等的调整和更换。并且，在监管机构关注后，最终认定了控股股东的五个法人股东为共同实际控制人。

（四）案例点评

间接收购也可以打出交易方式的“花式组合拳”

相比直接取得上市公司股份的收购方式，间接收购具有许多优点，其中最大的优点是较少受到外在客观条件的约束，能够避开一些不利于快速成交的障碍，如股份质押、每年转股比例限制。但其缺点也比较明显，如高度依赖于交易各方的诚信和守约。

赛福天控制权交易案例具有比较明显的特点：

1. 在交易方案的设计和交易方式的选择上简单高效，采取了“协议转让 + 表决权委托 + 协议转让”方式，层层推进，步步为营。在大股东转让其少数股权后，剩余的大部分股权进行表决权委托，使受让方实际能够行使大股东权利。

2. 将上市公司董事、监事、高级管理人员以及控股股东层面关键人员的调整和更换进程，与上市公司收购的交易同步进行，环环相扣、积极而稳妥。

3. 在实际控制人的认定上，本着实事求是的原则，及时回应监管关注，通过调整间接股东层面的内部决策文件，使上市公司由无实际控制人变更为有实际控制人。

4. 收购方与标的公司及其原实际控制人都处于同一行政区域，且收购方的出资人绝大部分为国有资产和集体资产，无疑为各方顺利履约增添了强劲的保障。

三、司法裁定

司法裁定的“苦与乐”：取得上市公司控制权的新路径

2019 年，共有 17 起控制权交易系通过执行司法裁定的方式完成，其中既包括通过参与司法拍卖从而取得上市公司股份的交易，也包括相关股份被法院裁定以资抵债的交易。

*ST 斯太的相关股份先被司法拍卖，拍卖数月无果后，最终被法院裁定以资抵债，从而使其控制权完成了变更。考虑到司法裁定在上市公司收购过程中的特殊角色和司法强制的公信力，通过参与司法程序和司法拍卖取得上

市公司控制权无疑成为一个新路径。

（一）案例介绍

1. 标的上市公司

*ST 斯太（000760.SZ），原名湖北博盈投资股份有限公司，由湖北车桥厂改组成立，1997 年其股票在深交所主板挂牌上市。2013 年 11 月非公开定向增发完成后，东营市英达钢结构有限公司（已更名为山东英达钢结构有限公司）成为公司第一大股东。2015 年 6 月上市公司名称由“湖北博盈投资股份有限公司”变更为“斯太尔动力股份有限公司”。

*ST 斯太主要产品为柴油发动机及配件等。经营范围包括汽车配件制造、销售；柴油发动机及柴油机配套机组设计、开发、销售、维修；股权投资、资产管理、资本经营及相关咨询与服务等。

本次交易前，*ST 斯太的第一大股东为英达钢构，实际控制人为英达钢构的法定代表人冯文杰。交易前，英达钢构持有上市公司 11,756.6 万股股份，占上市公司总股本的 15.23%。

2. 司法裁定的原因和进程

因上市公司 *ST 斯太控股股东无力履行股票质押的回购义务而导致违约，收购人选择通过受让股票质押式回购交易对应的信托计划受益权的方式成为控股股东的债权人，并通过司法裁定的方式最终取得了原控股股东持有的上市公司股份。具体过程如下：

2016 年 3 月 15 日，财通资管与四川信托签署了《财通证券资管财富十号定向资产管理计划资产管理合同》，四川信托授权财通资管根据其投资指令将委托资产进行投资。后四川信托向财通资管发出投资指令，授权财通资管投资股票质押式回购交易业务，向英达钢构融出资金。同月，英达钢构将其所持有的 *ST 斯太 8959 万股限售股股票出质给财通资管并融入 5.5 亿元资金。相关交易开展后，英达钢构未能按照约定向财通资管支付回购款，并且自 2017 年 6 月 21 日起开始欠付利息，构成违约。财通资管、四川信托随即向法院起诉。

2018 年 7 月，浙江省高级人民法院对该案作出一审判决，要求英达钢结向财通资管支付回购款本金、利息、罚息、违约金等合计 65,729.72 万元。

2019 年 8 月 12 日，财通证券资管财富十号定向资产管理计划的委托人四川信托（代表四川信托—泓玺一号债券投资集合资金信托计划）与成都国兴昌签署了《信托受益权转让协议》及补充协议。由四川信托将其享有的“四川信托—锦宏一号单一资金信托”的信托受益权作价 56,500.00 万元转让给成都国兴昌，即成都国兴昌成为信托计划的受益人。

2019 年 8 月 14 日至 8 月 15 日，英达钢构所持 8959 万股 *ST 斯太股票被浙江省高级人民法院在淘宝网司法拍卖网络平台进行公开拍卖，但该次拍卖流拍。

2019 年 10 月，浙江省高级人民法院就英达钢构股票质押诉讼事项出具了《执行裁定书》，裁定将 8959 万股上市公司股票作价 14,243.17 万元，交付给财通资管（代表财通证券资管财富十号定向资产管理计划）用于抵偿相应金额的债务。

2019 年 11 月，相关以资抵债涉及的股份变更登记手续完成，成都国兴昌控制的四川信托—锦宏一号单一资金信托成为上市公司第一大股东，持有上市公司 8959 万股限售股股份（占上市公司总股本的 11.61%）。

（二）案例评析

司法裁定、司法拍卖的方式虽然省去了谈判、协商和议价等过程，获取相关股权 / 股份 / 控制权的价格也比较公开透明甚至比较低廉，但我们尚无法得到准确的信息，以判定通过司法裁定、司法拍卖托方式取得上市公司控制权后的结果比较理想、符合收购人预期。就此，我们建议意欲通过参与司法程序以取得上市公司控制权的收购人在参与前，充分考虑如下问题：

1. 对标的上市公司是否能够事先进行充分的财务、法律、业务等方面的尽职调查，以制定取得控制权后的针对性整合方案？

2. 由于司法程序具有相对强的刚性，必须满足法律、法规和司法解释等规范性文件的规定，在交易时间周期上并不完全取决于收购方、被收购方、出让方等的主观意愿，是否存在潜在竞争对手、是否一定能够取得控制权也具有相当的不确定性，交易的时间长度也不确定和可控，对收购方的资金筹集数额、进度、成本、成交可能性等方面提出了更高的要求。

3. 除以司法程序取得控股股份外，在对上市公司进行董事会、管理层调整的过程中是否能够满足其他股东、高管、员工、债权人等相关方的利益诉求，取得他们的支持、配合与合作，以使控制权的取得过程顺畅、不太多增添额外的成本和负担？

4. 一般来说，需要通过司法裁定、司法拍卖、破产重整等方式以摆脱困境的控股股东，其原先控制的上市公司也会有诸多问题需要解决。收购人在取得控股股东地位后，是否还需要投入大量的额外资金、资源，注入优质资产，这些措施是否在收购方的能力和承受范围之内？

5. 收购人通过司法裁决方式获得上市公司控股地位时的“乐”是否与取得上市公司控制权后进行整合的“苦”匹配和对等？是否有充分的心理准备和预期？

四、二级市场增、减持

海航系的断舍离：少量减持、主动撒手凯撒旅业

顾名思义，二级市场增、减持包括二级市场增持和二级市场减持两种相反方向的交易。通过二级市场增持、收购上市公司流通股从而获得上市公司控制权的并购行为即所谓的“举牌”收购（如 ST 杨帆）。本节我们要介绍的是，通过二级市场减持流通股从而使自己主动丧失上市公司控制权，使上市公司控制权发生变更的交易方式。

以凯撒旅业（000796.SZ）为例，原控股股东海航旅游集团有限公司通过在二级市场主动减持所持上市公司股票，使原二股东被动成为第一大股东，主动丧失上市公司控制权，使原二股东被动获得上市公司控制权的做法新颖而别致，其创新式控制权变更的做法，或许能给市场参与者一些启发和思考。

（一）案例介绍

1. 标的上市公司

凯撒旅业于 1996 年 5 月设立，系易食集团股份有限公司更名而来，易食集团股份有限公司的前身为宝鸡商场（集团）股份有限公司，宝鸡商场（集

团）股份有限公司1996年以募集设立的方式登记，并于1997年在深交所主板挂牌上市。2006年控股股东变更为海航集团有限公司，2008年控股股东变更为海航商业控股有限公司,2010年控股股东变更为海航易控股有限公司（公司名称已变更为大集控股有限公司），2015年重大资产重组完成，控股股东变更为海航旅游集团有限公司，实际控制人为海南省慈航公益基金会。2019年10月，凯撒世嘉旅游管理顾问股份有限公司（以下简称凯撒世嘉）成为上市公司控股股东，陈小兵为上市公司实际控制人。

凯撒旅业上市时主营业务为零售百货，2009年重大资产重组完成后主营业务变更为航空食品及铁路配餐、项目投资与资产管理；2015年完成发行股份购买资产后，公司主营业务增加旅游服务管理。

减持前，海航旅游集团有限公司为上市公司控股股东。减持且董事会换届完成后，2019年10月，凯撒世嘉成为公司控股股东。同月，上市公司名称由“海航凯撒旅游集团股份有限公司”变更为“凯撒同盛发展股份有限公司”，上市公司法定代表人也进行了变更。

2. 新控股股东情况

2019年10月15日，凯撒旅业披露了《关于公司控股股东及实际控制人变更的公告》，上市公司控股股东由海航旅游集团有限公司变更为凯撒世嘉，实际控制人由海南省慈航公益基金会变更为陈小兵。凯撒世嘉成为上市公司控股股东时的股权结构如图2-1-2所示。

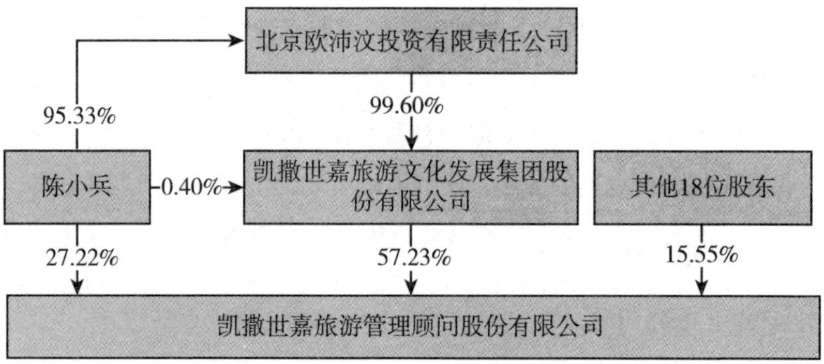

图2-1-2　凯撒世嘉成为上市公司控股股东时的股权结构

3. 二级市场减持过程

凯撒旅业的控制权变更是因上市公司原控股股东海航旅游集团有限公司以集合竞价及大宗交易方式不断减持所持上市公司股份，从而导致原第二大股东凯撒世嘉被动成为上市公司的控股股东。具体过程如下：

（1）2019 年 3 月 21 日，上市公司披露了《关于控股股东及其一致行动人所持部分公司股份存在被动减持风险的提示性公告》，由于海航旅游集团有限公司及其一致行动人大集控股有限公司质押于宏信证券有限责任公司的上市公司股份涉及违约，宏信证券有限责任公司拟按业务协议约定对上述涉及违约的部分质押股份进行违约处置。海航旅游集团有限公司及其一致行动人大集控股有限公司于 2019 年 3 月 29 日前，已因此被动减持其持有的上市公司合计 26,440,625 股，占上市公司总股本的 3.293%。

（2）2019 年 3 月 29 日，海航旅游集团有限公司及其一致行动人签署协议将其所持有的凯撒旅游共计 44,165,014 股股份（占上市公司已发行股份总数的 5.50%）转让给上海金犇投资管理有限公司。

（3）2019 年 9 月 16 日，上市公司披露了《关于控股股东及其一致行动人减持计划的预披露公告》。海航旅游集团有限公司及其一致行动人海航航空集团有限公司计划自 2019 年 9 月 16 日起未来 6 个月内以集中竞价交易或大宗交易方式合计减持公司股份不超过 48,185,576 股，即减持不超过公司总股本的 6.0007%，减持原因为自身的资金需要。

（4）2019 年 9 月 20 日至 24 日，海航旅游集团有限公司根据其减持计划通过集中竞价及大宗交易被动减持公司 12,450,000 股股份，该次减持后，凯撒世嘉及其一致行动人合计持有公司股份 232,711,488 股，约占上市公司总股本的 28.98%，成为上市公司第一大股东；海航旅游集团有限公司及其一致行动人合计持有公司股份 230,694,483 股，约占上市公司总股本的 28.73%，成为上市公司第二大股东。

2019 年 9 月 27 日、10 月 14 日上市公司分别召开了董事会及临时股东大会，审议完成第九届董事会成员的改选。其中凯撒世嘉提名并当选的非独立董事占全部非独立董事人数的半数以上。

至此，凯撒世嘉持有股份的表决权可对上市公司股东大会决议产生重大影响，并通过股东大会决定了上市公司董事会半数以上非独立董事成员的选任，能有效控制董事会多数席位。同时，考虑到海航旅游集团有限公司及其一致行动人有进一步减持计划，上市公司认定凯撒世嘉对公司拥有控制权，即凯撒世嘉成为上市公司的控股股东。于该次董事会换届完成后，凯撒世嘉成为上市公司控股股东，陈小兵成为上市公司实际控制人。

（5）2020 年 3 月 19 日，上市公司披露了《关于公司股东股份减持计划期限届满且实施完毕的公告》，截至 2020 年 3 月 16 日，海航旅游集团有限公司减持计划期限已届满且已实施完毕。

减持期间，海航旅游集团有限公司采用集中竞价方式减持累计 18 次，减持股份累计 12,035,000 股，占总股本的 1.5%；采用大宗交易方式减持累计 5 次，减持股份累计 18,170,000 股，占总股本的 2.26%。即海航旅游集团有限公司共减持股份累计 30,205,000 股，占总股本的 3.76%。

该次减持计划实施前后，海航旅游集团有限公司的持股情况如表 2-1-2 所示。

表 2-1-2　海航旅游集团有限公司的持股情况

股东名称	减持前持有股份		减持后持有股份	
	股数（股）	占总股本比例	股数（股）	占总股本比例
海航旅游集团有限公司	227,640,608	28.35%	197,435,608	24.59%

（二）监管问询

上述减持过程中，凯撒旅业未就减持事项收到深交所的监管问询函。

（三）案例点评

海航旅游集团有限公司及其一致行动人通过二级市场主动减持的方式主动丧失对凯撒旅业控制权的做法不常见，也比较新颖，再次说明关于上市公司控制权的转让，没有最好的方式，只有最适合的方式。就这个案例而言，其具备以下几个特点，可供相关方参考：

1. 出于各种内部和外部的原因，海航集团需要聚焦主业、压缩规模、变现资产和减少债务，快速获得充足的现金无疑是当务之急，而出售其旗下控制的众多上市公司可流通股份无疑是最佳策略，既可以减少所控制的上市公司数量，还可以立即回收现金。

2. 大股东海航旅游集团有限公司减持前对上市公司的持股比例与第二大股东凯撒旅业的持股比例相差不大，通过少量股份的减持就可以达到“凸显”第二大股东变成大股东的效果，且在成为第二大股东后，仍持有上市公司超过 20% 的可流通股份。

3. 原大股东愿意在减持后放弃上市公司控股地位，不再拥有上市公司控制权；第二大股东愿意在原大股东减持后成为新的大股东和控股股东，其实际控制人也愿意成为上市公司新的实际控制人。

4. 海航集团创新式的转移控制权做法客观上达到了多赢的效果：海航集团短期内减少了旗下控制的上市公司数量、压缩了规模、取得了现金，（仍持有 20 以上股份）也不失去未来上市公司价值提升后的潜在利益；原二股东凯撒世嘉在“几乎没有花费任何代价”的情况下“被动”取得了上市公司控股权，可以说是不费吹灰之力“白捡”了个上市公司；对二级市场的中小股民而言，原大股东的减持行为也没有造成太大的负面影响，其股价在短暂的波动后也逐渐企稳回升；监管机构就此也没有予以特别关注。

五、要约收购

等待多年的控制权：以部分要约收购方式的运筹帷幄

要约收购分为全面要约收购和部分要约收购。全面要约，是指投资者向被收购公司所有股东发出收购其所持有的全部股份的要约；部分要约，是指投资者向被收购公司所有股东发出收购其所持有的部分股份的要约。通过证券交易所的证券交易，收购人持有一个上市公司的股份达到该公司已发行股份的 30% 时，继续增持股份的，应当采取要约方式进行，发出全面要约或者部分要约。

很多收购方对收购比例可能触发要约收购十分畏惧，以为是个绝对不能触碰的高压线，一旦触发，需要准备大量现金以及无法预见的后果。其实，若能审时度势、运筹帷幄、把握时机，要约收购则可能产生以小博大、低投高产的效果。卓尔控股的大股东及实际控制人阎志要约收购汉商集团就是个很好的案例，无论是从要约收购的发起时间、收购比例、收购资金、收购后对上市公司的相关调整等，均可以看出整个过程安排十分周密、严谨，计划性和节奏感很强，原大股东和实际控制人过程中配合极为默契，并未出现其他公司在类似情况下一定会发生的控制权争夺，收购人以不多的资金投入顺利取得了上市公司的控制权。收购人似乎事先已经与原控股股东进行了充分沟通并达成了共识，一切都是波澜不惊、水到渠成。

（一）案例介绍

1. 标的上市公司

汉商集团（600774.SH）是 1990 年由武汉市汉阳百货商场和交通银行武汉分行共同发起，以募集方式设立的股份有限公司，汉商集团股票于 1996 年 11 月在上交所挂牌交易。汉商集团的主要业务是零售、会展、商业地产，其中零售主营业态有百货商场、购物中心和专业店，经营模式是联营 + 租赁 + 品牌代理。

要约收购前，汉商集团控股股东及实际控制人均为武汉市汉阳区国有资产监督管理办公室（以下简称汉阳国资办）。要约收购后，公司控股股东由汉阳国资办变更为阎志及其一致行动人卓尔控股有限公司（以下简称卓尔控股），实际控制人变更为阎志。

2. 收购人

收购人阎志持有卓尔控股 99.95% 的股份，与卓尔控股为一致行动人，卓尔控股不参与本次收购。卓尔控股基本情况如表 2-1-3 所示。

表 2-1-3　卓尔控股基本情况

一致行动人名称	卓尔控股有限公司
统一社会信用代码	91420116666769174J
类型	有限责任公司
住所	黄陂区盘龙城经济开发区楚天大道特 1 号 5 号楼
法定代表人	夏禹

续表

一致行动人名称	卓尔控股有限公司
注册资本	100,000 万元整
营业期限	2007 年 9 月 29 日至 2027 年 9 月 29 日
经营范围	对房地产业、商业、工业、建筑业、网络科技业、服务业的投资及管理。(依法须经审批的项目，经相关部门审批后方可开展经营活动)
股东	阎志持有其 99.95% 的股权，卓尔书店（武汉）有限公司持有其 0.05% 的股权

要约收购前，收购人及其一致行动人持有汉商集团股份情况如表 2-1-4 所示。

表 2-1-4 收购人及其一致行动人持有汉商集团股份情况

股东	股份种类	股份数量（股）	占比	备注
阎志	无限售条件流通股	22,694,715	10%	收购人
卓尔控股	无限售条件流通股	45,389,595	20%	收购人的一致行动人
合计	—	**68,084,310**	**30%**	—

根据上市公司公告，收购人的收购目的是看好上市公司发展潜力，拟通过本次要约收购增加对上市公司的持股比例。届时，收购人将利用自身资源优势和业务经验，帮助上市公司提升管理效率，优化资源配置，进一步增强上市公司持续盈利能力、促进上市公司稳定发展、提升上市公司价值及对社会公众股东的投资回报。

3. 交易方式与交易进程

汉商集团原第一大股东为汉阳国资办。2018 年 11 月 28 日，股东阎志向除本人及卓尔控股以外的其他无限售条件流通股股东发出部分要约，要约收购股份数量为 21,560,000 股。2019 年 1 月 2 日要约收购结束，阎志及其一致行动人卓尔控股合计持有汉商集团 39.5% 的股份，成为上市公司单一最大股东。2019 年 3 月 15 日，上市公司召开临时股东大会，提前进行了董事会的换届选举，随后新一届董事会选举阎志为董事长，汉商集团实际控制人变更为阎志。具体程序如下：

（1）2018 年 11 月 28 日，汉商集团股东阎志在上交所网站公告了《武汉市汉商集团股份有限公司要约收购报告书》。拟向除收购人本人及其一致行动人卓尔控股以外的其他无限售条件流通股股东发出部分要约，要约收购股份数量为 21,560,000 股，占上市公司总股本的 9.50%，要约收购的价格为 15.79 元 / 股。具体要约情况见表 2-1-5。

表 2-1-5 要约情况

收购方	阎志
被收购公司	武汉市汉商集团股份有限公司
被收购公司股票简称	汉商集团
被收购公司股票代码	600774
收购股份的种类	无限售条件的流通股
预定收购的股份数量	21,560,000 股
占被收购公司总股本的比例	9.50%
支付方式	现金支付
要约价格	15.79 元 / 股

本次要约收购所需全部资金来源于收购人的自有资金。收购人已就履行要约收购义务所需资金进行了稳妥安排，并承诺具备支付要约收购资金的履约能力。

（2）2019 年 1 月 5 日，汉商集团发布《关于阎志要约收购公司股份完成交割的公告》，截至 2019 年 1 月 4 日，要约收购的清算过户手续已经办理完毕，收购人持有汉商集团 44,254,715 股股份，占汉商集团总股本的比例为 19.50%，收购人与其一致行动人卓尔控股合计持有汉商集团 89,644,310 股股份，占汉商集团总股本的比例为 39.50%。

（3）根据汉商集团当时有效的《公司章程》规定，汉商集团董事会由 9 名董事组成；董事在任期届满以前，股东大会不能无故解除其职务[①]；每届董

① 2019 年 4 月 30 日修改的《上海证券交易所股票上市规则》（上证发〔2019〕52 号），在第 3.1.5 条中新增 1 款作为第 1 款："董事每届任期不得超过 3 年，任期届满可连选连任。董事由股东大会选举和更换，并可在任期届满前由股东大会解除其职务。"新增的内容中明确董事任期届满前股东大会可以解除其职务，并未对解除董事职务有是否称职等限制。

事会任职期间，改选（包括免职、增补、更换等情形）的董事人数不得超过章程规定的董事会人数的1/4。

鉴于汉商集团《公司章程》明确规定任期内改选部分董事的空间较小，除非董事出现了明显不称职的表现，股东大会才可改选后者罢免相关董事；汉商集团当时董事会的任期终止日期为2019年5月，即其董事会很快将面临换届选举。在这种情况下，收购人选择了在董事会换届前这一重要时间窗口前取得第一大股东地位，并充分利用该时间窗口进行了要约收购，使收购人在要约收购后的合计表决权比例得以成功超越第二大股东汉阳国资办，其后在对董事会进行换届改选时也能顺其自然地进行。

2019年3月15日，汉商集团召开2019年第一次临时股东大会并审议通过了《关于公司董事会提前换届选举非独立董事的议案》《关于公司董事会提前换届选举独立董事的议案》《关于监事会提前换届选举非职工监事的议案》等议案，上市公司董事会、监事会换届选举正式完成。换届选举后，汉商集团董事会成员有6名收购人及其一致行动人提名的董事当选，收购人成功取得汉商集团董事会的多数席位。

（4）2019年3月16日，汉商集团发布《关于公司控股股东和实际控制人变更的提示性公告》，第一大股东阎志及其一致行动人卓尔控股有限公司合计持有上市公司39.5%的股份；第二大股东汉阳国资办持有35.01%的股份，其他股东合计持有公司25.49%的股份。新一届董事会由9名董事组成，阎志及其一致行动人卓尔控股有限公司提名并当选了4名非独立董事及2名独立董事；汉阳国资办提名并当选2名非独立董事及1名独立董事。至此，上市公司控股股东由汉阳国资办变更为阎志及其一致行动人卓尔控股，实际控制人由汉阳国资办更为阎志。

（二）监管问询

就上述要约收购事项，汉商集团未曾收到上交所的监管问询函。

（三）案例点评

近年来，控股股东为巩固控制权或收购方“夺权”引发的部分要约收购明显增多。汉商集团历史上曾经有过一次要约收购：2017 年控股股东汉阳国资办进行 5.02% 比例的部分要约收购，旨在提高其作为控股股东对汉商集团的持股比例，进一步巩固国有控股权；本次是现有股东作为收购人进行的第二次部分要约收购，目的则是取得汉商集团的控制权。

通过部分要约收购拿到或巩固控制权时，除了预判需要发起要约收购的股份数量、股份及表决权占比、要约价格、所需资金等要素外，是否还需考虑要约收购完成后是否能够取得大股东地位？所持或者所控制的表决权比例是否与原大股东有足够的差距？取得大股东地位后，根据章程的规定是否能够及时改选董事会并取得董事会的多数席位？公司章程是否约定了累积投票制？原大股东是否愿意配合要约收购？是否会发起反击？是否会在换届选举过程中横生枝节？是否已取得或者可能取得中小股东的支持？等等。这些要素决定了在收购上市公司并取得上市公司控制权的过程中是否如愿、是否顺畅、是否增加了额外的风险或不确定性。

第二章　复合方式

没有两个企业是完全一样的，也没有完全相同的两个交易，每一笔控制权交易都是基于交易各方的现状、特点、诉求和战略而量身定制的。当单一交易方式不能满足所有要求时，交易各方需要考虑用其他方式作为补充或者作为交易的条件，于是多种交易手段和工具的复合交易方式产生了。

本章将介绍多种交易方式结合在一起的控制权交易案例。主要包括案例介绍、监管问询、案例分析、案例点评、案例评析等。如果该案例中还涉及其他相关问题，则以案例延伸的方式进行分析和提示。

一、协议转让 + 表决权委托（东方园林）

融资受挫后的断臂求生：朝阳国资控制东方园林

被誉为“PPP 第一股”“A 股园林第一股”的东方园林（002310.SZ），自 2018 年债券发行遇冷后，2019 年上半年又因裁员、欠薪事件被推至舆论风口。虽然不断通过处置资产、降低 PPP 项目中标节奏、拓展融资渠道等方式自救，但仍不能缓解巨大的偿债压力。面对资金链吃紧、员工大幅流失等前所未有的严峻局面，此次实控人何巧女、唐凯向朝阳区国资中心全资子公司朝汇鑫出让控制权的举动，外界多将其解读为“断臂自救”。

（一）交易概况

本次交易中，收购人朝汇鑫在取得上市公司 5% 的股份后，与其一致行动人合计直接持有上市公司 10% 股份，远低于原实际控制人夫妇合计持有的股份比例 39.13%。但在接受表决权委托后，收购人及其一致行动人合计持有的表决权比例为 26.80%，略高于出让方合计拥有的表决权 22.33%。

东方园林注册于北京市朝阳区，朝阳区国资委下属企业战略入股是基于对东方园林价值的认可和对未来持续稳定发展的信心，并将向东方园林提供满足其自身经营发展需要的流动性支持，拓宽融资渠道，优化公司治理结构，快速恢复并提升造血能力，促进东方园林的健康、可持续发展。

1. 标的上市公司及其实际控制人

东方园林（002310.SZ）前身为北京东方园林有限公司。2001 年 9 月 12 日，东方园林由有限公司改制更为股份有限公司并完成更名。2009 年 11 月 27 日，东方园林股票在深交所挂牌上市。

东方园林上市时的主要业务为园林环境景观设计和园林绿化工程施工业务，主要为各类市政公共绿化工程、大中型景观地产和高端休闲度假工程等项目提供园林环境景观设计和工程施工服务。自上市后，东方园林从传统园林景观行业逐步转型为生态环境建设运营企业，逐渐形成了包括水环境治理、工业危废处置、全域旅游等在内的业务体系。

实际控制人何巧女、唐凯夫妇合计持有公司上市前 91.64% 的股份，东方园林上市后，何巧女、唐凯仍合计持有超过 60% 股份，并一直牢牢把控着控股股东的地位。在公司扩展业务范围、进军市政建设 PPP 并频繁、大额融资后，流动性日趋紧张、偿债能力大幅下降。2018 年 5 月，上市公司再次发行 10 亿元的公司债券时受挫，市场哗然，最终促使原实际控制人出让上市公司控制权。

2. 收购人

北京朝汇鑫企业管理有限公司（以下简称朝汇鑫）及其一致行动人北京市盈润汇民基金管理中心（以下简称盈润汇民）（有限合伙）系本次交易的收购方，两名主体向上穿透后的控股股东均为北京市朝阳区国有资本经营管理中心（以下简称朝阳区国资中心），实际控制人为北京市朝阳区人民政府国有资产监督管理委员会（以下简称朝阳区国资委）。

朝阳区国资中心是朝阳区国资委出资的国有独资企业，承担了北京市朝阳区国有资产运营任务，主要从事国有资产的经营管理及朝阳区城市基础设施建设投融资等业务。朝阳区国资中心主营业务主要分为商业贸易、城市基础设施建设、房地产相关和旅游服务四大板块。商业贸易业务主要由核心子公司北京蓝岛大厦有限责任公司、北京潘家园国际民间文化发展有限公司开展，商业贸易板块的收入则主要来自旗下上市公司京客隆（0814.HK）；城市基础设施建设板块主要由核心子公司北京宝嘉恒基础设施投资有限公司和北京望京新兴产业区综合开发有限公司开展；房地产相关板块主要由核心子公司北京昆泰房地产开发集团有限公司和北京市朝阳城市建设综合开发公司负责，包括房地产开发及保障房业务；旅游服务板块则主要由北京世奥森林公园开发经营有限公司和北京朝阳公园开发经营有限公司组成（见表 2-2-1）。

表 2-2-1 朝阳区国资中心 2016 年至 2018 年主要财务数据

	2018 年	2017 年	2016 年
总资产（万元）	10,731,735.94	8,423,494.35	7,088,911.72
营业收入（万元）	1,580,006.60	1,534,546.53	1,646,233.34
归母净利润（万元）	62,650.37	49,176.61	30,065.09

注：数据来源为东方园林披露的朝汇鑫等于 2019 年 8 月 5 日签署的《详式权益变动报告书》。

关于交易目的，朝汇鑫等披露其主要基于上市公司与朝阳区具有优势互补、协同发展条件，拟通过结构调整和产业协同，构建朝阳区属高质量发展的生态环保产业集团。

3. 交易方式与交易进程

2018 年 11 月 1 日，何巧女、唐凯与盈润汇民签订《股权转让框架协议》。盈润汇民受让何巧女、唐凯所持有的占东方园林总股本不超过 5% 的股份，成为战略股东，并为上市公司的健康稳定发展提供支持。

2018 年 12 月 9 日，何巧女、唐凯与盈润汇民签订《股份转让协议》。何巧女、唐凯分别将其持有的 3.09%、1.91% 股份转让给收购人。

2018 年 12 月 27 日，何巧女和唐凯协议转让给盈润汇民的 5% 股份完成了过户登记手续。

2019 年 8 月 5 日，上市公司披露《关于实际控制人签署〈股权转让协议〉、〈表决权委托协议〉暨公司实际控制人拟发生变更的提示性公告》。公告称，近日何巧女、唐凯与朝汇鑫签订了《股权转让协议》及《表决权委托协议》。协议约定，何巧女、唐凯向朝汇鑫转让其持有的5%股份，并无条件、不可撤销地将其持有的除上述拟转让股份外16.80%股份的表决权委托给朝汇鑫行使。

2019年10月8日，上市公司披露公告，朝汇鑫拟受让的5%股份已于2019年9月30日完成了过户登记手续。本次权益变动后，朝汇鑫拥有上市公司26.80%的表决权，超过何巧女及唐凯共同拥有的表决权比例22.33%，成为东方园林控股股东，朝阳区国资委成为实际控制人（见表2-2-2）。

表2-2-2 交易完成后相关股东持股及表决权数量

股东名称	直接持股比例（%）	表决权比例（%）
朝汇鑫	5.00	21.80
盈润汇民	5.00	5.00
合计	**10.00**	**26.80**
何巧女	33.39	16.59
唐凯	5.74	5.74
合计	**39.13**	**22.33**

注：数据来源为东方园林于2019年10月8日披露的《关于实际控制人协议转让公司股份完成过户登记暨公司控股股东、实际控制人变更完成的公告》（公告编号：2019-108）。

（二）监管问询

披露实际控制人拟变更的公告后，东方园林收到深交所发出的问询函。问询函的主要关注事项包括本次交易中表决权委托及上市公司控制权的稳定性、表决权委托中的委托人与受托人是否构成一致行动人关系、出让方承诺的履行情况、控制权变更后上市公司债务安排等，要求上市公司及独立财务顾问核查并发表意见。具体关注内容如下：

1. 请补充说明本次表决权委托的期限，是否存在一年以内委托表决权解除或其他影响你公司控制权稳定的情形，如若存在，请说明是否符合《上市公司收购管理办法》第 74 条的规定；如不存在，请出具相关承诺。

2. 何巧女、唐凯与朝汇鑫是否构成一致行动人关系。如是，请说明上述各方的一致行动安排；如否，请说明表决权委托双方未认定为一致行动人的原因及合理性。

3. 请详细披露截至目前何巧女、唐凯在股份锁定和减持方面所作出的承诺，并结合承诺履行和股票质押冻结情况等，说明本次控制权变更是否违反相关承诺或其他规定，包括但不限于《上市公司股东、董监高减持股份的若干规定》第 9~11 条等不得减持股份的规定，《深圳证券交易所上市公司股份协议转让业务办理指引》第 7 条关于不予受理情形的规定等。

4. 请结合你公司债务情况、资金使用安排、未受限资金情况、融资计划、未来整合计划等，说明你公司实际控制人变更后如何应对流动性风险和偿债压力。

（三）案例分析

1. 融资受挫后的救赎

从 2011 年开始，东方园林走上了大量举债式扩张之路。2011 年至 2018 年 5 月，东方园林共发行 24 只债券，融资总额 128 亿元，其中，交易所债券产品融资 22.5 亿元，银行间市场融资总额 105.5 亿元。

2018 年 1 月 19 日，东方园林经中国证监会获准公开发行不超过 15 亿元的公司债券。就该次发行，东方园林拟采取分期发行的方式，其中首期“18 东林 01”发行规模不超过 10 亿元，分两个品种发行，品种一为 3 年期固定利率债券，附第 1 年末公司调整票面利率选择权及投资者回售选择权；品种二为 3 年期固定利率债券，附第 2 年末公司调整票面利率选择权及投资者回售选择权。“18 东林 01”确定的发行时间为自 2018 年 5 月 17 日至 18 日，但是，东方园林品种一最终发行规模仅为 0.50 亿元，票面利率 7.00%；品种二无实际发行规模。换言之，东方园林该次发债最终的募资规模只达到原计划的 5%。

就在发债失败的前一个月，东方园林被年审机构出具了附说明段的审计报告。审计机构提示，上市公司 2018 年度受流动性风波影响，现金流进一步紧张，导致其偿债能力下降。相关情况表明存在可能导致对东方园林持续经营能力产生重大疑虑的重大不确定性。

相应审计报告也引起了深交所的关注，在回复交易所关注函时，东方园林承认了持续经营存在重大不确定性迹象，并解释称，主要是基于 2018 年在“去杠杆”“紧信用”的金融环境下，上市公司面临较大融资压力，在集中偿还了大量有息负债后，导致公司短期偿债能力下降，从而出现缓发部分员工工资、拖欠部分离职员工补偿金等情况（见表 2-2-3）。

表 2-2-3 2018 年半年度东方园林与部分可比上市公司的资产负债情况

上市公司名称	股票代码	流动资产（元）	流动负债（元）	流动比率	速动比率
东方园林	002310	25,989,964,903.92	25,365,615,843.24	1.0246	0.4649
岭南股份	002717	8,931,832,525.91	7,808,502,032.33	1.1439	0.5740
乾景园林	603778	1,373,459,774.11	644,155,205.68	2.1322	0.8877
普邦股份	002663	6,435,886,311.51	2,957,485,469.00	2.1761	0.9935

注：数据来源为上述各上市公司披露的 2018 年半年度报告。

2. 纾困背景下，表决权委托人与受托人未被认定为一致行动人

本次交易中，收购人朝汇鑫及其一致行动人直接持有 10.00% 股份，接受表决权委托后，表决权比例进一步上升至 26.80%。与之相对，出让方合计持股比例在交易后下降至 39.13%，表决权比例下降为 22.33%。如果适用 2018 年 4 月发布的《深交所信披指引》（征求意见稿）的相关规定，则收购人及出让方应认定为一致行动人，合计持有的股份比例将上升至 49.13%，从而触发收购人的要约收购义务。

交易所关注到了上述问题，并要求上市公司说明何巧女、唐凯与朝汇鑫在本次交易中是否构成一致行动人。在接到交易所的关注函后，上市公司选择通过四个方面论证各方不构成一致行动人：（1）交易双方不存在一致行动的意愿或安排。在接收表决权委托后，朝汇鑫作为授权股份唯一的、排他的代理人，根据朝汇鑫自己的意志，依据相关法律法规及上市公司届时有效的公司章程行使该授权股份对应的全部表决权等权利。（2）交易双方不存在关联关系。认定的相应标准为《企业会计准则第 36 号》及《深交所股票上市规则》

的相关规定。（3）交易双方不具有一致行动的基础。上市公司认为，收购人为国有企业，出让方为自然人，不存在受同一主体控制的情形，且各方不存在合伙、合作、联营等其他经济利益关系。（4）本次协议转让行为目的明确。上市公司认为，朝汇鑫本次受让目标股份主要是基于上市公司与朝阳区具有优势互补、协同发展条件，通过结构调整和产业协同，构建朝阳区属高质量发展的生态环保产业集团之目的，收购目的明确。基于上述，上市公司及独立财务顾问认为，交易双方不存在一致行动人的情形。在公司对交易所的关注予以回复后，交易所并未就该问题再次进行追问，交易各方也顺利实施了原定的交易方案。

（四）案例点评

对《信披指引》的“突破”并非常态

2019年下半年，有个别交易形成了对《上交所信披指引》及《深交所信披指引》规定的“突破”。具体言之，即“协议转让＋表决权委托”交易中，股份出让方和表决权委托方均为上市公司原控股股东，在相应交易实施后，虽然收购人的持股比例或享有的表决权比例没有超过30%，但其与原控股股东的持股比例合计将超过30%。

表2-2-4 2019年度“突破”信披指引的协议转让＋表决权委托的两个案例

公司名称	原控股股东	收购人	收购人及其一致行动人协议转让股份比例	协议转让后，原控股股东直接持股比例	表决权委托比例	协议转让后收购人与原控股股东合计直接持股比例	控制权发生变更的时间
合众思壮（002383）	郭信平	兴慧电子	9.70%	29.11%	10.29%	40.76%	2019年10月30日
东方园林（002310）	何巧女、唐凯	朝汇鑫	10.00%	39.13%	16.80%	49.13%	2019年9月30日

虽然存在合众思壮、东方园林等个别案例，但在2019年度，更多交易的遭遇则与山河智能（002097.SZ）类似：各方最初披露的交易方案为“协议转让+表决权委托”，但经交易所问询后，最终实施的方案仅采用了协议转让的方式。

山河智能调整前交易方案为：万力投资及其一致行动人恒翼投资拟自上市公司控股股东何清华、股东海厚泰等处受让合计20.43%上市公司股份，并拟由何清华将其另行持有的约8%股份对应的表决权委托给万力投资行使。预计上述权益变动后，万力投资享有的表决权比例为28.43%，何清华仍直接持有上市公司18.59%的股份。

交易所问询：就表决权委托事项，请结合《上市公司收购管理办法》第83条说明委托方股东与被委托方股东是否构成一致行动人。如是，请说明上述人员的一致行动安排；如否，请结合委托投票权事项说明双方不构成一致行动人的原因及合理性，并提供相反证据。请独立财务顾问和律师核查并发表明确意见。

最终实施的交易方案为：万力投资与恒翼投资通过协议转让方式合计持有215,773,588股（占上市公司总股本的19.83%）并取得上市公司控制权，未采用表决权委托方式。

《上交所信披指引》及《深交所信披指引》在沪深两市控制权交易中，上述规定已经起到了相应指导作用，这也让东方园林、合众思壮这样的交易成为较为特殊的个例。交易各方在拟定交易方案时，最好也将表决权委托与受托双方认定为一致行动人的相关规定纳入考虑范围之内，避免后续被监管关注后不得不再次调整交易方案的风险。

二、协议转让+表决权委托+表决权放弃（思美传媒）

《信披指引》出台后成功的控制权交易：思美传媒易主

思美传媒股份有限公司（002712.SZ，以下简称思美传媒）属于综合服务类广告公司，2014年年初在深交所中小板上市。思美传媒上市后虽然营收大幅增长，但仍处于增收不增利的状况。自2015年开始，思美传媒开启了“买买买”的外延式收购模式，通过多笔对外并购实现业务规模的扩张。三年内思美传媒累计收购五家公司控制权，交易总作价达到 23.27 亿元。截至 2017 年年末，思美传媒商誉账面价值由上市初期的 110 万元火箭式上升增至 19.94 亿元，占期末公司净资产的比例高达 60.8%。

多笔高溢价并购下，思美传媒商誉大幅度提高。在 2018 年 12 月转让其中一家预计不能完成业绩承诺的子公司 100% 股权并将其调出合并报表范围后，截至 2018 年年末，上市公司账面商誉仍高达 17.54 亿元，占期末净资产的比例为 53.04%。

（一）交易概况

此次控制权交易完成后，受让方仅取得上市公司 10.39% 的股份，远低于原控股股东和实际控制人的直接持股比例 28.87%，更低于原实际控制人合计能够行使的表决权比例。为确保控制权得以转让、又不至于触发要约收购等不可控因素，最终达成的交易方案融合了股份转让、表决权委托和表决权放弃等多种方式。

为保证收购方对上市公司控制权真正得以转移和落实，交易完成后，思美传媒拥有 9 名董事的董事会也将进行改组，收购方四川省旅游投资集团有限责任公司（以下简称川旅集团）有权向上市公司提名不少于 4 名非独董候选人和 2 名独董候选人，有权提名 2 名股东监事候选人，并提请聘用其推荐的会计师事务所作为上市公司 2019 年年度及此后年度的审计机构。

1. 标的上市公司及其实际控制人

思美传媒于 2014 年 1 月在深交所挂牌上市，系中国第一家在中小板上市的民营广告公司，也因此被称为“民营广告第一股”。思美传媒的上市过程充满曲折和等待，证监会发审委实际上 2012 年 7 月即审核通过了思美传媒的首发申请，但在取得发行批复前因为证监会于 2012 年 10 月起的一年多时间内均未放行新股发行，这也让思美传媒迟至 2014 年 1 月才取得证监会关于核准首次公开发行股票的批复。

根据思美传媒上市时的招股意向书，思美传媒前身思美有限公司系由实际控制人朱明虬等各方于 2000 年 8 月时共同出资设立，并于 2007 年改制为股份有限公司。思美传媒上市后，朱明虬直接持有思美传媒 47.93% 的股份，为思美传媒的控股股东和实际控制人。

在出让思美传媒控制权之前，朱明虬及其一致行动人昌吉州首创投资有限合伙企业（以下简称首创投资）合计持有 41.06% 思美传媒股份（其中朱明虬单独持股比例为 38.48%）。

2. 收购人

川旅集团成立于 2017 年 4 月，为四川省国有文旅投资平台。截至 2018 年年末，川旅集团总资产为 66.47 亿元，当年度净利润为 3958.80 万元。2019 年 8 月，川旅集团开展思美传媒控制权交易时，四川省国资委直接持有川旅集团 40.35% 股权、并间接持有川旅集团 19.88% 股权，为其控股股东、实际控制人。

对于收购上市公司的目的，根据上市公司于 2019 年 8 月 26 日披露的《详式权益变动报告书》，川旅集团表示，主要基于对文化传媒行业的发展前景看好以及对思美传媒当前投资价值的认同，旨在利用自身运营管理经验以及产业资源，以上市公司为平台进一步整合行业优质资源，发展文旅融合产业。

3. 交易方式与交易进程

2019 年 8 月 24 日，思美传媒收到朱明虬、首创投资通知，通知中载明朱明虬及其一致行动人拟通过协议转让 + 表决权委托 + 表决权放弃的方式出让思美传媒控制权，具体分为三个部分进行：

（1）朱明虬、首创投资通过协议转让的方式将其持有的合计 10.39% 思美传媒股份转让给川旅集团。

（2）朱明虬与川旅集团签署《表决权委托协议》，将其持有的 19.60% 思美传媒股份对应的表决权委托给川旅集团行使。

（3）朱明虬出具《放弃部分表决权的承诺函》，承诺不可撤销地放弃其持有的剩余 9.27% 思美传媒股份。

2019 年 10 月 15 日，转让方已完成将 10.39% 股份变更登记至川旅集团名下的手续，且各方签署的《表决权委托协议》、出具的《放弃部分表决权的承诺函》已生效，思美传媒的控股股东变更为川旅集团，实际控制人变更为四川省国资委。本次交易前后，各方的权益比例如表 2-2-5 所示。

表 2-2-5　控制权变更前后各方权益占比

序号	股东名称	控制权变更前		控制权变更后	
		持股比例（%）	表决权比例（%）	持股比例（%）	表决权占总股本比例（%）
1	朱明虬	38.48	38.48	28.87	—
2	首创投资	3.08	3.08	2.31	2.31
3	川旅集团	—	—	10.39	29.99

（二）监管问询

就本次交易，深交所并未向思美传媒发送监管问询函或关注函。

（三）案例分析

1. 净利润大幅滑坡，大股东质押率上升

思美传媒的主要业务系为客户提供全面的广告服务，业务内容涉及媒介代理、品牌管理两类，包括为客户提供从市场调研、品牌策划、广告创意、广告设计到媒介策划、媒介购买、监测评估的一条龙服务。2014 年上市后至 2017 年，思美传媒主营业务均集中于媒介代理与数字运营版权及服务。

2017 年，思美传媒选择增加业务领域，于当年度通过发行股份购买资产方式分别受让了掌维科技、观达影视、科翼传播三个标的公司的 100% 股权。其中，掌维科技主要从事网络文学的版权运营服务，观达影视主要从事电视剧的策划、制作及发行业务，科翼传播的主营业务则包括内容整合营销传播服务和内容制作等方面。

思美传媒 2018 年度报告显示，当年度营销服务收入已取代媒介代理成为上市公司的主要营收来源。但与 2017 年相比，思美传媒 2018 年度净利润为 3891.18 万元，净利润同比变化为 –86.36%。截至 2019 年 8 月 24 日交易

各方签订股份转让协议等交易文件时，大股东朱明虬累计质押股份数占其持股比例约 68.45%。上述情况可能共同构成了原实际控制人选择出让上市公司控制权的主要原因。

2. 协商确定多种交易方式，避免触发要约收购义务

在本次控制人交易中，为协助收购人取得思美传媒控制权且避免触发要约收购义务，各方选择采用了协议转让 + 表决权委托 + 表决权放弃的方式来开展交易。即由原控股股东将其持有的 19.60% 股份对应的表决权委托给收购人行使，并单方出具承诺放弃剩余 9.27% 股份对应的表决权。交易完成后，川旅集团享有表决权的股份比例合计为 29.99%，原控股股东虽然持有 28.87% 股份，与川旅集团的表决权比例极为接近，但不再享有表决权。

（四）案例点评

2019 年度，唯二的协议转让 + 表决权委托 + 表决权放弃交易

2019 年度共发生两起协议转让 + 表决权委托 + 表决权放弃的交易，思美传媒即占据了其中一席。此种交易方式使用频率偏低的主要原因，系上交所和深交所于 2018 年 4 月分别发布的《上市公司收购及股份权益变动信息披露业务指引》（征求意见稿）中规定，如存在表决权委托的，则将委托人和受托人视为存在一致行动关系。换言之，根据信披指引的规定，委托人与受托人在一个上市公司中拥有的权益应当合并计算，这也让原本意图避免触发要约收购义务的“协议转让 + 部分表决权委托”等交易方式的使用空间大大受限。

上述信披指引出台后，虽然仅为征求意见稿，但还是产生了明显的指导作用，即采用部分表决权委托无法避免触发要约收购义务。原本不属于惯常交易方式的协议转让 + 表决权放弃开始频繁出现。

2019 年度绝大部分采用协议转让 + 表决权委托方式的交易中，收购人与出让方合计持股比例都在 30% 以下。部分拟采用协议转让 + 表决权委托的交易，收购人与权益出让方合计持股比例在 30% 以上的，经交易所问询后，各方又将交易方式调整为协议转让 + 表决权放弃。

2019 年度部分交易中，各方在回复交易所问询时直接引用信披指引的相

关规定。例如，在皖通科技（SZ.002331）交易中，交易所问询表决权委托方与被委托方是否构成一致行动人，独立财务顾问于回复中直接引用《深交所信披指引》的规定，将双方认定为一致行动人。

如在思美传媒交易中适用深交所信披指引的规定，则朱明虬、川旅集团将视为一致行动人，双方合计持股比例为39.26%，将触发要约收购义务。但是，思美传媒的交易方式却并不违反现行有效的法律法规和监管规定，亦未引起深交所的关注或问询。这也让其与实达集团（SH.600734）成为2019年控制权交易中采用“协议转让+表决权委托+表决权放弃”方式的唯二案例。

三、协议转让+表决权委托+非公开发行（惠博普）

取得控制权后的强化措施：惠普博向新实控人定向增发

因收购方为地方国有企业，本次控制权交易方案的设计颇为巧妙和复杂，也极具创新和探索意识，为市场上首例“协议转让+表决权委托+三年期定增”的控制权收购。除上述三种交易安排外，还附加了三年期定增的价格对赌及业绩对赌，并补充设置了股份质押保障条款，以确保国有资产的低风险和高保障。

（一）交易概况

华油惠博普科技股份有限公司（002554.SZ，以下简称惠博普）原控股股东将控制权转让给长沙水业集团有限公司（以下简称长沙水业集团）的交易方案中除包含“协议转让+表决权委托+三年期定增”安排外，针对三年期定向增发的价格及业绩承诺还进行了专门约定。其中定增价格约定为：若惠博普向长沙水业非公开发行股份价格超过6元/股，则长沙水业有权单方面放弃认购，且无须承担任何责任；业绩承诺约定为：原控股股东黄松、白明垠、肖荣承诺本次股份转让完成后3年内，惠博普每年合并报表经审计的归属于上市公司股东的扣非后净利润不低于6000万元，且三年累计净利润不低于3亿元。为确保长沙水业集团最终能较低风险获得控股权，还补充设置了原控股股东的股份质押保障条款。

除了以不超过8亿元现金认购定增股份外，收购方长沙水业集团还承诺向上市公司提供附条件的不低于5亿元的无偿银行贷款担保，加上3.3亿元股份转让价款（尚不包括即将实施的2%股份的大宗交易），合计涉及金额高达16.3亿元。

作为民企向国资转让上市公司控制权的交易，其交易方案及增发等事项取得了湖南省国资委批复。

1. 标的上市公司及其实际控制人

惠博普是一家主要从事油气工程及服务（EPCC）、环境工程及服务、油气资源开发及利用的上市公司，注册地址和办公地址在北京市海淀区。

惠博普前身北京华油惠博普科技有限公司（以下简称惠博普有限）由黄松、白明垠、潘峰、孙彦彦于1998年10月共同出资50万元设立。有观点认为，“惠博普”系黄松、白明垠、潘峰三人姓氏的拼音首字母的组合。《招股说明书》显示，黄松三人在设立惠博普有限前，均于中国石化集团河南石油勘探局勘察设计研究院（以下简称河南油田设计院）任职。而后来成为上市公司共同实际控制人的肖荣，以及惠博普上市时的大部分高级管理人员和核心技术人员，也都有在河南油田设计院工作的经历。

2009年，惠博普有限完成股份制改造，并于2011年2月于深交所成功上市，募集资金总额9.1亿元。上市后，黄松、白明垠、潘峰、肖荣4人共计持有惠博普48.17%的股份，为上市公司的共同实际控制人。

2017年3月，潘峰选择解除与其他3名共同实际控制人的一致行动关系。截至2019年控制权变更前，惠博普的实际控制人为黄松、白明垠、肖荣。

惠博普所处的整个油气行业近年来在快速复苏，国内外投资也都在增长，上市公司面临众多市场机会，对运营资金的需求比较大，但这两年的融资环境制约了上市公司的发展。

2. 收购人

本次交易的收购人为长沙水业集团，长沙水业集团的经营范围涵盖城市供水、污水、水务工程建设、环保等领域。各方开展交易时，长沙城投集团持有长沙水业集团87.64%的股权，为其控股股东，长沙市国资委为长沙水业集团的实际控制人。

早在 2014 年 11 月，长沙市政府就提出了推动长沙水业集团上市的计划。2014 年，长沙市人民政府办公厅、中共长沙市委办公厅发布《长沙市深化国资国企改革行动方案（2014 年—2020 年）》，其中提出“制定发展混合所有制经济的指导意见，实施先导控股公司发展混合所有制改革，重点研究‘4+2+2’公司上市方案，推进水业集团上市、粮食集团整体上市、龙骧上市辅导等工作”。另外，据媒体报道，2015 年 12 月，长沙水业集团开展了对外选聘上市保荐机构的相应工作。① 但是，截至开展惠博普交易时，长沙水业集团尚未完成股份制改造，且其2016年至2018年的净利润分别为 –23,679.24万元、–5,078.85 万元、–26,806.02 万元，远未达到当时 A 股任一板块 IPO 的相应要求。

长沙水业集团说明，其开展惠博普交易的目的在于看好惠博普油气田开发一体化的总包服务业务，惠博普在“一带一路”沿线的业务布局正好符合湖南省对接“一带一路”建设的指导思想。另外，惠博普在环保领域的业务开拓也符合长沙水业集团未来打造大型现代化水务环境集团的战略目的。

3. 交易方式与交易进程

根据惠博普于 2019 年 5 月 9 日披露的《控股股东、实际控制人变更的提示性公告》，各方于本次交易中拟采取的交易方式为协议转让 + 表决权委托 + 原实控人终止一致行动关系 + 非公开发行股票。需要说明的是，各方通过前三种交易方式即完成了控制权的让渡，即实际控制人变更时，上市公司仅发布非公开发行预案而尚未实施。

根据交易各方签署的《控制权变更框架协议》《股份转让协议》，本次交易的交易方式如下 :（1）长沙水业集团受让黄松等转让方合计持有的惠博普 10.02% 股份 ;（2）10.02% 股份转让完成后，黄松将其剩余持有的惠博普 10.80% 股份所对应的表决权全部委托给长沙水业集团行使 ;（3）前述股权转让过户及表决权委托完成当日，黄松、白明垠、肖荣自动解除一致行动关系。

① 《长沙水业启动上市计划》，载《潇湘晨报（数字版）》，http : //epaper.xxcb.cn/XXCBC/html/2015-12/02/content_2872740.htm。

《控制权变更框架协议》中同时约定，上市公司原实控人同意，在本次交易股份交割完成之日起 12 个月内，负责将上市公司的注册地迁址至长沙水业集团的指定地区。

2019 年 8 月，各方完成了 10.02% 股份的转让及表决权委托的相关程序。本阶段交易后，长沙水业集团合计享有的表决权比例占上市公司总股本的 20.82%，成为惠博普的控股股东，长沙市国资委成为惠博普的实际控制人（见表 2-2-6）。

表 2-2-6　控制权变更前后各方权益占比

序号	股东名称	控制权变更前		控制权变更后		
		持股数量（股）	持股比例（%）	持股数量（股）	持股比例（%）	表决权比例（%）
1	长沙水业	21,416,200	2.00	107,275,951	10.02	20.82
2	黄松	154,215,800	14.40	115,661,850	10.80	-
3	白明垠	110,764,000	10.34	89,347,800	8.34	8.34
4	肖荣	82,298,550	7.69	61,723,912	5.76	5.76

（二）监管问询

就本次交易，深交所并未向惠博普发送监管问询函或关注函。

（三）案例分析

1. 多种交易工具使用下的控制权让渡

在本次交易中，各方使用了包括协议转让、表决权委托、非公开发行（控制权变更时暂未实施）在内的多种交易工具。并且，协议转让、表决权委托等环环相扣，前一步骤的完成构成实施下一交易方式的前提。

根据上市公司披露的《公司控股股东、实际控制人变更完成的公告》，2019 年 8 月 20 日，各方首先完成了关于 10.80% 惠博普股份的变更登记手续，股份变更完成后，即触发了黄松将其剩余持有的 10.80% 股份所对应的表决权全部委托给长沙水业集团行使，以及黄松、白明垠、肖荣自动解除一致行动关系的条件。

虽然长沙水业集团已取得了 20.82% 的表决权，但在持股比例方面，原实际控制人黄松 10.80% 的持股比例仍高于长沙水业集团的 10.02%。对此，交易各方选择通过“增量”而非“存量”的方式来解决。即长沙水业集团作为上市公司非公开发行股份的唯一认购人，以此方式增持，原实际控制人保留其仍持有的剩余股份，但会在非公开发行完成后受到一定稀释。

2. 满足三方利益的交易

通过观察各方拟定的交易方案，我们可以看出各方在本次交易中的主要诉求。上市公司原实际控制人方面，黄松等人选择出让部分上市公司股份以获得现金，同时仍保有超过 5% 的上市公司股份。收购人方面，长沙水业集团通过本次交易取得了上市公司的控制权，并可以在惠博普迁址工作完成后，提升湖南省当地的上市公司数量。上市公司方面，长沙水业集团同意以股东借款、发放委托贷款或为上市公司融资提供担保的方式提供不超过 5 亿元的财务资助，期限不超过 3 年，借款利率不超过中国人民银行规定的同期银行贷款基准利率上浮 20%，资助金额在总额度内可于有效期内循环使用，上述安排也提高了上市公司短中期的筹资能力。

2020 年 3 月 27 日，惠博普也召开临时股东大会并审议通过了《关于变更公司注册地址及修订〈公司章程〉的议案》，在该次会议中，公司股东大会同意将公司注册地址变更至湖南省长沙市。

3. 业绩对赌

控制权变更后，上市公司虽然对董事会进行了大范围改选（原董事会成员仅有黄松留任，长沙水业集团法定代表人谢文辉当选为上市公司董事长），但在高级管理层方面，黄松、白明垠、肖荣仍担任总经理、副总经理职务。此外，黄松等 3 名原实控人对收购人作出了业绩承诺。承诺内容为：本次股份转让完成后 3 年内上市公司每年合并报表经审计的归属于上市公司股东的扣除非经常性损益后的净利润不低于 6000 万元，且三年累计净利润不低于 3 亿元。

需要说明的是，上市公司净利润于 2018 年度因计提资产减值等原因大

幅滑坡至 -4.94 亿元。根据惠博普 2018 年度报告，虽然当年度净利润较上年减少 656.09%。但是，上市公司经营活动产生的现金流量净额为 3399.74 万元，较上年增长 122.29%。披露 2018 年年报后，深交所对惠博普进行了问询，要求其说明当年度营业收入与净利润、经营活动产生的现金流量净额变动趋势不一致的主要原因。惠博普说明，其于 2018 年度净利润变化的主要原因之一为计提资产减值损失 3.21 亿元，涉及减值的科目包括商誉、在建工程及长期股权投资等。根据上市公司于 2020 年 1 月公告的《2019 年度业绩预告》中，上市公司预计 2019 年度归属于股东的净利润重新回升至 7500 万元至 9500 万元。

（四）案例点评

在部分控制权交易中，上市公司原实际控制人基于与新实控人长期合作或看好上市公司未来股价等原因，选择保留部分上市公司股份，而非全部出让给收购人。惠博普交易即属于其中之一。

在惠博普交易中，黄松等原实控人选择在交易后继续持有超过 5% 的上市公司股份，由收购人通过认购上市公司非公开发行股份的方式来加强控制权。在披露《控股股东、实际控制人变更的提示性公告》的同一日，上市公司即对非公开发行股票预案等文件进行了披露：该次发行的对象为长沙水业集团，发行对象拟以现金方式一次性认购本次发行的股票。该次非公开发行股票数量不超过 21,400.00 万股，发行价格为定价基准日前 20 个交易日上市公司股票交易均价的 90%。若发行价格高于 6 元 / 股，则长沙水业集团有权放弃本次认购，且不构成违约。

2020 年 5 月 25 日，惠博普公告《非公开发行 A 股股票预案（修订稿）》，其主要内容为：本次非公开发行股票的定价基准日为第四届董事会 2020 年第五次会议决议公告日；发行价格为 2.33 元 / 股，即定价基准日前 20 个交易日公司股票交易均价的 90%；发行股票数量不超过 310,513,386 股（含），全部由长沙水业集团以现金认购，本次非公开发行的股票数量不超过公司发行前总股本的 30%。

（五）案例延伸

2020 年，修订前后的非公开发行规则

2020 年 2 月 14 日，中国证监会发布了修订后的上市公司再融资规则，具体包括《上市公司证券发行管理办法》《创业板上市公司证券发行注册管理办法》《上市公司非公开发行股票实施细则》等，且修订后的规则于发布之日起生效施行。

新再融资规则作出的一项重要修订涉及定价基准日的调整。此前的再融资规则将定价基准日统一为发行期首日［《上市公司非公开发行股票实施细则》（2017 年修订）第 7 条］。在实践中，发行期首日一般需要上市公司取得证监会同意发行的核准文件才能确定，这也导致定增发行价与二级市场价可能不会有较大的差额，且上市公司拟引入的战略投资者也无法提前预估参与定增的成本。此种背景下，部分投资人在参与非公开发行时也与上市公司提前约定好，当发行价高于一定数额时，其有权放弃本次认购。

再融资制度修订后，非公开发行的定价基准日由发行期首日调整为“发行期首日”或“本次非公开发行股票的董事会决议公告日、股东大会决议公告日或者发行期首日”，后一种情形适用于以下三类发行对象 :（1）上市公司的控股股东、实际控制人或其控制的关联人 ;（2）通过认购本次发行的股份取得上市公司实际控制权的投资者 ;（3）董事会拟引入的境内外战略投资者。

市场也对再融资制度的修订作出了反应。部分上市公司选择终止已披露的非公开发行预案，并根据修订后的再融资制度拟定了新的方案。例如，凯莱英（002821.SZ）在新再融资制度实施后的第三天即宣布终止已有的非公开发行方案并撤回申请材料，同时发布了新的非公开发行预案。预案载明，凯莱英拟面向高瓴资本非公开发行不超过 1870 万股（不超过发行前总股本的 30%），合计募资不超过 23.11 亿元。而各方选定的定价基准日为上市公司董事会决议公告日，发行价格不低于定价基准日前 20 个交易日上市公司股票交易均价的 80%。

四、协议转让 + 表决权委托 + 要约收购（*ST 人乐）

主动发起全面要约收购：*ST 人乐控制权顺利易手

人人乐连锁商业集团股份有限公司（002336.SZ，以下简称 *ST 人乐）自上市以后，业绩始终不佳，分别于 2016 年和 2019 年两次被 *ST。上市 9 年亏损 5 年，累计亏损 20.16 亿元，扣除非经常性损益后的净利润共有 6 年出现亏损，累计亏损额 18.35 亿元。

由于 2017 年、2018 年已经连续两年净利润为负，如果 2019 年经审计的净利润仍为负数，则面临被暂停上市的风险。

（一）交易概况

收购人为地方国有企业西安曲江文化产业投资（集团）有限公司（以下简称曲江文投集团），其实际控制人为西安曲江新区管理委员会（以下简称曲江新区管委会），近年来已取得多家上市公司的控制权。本次交易中，拟以协议转让方式取得 20% 上市公司股份，并同时获得附条件的 22.86% 表决权。

出让方表决权委托的期限至 2021 年 12 月 31 日，若上市公司 2021 年度净利润为正，表决权委托自动延续一年、不可撤销，以后各年度依此类推。若 2021 年度上市公司净利润为负，则委托方有权撤销委托。

在触发要约收购义务后，收购人主动发起了全面要约收购。但要约收购期限届满后，仅有 1.15% 股份的投资者接受要约并完成了股份过户登记。

1. 标的上市公司及实际控制人

*ST 人乐前身为深圳市人人乐连锁商业有限公司，于 1996 年 4 月 1 日成立。公司主营业务为从事大卖场、综合超市及百货的连锁经营业务。

从上市后的第 2 年开始，*ST 人乐的净利润即走上了下行轨道，2012 年至 2018 年的 6 年时间里，*ST 人乐仅在 2013 年、2016 年净利润小幅回正，其余每年的亏损金额都在 3.5 亿元以上，并且因为净利润连续为负分别在 2016 年和 2019 年被采取了退市风险警示。截至 2019 年第三季度，*ST 人乐净利润为 –1.10 亿元，如当年经审计的净利润仍为负数，则 *ST 人乐将面临因连续三年净利润为负而被交易所暂停上市的风险（见图 2-2-1）。

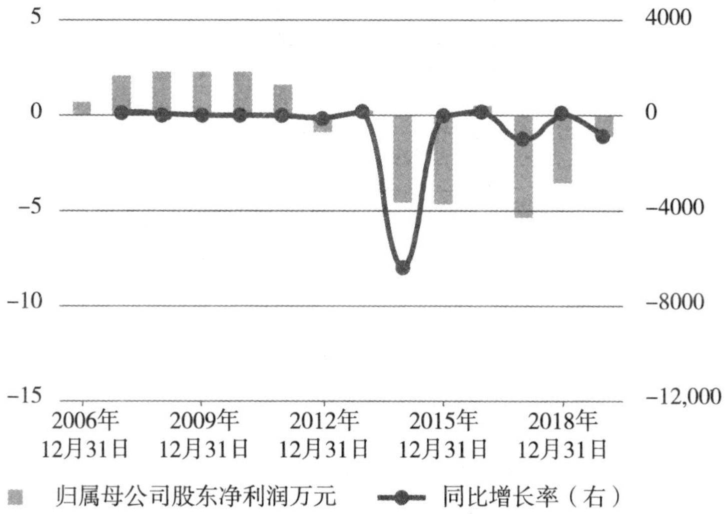

图 2-2-1 *ST 人乐 2009 年至 2019 年第三季度的归母净利润情况

数据来源：choice 金融终端。

出让控制权之前，何金明与其配偶宋琦、儿子何浩为一致行动人及上市公司的共同实际控制人，通过深圳市浩明投资管理有限公司（以下简称浩明投资）及深圳市人人乐咨询服务有限公司合计持有上市公司 74.47% 股份。

2. 收购人

2019 年之前，收购人曲江文投集团的实际控制人曲江新区管委会。旗下已有一家上市公司曲江文旅（600706.SH）。曲江新区管委会在 2019 年又另外获得了其他三家上市公司控制权。

2019 年 3 月，西安市国资委将西安旅游集团有限责任公司（以下简称西安旅游集团）国有股权无偿划转给西安曲江新区管委会后，曲江新区管委会由此成为两家上市公司西安旅游（000610.SZ）、西安饮食（000721.SZ）的实际控制人。

2019 年 7 月，曲江新区管委会又通过旗下主体取得了华仁药业（300110.SZ）的控制权（见图 2-2-2）。

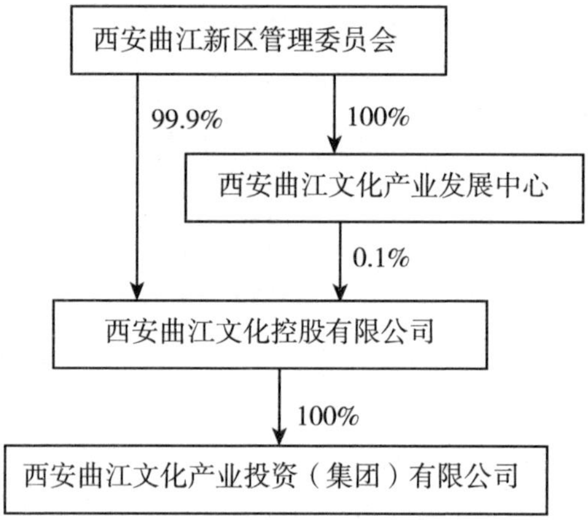

图 2-2-2　收购人曲江文化的股权结构

3. 交易方式与交易进程

各方就本次交易拟定的交易方式为“协议转让 + 表决权委托”，并因为收购人享有的权益比例超过 30% 而履行了要约收购义务。

（1）2019 年 7 月 23 日，上市公司控股股东浩明投资与曲江文投集团签署了《股份转让协议》及《表决权委托协议》。各方约定，浩明投资将其持有的 20% 上市公司股份转让给曲江文投集团，并将其持有的 22.86% 上市公司股份对应的表决权等权利委托给曲江文投集团行使。曲江文投集团由此享有合计 42.86% 上市公司表决权，从而触发了要约收购义务。

（2）2019 年 7 月 25 日，上市公司收到曲江文投集团签署的《要约收购报告书摘要》，其中载明，曲江文投集团拟向浩明投资及其一致行动人以外的其他股东发出全面要约，但不以终止 *ST 人乐上市地位为目的。要约价格方面，因收购人在本次要约收购报告书摘要提示性公告日前 6 个月内，不存在买卖上市公司股份的情形。经综合考虑，收购人确定要约收购价格与受让浩明投资所持上市公司 20% 股权的转让价格保持一致，即 5.33 元 / 股。

（3）2019 年 10 月 25 日，要约收购期限届满，共 5,038,866 股（占上市公司总股本的 1.15%）接受收购人发出的要约。2019 年 10 月 31 日，要约收购涉及的股份过户手续办理完毕。

（二）监管问询

深交所并未就本交易发出问询函。

（三）案例分析

截至 2019 年第三季度，*ST 人乐净利润为 –1.10 亿元，鉴于 2017 年至 2018 年已经连续两年净利润为负，如果 2019 年经审计的净利润仍为负数，则在发布 2019 年年报后，*ST 人乐就将面临被暂停上市的风险。

1. 为保持上市地位紧急实施资产出售

2019 年 11 月，*ST 人乐拟作价 3.96 亿元转让孙公司广州市人人乐商品配销有限公司（以下简称广州配销公司）100% 股权，而交易的受让方西安乐丰行商业运营管理有限公司是由西安曲江文化产业资本运营管理有限公司、西安现代服务业发展基金合伙企业（有限合伙）、浩明投资于 2019 年 11 月 24 日共同发起成立的法人主体。

*ST 人乐的该起交易立即引起了深交所的关注。根据资产评估公司出具的评估报告，截至评估基准日，标的资产评估价值为 39,563.63 万元，相比账面价值，增值率达到 92.62%。深交所要求上市公司说明评估增值的依据与合理性，以及是否存在通过交易调节利润规避暂停上市的情形。

在 2019 年度结束以前的 12 月 16 日，*ST 人乐股东大会审议通过了该笔交易。2019 年 12 月 28 日，*ST 人乐发布公告，各方办理完成了广州配销公司股权的工商变更登记手续，且上市公司已于公告前一日收到了首期股权转让款 1.98 亿元（超过交易价款的 50%）。

2020 年 2 月 28 日，*ST 人乐发布《2019 年业绩快报》。报告期内，上市公司实现利润总额 5231.08 万元，较去年同期增长 115.77%。上市公司说明，其利润总额增长的原因为处置孙公司股权带来的投资收益。

2. 附利润承诺的表决权委托

本次交易中，出让方选择将 22.86% 股份对应的表决权委托给收购人行使，委托期限至 2021 年 12 月 31 日。并且各方约定，若上市公司 2021 年度净利润为正，表决权委托自动延续一年、不可撤销，以后各年度依此类推。

若2021年度上市公司净利润为负，则委托方有权撤销委托。

控制权交易在2019年实施，但约定的却是2021年的净利润指标，由此解读出两方面的信息。首先，交易开展时，各方已经预期到广州配销公司股权的交易能够让上市公司2019年的净利润顺利回正。其次，原实控人更看重的是收购人协助上市公司在经营层面上扭亏为盈的能力，毕竟原实控人所持有的上市公司股份比例为22.86%股份，超过收购人所持股份比例，一旦上市公司后续几年净利润未达预期，原实控人即可解除表决权委托，重回第一大股东地位。

3. 曲江新区上市平台数量“跃进”

作为陕西省、西安市确立的以文化产业和旅游产业为主导的城市发展新区，2019年度，曲江新区管委会旗下的上市公司数量由1家跃升至5家，其中西安旅游（000610.SZ）、西安饮食（000721.SZ）系通过国有股权划转获得，华仁药业（300110.SZ）、*ST人乐（002336.SZ）控制权则分别在上、下半年以交易方式取得。

曲江新区对上市平台的渴望早已有所体现。2017年8月，西安曲江新区即发布了关于鼓励企业上市的奖励办法，其中规定对首发上市及借壳上市的公司，给予不超过300万元奖励；对于迁入曲江新区的上市公司企业总部，则给予不超过200万元奖励。

上市平台数量于2019年度提升后，曲江新区也开始筹划相应上市公司的整合工作。据媒体报道，2019年7月23日，曲江新区政府召开上市公司整合工作专题推进会，会议提出成立专项工作执行机构，全面负责上市公司整合工作，并由曲江新区财政局、金融工作局、国资局从政策研究、资金支持等方面全面配合，做好支撑服务工作。此外，旗下各上市公司也分别发言，西安旅游提到，随着与曲江板块融合的全面深入，资源整合的全面实施，公司各业务板块将进一步发展壮大，核心竞争力将进一步增强；西安饮食提到，2019年西旅集团全面纳入曲江新区，资源整合打造“万亿级文化产业主要承载区”，必将推动西安餐饮业快速健康发展。①

① 《左手整合右手并购　曲江新区万亿文化产业布局现新思路》，载证券时报网：http：//company.stcn.com/2019/0725/15276854.shtml。

（四）案例点评

协议转让一定会触发全面要约收购义务吗？

协议转让并非一定触发全面要约。《上市公司收购管理办法》第 23 条、第 47 条第 2 款规定，收购人通过协议转让或集中竞价方式增持到 30% 时，可选择向除收购人以外的其他股东发出部分收购要约。《上市公司收购管理办法》第 25 条规定，以要约方式收购一个上市公司股份的，其预定收购的股份比例不得低于该上市公司已发行股份的 5%。换言之，要约收购并非完全不受收购人控制。通过部分要约收购，收购人可以提前测算要约收购成本及收购后期持股比例，并避免上市公司在要约收购后不符合上市条件的风险。

那么，如果收购人拟定收购 5% 股份，但有 10% 的股东接受要约呢？这种情况下，一般由收购人按比例分别收购接受要约股东的持股。例如，发生于 2019 年的宝鼎科技（002552.SZ）交易[①]中，收购人通过协议转让方式取得上市公司 29.90% 股份，并拟定发起 8% 的部分要约收购。收购人说明，若预受要约股份的数量为该次预定收购股份数 24,498,600 股，则收购人按照收购要约约定的条件收购被股东预受的股份；若预受要约股份的数量超过 24,498,600 股，则收购人按照同等比例收购被股东预受的股份。

（五）案例延伸

为何避开要约收购？

《证券法》及《上市公司收购管理办法》规定，当收购人持有的上市公司股份达到 30% 时，继续进行收购的，应当依法向该上市公司所有股东发出收购上市公司全部或者部分股份的要约。

其实，要约收购在我国证券市场的诞生时间较晚，虽然 1993 年实施的《股票发行与交易惯例暂行条例》就对要约收购作出了相应规定，但直到 2002 年，首次颁布的《上市公司收购管理办法》才为要约收购提供了具有可操作性的规定。经统计，自 2006 年至 2017 年近 12 年期间，A 股主板市场出现的全面

① 截至 2019 年 12 月 31 日，该交易涉及的要约收购尚未完成，上市公司实际控制人尚未发生变更。

要约总共才 20 多起。[①]

从 2019 年的控制权交易来看，30% 也仿佛是一道让大多数交易的收购方极力避开的红线。例如，在下面 10 起控制权转让完成的案例中，收购方所获得的股份比例和表决权比例合计最终都没有超过 30%（见表 2-2-7）。

表 2-2-7　2019 年部分“协议转让 + 表决权委托”交易

序号	公司名称	出让股份比例	表决权委托比例	交易完成后收购人表决权比例合计
1	慈文传媒	15.05%	14.84%	29.89%
2	普路通	10.66%	19.18%	29.84%
3	金通灵	6.83%	22.86%	29.69%
4	星星科技	14.90%	12.78%	27.68%
5	龙泉股份	6.88%	20.64%	27.52%
6	中飞股份	6.83%	20.50%	27.33%
7	润达医疗	20.02%	6.98%	27.00%
8	华仁药业	20.00%	6.66%	26.66%
9	东方网力	7.48%	19.09%	26.57%
10	真视通	11.78%	14.59%	26.37%

数据来源：各上市公司于巨潮资讯网发布的相关公告。

为什么大家都要尽力避开持股比例 30% 的要约收购红线？一般情况下有两种原因：避免增加收购成本以及标的公司不再符合上市条件。

《上市公司收购管理办法》第 35 条规定，收购人发出的要约价格，不得低于公告日前 6 个月内其取得该种股票所支付的最高价格。换言之，如果收购人在交易前期通过协议转让、集中竞价增持的过程中支付了高价，那么也会相应抬升其要约收购阶段的资金成本。而收购人在与上市公司控股股东协商确定协议转让价格时，一般会包含适当控制权溢价，而溢价后的每股收购

① 张巍：《强制要约的是与非：制度本质与中国特色》，载《资本的规则 II》，中国法制出版社 2019 年版。

价格，也将会成为收购人后续要约收购价格的底价。

此外，如果接受要约的股份过多，也可能影响标的公司的上市地位。沪深两市交易所的上市规则规定，当公众股东持有的股份连续20个交易日低于公司总股本的25%，公司股本总额超过人民币4亿元的，低于公司总股本的10%，公司股份分布即不具备上市条件。换言之，收购人在实施要约收购时，也需要把握目前自身已经持有的股份比例以及二级市场上的流通股数量和比例。

但是，上述两项风险也并非完全不可避免。要约收购其实是收购人与中小股东的博弈过程。为避免影响标的公司的上市地位，收购人可以选择发出部分要约而不是全面要约来确定并限制其收购比例。而对于要约收购价格，一方面，当收购人意欲全面要约收购时，表示其对上市公司前景的看好，未来股价值得期待；另一方面，在部分交易中也存在因收购人设定的要约价格较低，最终并没有太多股东接受要约。例如，在2019年的江中药业（600750.SH）交易中，因要约价格紧贴公告时的二级市场价格，要约期满后，最终仅有0.0000349%的股份接受了要约，总价25.74万元。并且，要约收购公告披露后，也可能导致上市公司股价上升，使要约价格与二级市场价格倒挂，此种情形下，接受要约的股东就会更少。

五、间接收购＋表决权放弃（永和智控）

为出让控制权提前进行股份分拆：永和智控控制权交易

永和流体智控股份有限公司（002795,SZ，以下简称永和智控）于2016年4月登陆A股，此后3年业绩稳定，没有大幅下滑，也未有亏损，但其大股东永健控股所持永和智控股份几乎全部被质押。

从交易方案公布前后控股股东的操作可以看出，永和智控的控制权交易方案和实施步骤显然经过精心设计并极具创意。在分拆控股股东对上市公司的持股比例降为29%以后，收购方以向控股股东增资的方式间接取得上市公司控制权，同时上市公司其他股东放弃表决权，收购方向原实际控制人提供5.75亿元无息借款。

（一）交易概况

永和智控主要从事流体控制设备及器材（主要是门阀）的研发、生产和销售等。控股股东永健控股和迅成贸易在2016年的招股说明书承诺，在上市后三年的锁定期满后两年内，减持数量每年不超过减持时上市公司股份总数的5%；原股东永盛咨询在相同的时间条件内，承诺减持数量每年不超过其所持上市公司股份总数的25%。因为减持承诺的限制，通过协议转让股份的方式出让实际控制权很难实现。

本次控制权交易的实施分为几个步骤，首先是在控制权转让协议签署前半年，将控股股东永健控股所持上市公司38.25%的股份通过分立及股份转让等方式分拆为29%和9.2%两个主体持有。其次是以增资方式对控股股东进行现金增资，增资后取得间接股东的控制权，并进而取得上市公司控制权；永和智控其他股东不可撤销地放弃全部表决权；收购方向原实际控制人提供附条件豁免的免息借款5.75亿元；原实际控制人配合新实际控制人完成对上市公司董事会和管理层的改组。

新实际控制人控制多家医疗器械企业，其在详式权益变动报告书中表示，不排除对上市公司主营业务作出适当调整的可能性。

1. 标的上市公司及其实际控制人

浙江省玉环县被称为“中国阀门之都”，这里先后诞生过两家主要产品为水暖器材、阀门、管件的A股上市公司：艾迪西（002468.SZ）和永和智控（002795.SZ）。不过，两家公司却并未在A股市场共存太久，就在永和智控上市的同一年，艾迪西将上市公司控制权转让给了申通快递。

永和智控前身为永和洁具，由CL Marketing Limited（以下简称英国CL公司）在2003年8月出资70万美元设立。2006年12月至2010年12月，英国CL公司逐步撤资，上市公司后来的实际控制人应雪青和陈先云夫妇则通过旗下企业逐步以增资和受让老股的方式成为了永和洁具的控股股东。2012年8月，永和洁具完成了改制为永和智控的相应工作。

截至2016年上市前，应雪青夫妇通过旗下三家企业台州永健控股有限公司（以下简称永健控股）、迅成贸易有限公司（以下简称迅成贸易）及玉环永盛企业管理咨询中心（有限合伙）（以下简称永盛咨询）合计持有永和智控90.83% 股份，对永和智控形成实际控制。

顺利登陆中小板后，永和智控 2016 年至 2018 年的净利润均稳定在 5000 万元以上（分别为 6737.78 万元、5802.84 万元、8133.26 万元），但投资回报率却呈逐年下降的趋势。2015 年度，永和智控净资产收益率（ROE）尚为 31.34%，上市第二年即降为 11.07%，截至 2019 年第三季度时，已进一步下滑至 9.41%（见图 2-2-3）。

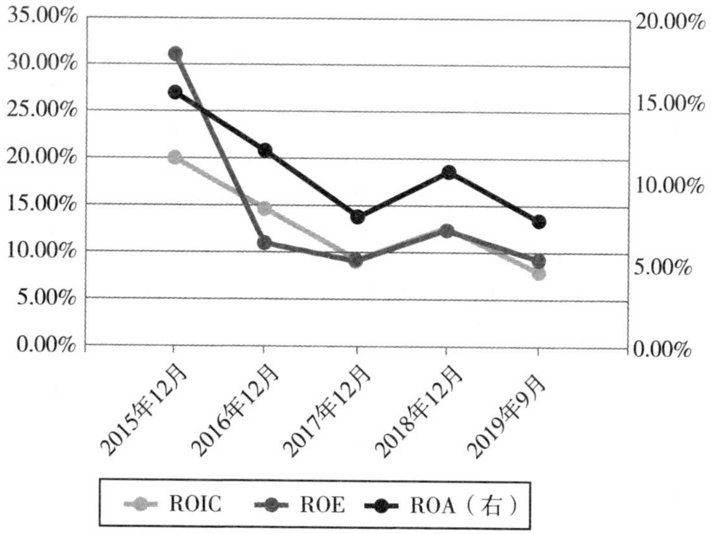

图 2-2-3　永和智控 2015~2019 年第三季度投资回报率变化情况

数据来源：wind 金融终端。

上市公司投资回报率不佳，控股股东的股票质押率也处于高位。应雪青和陈先云控制下的永健控股、迅成贸易分列上市公司第一、第二大股东，持股比例分别为 38.25%、22.38%。截至 2019 年 6 月 30 日，迅成贸易的股票质押比例达到了 67.04%。而截至出让上市公司控制权时，永健控股的股票质押比例则高达 99.98%（见图 2-2-4）。

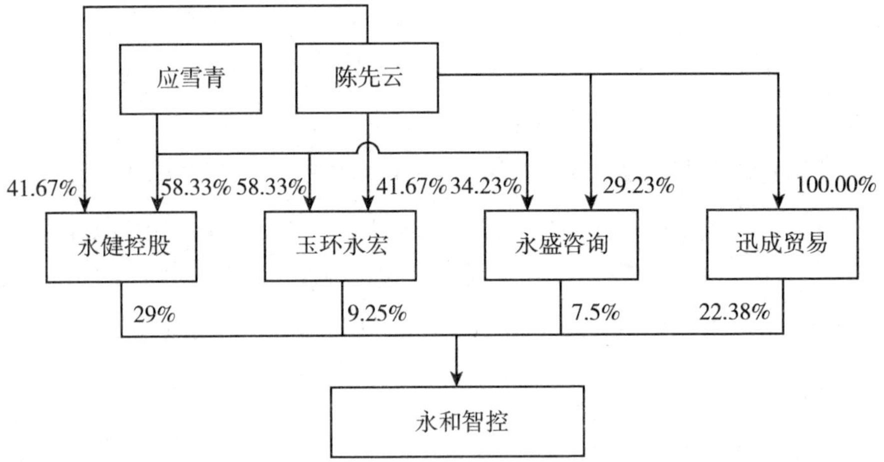

图 2-2-4　永和智控控制权变更前，应雪青、陈先云夫妇持股情况

2. 收购人

本次交易中的收购人为成都美华圣馨医疗科技合伙企业（有限合伙）（以下简称成都美华），开展本次交易时，成都美华共有两名合伙人，其中曹德莅为其执行事务合伙人、普通合伙人，同时也是成都美华的实际控制人。

除成都美华外，曹德莅控制的主要企业另有三个，其中两个集中于医疗项目投资、医疗器械领域。对于开展本次控制权交易的目的，成都美华表示，其将于条件成熟时通过利用上市公司平台有效整合资源，改善上市公司的经营情况，提高上市公司的资产质量，增强上市公司的持续盈利能力。

3. 交易方式与交易进程

本次交易的交易方式为间接收购 + 表决权放弃，即由收购人对上市公司控股股东进行增资并取得控股股东的控制权，同时原实控人放弃所持剩余股份的表决权，但前提是收购人需要向其提供 5.75 亿元无息贷款。

（1）2019 年 10 月 10 日，永健控股、应雪青、陈先云与成都美华签署《增资及借款协议》：成都美华拟对永健控股单方增资 20,000 万元，增资完成后，成都美华持有永健控股股权比例为 88.89%，从而获得永健控股控制权。应雪青、陈先云持有永建控股股权比例被动减少为 11.11%。协议中约定，成都美华应向应雪青、陈先云提供附条件豁免的免息借款 57,500 万元。

（2）在各方签订《增资及借款协议》同日，迅成贸易、玉环永宏、永盛咨询分别出具《放弃表决权声明》，迅成贸易、玉环永宏、永盛咨询不可撤销地放弃其各自持有的 22.38%、9.25%、7.50% 上市公司股份对应的表决权。根据各方约定，《放弃表决权声明》将在《增资及借款协议》约定的交割日后生效，而交割日为成都美华向永健控股支付完毕增资款并办理完毕变更登记手续，且成都美华提供的无息借款支付到位之日。

（3）2019 年 11 月 7 日，上市公司披露《关于实际控制人发生变更的进展公告》。公告称，上市公司于近日接到永健控股通知，其已就内部股东及持股事项完成相关工商变更登记手续。至此，成都美华持有永健控股股权比例变更为 88.89%，并成为上市公司间接控股股东，曹德莅成为上市公司新实际控制人（见图 2-2-5）。

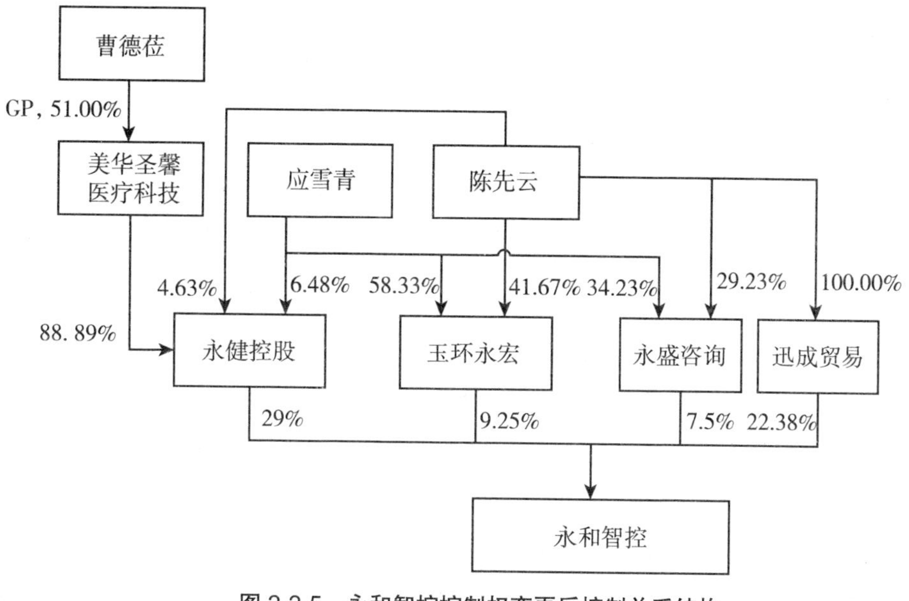

图 2-2-5　永和智控控制权变更后控制关系结构

（二）监管问询

2019 年 10 月 11 日，永和智控复牌并公告各方已签署了《增资及借款协议》等文件。随后几日，上市公司接连收到深交所和当地证监局发出的问询函，要求上市公司及相关各方就该次控制权交易涉及的相关事项进行说明。

交易所的关注重点包括：本次交易的交易背景、上市公司实际控制人旗下的主体放弃表决权是否具有法律效力、交易完成后上市公司实际控制人的认定依据及合理性、本次交易的后续安排及上市公司控制权的稳定性、收购方的资金来源及合规性、上市公司控股股东的股票质押率较高后续的处理方案等。

证监局的关注重点包括：收购人开展本次交易的资金来源、收购人开展本次交易的目的以及对上市公司的后续安排、收购人关于本次交易是否有相应代持安排、收购人及其实际控制人是否具有运作上市公司的经验以及取得上市公司控制权后如何实现上市公司的规范运作等。

由于本次控制权交易涉及收购方需支付较多现金（现金增资2亿元及提供无息借款5.75亿元），深交所和证监局均把收购人开展本次交易的背景及其资金来源、对上市公司的后续安排等事项作为关注的重点。

（三）案例分析

1. 控制权转让前，控股股东分拆持股

各方开展本次交易半年前，上市公司控股股东永健控股的持股比例原本为38.25%，但后续通过公司分立及股份转让两步走的方式将股份分拆为了29%和9.25%两个部分，从而为后续快速出让控制权做好了相应准备。

2019年1月，上市公司披露，永健控股拟通过公司分立的方式将其持有的上市公司股份分为29%和9.25%两个部分，并分别由分离后存续的永健控股以及新设立的玉环永宏企业管理有限公司（以下简称玉环永宏）持有。

2019年3月，永健控股完成分立的工商变更登记手续。上市公司发布公告称，永和智控控股股东及实际控制人不变，存续的永健控股和新设的玉环永宏继续履行永健控股曾作出的股份锁定承诺。永健控股将根据《深圳证券交易所股票上市规则》的有关规定，就分立涉及股份过户事宜向深交所提出申请，并在交易所同意后实施交割。

2019年8月25日，永健控股与玉环永宏签订《股份转让协议》，约定永健控股根据分立方案将其持有的9.25%上市公司股份转让并过户给玉环永宏。在股份转让价款及其支付部分，双方约定：

"1. 本协议项下标的股份每股转让价格以本协议签署日的前一交易日永和智控二级市场收盘价为定价基准（基准价格），按基准价格 *90%，确定以每股 11.92 元作为转让价格，则合计标的股份的转让价格为 220,491,392 元。2. 双方确认，鉴于本次标的股份的转让系因甲方存续分立而产生，双方不需要实际履行本条第一款的价款支付。"

2019 年 9 月 18 日，上市公司公告了永健控股与玉环永宏就股份转让协议签署的《补充协议》，协议双方同意，删除原《股份转让协议》第 2 条第 2 款不需要实际履行价款支付义务的内容，原《股份转让协议》其他内容不变。

2019 年 9 月 20 日，永健控股和玉环永宏办理了 9.25% 股份的过户登记手续。过户完成后，永健控股仍持有上市公司 29% 的股份，为永和智控第一大股东；玉环永宏持有上市公司 9.25% 的股份，为永和智控第三大股东。

在本次拆分持股前，永健控股持股比例为 38.25%，如果收购人直接取得分立前永健控股的控制权，则会触发要约收购义务。可能基于上述考虑，应雪青夫妇选择通过存续式分立的方式将永健控股的持股进行拆分，以便于后续控制权交易的开展。

2. 控制权转让前，上市公司豁免控股股东减持承诺

在永和智控上市时，永健控股作为上市公司控股股东作出了 36 个月的股票限售承诺。具体限售期为 2016 年 4 月 28 日至 2019 年 4 月 28 日。在上述限售承诺外，永健控股另追加了一项自愿减持承诺，在 36 个月锁定期满后的 24 个月内，永健控股每年减持数量不超过减持时上市公司股份总数的 5%，该项减持承诺的履行期限为 2019 年 4 月 29 日至 2021 年 4 月 29 日。

2019 年 8 月 25 日，永健控股与玉环永宏签订《股份转让协议》，约定永健控股将 9.25% 股份转让给玉环永宏。鉴于上述股份转让约定违反了永健控股作出的减持承诺，2019 年 8 月至 9 月，永和智控董事会及股东大会分别通过决议豁免了永健控股的相应承诺。

2019 年 9 月 20 日，永健控股和玉环永宏办理完毕关于 9.25% 上市公司股份的过户登记手续。

（四）案例点评

分拆持股可行吗

在永和智控交易中，上市公司第一大股东持股比例为38.25%，如果控股股东永健控股选择直接转让持有的上市公司股份，则面临着两道难题。第一道是减持承诺：永健控股的减持承诺尚在履行期，每年减持数量不超过减持时上市公司股份总数的5%。即便得到豁免越过了这道关卡，那么还有第二道：减持的双重税负。由于应雪青夫妇通过永健控股持有上市公司股份，在减持变现时，应纳税费既包括永健控股出售上市公司股份时所需缴纳的企业所得税，如再以利润分配至应雪青夫妇时代扣代缴的个人所得税，这样的减持路径总税负比例将会超过40%。

可能基于此种考虑，应雪青夫妇选择以接受现金增资、由增资方取得永健控股的大股东地位和控制权，从而间接出让上市公司控制权，可谓是双重间接方式。但由此面临的问题就是永健控股对上市公司的持股比例高达38.25%，如果收购人成为永健控股的控股股东，其面临的选择就是要么履行要约收购义务，要么在一个月内将持股比例降低到30%以下，而两种方式都面临着一定的困难。所以，应雪青夫妇最终选择了分拆永健控股持有的上市公股份，拆成29%和9.25%两个部分。

分拆之路也并不平坦。主体分立方面，永健控股分立为永健控股和玉环永宏所需的工商备案登记等手续大约用了2个月时间。股份分拆方面，交易所对9.25%股份转让不需要支付对价的约定并不认可，永健控股和玉环永宏只得在正常支付了对价后，才将9.25%的股份过户登记至玉环永宏的手续办理完成。

永和智控控制权交易前，上市公司原实控人辗转腾挪，通过公司分立和股份转让两步走的方式实现了控股股东持股的分拆，且时间、金钱成本皆不菲。不过，这也为后续的顺利交易步骤打牢了基础、扫清了障碍。股份分拆交割一个月后，交易各方即签署了控制权让渡的交易协议，再一个月后，永和智控的控制权即实现了平稳让渡。

（五）案例延伸

上市公司控制权交易中的承诺豁免

根据《上海证券交易所股票上市规则》第 5.1.5 条、《深圳证券交易所股票上市规则》第 5.1.6 条的规定，发行人在向交易所申请股票上市交易时，控股股东和实际控制人应当作出 36 个月的限售承诺。不仅如此，部分控股股东还会在 36 个月以外另自愿追加 24 个月的减持承诺，如每年减持减持数量不超过减持时上市公司股份总数的 5%（如永和智控），或 2 年累计减持不超过 15%（如安德利）。

36 个月限售承诺期满，尚处在减持承诺期的控股股东如欲尽快出让持有的上市公司股份和控股股东地位，就需要申请豁免承诺或变更承诺履行方案。《上市公司监管指引第 4 号——上市公司实际控制人、股东、关联方、收购人以及上市公司承诺及履行》（以下简称《监管指引第 4 号》）第 5 条规定，相关方提出的承诺变更方案需要提交上市公司股东大会审议，且承诺相关方及关联方应回避表决，独立董事、监事会应就承诺相关方提出的变更方案是否合法合规、是否有利于保护上市公司或其他投资者的利益发表意见。

鉴于豁免履行承诺或变更承诺是否能够得到上市公司董事会、股东大会的通过会对控制权交易产生重大影响，部分控制权交易文件的约定会将承诺获得豁免或变更作为交易的前提条件。例如，发生于 2019 年的安德利（603031.SH）交易中，各方将相关承诺获得豁免作为标的股份转让的前置条件。

需要说明的是，控股股东在履行自愿性股份锁定承诺期间转让控制权的，有可能会引起交易所的监管关注。例如，在发生于 2019 年的星光农机（603789.SH）交易中，交易所要求相关方说明承诺的变更或豁免是否符合《监管指引第 4 号》的相应规定，以及相关承诺的变更或豁免是否损害上市公司及其他股东的利益。

六、间接收购 + 要约收购（江中药业）

间接收购亦会触发要约收购义务：华润医药收购江中药业

间接收购交易中，收购人的直接目标一般为上市公司控股股东的股权。

如果收购人取得了控股股东的控制权，且该控股股东享有的上市公司股份比例在 30% 及以上，除特殊情况外，收购人需要依法履行要约收购义务。

（一）交易概况

在江中药业（600750.SH）控制权交易中，收购人华润医药控股有限公司（以下简称华润医药控股）以增资的方式取得了上市公司控股股东江西江中制药（集团）有限责任公司（以下简称江中集团）51% 的股权，并间接控制江中集团持有的 43.03% 上市公司股份，收购人在江中集团股权交割后依照《上市公司收购管理办法》第 56 条的规定履行了要约收购义务。

1. 标的上市公司

江中药业的前身是江西中医学院的校办企业——江中制药厂，创建于 1969 年 10 月。1996 年 8 月，江中药业在上交所挂牌上市，其主要业务为非处方药、保健品（含功能食品）的生产、研发与销售，拥有“江中”“初元”两个中国驰名商标以及江中牌健胃消食片、江中牌草珊瑚含片等知名产品。

2. 收购人

2018 年 11 月，华润医药集团有限公司（3320.HK，以下简称华润医药集团）与江中药业实际控制人江西省国资委展开洽谈，准备对江中集团进行战略重组。

华润医药集团为本次交易选定的收购主体为其子公司华润医药控股。各方开展交易时，华润医药控股旗下已有三家医药类 A 股上市公司：华润三九（000999.SZ）、东阿阿胶（000423.SZ）以及华润双鹤（600062.SH）。

在华润医药控股 2019 年 2 月 26 日签署的《江中药业股份有限公司要约收购报告书》中，收购人说明其本次交易目的为“以江中集团为发展平台，将其打造成为国内领先的综合性医药健康集团，带动江西省医药产业创新升级”（见图 2-2-6、表 2-2-8）。

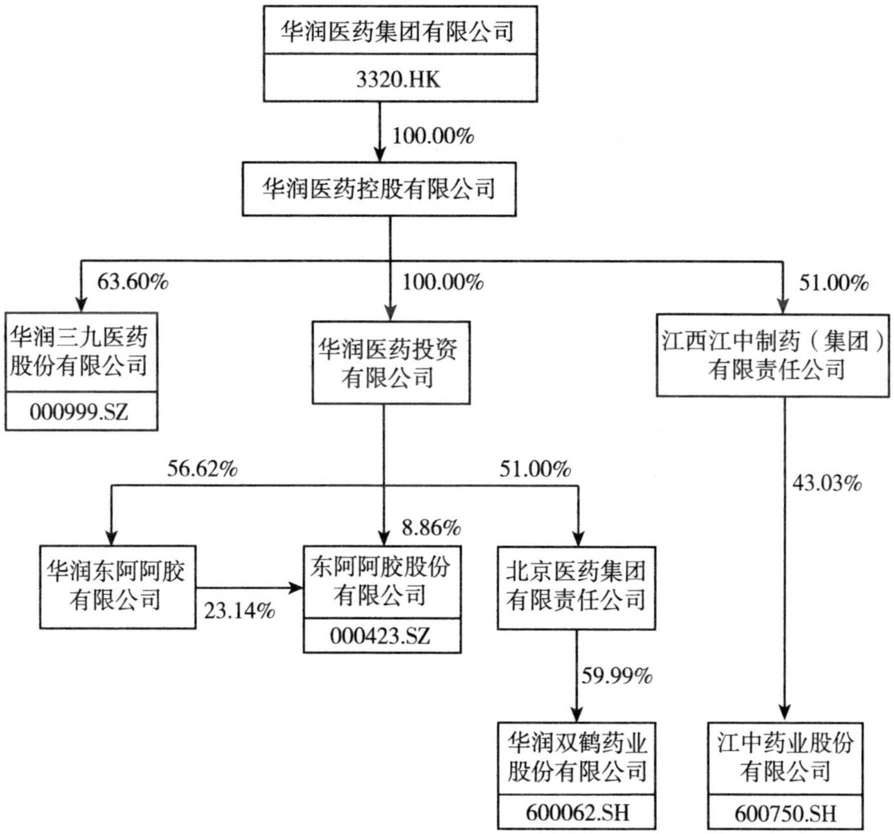

图 2-2-6 华润医药控股的股东及主要对外投资情况

表 2-2-8 华润医药控股投资的上市公司及江中药业基本情况

公司简称 / 股票代码	主营业务	主要产品	2018 年度（万元）	
			总资产	净利润
本次交易前，华润医药控股投资的医药类 A 股上市公司				
华润三九 000999.SZ	非处方药及中药处方药的生产和销售	“999 感冒灵”“999 皮炎平”“三九胃泰”“999 小儿感冒”“气滞胃痛颗粒”“天和骨通贴膏”等	1,802,993.21	147,487.17
东阿阿胶 000423.SZ	阿胶及阿胶系列产品的研发、生产和销售	阿胶与人参、鹿茸	1,386,995.92	208,660.58

续表

公司简称 / 股票代码	主营业务	主要产品	2018 年度（万元）	
			总资产	净利润
华润双鹤 600062.SH	药品开发、制造和销售	〇号、糖适平、匹伐他汀钙片（冠爽）	1,030,617.09	98,945.25
并购标的江中药业基本情况				
江中药业 600750.SH	非处方药、保健品的生产、研发与销售	非处方药类：江中牌健胃消食片、江中牌乳酸菌素片；保健品及功能食品：初元和参灵草	381,697.20	47,023.25

3. 交易方式与交易进程

本次交易中，收购人华润医药控股以增资方式成为江中集团的控股股东，并间接取得上市公司江中药业的控制权。本次交易自首次披露到要约收购完成，整个交易时间历时近一年。在此期间，各方也同步开展了将收购方旗下部分资产注入上市公司的工作。

根据江中药业公告，本次交易的具体进展如下：

（1）2018 年 4 月 27 日，上市公司接到控股股东江中集团的通知，上市公司实际控制人江西省国资委正在筹划与江中集团相关的重大事项，可能涉及上市公司控制权变动。

（2）2018 年 5 月 16 日，上市公司发布公告，其正筹划收购华润医药商业集团有限公司下属华润江西医药有限公司（以下简称华润江西）控股权，以及江西桑海集团有限责任公司控股的江西南昌桑海制药有限责任公司（以下简称桑海制药）及江西南昌济生制药有限责任公司（以下简称济生制药）的控股权，且该等交易预计将达到重大资产重组标准。

（3）2018 年 5 月 17 日，华润医药集团与江西省国资委签署了《华润医药集团有限公司战略重组江中集团合作协议》，其中重点合作内容为华润医药集团通过受让江中集团部分股权并以现金或资产对江中集团进行增资，持有江中集团 51% 或 51% 以上的股权。

（4）2018 年 6 月 2 日，华润医药控股签署《要约收购报告书摘要》，报告书摘要中载明，本次交易完成后，华润医药控股通过江中集团间接拥有江中药业的权益将超过江中药业已发行股份的 30%，从而触发全面要约收购义务。收购人拟定的要约价格为 25.03 元 / 股。

（5）2018 年 7 月 12 日，江西省国资委对江中集团的审计结果履行备案手续，并于 2018 年 7 月 27 日对评估结果进行了核准批复。

（6)2018 年 7 月 30 日,华润医药控股与江西省省属国有企业资产经营(控股）有限公司、江西中医药大学、江中集团 21 名自然人股东及江中集团就对江中集团增资事项签署了《增资协议》。因华润医药控股与大连一方集团有限公司未就江中集团 29.28% 股权转让事宜达成一致,《增资协议》的签署各方及大连一方集团有限公司根据《增资协议》的约定，于 2018 年 9 月 14 日就江中集团增资事项签署了《江西江中制药（集团）有限责任公司的增资协议书之补充协议》。

（7）2018 年 8 月 1 日，上市公司披露《关于终止本次重大资产重组暨复牌的公告》，公告中说明上市公司决定终止收购华润江西控股权，将收购的交易标的公司由华润江西、桑海制药、济生制药变更为桑海制药、济生制药。该次交易也将由重大资产重组事项转为一般收购事项。

（8）2018 年 10 月 11 日和 18 日，本次交易分别取得了华润医药控股实际控制人中国华润有限公司董事会执行委员会和华润医药集团董事会批准；2018 年 10 月 23 日，本次交易取得了华润医药控股董事会批准。

（9）2018 年 7 月 10 日和 24 日,《江中集团战略重组总体方案》分别经江西省国资委 2018 年第九次主任办公会会议、江西省国有企业改革领导小组第七次会议审议通过；2018 年 9 月 7 日,《江西江中制药（集团）有限责任公司的增资协议书之补充协议》经江西省国资委 2018 年第十五次主任办公会审议通过。

（10）2018 年 11 月 12 日,《江中集团战略重组方案》获得江西省人民政府批准。

（11）2018 年 11 月 21 日，本次交易通过国家市场监督管理总局反垄断局关于本次交易涉及的经营者集中审查。

（12）2019 年 1 月 26 日，华润医药控股间接受让江中药业控股权事项获得国务院国资委批准。

（13）2019 年 2 月 1 日，上市公司披露《关于完成对桑海制药、济生制药增资暨工商变更登记的公告》，公告中载明上市公司等各方已完成通过现金增资方式取得桑海制药、济生制药 51% 股权的工商登记手续，桑海制药、济生制药成为上市公司的控股子公司，纳入上市公司的合并报表范围。

（14）2019 年 2 月 22 日，上市公司收到控股股东江中集团通知，华润医药控股通过增资方式取得江中集团 51% 股权事项完成工商变更登记手续，华润医药控股成为江中集团控股股东，间接控制江中药业已发行股份的 43.03%。江中药业的实际控制人由江西省国资委变更为中国华润有限公司，最终实际控制人变更为国务院国资委。

（15）2019 年 2 月 28 日，上市公司在上交所网站上公告了《江中药业股份有限公司要约收购报告书》全文，华润医药控股向除江中药业控股股东江中集团以外的其他所有股东发出全面要约，本次要约收购期限自 2019 年 3 月 4 日起至 4 月 2 日止。

（16）2019 年 4 月 2 日，本次交易涉及的要约收购期限届满。根据中证登公司上海分公司提供的数据统计，要约收购期间，有 17 个账户共计 14,657 股股份接受收购人发出的要约。

（17）2019 年 4 月 11 日，本次交易涉及的要约收购清算过户手续已经办理完毕，华润医药控股直接及间接持有江中药业 43.03% 的股份。

（二）监管问询

就本次交易，上交所并未向江中药业发送监管问询函。

（三）案例分析

1. 间接收购亦会触发要约收购义务

根据《上市公司收购管理办法》第 56 条的规定，收购人虽不是上市公司股东，但通过投资关系、协议、其他安排拥有权益的股份超过该上市公司已发行股份的 30% 的，除特殊情况外，应当向该上市公司所有股东发出全面要约。换言之，即使收购人采用间接收购的交易方式，当其间接持有或控制的上市公司股份比例达到或超过 30% 时，仍应履行要约收购义务。

在本次交易中，江中集团持有 43.03% 上市公司股份，收购人华润医药控股通过增资方式取得江中集团 51% 股权，并成为江中集团的控股股东，由此导致其间接控制的上市公司股份比例超过 30%，从而触发了要约收购义务。

要约收购价格方面。根据《上市公司收购管理办法》第 35 条的规定，要约价格不得低于要约收购提示性公告日前 6 个月内收购人取得该种股票所支付的最高价格。要约价格低于提示性公告日前 30 个交易日该种股票的每日加权平均价格的算术平均值的，收购人聘请的财务顾问应当就该种股票前 6 个月的交易情况进行分析，说明要约价格的合理性等情况。

在江中药业控制权交易中，收购人系通过间接收购方式开展交易，不存在买卖江中药业股份的情况，所以各方最终以公告前 30 日股价的加权平均价为依据，确定要约价格为 25.03 元 / 股。此外，因上市公司于 2018 年 6 月以资本公积转增股本的方式实施了 2017 年度的利润分配方案，最终调整后的要约价格为 17.56 元 / 股。

在要约收购实施过程中，因要约价格相比当时二级市场价格未有明显溢价，要约期限届满后，仅有 17 个账户共计 14,657 股股份接受了收购人发出的要约，约占上市公司当时股本总数的 0.0000349%。

2. 横向并购、优势互补的交易

本次交易前，虽然华润医药控股旗下已有三家医药类 A 股上市公司，但仍实施了本次收购。对此次交易的目的，有分析指出，“江中药业主要做品牌中成药，华润旗下中成药只有两家——华润三九和东阿阿胶，江中的肠胃道业务和咽喉含片是华润没有的。而江中的短板主要就是销售，华润有很强的销售网络和配送渠道”。①

江中药业和华润医药的 2018 年年报亦能对上述观点加以印证。胃肠日

① 《华润医药“吃下”江中药业，42 亿全面要约收购将启动》，载第一财经：https：//www.yicai.com/news/100127558.html。

常用药的非处方药品牌已成为江中药业的护城河，而销售渠道和产品分销则是华润医药的特长，其已名列中国第三大医药产品分销商，所经营和管理的全国性分销网络由 170 个物流中心组成，并覆盖中国 28 个省、直辖市及自治区，并通过分销网络向医院和其他医疗机构分销产品。在产品销售终端方面，华润医药经营管理着中国最大的零售药房网络之一，以“华润堂”等全国或地区性的品牌经营超过 850 家药房。

基于上述，在肠胃道业务的扩张和销售网络的搭建和利用上，江中药业与华润医药通过本次控制权交易各取所需，形成优势互补。

（四）案例延伸

间接取得上市公司权益超过 30% 后，是否必须履行要约收购义务？

尽管《上市公司收购管理办法》第 56 条第 1 款规定，收购人通过间接收购方式持有的上市公司股份比例超过 30% 的，应履行要约收购义务。但是，第 56 条第 2 款亦作出了例外规定：当收购人在规定期限内将持有的上市公司股份减持至 30% 或者 30% 以下并进行公告的，可不再履行要约收购义务。

发生于 2019 年的精工钢构（600496.SH）控制权交易，收购人即通过先受让后减持的方式适用了该例外规定。[①]

在精工钢构控制权变更前，精工控股集团有限公司（以下简称精工控股）为上市公司控股股东，精工控股集团（浙江）投资有限公司（以下简称精工投资）为控股股东的全资子公司，二者为一致行动人，合计持有上市公司 36.73% 的股份，金良顺为上市公司实际控制人。

在精工控股的股东层面，金良顺控制的精功集团有限公司（以下简称精功集团）系精工控股的第一大股东，持股比例为 45.90%，由上市公司管理层

---

① 《上市公司收购管理办法》**第五十六条**　收购人虽不是上市公司的股东，但通过投资关系、协议、其他安排导致其拥有权益的股份达到或者超过一个上市公司已发行股份的 5% 未超过 30% 的，应当按照本办法第二章的规定办理。

收购人拥有权益的股份超过该公司已发行股份的 30% 的，应当向该公司所有股东发出全面要约；收购人预计无法在事实发生之日起 30 日内发出全面要约的，应当在前述 30 日内促使其控制的股东将所持有的上市公司股份减持至 30% 或者 30% 以下，并自减持之日起 2 个工作日内予以公告；其后收购人或者其控制的股东拟继续增持的，应当采取要约方式；拟依据本办法第六章的规定免于发出要约的，应当按照本办法第四十八条的规定办理。

控制的中建信控股集团有限公司（以下简称中建信）系精工控股的第二大股东，持股比例为 44.10%，财务投资人上海万融投资发展有限公司（以下简称万融投资）持有剩余 10% 股权（见图 2-2-7）。

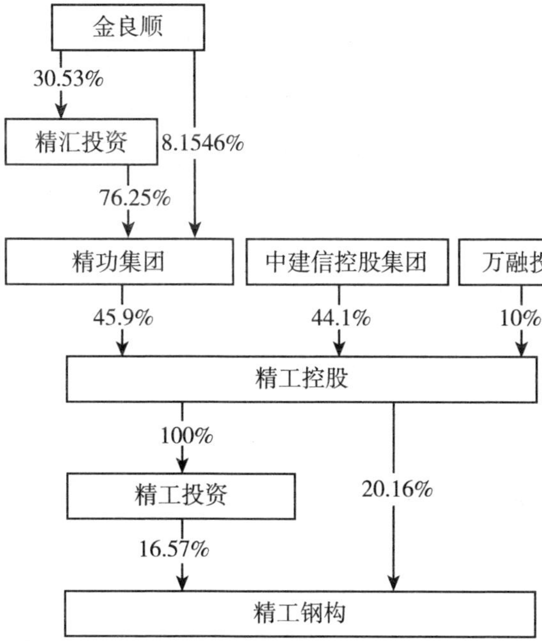

图 2-2-7　控制权交易前的精工钢构股东情况

2019 年 7 月，金良顺控制下的精功集团因未按时披露 2018 年年度报告等情况，被中国证监会浙江监管局予以警示。2019 年 7 月至 8 月，精功集团发行的两支超短期融资券 18 精功 SCP003、18 精功 SCP004 相继因未及时兑付而发生实质性违约，两支债券应付本息合计约为 13.67 亿元。

2019 年 9 月，中建信与万融投资签署《股权转让协议》，双方约定由中建信以 10,600 万元的价格受让万融投资所持精工控股 10% 的股权。在详式权益变动报告书中，中建信对各方开展本次交易的目的进行了说明：精功集团出现债券违约等债务危机，给精工控股、精工钢构声誉带来影响，财务投资人万融投资因此拟退出投资。为保证精工钢构公司治理的稳定性和业务经营的正常开展，中建信决定受让万融投资所持股权，成为上市公司新的实际控制人。

本次股权转让完成后，中建信将成为精工控股的控股股东，并间接控制上市公司36.74%股份。中建信说明，其拟依据《上市公司收购管理办法》第56条的规定在《股权转让协议》生效后30日内促使精工控股将持有的上市公司股份减持至30%或者30%以下。

2019年9月18日，精工钢构披露《关于控股股东按规定完成股份减持的公告》，其中说明精工控股已通过协议转让、大宗交易方式减持7.07%的上市公司股份，将持股比例下降至29.9995%，已不存在全面要约收购或恢复原状的风险。

第三章　重组（借壳）上市方式

一、职业培训龙头“曲线”上市——中公教育借壳亚夏汽车

2019 年 2 月 1 日，亚夏汽车（002607.SZ）更名中公教育，并在深交所举行了上市敲钟仪式，由此，北京中公教育科技股份有限公司（以下简称中公教育）这一职业培训龙头企业也通过借壳的方式正式登陆 A 股。当日，中公教育收盘价为 9.19 元 / 股，总市值超过 500 亿元。见表 2-3-1。

表 2-3-1　中公教育登陆 A 股时间

事项	时间
中公教育前身中公有限设立	2010 年 2 月
中公教育与保荐机构签订辅导协议	2015 年 12 月
中公教育报送创业板上市辅导报告	2017 年 2 月
中公教育与保荐机构签订辅导协议的终止协议	2018 年 4 月
亚夏汽车公告重大资产重组交易方案报告书（关于中公教育借壳上市）	2018 年 5 月
亚夏汽车重大资产重组交易方案获中国证监会并购重组委有条件通过	2018 年 11 月
亚夏汽车更名中公教育	2019 年 2 月

（一）交易概况

1. 上市公司

亚夏汽车 2011 年 7 月于深交所中小板上市，主营业务为品牌汽车经销、维修、装潢、美容、汽车租赁、汽车金融、汽车保险经纪、二手车经纪与经销、

驾培等。根据Choice数据，2011年上市后至2017年，亚夏汽车的净利润始终在–0.59亿元至0.77亿元波动，2012~2017年净利润分别为：0.77亿元、0.46亿元、–0.59亿元、0.14亿元、0.64亿元、0.71亿元。

根据上市公司2018年年度报告，借壳上市交易完成前，亚夏汽车的控股股东为安徽亚夏实业股份有限公司（以下简称亚夏实业），实际控制人为周夏耘。芜湖亚夏汽车股份有限公司—第1期员工持股计划由亚夏实业提供资金担保，与亚夏实业构成一致行动人。见表2-3-2。

表2-3-2　借壳上市交易前亚夏汽车前十大股东情况

股东名称	持股比例（%）	持股数量（股）
安徽亚夏实业股份有限公司	18.61	152,696,561
周夏耘	9.61	78,848,640
周晖	8.81	72,277,920
周丽	5.87	48,185,280
申万菱信基金—工商银行—华融国际信托—盛世景定增基金权益投资集合资金信托计划	3.09	25,369,100
芜湖亚夏汽车股份有限公司—第1期员工持股计划	0.80	6,554,790
交通银行—农银汇理行业领先股票型证券投资基金	0.70	5,750,100
共青城新汇投资管理合伙企业（有限合伙）境内非国有法	0.67	5,519,212
中信银行股份有限公司—农银汇理策略精选混合型证券投资基金	0.63	5,155,800
山西恒天成投资管理有限公司—恒立7号私募证券投资基金	0.30	2,486,680

注：周夏耘与周晖为父子关系、周夏耘与周丽为父女关系。芜湖亚夏汽车股份有限公司—第1期员工持股计划由亚夏实业提供资金担保，与亚夏实业构成一致行动人。

2. 标的公司

中公教育专注于非学历职业就业培训，通过面授培训及线上培训等形式提供服务，培训内容涵盖国家和地方公务员招录、事业单位招录、教师资格和招录等与大学毕业生就业择业密切相关的各大领域。2015 年至 2018 年 4 月，面授培训服务收入占中公教育主营业务收入的比例均在 90% 以上，是中公教育最主要的收入和利润来源。截至 2018 年借壳亚夏汽车的交易方案披露时，中公教育拥有覆盖 31 个省市自治区 319 个地级行政区，600 多个直营分支机构组成的服务和学习网络。

中公教育也曾申请 IPO。2015 年 12 月，中公教育即与保荐机构签订了辅导协议，并于 2017 年 2 月报送了创业板上市辅导报告。但在 2018 年 5 月亚夏汽车公告借壳上市交易方案前，中公教育即与保荐机构签订了辅导协议的终止协议。

截至开展借壳交易时，鲁忠芳、李永新分别持有中公教育 47.70% 和 19.80% 的股份，分别为中公教育第一大和第二大股东，为中公教育共同实际控制人。

3. 交易方案

根据亚夏汽车 2018 年 5 月公告的交易报告书，中公教育借壳亚夏汽车的交易方案共包括三个部分，且三个部分互为前提：重大资产置换、发行股份购买资产和股份转让。

（1）重大资产置换。亚夏汽车将截至评估基准日除保留资产以外的全部资产与负债作为置出资产，与李永新等 11 名交易对方持有的中公教育 100% 股权中的等值部分进行资产置换。其中保留资产包括：①上海最会保网络科技有限公司 18% 股权；②安徽宁国农村商业银行股份有限公司 7.81% 股份；③ 12 宗国有土地使用权及土地上附属的房产、在建工程。

（2）发行股份购买资产。拟置入资产与拟置出资产交易作价的差额部分由上市公司以发行股份的方式自中公教育全体股东购买。经交易各方协商一致，该次交易中拟置出资产最终作价 133,503.36 万元，拟置入资产最终作价 1,850,000.00 万元，两者差额为 1,716,496.64 万元。

（3）股份转让。上市公司控股股东亚夏实业向北京中公未来信息咨询中心（有限合伙）（以下简称中公合伙）和李永新分别转让其持有的 80,000,000

股和 72,696,561 股上市公司股票（上述两部分股票合计占上市公司当时总股本的约 18.61%）。其中：①李永新等 11 名交易对方同意将与上市公司进行资产置换取得的拟置出资产由亚夏实业或其指定第三方承接，作为中公合伙受让 80,000,000 股上市公司股票的交易对价；②李永新以 100,000.00 万元现金作为其受让 72,696,561 股上市公司股票的交易对价。

本次交易完成后，上市公司将持有中公教育 100% 股权，上市公司的控股股东和实际控制人将变更为李永新和鲁忠芳。

（二）监管问询

针对本次交易，中国证监会的主要关注问题包括：中公教育下设 31 家民办非企业法人形式学校的合规性及改制进展；中公教育子公司等关于办学许可证等资质证照的取得情况；中公教育对下设子公司、分公司等的管理模式；中公教育与教师的劳动关系情况及双方劳动关系的稳定性；报告期内中公教育现金收款的比例、发生的相关背景和原因；中公教育实际控制人李永新及其配偶控制的部分从事图书发行与销售的企业未纳入置入资产范围的原因。根据《中国证监会行政许可项目审查一次反馈意见通知书》（180759 号），其中部分问题的具体内容如表 2-3-3 所示。

表 2-3-3　证监会反馈问题内容

问题内容
问题 1 申请文件显示，北京中公教育科技股份有限公司（以下简称中公教育或标的资产）下设 31 家民办非企业法人形式民办学校（以下简称民非学校），与中公教育的分公司、子公司合作办学或者独立开展教学活动。中公教育将在相关规定颁布实施后转变为营利性民办学校，转到工商管理部门登记为公司或者清算关闭。请你公司：（1）全面披露中公教育经营模式，包括但不限于民非学校与中公教育分公司、子公司合作办学的具体运作方式，民非学校独立开展招生、教学情况。（2）结合民非学校和中公教育子公司、分公司合作办学模式及利润分配安排，补充披露民非学校和中公教育子公司、分公司是否存在或可能产生争议或纠纷，相关争议对营利性民办学校盈利稳定性的影响。（3）补充披露民非学校的改制进展，是否存在重大不确定性，改制完成后中公教育是否符合《首次公开发行股票并上市管理办法》第 9 条的规定。（4）结合民非学校改制后税收、土地、政府补贴等相关政策可能发生的变化，补充披露对中公教育经营

续表

问题内容
的影响，是否可能面临其他税收、土地相关合规问题，有无具体应对措施。（5）补充披露中公教育下设多家民非学校因所在地区尚未出台《民办教育促进法》配套实施细则未完成改制，是否符合《上市公司重大资产重组管理办法》第43条第1款第4项的规定。请独立财务顾问和律师核查并发表明确意见
问题2 申请文件显示，（1）中公教育大部分子公司、分公司未取得办学许可证，部分办学许可证已到期，正在受让学校的办学许可证正在申请变更。（2）由于《民办教育促进法》实施时间较短及《民办教育促进法实施条例》等配套规则尚未出台，营利性民办培训机构参照执行相关规定。（3）鲁忠芳、李永新承诺，因无法办理或未及时办理办学许可证或经营范围变更登记而遭受行政处罚，将承担由此给中公教育造成的一切损失。请你公司：（1）依据现行《民办教育促进法》及相关规定，补充披露中公教育及其子公司、分公司等开展相关教育活动应取得的审批资质及取得进展，是否存在法律障碍，在取得前述资质前开展经营活动可能产生的法律风险，拟采取的应对措施。（2）依据《民办学校分类登记实施细则》等相关规定，补充披露中公教育下设机构进行营利性登记情况，是否需要进行财务清算，如是，清算过程的合规性。（3）补充披露《民办教育促进法》等规定的修改对中公教育未来主营业务和持续盈利能力的影响，会否致中公教育经营环境发生重大不利变化及应对措施。（4）补充披露有无督促、保障鲁忠芳、李永新履行承诺的切实可行措施。请独立财务顾问和律师核查并发表明确意见
问题3 申请文件显示，截至2018年3月31日，中公教育下设17家子公司、631家分公司及31家已经取得民办非企业单位登记证书的学校，分支机构覆盖全国31个省市自治区、319个地级行政区，授课教师六千余名。请你公司：（1）结合中公教育对下设子公司、分公司、民非学校和其他分支机构的管理模式，对下设机构的实际管控能力，补充披露中公教育是否符合《首次公开发行股票并上市管理办法》第17条的规定。（2）补充披露中公教育在机构设置、规范运作等公司治理方面的安排及各机构的职责范围，是否同时符合《民办教育促进法》《公司法》的相关规定。请独立财务顾问和律师针对前述问题出具专项核查报告，包括但不限于核查范围、核查手段、核查占比、核查结论等，并说明相关核查是否充分
问题6 请你公司补充披露：（1）中公教育对其自有核心知识产权所采取的防泄密措施及其效果，有无泄露、被侵犯的风险及应对措施。（2）中公教育是否存在使用他人知识产权的情形及是否依法取得授权。请独立财务顾问和律师核查并发表明确意见

续表

问题内容
问题 7 申请材料显示,（1）教育培训行业属于人才密集型行业，若出现核心人才大规模流失，将对中公教育的品牌、业务和运营结果带来不利影响。（2）近年来，相关测试的知识大纲范围、知识与技能的侧重点及测试方式等均不断发生变化。如果中公教育无法及时适应和响应招考标准的变化，则将导致所提供服务和产品对学员的吸引力下降，对中公教育的经营和盈利能力构成不利影响。请你公司：（1）按照《公开发行证券的公司信息披露内容与格式准则第 26 号——上市公司重大资产重组》（2017 年修订）第 21 条的规定，补充披露中公教育报告期内核心人员特点分析及变动情况。（2）补充披露中公教育教师数量，教师从事非学历教育培训是否需要及实际取得了相关资格证书，教师与中公教育劳动关系的具体情况，是否具有法律约束力，是否全员、足额缴纳社会保险和住房公积金等，兼职及全职教师的人数、职级及占比，如兼职教师比例较高，补充提示相关经营及质量控制风险。（3）补充披露中公教育是否存在劳务派遣的情况。如有，请结合与劳务派遣公司的协议内容，补充说明劳务派遣员工的社会保险和住房公积金缴纳情况、是否存在纠纷、目前是否存在劳务派遣员工在全体员工中占比超 10% 的情况。中公教育当前劳务派遣方式的用工制度是否符合《劳动法》《劳动合同法》《劳务派遣暂行规定》等相关法律法规的规定。（4）补充披露标的资产保持教师资源稳定性的相关措施及安排，包括但不限于签订保密协议及竞业禁止协议等。（5）补充披露标的资产保证教师资源具有市场竞争力，使其适应新的招考标准和选拔方式的具体措施及可实现性。请独立财务顾问和律师核查并发表明确意见
问题 24 申请文件显示，2015 年、2016 年和 2017 年，中公教育的现金收款比例分别为 13.46%、6.36% 和 4.75%。请你公司补充披露：（1）报告期中公教育销售中发生现金交易的环节及背景原因、交易内容、交易金额及占比。（2）中公教育对于非法人客户的销售和采购金额及占比，非法人客户采购和销售的会计凭证信息、记载要素等。（3）中公教育与现金交易相关的内控制度设计及有效性。（4）中公教育是否存在第三方收款的情形，如是，请说明第三方收款的原因、金额、占收入比、收款真实性、相关内控措施及其有效性。请独立财务顾问和会计师对中公教育现金采购和销售的真实性进行核查并说明核查方法、程序、范围和结论
问题 61 申请文件显示，中公教育实际控制人李永新及其配偶控制的北京佳益文化传媒有限公司、千秋智业等 20 余家公司不属于本次置入资产范围，其中大部分公司从事图书发行与销售。请你公司：（1）结合所发行和销售的图书内容、与中公教育的协同性、图书发行和销售收入和利润情况等，补充披露本次置入资产的完整性、上述资产不作为重组标的的原因及合理性，以及对中公教育持续盈利能力的影响。（2）补充披露相关图书编撰人员是否在中公教育任职，是否影响中公教育人员独立。请独立财务顾问、会计师和律师核查并发表明确意见

（三）案例分析

1. 交易方案调整

2016 年修订的《民办教育促进法》第 19 条规定，民办学校的举办者可以自主选择设立非营利性或者营利性民办学校。本次交易原交易方案中，中公教育下设的 31 家民非学校拟同步装入上市公司，但是，鉴于该等民非学校改制为营利性民办学校可能存在一定的不确定性，最终为保证本次重大资产重组顺利实施，根据监管要求并经交易各方协商，中公教育与李永新于 2018 年 9 月 20 日签署了《关于北京中公教育科技股份有限公司下属民非学校之举办者权益转让协议》，约定将中公教育下属 33 所民非学校的 100% 举办者权益转让给李永新，对价约 730 万元，并以现金方式支付。

鉴于上述拟转让的 33 所民非学校 100% 举办者权益对应的 2017 年度资产总额、资产净额及营业收入占中公教育 2017 年度合并报表对应财务指标比例均不超过 20%；同时，上述 33 所民非学校收入规模占中公教育的比例极低，将其剥离不对中公教育的生产经营构成实质性影响，相应调整最终未构成对重组方案的重大调整。

2. 免于履行要约收购义务

本次交易后，鲁忠芳、李永新及其一致行动人中公合伙持有上市公司股份的比例上升至 61.01%，具体如表 2-3-4 所示。

表 2-3-4　交易前后鲁忠芳等持有的上市公司股份的变化情况

股东名称	本次交易前持股情况		本次交易后持股情况	
	持股数量	持股比例	持股数量（股）	持股比例（%）
鲁忠芳	—	—	2,550,549,260	41.36
李永新	—	—	1,131,415,121	18.35
中公合伙	—	—	80,000,000	1.30

虽然取得的股份数量超过 30%，但鲁忠芳、李永新及中公合伙并未履行要约收购义务。根据交易时有效的《上市公司收购管理办法》（2014 年修订）第 63 条的规定，经上市公司股东大会非关联股东批准，投资者取得上市公司

向其发行的新股，导致其在该公司拥有权益的股份超过该公司已发行股份的30%，投资者承诺3年内不转让本次向其发行的新股，且公司股东大会同意投资者免于发出要约。在中公教育本次交易中，李永新、鲁忠芳均作出了3年内不转让所持亚夏汽车股份的承诺，且2018年5月亚夏汽车已召开股东大会，审议通过了同意李永新等免于要约收购亚夏汽车股份的议案。

（四）案例点评

鉴于借壳方持有的资产权益将在注入上市公司后被上市公司原股东进行一定摊薄，借壳方一般倾向于选择市值相对较小的上市公司，从而可以在借壳后获得占比更高的上市公司股份。

在中公教育借壳亚夏汽车交易中，交易各方采用了“发行股份购买资产+股份转让+资产置换”的方式，使借壳方在交易后获得了上市公司60%左右的股份，从而降低了标的资产的权益摊薄比例。资产置换方面，上市公司拟将除保留资产以外的全部资产与负债作为置出资产，与李永新等11名交易对方持有的中公教育100%股权中的等值部分进行资产置换，拟置出资产最终作价13.35亿元。李永新等在获得该等拟置出资产后，将其作为中公合伙受让亚夏实业持有的80,000,000股亚夏汽车股票的交易对价（约占上市公司总股本的9.75%）。在股份转让方面，李永新以100,000.00万元现金为对价，另受让了亚夏实业持有的72,696,561股上市公司股份（约占上市公司总股本的8.86%）。

通过此种交易方案设计，亚夏汽车原控股股东以现金方式获得了退出，李永新等中公教育股东则实现了降低借壳交易中所持权益被稀释和摊薄比例的效果。

二、重组上市同时吸收合并：浙建集团借壳多喜爱实现整体上市

浙江省建设投资集团股份有限公司（以下简称浙建集团）股东反向收购深交所上市公司多喜爱集团股份有限公司（002761.SZ，以下简称多喜爱或上市公司）的控制权交易中，有几处明显与其他控制权交易不同的地方：一是原控股股东陈军夫妇将其所持上市公司全部股份转让，一点没留；二是在上

市公司发布重大资产重组公告后，原控股股东先行以协议转让方式出售大部分股份，在资产置换后，将剩余股份作为对价（作价金额等于置出资产交易定价）与浙建集团控股股东交换，取得全部原有资产和业务（置出资产）；三是在上市公司非公开发行股份购买置入资产的同时，将置入资产（浙建集团）与上市公司进行吸收合并，上市公司成为合并后的存续主体。

交易完成后，交易各方均实现了各自的目标：原控股股东在一次性变现股票取得大量现金的同时，仍然拥有上市公司原有资产，并完全退出上市公司；浙建集团在将全部业务和资产注入上市公司，从而实现整体上市的同时，上市公司原有业务、资产和人员全部由原控股股东接收；吸收合并后，上市公司和标的资产合二为一，减少了管理层级。

（一）交易概况

多喜爱（002761.SZ）控制权交易是一个连续过程，分为两个环节和步骤：一是协议转让：在上市公司公告重大资产重组后，原控股股东先将其所持部分（29.83%）股票以协议转让方式转让予浙建集团，使浙建集团成为上市公司单一最大股东；二是重组上市：包括重大资产置换、换股吸收合并、原控股股东剩余股份转让等。全部交易完成后，浙建集团的原股东成为上市公司股东，上市公司控股股东变更为浙江省国有资本运营有限公司（国资运营公司），实际控制人变更为浙江省国资委。

1. 上市公司

多喜爱成立于1999年，是一家位于湖南长沙的家用纺织品企业，旗下有“多喜爱”“美眠康”“喜玫瑰”“乐倍康”“HB”等品牌，以二、三线城市为主力市场。2015年6月10日，多喜爱在深交所中小板上市，创始人陈军、黄娅妮夫妇持有上市公司超过50%的股份。

上市后，多喜爱的营业收入逐年增长，但净利润却并没有明显提升。2017年多喜爱开始布局互联网领域，并确定了“家纺＋互联网”的双主业发展战略，凭借互联网概念，多喜爱上市后股价和市值上涨明显。

2017年5月，多喜爱宣布由多喜爱控股、与香港上市公司共同成立号称“中国最大的硬件创新平台”——前海硬蛋智能有限公司，主要开展人工智能业务。随后，其合作方遭沽空机构狙击，多喜爱股价也开始一路下跌。2017 年 6 月，多喜爱公告称，控股股东陈军、黄娅妮质押的部分股份触及警戒线。

重组上市前三年多喜爱的主要财务数据如表 2-3-5 所示。

表 2-3-5　重组上市前三年多喜爱的主要财务数据情况

单位：元

	2016 年	2017 年	2018 年
营业收入	670,123,204.75	680,825,127.62	902,825,220.79
归属于上市公司股东的净利润	21,482,899.14	23,137,363.62	27,784,828.52
归属于上市公司股东的扣除非经常性损益的净利润	17,289,605.32	20,421,689.78	23,295,802.35
资产总额	913,550,697.71	936,089,014.65	1,007,929,110.40
归属于上市公司股东的净资产	648,972,255.77	669,349,619.39	694,014,448.41

2. 拟置入标的资产

浙建集团是浙江省成立最早的国有建筑企业，主要从事建筑施工业务以及与建筑主业产业链相配套的工业制造、工程服务、基础设施投资运营等业务，是行业领先的龙头企业，连续多年入选中国企业 500 强、中国承包商 80 强、ENR“250 家全球最大国际承包商”。浙建集团是浙江省成立最早、规模最大、综合实力最强的国有建筑企业。

浙建集团成立于 1949 年，1998 年完成公司制改造，2009 年完成产权多元化改革，2016 年完成股份制改造，2017 年实施市场化债转股引入央企股东中国信达与工银投资，成为由央企、外企和经营团队参股，国有控股的混合所有制企业。浙建集团拥有各类企业资质 34 类约 144 项，工程设计各类甲级资质 17 项，特级施工资质 5 项，生产经营业务遍布全国 31 个省市自治区以及全球 10 多个国家和地区，形成了国内 8 大区域市场和以阿尔及利亚为中心的北非市场、以香港为核心的东南亚市场。

3. 重大资产重组交易方式与交易进程

本次重组上市交易中，上市公司将截至评估基准日的全部资产及负债（包括但不限于所有现金、长期股权投资、土地、房产及负债等）全部置入下属全资子公司多喜爱家居。上市公司以其拥有的置出资产与国资运营公司拥有的部分置入资产的交易定价等值部分进行置换，同时，上市公司向交易对方以非公开发行股份的方式购买置入资产超出置出资产定价的差额部分，并对浙建集团进行吸收合并。上市公司为吸收合并方，浙建集团为被吸收合并方，吸收合并完成后，浙建集团将注销法人资格，上市公司作为存续主体，将承接浙建集团的全部资产、负债、业务、人员、合同、资质及其他一切权利和义务，浙建集团持有的上市公司股份将相应注销。本次交易完成后，浙建集团全体股东将成为上市公司的股东。

在本次方案获得中国证监会审核核准后，现金选择权提供方将为上市公司的异议股东提供现金选择权，现金选择权的价格为本次交易定价基准日前60个交易日上市公司股票交易均价的90%。现金选择权提供方为中国信达。

国资运营公司以置出资产为对价（作价金额等于置出资产交易定价）受让陈军、黄娅妮持有的剩余20.01%上市公司股份，差额部分以现金方式补足。

重大资产置换、换股吸收合并、剩余股份转让互为条件，共同构成本次重大资产重组不可分割的组成部分，其中任何一项不生效或因故无法实施，则其他各项交易均自动失效并终止实施。

根据多喜爱公告，本次交易前后的具体进展如下：

2019年4月1日，多喜爱发布了《多喜爱集团股份有限公司关于重大资产重组停牌公告》。多喜爱因筹划发行股份购买浙建集团100%股权，4月1日（星期一）开市起停牌。

4月12日浙建集团与陈军、黄娅妮于签署《股份转让协议》，浙建集团拟通过协议转让的方式受让取得陈军、黄娅妮持有的上市公司29.83%股份，本次老股转让的价款合计为12.53亿元。

4月14日，多喜爱召开董事会，审议并通过了《关于〈多喜爱集团股份有限公司重大资产置换及换股吸收合并浙江省建设投资集团股份有限公司暨关联交易预案〉及其摘要的议案》等相关议案。4月16日，多喜爱发布了《多喜爱集团股份有限公司关于披露重组预案暨公司股票复牌的提示性公告》。

4月26日，多喜爱收到深交所《关于对多喜爱集团股份有限公司的重组问询函》。多喜爱协调相关各方及中介机构对问询函中提出的问题和要求逐项进行落实和回复，对本次重大资产重组相关文件进行了相应的补充和完善。

5月10日，浙建集团受让陈军、黄娅妮合计持有的上市公司29.83%股份完成过户手续，浙建集团持有上市公司29.83%股份，成为多喜爱第一大股东。

6月5日，多喜爱再次召开董事会，审议并通过了《关于公司重大资产置换及换股吸收合并浙江省建设投资集团股份有限公司暨关联交易方案的议案》等与本次重大资产重组相关的议案，并于6月6日披露了《重大资产置换及换股吸收合并浙江省建设投资集团股份有限公司暨关联交易报告书（草案）》及相关公告。

6月17日，多喜爱收到深交所《关于对多喜爱集团股份有限公司的重组问询函》。多喜爱协调相关各方及中介机构对问询函中提出的问题和要求逐项进行落实和回复，对本次重大资产重组相关文件进行了相应的补充和完善，并于6月20日在指定信息披露媒体上予以披露。

6月21日，多喜爱召开2019年第二次临时股东大会，审议通过了《重组报告书（草案）》等与本次交易相关的议案，并同意国资运营公司及其一致行动人免于以要约方式增持多喜爱的股份。

7月16日，多喜爱收到中国证监会《中国证监会行政许可项目审查一次反馈意见通知书》。

9月26日，根据中国证监会2019年第45次并购重组委工作会议会议审核结果，多喜爱本次重大资产置换及换股吸收合并浙江省建设投资集团股份有限公司暨关联交易事项未获通过。

10月13日，多喜爱收到国家市场监督管理总局于2019年10月10日出具的《经营者集中反垄断审查不实施进一步审查决定书》，对多喜爱与浙建集团合并案不实施进一步审查。

11月10日，多喜爱董事会审议通过了《关于继续推进公司本次交易事项的议案》《关于本次交易方案不构成重大调整的议案》等相关议案。

11月19日，多喜爱重新提交申请材料后，收到中国证监会出具的《中国证监会行政许可申请受理单》。

11月29日，根据中国证监会2019年第64次并购重组审核委员会审核结果，多喜爱本次重大资产置换及换股吸收合并浙建集团暨关联交易事项获得无条件通过。

12月17日，中国证会核准了多喜爱重大资产重组及向浙江国资公司等发行股份购买资产的交易。

（二）监管问询和监管审核

就本次交易，深交所多次向多喜爱发出重组问询函，中国证监会出具了一次反馈意见。

在经过多次问询和反馈后，多喜爱第一次申报的重大资产置换及换股吸收合并暨关联交易事项在2019年9月26日的并购重组委工作会议未获通过。经再次申报后，于同年11月29日获并购重组审核委员会无条件通过。

（三）案例分析

1. 原控股股东全部转让所持上市公司股份

从本次控制权交易的全过程可以看出，上市公司原控股股东第一次向浙建集团以协议转让的方式转让其所持29.83%股份，获得12.53亿元的现金对价。第二次转让是重组上市方案中的安排，即浙建集团控股股东以置出资产交易定价的作价金额购买上市公司原控股股东所持的剩余20.01%股份（差额部分以现金方式补足）。相当于原控股股东除继续拥有原上市公司全部有效资产和负债（置出资产中多喜爱员工将根据“人随资产走”的原则，由置出资产承接方负责安置）的同时，额外取得了出售上市公司控制权的现金对价，并不再参与上市公司的管理事务。

从浙建集团的角度，在注入全部资产和业务、实现整体上市的同时，上市公司不再拥有原有资产，全部是新注入的有效资产，可谓彻底地达到了“腾笼换鸟”的借壳上市效果。

2. 吸收合并短期面临的问题

本次交易的吸收合并方案为，上市公司为吸收合并方，浙建集团为被吸收合并方，吸收合并完成后，浙建集团将注销法人资格，上市公司作为存续主体，将承接浙建集团的全部资产、负债、业务、人员、合同、资质及其他一切权利和义务，浙建集团持有的上市公司股份将相应注销。本次交易完成后，浙建集团全体股东将成为上市公司的股东。

一般来说，重组上市如果没有将置入资产与上市公司吸收合并，在上市公司通过发行股份购买置入资产（浙建集团）股权、置入资产的股东成为上市公司股东后，置入资产将成为上市公司的全资或控股子公司，在上市公司新股东与置入资产之间多了上市公司这一环节，与置入资产的原有管理层级、管理方式等存在差异，管理效率也会受到影响。通过吸收合并的方式，保留上市公司这一主体继续存续，浙建集团的法人资格注销，可以减少管理层级、提高管理效率。

实践中，这一方式短期内会带来一系列变更、调整或更换的麻烦，譬如置入资产的各类公章、证照、资质证书、账号、文书格式、合同主体等都需要变更，上市公司的股票简称也会相应进行变更。自中国证监会核准至今，已经过 8 个多月时间，上市公司的简称仍为“多喜爱”，可见相关变更和调整仍未完成。

3. 上市公司作出迁址的决定

作为地方国资的浙江省国资委，在通过收购方式取得上市公司控制权外，一般也会有一个诉求，就是要求上市公司迁址。多喜爱也不例外。

2020 年 7 月 21 日，多喜爱第三届董事会第三十次会议在浙江省杭州市西湖区文三西路 52 号召开。本次董事会审议并通过了《关于拟变更注册地址的议案》，考虑到重大资产置换及换股吸收合并的资产交割已经完成，浙建集团的全部资产、负债、业务、合同及其他一切权利和义务已转由多喜爱享有和承担，为促进上市公司的长远发展战略和实际经营状况更加匹配，决定拟将上市公司注册地址从“长沙市岳麓区麓谷大道 627 号长海创业基地南二层”迁往“浙江省杭州市西湖区文三西路 52 号”，同时授权职能部门办理公司注册地迁移及相关工商变更登记事项。

4. 反垄断申报

就本次交易方案中的吸收合并事项，相关方对合并可能构成经营者集中向国家市场监督管理总局进行了反垄断申报。

2019 年 10 月 10 日，国家市场监督管理总局出具了《经营者集中反垄断审查不实施进一步审查决定书》（反垄断审查决定［2019］389 号），决定对多喜爱与浙建集团合并案不实施进一步审查。

第三部分

与控制权交易有关的法规汇编

目　录

（一）中华人民共和国证券法（2019年修订）（节选）

第四十四条 上市公司、股票在国务院批准的其他全国性证券交易场所交易的公司持有百分之五以上股份的股东、董事、监事、高级管理人员，将其持有的该公司的股票或者其他具有股权性质的证券在买入后六个月内卖出，或者在卖出后六个月内又买入，由此所得收益归该公司所有，公司董事会应当收回其所得收益。但是，证券公司因购入包销售后剩余股票而持有百分之五以上股份，以及有国务院证券监督管理机构规定的其他情形的除外。

前款所称董事、监事、高级管理人员、自然人股东持有的股票或者其他具有股权性质的证券，包括其配偶、父母、子女持有的及利用他人账户持有的股票或者其他具有股权性质的证券。

公司董事会不按照第一款规定执行的，股东有权要求董事会在三十日内执行。公司董事会未在上述期限内执行的，股东有权为了公司的利益以自己的名义直接向人民法院提起诉讼。

公司董事会不按照第一款的规定执行的，负有责任的董事依法承担连带责任。

第四章 上市公司的收购

第六十二条 投资者可以采取要约收购、协议收购及其他合法方式收购上市公司。

第六十三条 通过证券交易所的证券交易，投资者持有或者通过协议、其他安排与他人共同持有一个上市公司已发行的有表决权股份达到百分之五时，应当在该事实发生之日起三日内，向国务院证券监督管理机构、证券交易所作出书面报告，通知该上市公司，并予公告，在上述期限内不得再行买卖该上市公司的股票，但国务院证券监督管理机构规定的情形除外。

投资者持有或者通过协议、其他安排与他人共同持有一个上市公司已发行的有表决权股份达到百分之五后，其所持该上市公司已发行的有表决权股份比例每增加或者减少百分之五，应当依照前款规定进行报告和公告，在该事实发生之日起至公告后三日内，不得再行买卖该上市公司的股票，但国务院证券监督管理机构规定的情形除外。

投资者持有或者通过协议、其他安排与他人共同持有一个上市公司已发行的有表决权股份达到百分之五后，其所持该上市公司已发行的有表决权股份比例每增加或者减少百分之一，应当在该事实发生的次日通知该上市公司，并予公告。

违反第一款、第二款规定买入上市公司有表决权的股份的，在买入后的三十六个月内，对该超过规定比例部分的股份不得行使表决权。

第六十四条 依照前条规定所作的公告，应当包括下列内容：

（一）持股人的名称、住所；

（二）持有的股票的名称、数额；

（三）持股达到法定比例或者持股增减变化达到法定比例的日期、增持股份的资金来源；

（四）在上市公司中拥有有表决权的股份变动的时间及方式。

第六十五条 通过证券交易所的证券交易，投资者持有或者通过协议、其他安排与他人共同持有一个上市公司已发行的有表决权股份达到百分之三十时，继续进行收购的，应当依法向该上市公司所有股东发出收购上市公司全部或者部分股份的要约。

收购上市公司部分股份的要约应当约定，被收购公司股东承诺出售的股份数额超过预定收购的股份数额的，收购人按比例进行收购。

第六十六条 依照前条规定发出收购要约，收购人必须公告上市公司收购报告书，并载明下列事项：

（一）收购人的名称、住所；

（二）收购人关于收购的决定；

（三）被收购的上市公司名称；

（四）收购目的；

（五）收购股份的详细名称和预定收购的股份数额；

（六）收购期限、收购价格；

（七）收购所需资金额及资金保证；

（八）公告上市公司收购报告书时持有被收购公司股份数占该公司已发行的股份总数的比例。

第六十七条 收购要约约定的收购期限不得少于三十日，并不得超过六十日。

第六十八条 在收购要约确定的承诺期限内，收购人不得撤销其收购要约。收购人需要变更收购要约的，应当及时公告，载明具体变更事项，且不得存在下列情形：

（一）降低收购价格；

（二）减少预定收购股份数额；

（三）缩短收购期限；

（四）国务院证券监督管理机构规定的其他情形。

第六十九条 收购要约提出的各项收购条件，适用于被收购公司的所有股东。

上市公司发行不同种类股份的，收购人可以针对不同种类股份提出不同的收购条件。

第七十条 采取要约收购方式的，收购人在收购期限内，不得卖出被收购公司的股票，也不得采取要约规定以外的形式和超出要约的条件买入被收购公司的股票。

第七十一条 采取协议收购方式的，收购人可以依照法律、行政法规的规定同被收购公司的股东以协议方式进行股份转让。

以协议方式收购上市公司时，达成协议后，收购人必须在三日内将该收购协议向国务院证券监督管理机构及证券交易所作出书面报告，并予公告。

在公告前不得履行收购协议。

第七十二条 采取协议收购方式的，协议双方可以临时委托证券登记结算机构保管协议转让的股票，并将资金存放于指定的银行。

第七十三条 采取协议收购方式的，收购人收购或者通过协议、其他安排与他人共同收购一个上市公司已发行的有表决权股份达到百分之三十时，继续进行收购的，应当依法向该上市公司所有股东发出收购上市公司全部或者部分股份的要约。但是，按照国务院证券监督管理机构的规定免除发出要约的除外。

收购人依照前款规定以要约方式收购上市公司股份，应当遵守本法第六十五条第二款、第六十六条至第七十条的规定。

第七十四条 收购期限届满，被收购公司股权分布不符合证券交易所规定的上市交易要求的，该上市公司的股票应当由证券交易所依法终止上市交易；其余仍持有被收购公司股票的股东，有权向收购人以收购要约的同等条件出售其股票，收购人应当收购。

收购行为完成后，被收购公司不再具备股份有限公司条件的，应当依法变更企业形式。

第七十五条 在上市公司收购中，收购人持有的被收购的上市公司的股票，在收购行为完成后的十八个月内不得转让。

第七十六条 收购行为完成后，收购人与被收购公司合并，并将该公司解散的，被解散公司的原有股票由收购人依法更换。

收购行为完成后，收购人应当在十五日内将收购情况报告国务院证券监督管理机构和证券交易所，并予公告。

第七十七条 国务院证券监督管理机构依照本法制定上市公司收购的具体办法。

上市公司分立或者被其他公司合并，应当向国务院证券监督管理机构报告，并予公告。

第十三章 法律责任

第一百九十六条 收购人未按照本法规定履行上市公司收购的公告、发出收购要约义务的，责令改正，给予警告，并处以五十万元以上五百万元以下的罚款。对直接负责的主管人员和其他直接责任人员给予警告，并处以二十万元以上二百万元以下的罚款。

收购人及其控股股东、实际控制人利用上市公司收购，给被收购公司及其股东造成损失的，应当依法承担赔偿责任。

第一百九十七条 信息披露义务人未按照本法规定报送有关报告或者履行信息披露义务的，责令改正，给予警告，并处以五十万元以上五百万元以下的罚款；对直接负责的主管人员和其他直接责任人员给予警告，并处以二十万元以上二百万元以下的罚款。发行人的控股股东、实际控制人组织、指使从事上述违法行为，或者隐瞒相关事项导致发生上述情形的，处以五十万元以上五百万元以下的罚款；对直接负责的主管人员和其他直接责任人员，处以二十万元以上二百万元以下的罚款。

信息披露义务人报送的报告或者披露的信息有虚假记载、误导性陈述或者重大遗漏的，责令改正，给予警告，并处以一百万元以上一千万元以下的罚款；对直接负责的主管人员和其他直接责任人员给予警告，并处以五十万元以上五百万元以下的罚款。发行人的控股股东、实际控制人组织、指使从事上述违法行为，或者隐瞒相关事项导致发生上述情形的，处以一百万元以上一千万元以下的罚款；对直接负责的主管人员和其他直接责任人员，处以五十万元以上五百万元以下的罚款。

（二）上市公司收购管理办法（2020 年修订）

第一章　总　　则

第一条　为了规范上市公司的收购及相关股份权益变动活动，保护上市公司和投资者的合法权益，维护证券市场秩序和社会公共利益，促进证券市场资源的优化配置，根据《证券法》、《公司法》及其他相关法律、行政法规，制定本办法。

第二条　上市公司的收购及相关股份权益变动活动，必须遵守法律、行政法规及中国证券监督管理委员会（以下简称中国证监会）的规定。当事人应当诚实守信，遵守社会公德、商业道德，自觉维护证券市场秩序，接受政府、社会公众的监督。

第三条　上市公司的收购及相关股份权益变动活动，必须遵循公开、公平、公正的原则。

上市公司的收购及相关股份权益变动活动中的信息披露义务人，应当充分披露其在上市公司中的权益及变动情况，依法严格履行报告、公告和其他法定义务。在相关信息披露前，负有保密义务。

信息披露义务人报告、公告的信息必须真实、准确、完整，不得有虚假记载、误导性陈述或者重大遗漏。

第四条　上市公司的收购及相关股份权益变动活动不得危害国家安全和社会公共利益。

上市公司的收购及相关股份权益变动活动涉及国家产业政策、行业准入、国有股份转让等事项，需要取得国家相关部门批准的，应当在取得批准后进行。

外国投资者进行上市公司的收购及相关股份权益变动活动的，应当取得国家相关部门的批准，适用中国法律，服从中国的司法、仲裁管辖。

第五条 收购人可以通过取得股份的方式成为一个上市公司的控股股东，可以通过投资关系、协议、其他安排的途径成为一个上市公司的实际控制人，也可以同时采取上述方式和途径取得上市公司控制权。

收购人包括投资者及与其一致行动的他人。

第六条 任何人不得利用上市公司的收购损害被收购公司及其股东的合法权益。

有下列情形之一的，不得收购上市公司：

（一）收购人负有数额较大债务，到期未清偿，且处于持续状态；

（二）收购人最近 3 年有重大违法行为或者涉嫌有重大违法行为；

（三）收购人最近 3 年有严重的证券市场失信行为；

（四）收购人为自然人的，存在《公司法》第一百四十六条规定情形；

（五）法律、行政法规规定以及中国证监会认定的不得收购上市公司的其他情形。

第七条 被收购公司的控股股东或者实际控制人不得滥用股东权利损害被收购公司或者其他股东的合法权益。

被收购公司的控股股东、实际控制人及其关联方有损害被收购公司及其他股东合法权益的，上述控股股东、实际控制人在转让被收购公司控制权之前，应当主动消除损害；未能消除损害的，应当就其出让相关股份所得收入用于消除全部损害做出安排，对不足以消除损害的部分应当提供充分有效的履约担保或安排，并依照公司章程取得被收购公司股东大会的批准。

第八条 被收购公司的董事、监事、高级管理人员对公司负有忠实义务和勤勉义务，应当公平对待收购本公司的所有收购人。

被收购公司董事会针对收购所做出的决策及采取的措施，应当有利于维护公司及其股东的利益，不得滥用职权对收购设置不适当的障碍，不得利用公司资源向收购人提供任何形式的财务资助，不得损害公司及其股东的合法权益。

第九条 收购人进行上市公司的收购，应当聘请符合《证券法》规定的专业机构担任财务顾问。收购人未按照本办法规定聘请财务顾问的，不得收购上市公司。

财务顾问应当勤勉尽责，遵守行业规范和职业道德，保持独立性，保证其所制作、出具文件的真实性、准确性和完整性。

财务顾问认为收购人利用上市公司的收购损害被收购公司及其股东合法权益的，应当拒绝为收购人提供财务顾问服务。

财务顾问不得教唆、协助或者伙同委托人编制或披露存在虚假记载、误导性陈述或者重大遗漏的报告、公告文件，不得从事不正当竞争，不得利用上市公司的收购谋取不正当利益。

为上市公司收购出具资产评估报告、审计报告、法律意见书的证券服务机构及其从业人员，应当遵守法律、行政法规、中国证监会的有关规定，以及证券交易所的相关规则，遵循本行业公认的业务标准和道德规范，诚实守信，勤勉尽责，对其所制作、出具文件的真实性、准确性和完整性承担责任。

第十条 中国证监会依法对上市公司的收购及相关股份权益变动活动进行监督管理。

中国证监会设立由专业人员和有关专家组成的专门委员会。专门委员会可以根据中国证监会职能部门的请求，就是否构成上市公司的收购、是否有不得收购上市公司的情形以及其他相关事宜提供咨询意见。中国证监会依法做出决定。

第十一条 证券交易所依法制定业务规则，为上市公司的收购及相关股份权益变动活动组织交易和提供服务，对相关证券交易活动进行实时监控，监督上市公司的收购及相关股份权益变动活动的信息披露义务人切实履行信息披露义务。

证券登记结算机构依法制定业务规则，为上市公司的收购及相关股份权益变动活动所涉及的证券登记、存管、结算等事宜提供服务。

第二章　权益披露

第十二条 投资者在一个上市公司中拥有的权益，包括登记在其名下的股份和虽未登记在其名下但该投资者可以实际支配表决权的股份。投资者及其一致行动人在一个上市公司中拥有的权益应当合并计算。

第十三条 通过证券交易所的证券交易，投资者及其一致行动人拥有权益的股份达到一个上市公司已发行股份的5%时，应当在该事实发生之日起3日内编制权益变动报告书，向中国证监会、证券交易所提交书面报告，通知该上市公司，并予公告；在上述期限内，不得再行买卖该上市公司的股票，但中国证监会规定的情形除外。

前述投资者及其一致行动人拥有权益的股份达到一个上市公司已发行股份的5%后，通过证券交易所的证券交易，其拥有权益的股份占该上市公司已发行股份的比例每增加或者减少5%，应当依照前款规定进行报告和公告。在报告期限内和作出报告、公告后3日内，不得再行买卖该上市公司的股票，但中国证监会规定的情形除外。

前述投资者及其一致行动人拥有权益的股份达到一个上市公司已发行股份的5%后，其拥有权益的股份占该上市公司已发行股份的比例每增加或者减少1%，应当在该事实发生的次日通知该上市公司，并予公告。

违反本条第一款、第二款的规定买入在上市公司中拥有权益的股份的，在买入后的36个月内，对该超过规定比例部分的股份不得行使表决权。

第十四条 通过协议转让方式，投资者及其一致行动人在一个上市公司中拥有权益的股份拟达到或者超过一个上市公司已发行股份的5%时，应当在该事实发生之日起3日内编制权益变动报告书，向中国证监会、证券交易所提交书面报告，通知该上市公司，并予公告。

前述投资者及其一致行动人拥有权益的股份达到一个上市公司已发行股份的5%后，其拥有权益的股份占该上市公司已发行股份的比例每增加或者减少达到或者超过5%的，应当依照前款规定履行报告、公告义务。

前两款规定的投资者及其一致行动人在作出报告、公告前，不得再行买卖该上市公司的股票。相关股份转让及过户登记手续按照本办法第四章及证券交易所、证券登记结算机构的规定办理。

第十五条 投资者及其一致行动人通过行政划转或者变更、执行法院裁定、继承、赠与等方式拥有权益的股份变动达到前条规定比例的，应当按照前条规定履行报告、公告义务，并参照前条规定办理股份过户登记手续。

第十六条 投资者及其一致行动人不是上市公司的第一大股东或者实际控制人，其拥有权益的股份达到或者超过该公司已发行股份的 5%，但未达到 20% 的，应当编制包括下列内容的简式权益变动报告书：

（一）投资者及其一致行动人的姓名、住所；投资者及其一致行动人为法人的，其名称、注册地及法定代表人；

（二）持股目的，是否有意在未来 12 个月内继续增加其在上市公司中拥有的权益；

（三）上市公司的名称、股票的种类、数量、比例；

（四）在上市公司中拥有权益的股份达到或者超过上市公司已发行股份的 5% 或者拥有权益的股份增减变化达到 5% 的时间及方式、增持股份的资金来源；

（五）在上市公司中拥有权益的股份变动的时间及方式；

（六）权益变动事实发生之日前 6 个月内通过证券交易所的证券交易买卖该公司股票的简要情况；

（七）中国证监会、证券交易所要求披露的其他内容。

前述投资者及其一致行动人为上市公司第一大股东或者实际控制人，其拥有权益的股份达到或者超过一个上市公司已发行股份的 5%，但未达到 20% 的，还应当披露本办法第十七条第一款规定的内容。

第十七条 投资者及其一致行动人拥有权益的股份达到或者超过一个上市公司已发行股份的 20% 但未超过 30% 的，应当编制详式权益变动报告书，除须披露前条规定的信息外，还应当披露以下内容：

（一）投资者及其一致行动人的控股股东、实际控制人及其股权控制关系结构图；

（二）取得相关股份的价格、所需资金额，或者其他支付安排；

（三）投资者、一致行动人及其控股股东、实际控制人所从事的业务与上市公司的业务是否存在同业竞争或者潜在的同业竞争，是否存在持续关联交易；存在同业竞争或者持续关联交易的，是否已做出相应的安排，确保投资者、一致行动人及其关联方与上市公司之间避免同业竞争以及保持上市公司的独立性；

（四）未来12个月内对上市公司资产、业务、人员、组织结构、公司章程等进行调整的后续计划；

（五）前24个月内投资者及其一致行动人与上市公司之间的重大交易；

（六）不存在本办法第六条规定的情形；

（七）能够按照本办法第五十条的规定提供相关文件。

前述投资者及其一致行动人为上市公司第一大股东或者实际控制人的，还应当聘请财务顾问对上述权益变动报告书所披露的内容出具核查意见，但国有股行政划转或者变更、股份转让在同一实际控制人控制的不同主体之间进行、因继承取得股份的除外。投资者及其一致行动人承诺至少3年放弃行使相关股份表决权的，可免于聘请财务顾问和提供前款第（七）项规定的文件。

第十八条 已披露权益变动报告书的投资者及其一致行动人在披露之日起6个月内，因拥有权益的股份变动需要再次报告、公告权益变动报告书的，可以仅就与前次报告书不同的部分作出报告、公告；自前次披露之日起超过6个月的，投资者及其一致行动人应当按照本章的规定编制权益变动报告书，履行报告、公告义务。

第十九条 因上市公司减少股本导致投资者及其一致行动人拥有权益的股份变动出现本办法第十四条规定情形的，投资者及其一致行动人免于履行报告和公告义务。上市公司应当自完成减少股本的变更登记之日起2个工作日内，就因此导致的公司股东拥有权益的股份变动情况作出公告；因公司减少股本可能导致投资者及其一致行动人成为公司第一大股东或者实际控制人的，该投资者及其一致行动人应当自公司董事会公告有关减少公司股本决议之日起3个工作日内，按照本办法第十七条第一款的规定履行报告、公告义务。

第二十条 上市公司的收购及相关股份权益变动活动中的信息披露义务人依法披露前，相关信息已在媒体上传播或者公司股票交易出现异常的，上市公司应当立即向当事人进行查询，当事人应当及时予以书面答复，上市公司应当及时作出公告。

第二十一条 上市公司的收购及相关股份权益变动活动中的信息披露

义务人应当在证券交易所的网站和符合中国证监会规定的媒体上依法披露信息；在其他媒体上进行披露的，披露内容应当一致，披露时间不得早于指定媒体的披露时间。

第二十二条 上市公司的收购及相关股份权益变动活动中的信息披露义务人采取一致行动的，可以以书面形式约定由其中一人作为指定代表负责统一编制信息披露文件，并同意授权指定代表在信息披露文件上签字、盖章。

各信息披露义务人应当对信息披露文件中涉及其自身的信息承担责任；对信息披露文件中涉及的与多个信息披露义务人相关的信息，各信息披露义务人对相关部分承担连带责任。

第三章 要约收购

第二十三条 投资者自愿选择以要约方式收购上市公司股份的，可以向被收购公司所有股东发出收购其所持有的全部股份的要约（以下简称全面要约），也可以向被收购公司所有股东发出收购其所持有的部分股份的要约（以下简称部分要约）。

第二十四条 通过证券交易所的证券交易，收购人持有一个上市公司的股份达到该公司已发行股份的30%时，继续增持股份的，应当采取要约方式进行，发出全面要约或者部分要约。

第二十五条 收购人依照本办法第二十三条、第二十四条、第四十七条、第五十六条的规定，以要约方式收购一个上市公司股份的，其预定收购的股份比例均不得低于该上市公司已发行股份的5%。

第二十六条 以要约方式进行上市公司收购的，收购人应当公平对待被收购公司的所有股东。持有同一种类股份的股东应当得到同等对待。

第二十七条 收购人为终止上市公司的上市地位而发出全面要约的，或者因不符合本办法第六章的规定而发出全面要约的，应当以现金支付收购价款；以依法可以转让的证券（以下简称证券）支付收购价款的，应当同时提供现金方式供被收购公司股东选择。

第二十八条 以要约方式收购上市公司股份的，收购人应当编制要约收购报告书，聘请财务顾问，通知被收购公司，同时对要约收购报告书摘要作出提示性公告。

本次收购依法应当取得相关部门批准的，收购人应当在要约收购报告书摘要中作出特别提示，并在取得批准后公告要约收购报告书。

第二十九条 前条规定的要约收购报告书，应当载明下列事项：

（一）收购人的姓名、住所；收购人为法人的，其名称、注册地及法定代表人，与其控股股东、实际控制人之间的股权控制关系结构图；

（二）收购人关于收购的决定及收购目的，是否拟在未来12个月内继续增持；

（三）上市公司的名称、收购股份的种类；

（四）预定收购股份的数量和比例；

（五）收购价格；

（六）收购所需资金额、资金来源及资金保证，或者其他支付安排；

（七）收购要约约定的条件；

（八）收购期限；

（九）公告收购报告书时持有被收购公司的股份数量、比例；

（十）本次收购对上市公司的影响分析，包括收购人及其关联方所从事的业务与上市公司的业务是否存在同业竞争或者潜在的同业竞争，是否存在持续关联交易；存在同业竞争或者持续关联交易的，收购人是否已作出相应的安排，确保收购人及其关联方与上市公司之间避免同业竞争以及保持上市公司的独立性；

（十一）未来12个月内对上市公司资产、业务、人员、组织结构、公司章程等进行调整的后续计划；

（十二）前24个月内收购人及其关联方与上市公司之间的重大交易；

（十三）前6个月内通过证券交易所的证券交易买卖被收购公司股票的情况；

（十四）中国证监会要求披露的其他内容。

收购人发出全面要约的，应当在要约收购报告书中充分披露终止上市的风险、终止上市后收购行为完成的时间及仍持有上市公司股份的剩余股东出售其股票的其他后续安排；收购人发出以终止公司上市地位为目的的全面要约，无须披露前款第（十）项规定的内容。

第三十条 收购人按照本办法第四十七条拟收购上市公司股份超过30%，须改以要约方式进行收购的，收购人应当在达成收购协议或者做出类似安排后的3日内对要约收购报告书摘要作出提示性公告，并按照本办法第二十八条、第二十九条的规定履行公告义务，同时免于编制、公告上市公司收购报告书；依法应当取得批准的，应当在公告中特别提示本次要约须取得相关批准方可进行。

未取得批准的，收购人应当在收到通知之日起2个工作日内，公告取消收购计划，并通知被收购公司。

第三十一条 收购人自作出要约收购提示性公告起60日内，未公告要约收购报告书的，收购人应当在期满后次一个工作日通知被收购公司，并予公告；此后每30日应当公告一次，直至公告要约收购报告书。

收购人作出要约收购提示性公告后，在公告要约收购报告书之前，拟自行取消收购计划的，应当公告原因；自公告之日起12个月内，该收购人不得再次对同一上市公司进行收购。

第三十二条 被收购公司董事会应当对收购人的主体资格、资信情况及收购意图进行调查，对要约条件进行分析，对股东是否接受要约提出建议，并聘请独立财务顾问提出专业意见。在收购人公告要约收购报告书后20日内，被收购公司董事会应当公告被收购公司董事会报告书与独立财务顾问的专业意见。

收购人对收购要约条件做出重大变更的，被收购公司董事会应当在3个工作日内公告董事会及独立财务顾问就要约条件的变更情况所出具的补充意见。

第三十三条 收购人作出提示性公告后至要约收购完成前，被收购公司除继续从事正常的经营活动或者执行股东大会已经作出的决议外，未经股东大会批准，被收购公司董事会不得通过处置公司资产、对外投资、调整公司主要业务、担保、贷款等方式，对公司的资产、负债、权益或者经营成果造成重大影响。

第三十四条 在要约收购期间，被收购公司董事不得辞职。

第三十五条 收购人按照本办法规定进行要约收购的，对同一种类股票的要约价格，不得低于要约收购提示性公告日前6个月内收购人取得该种股票所支付的最高价格。

要约价格低于提示性公告日前30个交易日该种股票的每日加权平均价格的算术平均值的，收购人聘请的财务顾问应当就该种股票前6个月的交易情况进行分析，说明是否存在股价被操纵、收购人是否有未披露的一致行动人、收购人前6个月取得公司股份是否存在其他支付安排、要约价格的合理性等。

第三十六条 收购人可以采用现金、证券、现金与证券相结合等合法方式支付收购上市公司的价款。收购人以证券支付收购价款的，应当提供该证券的发行人最近3年经审计的财务会计报告、证券估值报告，并配合被收购公司聘请的独立财务顾问的尽职调查工作。收购人以在证券交易所上市的债券支付收购价款的，该债券的可上市交易时间应当不少于一个月。收购人以未在证券交易所上市交易的证券支付收购价款的，必须同时提供现金方式供被收购公司的股东选择，并详细披露相关证券的保管、送达被收购公司股东的方式和程序安排。

收购人聘请的财务顾问应当对收购人支付收购价款的能力和资金来源进行充分的尽职调查，详细披露核查的过程和依据，说明收购人是否具备要约收购的能力。收购人应当在作出要约收购提示性公告的同时，提供以下至少一项安排保证其具备履约能力：

（一）以现金支付收购价款的，将不少于收购价款总额的20%作为履约保证金存入证券登记结算机构指定的银行；收购人以在证券交易所上市交易的证券支付收购价款的，将用于支付的全部证券交由证券登记结算机构保管，但上市公司发行新股的除外；

（二）银行对要约收购所需价款出具保函；

（三）财务顾问出具承担连带保证责任的书面承诺，明确如要约期满收购人不支付收购价款，财务顾问进行支付。

第三十七条 收购要约约定的收购期限不得少于 30 日，并不得超过 60 日；但是出现竞争要约的除外。

在收购要约约定的承诺期限内，收购人不得撤销其收购要约。

第三十八条 采取要约收购方式的，收购人作出公告后至收购期限届满前，不得卖出被收购公司的股票，也不得采取要约规定以外的形式和超出要约的条件买入被收购公司的股票。

第三十九条 收购要约提出的各项收购条件，适用于被收购公司的所有股东。

上市公司发行不同种类股份的，收购人可以针对持有不同种类股份的股东提出不同的收购条件。

收购人需要变更收购要约的，必须及时公告，载明具体变更事项，并通知被收购公司。变更收购要约不得存在下列情形：

（一）降低收购价格；

（二）减少预定收购股份数额；

（三）缩短收购期限；

（四）中国证监会规定的其他情形。

第四十条 收购要约期限届满前 15 日内，收购人不得变更收购要约；但是出现竞争要约的除外。

出现竞争要约时，发出初始要约的收购人变更收购要约距初始要约收购期限届满不足 15 日的，应当延长收购期限，延长后的要约期应当不少于 15 日，不得超过最后一个竞争要约的期满日，并按规定追加履约保证。

发出竞争要约的收购人最迟不得晚于初始要约收购期限届满前 15 日发出要约收购的提示性公告，并应当根据本办法第二十八条和第二十九条的规定履行公告义务。

第四十一条 要约收购报告书所披露的基本事实发生重大变化的，收购人应当在该重大变化发生之日起 2 个工作日内作出公告，并通知被收购公司。

第四十二条 同意接受收购要约的股东（以下简称预受股东），应当委托证券公司办理预受要约的相关手续。收购人应当委托证券公司向证券登记结算机构申请办理预受要约股票的临时保管。证券登记结算机构临时保管的预受要约的股票，在要约收购期间不得转让。

前款所称预受，是指被收购公司股东同意接受要约的初步意思表示，在要约收购期限内不可撤回之前不构成承诺。在要约收购期限届满 3 个交易日前，预受股东可以委托证券公司办理撤回预受要约的手续，证券登记结算机构根据预受要约股东的撤回申请解除对预受要约股票的临时保管。在要约收购期限届满前 3 个交易日内，预受股东不得撤回其对要约的接受。在要约收购期限内，收购人应当每日在证券交易所网站上公告已预受收购要约的股份数量。

出现竞争要约时，接受初始要约的预受股东撤回全部或者部分预受的股份，并将撤回的股份售予竞争要约人的，应当委托证券公司办理撤回预受初始要约的手续和预受竞争要约的相关手续。

第四十三条 收购期限届满，发出部分要约的收购人应当按照收购要约约定的条件购买被收购公司股东预受的股份，预受要约股份的数量超过预定收购数量时，收购人应当按照同等比例收购预受要约的股份；以终止被收购公司上市地位为目的的，收购人应当按照收购要约约定的条件购买被收购公司股东预受的全部股份；因不符合本办法第六章的规定而发出全面要约的收购人应当购买被收购公司股东预受的全部股份。

收购期限届满后 3 个交易日内，接受委托的证券公司应当向证券登记结算机构申请办理股份转让结算、过户登记手续，解除对超过预定收购比例的股票的临时保管；收购人应当公告本次要约收购的结果。

第四十四条 收购期限届满，被收购公司股权分布不符合证券交易所规定的上市交易要求，该上市公司的股票由证券交易所依法终止上市交易。在收购行为完成前，其余仍持有被收购公司股票的股东，有权在收购报告书规定的合理期限内向收购人以收购要约的同等条件出售其股票，收购人应当收购。

第四十五条 收购期限届满后 15 日内，收购人应当向证券交易所提交关于收购情况的书面报告，并予以公告。

第四十六条 除要约方式外，投资者不得在证券交易所外公开求购上市公司的股份。

第四章 协议收购

第四十七条 收购人通过协议方式在一个上市公司中拥有权益的股份达到或者超过该公司已发行股份的 5%，但未超过 30% 的，按照本办法第二章的规定办理。

收购人拥有权益的股份达到该公司已发行股份的 30% 时，继续进行收购的，应当依法向该上市公司的股东发出全面要约或者部分要约。符合本办法第六章规定情形的，收购人可以免于发出要约。

收购人拟通过协议方式收购一个上市公司的股份超过 30% 的，超过 30% 的部分，应当改以要约方式进行；但符合本办法第六章规定情形的，收购人可以免于发出要约。符合前述规定情形的，收购人可以履行其收购协议；不符合前述规定情形的，在履行其收购协议前，应当发出全面要约。

第四十八条 以协议方式收购上市公司股份超过 30%，收购人拟依据本办法第六十二条、第六十三条第一款第（一）项、第（二）项、第（十）项的规定免于发出要约的，应当在与上市公司股东达成收购协议之日起 3 日内编制上市公司收购报告书，通知被收购公司，并公告上市公司收购报告书摘要。

收购人应当在收购报告书摘要公告后 5 日内，公告其收购报告书、财务顾问专业意见和律师出具的法律意见书；不符合本办法第六章规定的情形的，应当予以公告，并按照本办法第六十一条第二款的规定办理。

第四十九条 依据前条规定所作的上市公司收购报告书，须披露本办法第二十九条第（一）项至第（六）项和第（九）项至第（十四）项规定的内容及收购协议的生效条件和付款安排。

已披露收购报告书的收购人在披露之日起 6 个月内，因权益变动需要再次报告、公告的，可以仅就与前次报告书不同的部分作出报告、公告；超过 6 个月的，应当按照本办法第二章的规定履行报告、公告义务。

第五十条 收购人公告上市公司收购报告书时，应当提交以下备查文件：

（一）中国公民的身份证明，或者在中国境内登记注册的法人、其他组织的证明文件；

（二）基于收购人的实力和从业经验对上市公司后续发展计划可行性的说明，收购人拟修改公司章程、改选公司董事会、改变或者调整公司主营业务的，还应当补充其具备规范运作上市公司的管理能力的说明；

（三）收购人及其关联方与被收购公司存在同业竞争、关联交易的，应提供避免同业竞争等利益冲突、保持被收购公司经营独立性的说明；

（四）收购人为法人或者其他组织的，其控股股东、实际控制人最近 2 年未变更的说明；

（五）收购人及其控股股东或实际控制人的核心企业和核心业务、关联企业及主营业务的说明；收购人或其实际控制人为两个或两个以上的上市公司控股股东或实际控制人的，还应当提供其持股 5% 以上的上市公司以及银行、信托公司、证券公司、保险公司等其他金融机构的情况说明；

（六）财务顾问关于收购人最近 3 年的诚信记录、收购资金来源合法性、收购人具备履行相关承诺的能力以及相关信息披露内容真实性、准确性、完整性的核查意见；收购人成立未满 3 年的，财务顾问还应当提供其控股股东或者实际控制人最近 3 年诚信记录的核查意见。

境外法人或者境外其他组织进行上市公司收购的，除应当提交第一款第（二）项至第（六）项规定的文件外，还应当提交以下文件：

（一）财务顾问出具的收购人符合对上市公司进行战略投资的条件、具有收购上市公司的能力的核查意见；

（二）收购人接受中国司法、仲裁管辖的声明。

第五十一条 上市公司董事、监事、高级管理人员、员工或者其所控制或者委托的法人或者其他组织，拟对本公司进行收购或者通过本办法第五章规定的方式取得本公司控制权（以下简称管理层收购）的，该上市公司应当具备健全且运行良好的组织机构以及有效的内部控制制度，公司董事会成员中独立董事的比例应当达到或者超过 1/2。公司应当聘请符合《证券法》规定的资产评估机构提供公司资产评估报告，本次收购应当经董事会非关联董事作出决议，且取得2/3以上的独立董事同意后，提交公司股东大会审议，经出席股东大会的非关联股东所持表决权过半数通过。独立董事发表意见前，应当聘请独立财务顾问就本次收购出具专业意见，独立董事及独立财务顾问的意见应当一并予以公告。

上市公司董事、监事、高级管理人员存在《公司法》第一百四十八条规定情形，或者最近3年有证券市场不良诚信记录的，不得收购本公司。

第五十二条 以协议方式进行上市公司收购的，自签订收购协议起至相关股份完成过户的期间为上市公司收购过渡期（以下简称过渡期）。在过渡期内，收购人不得通过控股股东提议改选上市公司董事会，确有充分理由改选董事会的，来自收购人的董事不得超过董事会成员的1/3；被收购公司不得为收购人及其关联方提供担保；被收购公司不得公开发行股份募集资金，不得进行重大购买、出售资产及重大投资行为或者与收购人及其关联方进行其他关联交易，但收购人为挽救陷入危机或者面临严重财务困难的上市公司的情形除外。

第五十三条 上市公司控股股东向收购人协议转让其所持有的上市公司股份的，应当对收购人的主体资格、诚信情况及收购意图进行调查，并在其权益变动报告书中披露有关调查情况。

控股股东及其关联方未清偿其对公司的负债，未解除公司为其负债提供的担保，或者存在损害公司利益的其他情形的，被收购公司董事会应当对前述情形及时予以披露，并采取有效措施维护公司利益。

第五十四条 协议收购的相关当事人应当向证券登记结算机构申请办理拟转让股份的临时保管手续，并可以将用于支付的现金存放于证券登记结算机构指定的银行。

第五十五条 收购报告书公告后，相关当事人应当按照证券交易所和证券登记结算机构的业务规则，在证券交易所就本次股份转让予以确认后，凭全部转让款项存放于双方认可的银行账户的证明，向证券登记结算机构申请解除拟协议转让股票的临时保管，并办理过户登记手续。

收购人未按规定履行报告、公告义务，或者未按规定提出申请的，证券交易所和证券登记结算机构不予办理股份转让和过户登记手续。

收购人在收购报告书公告后 30 日内仍未完成相关股份过户手续的，应当立即作出公告，说明理由；在未完成相关股份过户期间，应当每隔 30 日公告相关股份过户办理进展情况。

第五章 间接收购

第五十六条 收购人虽不是上市公司的股东，但通过投资关系、协议、其他安排导致其拥有权益的股份达到或者超过一个上市公司已发行股份的 5% 未超过 30% 的，应当按照本办法第二章的规定办理。

收购人拥有权益的股份超过该公司已发行股份的 30% 的，应当向该公司所有股东发出全面要约；收购人预计无法在事实发生之日起 30 日内发出全面要约的，应当在前述 30 日内促使其控制的股东将所持有的上市公司股份减持至 30% 或者 30% 以下，并自减持之日起 2 个工作日内予以公告；其后收购人或者其控制的股东拟继续增持的，应当采取要约方式；拟依据本办法第六章的规定免于发出要约的，应当按照本办法第四十八条的规定办理。

第五十七条 投资者虽不是上市公司的股东，但通过投资关系取得对上市公司股东的控制权，而受其支配的上市公司股东所持股份达到前条规定比例、且对该股东的资产和利润构成重大影响的，应当按照前条规定履行报告、公告义务。

第五十八条 上市公司实际控制人及受其支配的股东，负有配合上市公司真实、准确、完整披露有关实际控制人发生变化的信息的义务；实际控制人及受其支配的股东拒不履行上述配合义务，导致上市公司无法履行法定信息披露义务而承担民事、行政责任的，上市公司有权对其提起诉讼。实际控制人、控股股东指使上市公司及其有关人员不依法履行信息披露义务的，中国证监会依法进行查处。

第五十九条 上市公司实际控制人及受其支配的股东未履行报告、公告义务的，上市公司应当自知悉之日起立即作出报告和公告。上市公司就实际控制人发生变化的情况予以公告后，实际控制人仍未披露的，上市公司董事会应当向实际控制人和受其支配的股东查询，必要时可以聘请财务顾问进行查询，并将查询情况向中国证监会、上市公司所在地的中国证监会派出机构（以下简称派出机构）和证券交易所报告；中国证监会依法对拒不履行报告、公告义务的实际控制人进行查处。

上市公司知悉实际控制人发生较大变化而未能将有关实际控制人的变化情况及时予以报告和公告的，中国证监会责令改正，情节严重的，认定上市公司负有责任的董事为不适当人选。

第六十条 上市公司实际控制人及受其支配的股东未履行报告、公告义务，拒不履行第五十八条规定的配合义务，或者实际控制人存在不得收购上市公司情形的，上市公司董事会应当拒绝接受受实际控制人支配的股东向董事会提交的提案或者临时议案，并向中国证监会、派出机构和证券交易所报告。中国证监会责令实际控制人改正，可以认定实际控制人通过受其支配的股东所提名的董事为不适当人选；改正前，受实际控制人支配的股东不得行使其持有股份的表决权。上市公司董事会未拒绝接受实际控制人及受其支配的股东所提出的提案的，中国证监会可以认定负有责任的董事为不适当人选。

第六章 免除发出要约

第六十一条 符合本办法第六十二条、第六十三条规定情形的，投资者及其一致行动人可以：

（一）免于以要约收购方式增持股份；

（二）存在主体资格、股份种类限制或者法律、行政法规、中国证监会规定的特殊情形的，免于向被收购公司的所有股东发出收购要约。

不符合本章规定情形的，投资者及其一致行动人应当在30日内将其或者其控制的股东所持有的被收购公司股份减持到30%或者30%以下；拟以要约以外的方式继续增持股份的，应当发出全面要约。

第六十二条 有下列情形之一的，收购人可以免于以要约方式增持股份的申请：

（一）收购人与出让人能够证明本次股份转让是在同一实际控制人控制的不同主体之间进行，未导致上市公司的实际控制人发生变化；

（二）上市公司面临严重财务困难，收购人提出的挽救公司的重组方案取得该公司股东大会批准，且收购人承诺 3 年内不转让其在该公司中所拥有的权益；

（三）中国证监会为适应证券市场发展变化和保护投资者合法权益的需要而认定的其他情形。

第六十三条 有下列情形之一的，投资者可以免于发出要约：

（一）经政府或者国有资产管理部门批准进行国有资产无偿划转、变更、合并，导致投资者在一个上市公司中拥有权益的股份占该公司已发行股份的比例超过 30%；

（二）因上市公司按照股东大会批准的确定价格向特定股东回购股份而减少股本，导致投资者在该公司中拥有权益的股份超过该公司已发行股份的 30%；

（三）经上市公司股东大会非关联股东批准，投资者取得上市公司向其发行的新股，导致其在该公司拥有权益的股份超过该公司已发行股份的 30%，投资者承诺 3 年内不转让本次向其发行的新股，且公司股东大会同意投资者免于发出要约；

（四）在一个上市公司中拥有权益的股份达到或者超过该公司已发行股份的 30% 的，自上述事实发生之日起一年后，每 12 个月内增持不超过该公司已发行的 2% 的股份；

（五）在一个上市公司中拥有权益的股份达到或者超过该公司已发行股份的 50% 的，继续增加其在该公司拥有的权益不影响该公司的上市地位；

（六）证券公司、银行等金融机构在其经营范围内依法从事承销、贷款等业务导致其持有一个上市公司已发行股份超过 30%，没有实际控制该公司的行为或者意图，并且提出在合理期限内向非关联方转让相关股份的解决方案；

（七）因继承导致在一个上市公司中拥有权益的股份超过该公司已发行股份的 30%；

（八）因履行约定购回式证券交易协议购回上市公司股份导致投资者在一个上市公司中拥有权益的股份超过该公司已发行股份的 30%，并且能够证明标的股份的表决权在协议期间未发生转移；

（九）因所持优先股表决权依法恢复导致投资者在一个上市公司中拥有权益的股份超过该公司已发行股份的 30%；

（十）中国证监会为适应证券市场发展变化和保护投资者合法权益的需要而认定的其他情形。

相关投资者应在前款规定的权益变动行为完成后 3 日内就股份增持情况做出公告，律师应就相关投资者权益变动行为发表符合规定的专项核查意见并由上市公司予以披露。相关投资者按照前款第（五）项规定采用集中竞价方式增持股份的，每累计增持股份比例达到上市公司已发行股份的 2% 的，在事实发生当日和上市公司发布相关股东增持公司股份进展公告的当日不得再行增持股份。前款第（四）项规定的增持不超过 2% 的股份锁定期为增持行为完成之日起 6 个月。

第六十四条 收购人按照本章规定免于发出要约的，应当聘请符合《证券法》规定的律师事务所等专业机构出具专业意见。

第七章 财务顾问

第六十五条 收购人聘请的财务顾问应当履行以下职责：

（一）对收购人的相关情况进行尽职调查；

（二）应收购人的要求向收购人提供专业化服务，全面评估被收购公司的财务和经营状况，帮助收购人分析收购所涉及的法律、财务、经营风险，就收购方案所涉及的收购价格、收购方式、支付安排等事项提出对策建议，并指导收购人按照规定的内容与格式制作公告文件；

（三）对收购人进行证券市场规范化运作的辅导，使收购人的董事、监事和高级管理人员熟悉有关法律、行政法规和中国证监会的规定，充分了解其应当承担的义务和责任，督促其依法履行报告、公告和其他法定义务；

（四）对收购人是否符合本办法的规定及公告文件内容的真实性、准确性、完整性进行充分核查和验证，对收购事项客观、公正地发表专业意见；

（五）与收购人签订协议，在收购完成后 12 个月内，持续督导收购人遵守法律、行政法规、中国证监会的规定、证券交易所规则、上市公司章程，依法行使股东权利，切实履行承诺或者相关约定。

第六十六条 收购人聘请的财务顾问就本次收购出具的财务顾问报告，应当对以下事项进行说明和分析，并逐项发表明确意见：

（一）收购人编制的上市公司收购报告书或者要约收购报告书所披露的内容是否真实、准确、完整；

（二）本次收购的目的；

（三）收购人是否提供所有必备证明文件，根据对收购人及其控股股东、实际控制人的实力、从事的主要业务、持续经营状况、财务状况和诚信情况的核查，说明收购人是否具备主体资格，是否具备收购的经济实力，是否具备规范运作上市公司的管理能力，是否需要承担其他附加义务及是否具备履行相关义务的能力，是否存在不良诚信记录；

（四）对收购人进行证券市场规范化运作辅导的情况，其董事、监事和高级管理人员是否已经熟悉有关法律、行政法规和中国证监会的规定，充分了解应承担的义务和责任，督促其依法履行报告、公告和其他法定义务的情况；

（五）收购人的股权控制结构及其控股股东、实际控制人支配收购人的方式；

（六）收购人的收购资金来源及其合法性，是否存在利用本次收购的股份向银行等金融机构质押取得融资的情形；

（七）涉及收购人以证券支付收购价款的，应当说明有关该证券发行人的信息披露是否真实、准确、完整以及该证券交易的便捷性等情况；

（八）收购人是否已经履行了必要的授权和批准程序；

（九）是否已对收购过渡期间保持上市公司稳定经营作出安排，该安排是否符合有关规定；

（十）对收购人提出的后续计划进行分析，收购人所从事的业务与上市公司从事的业务存在同业竞争、关联交易的，对收购人解决与上市公司同业竞争等利益冲突及保持上市公司经营独立性的方案进行分析，说明本次收购对上市公司经营独立性和持续发展可能产生的影响；

（十一）在收购标的上是否设定其他权利，是否在收购价款之外还作出其他补偿安排；

（十二）收购人及其关联方与被收购公司之间是否存在业务往来，收购人与被收购公司的董事、监事、高级管理人员是否就其未来任职安排达成某种协议或者默契；

（十三）上市公司原控股股东、实际控制人及其关联方是否存在未清偿对公司的负债、未解除公司为其负债提供的担保或者损害公司利益的其他情形；存在该等情形的，是否已提出切实可行的解决方案；

（十四）涉及收购人拟免于发出要约的，应当说明本次收购是否属于本办法第六章规定的情形，收购人是否作出承诺及是否具备履行相关承诺的实力。

第六十七条 上市公司董事会或者独立董事聘请的独立财务顾问，不得同时担任收购人的财务顾问或者与收购人的财务顾问存在关联关系。独立财务顾问应当根据委托进行尽职调查，对本次收购的公正性和合法性发表专业意见。独立财务顾问报告应当对以下问题进行说明和分析，发表明确意见：

（一）收购人是否具备主体资格；

（二）收购人的实力及本次收购对被收购公司经营独立性和持续发展可能产生的影响分析；

（三）收购人是否存在利用被收购公司的资产或者由被收购公司为本次收购提供财务资助的情形；

（四）涉及要约收购的，分析被收购公司的财务状况，说明收购价格是否充分反映被收购公司价值，收购要约是否公平、合理，对被收购公司社会公众股股东接受要约提出的建议；

（五）涉及收购人以证券支付收购价款的，还应当根据该证券发行人的资产、业务和盈利预测，对相关证券进行估值分析，就收购条件对被收购公司的社会公众股股东是否公平合理、是否接受收购人提出的收购条件提出专业意见；

（六）涉及管理层收购的，应当对上市公司进行估值分析，就本次收购的定价依据、支付方式、收购资金来源、融资安排、还款计划及其可行性、上市公司内部控制制度的执行情况及其有效性、上述人员及其直系亲属在最近24个月内与上市公司业务往来情况以及收购报告书披露的其他内容等进行全面核查，发表明确意见。

第六十八条 财务顾问应当在财务顾问报告中作出以下承诺：

（一）已按照规定履行尽职调查义务，有充分理由确信所发表的专业意见与收购人公告文件的内容不存在实质性差异；

（二）已对收购人公告文件进行核查，确信公告文件的内容与格式符合规定；

（三）有充分理由确信本次收购符合法律、行政法规和中国证监会的规定，有充分理由确信收购人披露的信息真实、准确、完整，不存在虚假记载、误导性陈述和重大遗漏；

（四）就本次收购所出具的专业意见已提交其内核机构审查，并获得通过；

（五）在担任财务顾问期间，已采取严格的保密措施，严格执行内部防火墙制度；

（六）与收购人已订立持续督导协议。

第六十九条 财务顾问在收购过程中和持续督导期间，应当关注被收购公司是否存在为收购人及其关联方提供担保或者借款等损害上市公司利益的情形，发现有违法或者不当行为的，应当及时向中国证监会、派出机构和证券交易所报告。

第七十条 财务顾问为履行职责，可以聘请其他专业机构协助其对收购人进行核查，但应当对收购人提供的资料和披露的信息进行独立判断。

第七十一条 自收购人公告上市公司收购报告书至收购完成后12个月内，财务顾问应当通过日常沟通、定期回访等方式，关注上市公司的经营情况，结合被收购公司定期报告和临时公告的披露事宜，对收购人及被收购公司履行持续督导职责：

（一）督促收购人及时办理股权过户手续，并依法履行报告和公告义务；

（二）督促和检查收购人及被收购公司依法规范运作；

（三）督促和检查收购人履行公开承诺的情况；

（四）结合被收购公司定期报告，核查收购人落实后续计划的情况，是否达到预期目标，实施效果是否与此前的披露内容存在较大差异，是否实现相关盈利预测或者管理层预计达到的目标；

（五）涉及管理层收购的，核查被收购公司定期报告中披露的相关还款计划的落实情况与事实是否一致；

（六）督促和检查履行收购中约定的其他义务的情况。

在持续督导期间，财务顾问应当结合上市公司披露的季度报告、半年度报告和年度报告出具持续督导意见，并在前述定期报告披露后的15日内向派出机构报告。

在此期间，财务顾问发现收购人在上市公司收购报告书中披露的信息与事实不符的，应当督促收购人如实披露相关信息，并及时向中国证监会、派出机构、证券交易所报告。财务顾问解除委托合同的，应当及时向中国证监会、派出机构作出书面报告，说明无法继续履行持续督导职责的理由，并予公告。

第八章　持续监管

第七十二条　在上市公司收购行为完成后12个月内，收购人聘请的财务顾问应当在每季度前3日内就上一季度对上市公司影响较大的投资、购买或者出售资产、关联交易、主营业务调整以及董事、监事、高级管理人员的更换、职工安置、收购人履行承诺等情况向派出机构报告。

收购人注册地与上市公司注册地不同的，还应当将前述情况的报告同时抄报收购人所在地的派出机构。

第七十三条　派出机构根据审慎监管原则，通过与承办上市公司审计业务的会计师事务所谈话、检查财务顾问持续督导责任的落实、定期或者不定期的现场检查等方式，在收购完成后对收购人和上市公司进行监督检查。

派出机构发现实际情况与收购人披露的内容存在重大差异的，对收购人及上市公司予以重点关注，可以责令收购人延长财务顾问的持续督导期，并依法进行查处。

在持续督导期间，财务顾问与收购人解除合同的，收购人应当另行聘请其他财务顾问机构履行持续督导职责。

第七十四条　在上市公司收购中，收购人持有的被收购公司的股份，在收购完成后 18 个月内不得转让。

收购人在被收购公司中拥有权益的股份在同一实际控制人控制的不同主体之间进行转让不受前述 18 个月的限制，但应当遵守本办法第六章的规定。

第九章　监管措施与法律责任

第七十五条　上市公司的收购及相关股份权益变动活动中的信息披露义务人，未按照本办法的规定履行报告、公告以及其他相关义务的，中国证监会责令改正，采取监管谈话、出具警示函、责令暂停或者停止收购等监管措施。在改正前，相关信息披露义务人不得对其持有或者实际支配的股份行使表决权。

第七十六条　上市公司的收购及相关股份权益变动活动中的信息披露义务人在报告、公告等文件中有虚假记载、误导性陈述或者重大遗漏的，中国证监会责令改正，采取监管谈话、出具警示函、责令暂停或者停止收购等监管措施。在改正前，收购人对其持有或者实际支配的股份不得行使表决权。

第七十七条　投资者及其一致行动人取得上市公司控制权而未按照本办法的规定聘请财务顾问，规避法定程序和义务，变相进行上市公司的收购，或者外国投资者规避管辖的，中国证监会责令改正，采取出具警示函、责令暂停或者停止收购等监管措施。在改正前，收购人不得对其持有或者实际支配的股份行使表决权。

第七十八条　收购人未依照本办法的规定履行相关义务或者相应程序擅自实施要约收购的，或者不符合本办法规定的免除发出要约情形，拒不履行相关义务、相应程序的，中国证监会责令改正，采取监管谈话、出具警示函、责令暂停或者停止收购等监管措施。在改正前，收购人不得对其持有或者支配的股份行使表决权。

发出收购要约的收购人在收购要约期限届满，不按照约定支付收购价款或者购买预受股份的，自该事实发生之日起 3 年内不得收购上市公司，中国证监会不受理收购人及其关联方提交的申报文件。

存在前二款规定情形，收购人涉嫌虚假披露、操纵证券市场的，中国证监会对收购人进行立案稽查，依法追究其法律责任；收购人聘请的财务顾问没有充分证据表明其勤勉尽责的，自收购人违规事实发生之日起 1 年内，中国证监会不受理该财务顾问提交的上市公司并购重组申报文件，情节严重的，依法追究法律责任。

第七十九条 上市公司控股股东和实际控制人在转让其对公司的控制权时，未清偿其对公司的负债，未解除公司为其提供的担保，或者未对其损害公司利益的其他情形作出纠正的，中国证监会责令改正、责令暂停或者停止收购活动。

被收购公司董事会未能依法采取有效措施促使公司控股股东、实际控制人予以纠正，或者在收购完成后未能促使收购人履行承诺、安排或者保证的，中国证监会可以认定相关董事为不适当人选。

第八十条 上市公司董事未履行忠实义务和勤勉义务，利用收购谋取不当利益的，中国证监会采取监管谈话、出具警示函等监管措施，可以认定为不适当人选。

上市公司章程中涉及公司控制权的条款违反法律、行政法规和本办法规定的，中国证监会责令改正。

第八十一条 为上市公司收购出具资产评估报告、审计报告、法律意见书和财务顾问报告的证券服务机构或者证券公司及其专业人员，未依法履行职责的，或者违反中国证监会的有关规定或者行业规范、业务规则的，中国证监会责令改正，采取监管谈话、出具警示函、责令公开说明、责令定期报告等监管措施。

前款规定的证券服务机构及其从业人员被责令改正的，在改正前，不得接受新的上市公司并购重组业务。

第八十二条 中国证监会将上市公司的收购及相关股份权益变动活动中的当事人的违法行为和整改情况记入诚信档案。

违反本办法的规定构成证券违法行为的，依法追究法律责任。

第十章 附　　则

第八十三条 本办法所称一致行动，是指投资者通过协议、其他安排，与其他投资者共同扩大其所能够支配的一个上市公司股份表决权数量的行为或者事实。

在上市公司的收购及相关股份权益变动活动中有一致行动情形的投资者，互为一致行动人。如无相反证据，投资者有下列情形之一的，为一致行动人：

（一）投资者之间有股权控制关系；

（二）投资者受同一主体控制；

（三）投资者的董事、监事或者高级管理人员中的主要成员，同时在另一个投资者担任董事、监事或者高级管理人员；

（四）投资者参股另一投资者，可以对参股公司的重大决策产生重大影响；

（五）银行以外的其他法人、其他组织和自然人为投资者取得相关股份提供融资安排；

（六）投资者之间存在合伙、合作、联营等其他经济利益关系；

（七）持有投资者 30% 以上股份的自然人，与投资者持有同一上市公司股份；

（八）在投资者任职的董事、监事及高级管理人员，与投资者持有同一上市公司股份；

（九）持有投资者 30% 以上股份的自然人和在投资者任职的董事、监事及高级管理人员，其父母、配偶、子女及其配偶、配偶的父母、兄弟姐妹及其配偶、配偶的兄弟姐妹及其配偶等亲属，与投资者持有同一上市公司股份；

（十）在上市公司任职的董事、监事、高级管理人员及其前项所述亲属同时持有本公司股份的，或者与其自己或者其前项所述亲属直接或者间接控制的企业同时持有本公司股份；

（十一）上市公司董事、监事、高级管理人员和员工与其所控制或者委托的法人或者其他组织持有本公司股份；

（十二）投资者之间具有其他关联关系。

一致行动人应当合并计算其所持有的股份。投资者计算其所持有的股份，应当包括登记在其名下的股份，也包括登记在其一致行动人名下的股份。

投资者认为其与他人不应被视为一致行动人的，可以向中国证监会提供相反证据。

第八十四条 有下列情形之一的，为拥有上市公司控制权：

（一）投资者为上市公司持股 50% 以上的控股股东；

（二）投资者可以实际支配上市公司股份表决权超过 30%；

（三）投资者通过实际支配上市公司股份表决权能够决定公司董事会半数以上成员选任；

（四）投资者依其可实际支配的上市公司股份表决权足以对公司股东大会的决议产生重大影响；

（五）中国证监会认定的其他情形。

第八十五条 信息披露义务人涉及计算其拥有权益比例的，应当将其所持有的上市公司已发行的可转换为公司股票的证券中有权转换部分与其所持有的同一上市公司的股份合并计算，并将其持股比例与合并计算非股权类证券转为股份后的比例相比，以二者中的较高者为准；行权期限届满未行权的，或者行权条件不再具备的，无需合并计算。

前款所述二者中的较高者，应当按下列公式计算：

（一）投资者持有的股份数量／上市公司已发行股份总数

（二）（投资者持有的股份数量＋投资者持有的可转换为公司股票的非股权类证券所对应的股份数量）／（上市公司已发行股份总数＋上市公司发行的可转换为公司股票的非股权类证券所对应的股份总数）

前款所称“投资者持有的股份数量”包括投资者拥有的普通股数量和优先股恢复的表决权数量，“上市公司已发行股份总数”包括上市公司已发行的普通股总数和优先股恢复的表决权总数。

第八十六条 投资者因行政划转、执行法院裁决、继承、赠与等方式取得上市公司控制权的，应当按照本办法第四章的规定履行报告、公告义务。

第八十七条 权益变动报告书、收购报告书、要约收购报告书、被收购公司董事会报告书等文件的内容与格式，由中国证监会另行制定。

第八十八条 被收购公司在境内、境外同时上市的，收购人除应当遵守本办法及中国证监会的相关规定外，还应当遵守境外上市地的相关规定。

第八十九条 外国投资者收购上市公司及在上市公司中拥有的权益发生

变动的，除应当遵守本办法的规定外，还应当遵守外国投资者投资上市公司的相关规定。

第九十条 本办法自2006年9月1日起施行。中国证监会发布的《上市公司收购管理办法》（证监会令第10号）、《上市公司股东持股变动信息披露管理办法》（证监会令第11号）、《关于要约收购涉及的被收购公司股票上市交易条件有关问题的通知》（证监公司字〔2003〕16号）和《关于规范上市公司实际控制权转移行为有关问题的通知》（证监公司字〔2004〕1号）同时废止。

（三）深圳证券交易所上市公司收购及股份权益变动信息披露业务指引（征求意见稿）（节选）

第三十一条 投资者之间通过协议、其他安排以表决权委托等形式让渡上市公司股份表决权的，出让人与受让人为一致行动人。

投资者之间通过协议、其他安排等达成一致行动关系、进行表决权让渡，且构成本指引第七条、第八条应披露情形之一的，投资者应当在缔结或者解除相关协议或者安排时通知上市公司及时作出公告。

投资者原则上应当在协议或者安排中明确约定采取一致行动、让渡表决权的具体期限，且所约定的期限应当视拥有上市公司权益的具体情况分别适用《收购管理办法》第六十三条第三款、第七十四条规定的期限。投资者在约定期限届满前解除一致行动关系、表决权让渡的，应当在所约定的期限内继续遵守原有限售、一致行动等义务和承诺。投资者未约定期限或者约定不明而解除一致行动关系、表决权让渡的，投资者应当在发布解除公告之日起的十二个月内继续遵守原有限售、一致行动等义务和承诺。

第三十二条 投资者之间通过协议、其他安排等进行表决权让渡，且构成本指引第七条、第八条应披露情形之一的，提示性公告除应当符合本指引第三章对应的规定外，还应当披露以下内容：

（一）所让渡表决权对应的股份是否处于限售状态；

（二）协议或者安排的主要内容，包括但不限于对价、出让人和受让人的权利及义务、期限、解除条件等；

（三）提示上市公司股权不稳定等风险；

（四）本所要求披露的其他内容。

第三十三条 投资者拥有上市公司的权益属于《收购管理办法》第六十三条第二款第（一）项规定的免于提交豁免申请情形的，自上市公司股东大会审议通过相关投资者免于发出要约的议案起，至投资者所认购的新股登记到账的期间内，投资者拥有上市公司权益的股份比例发生变化的，上市公司股东大会应再次审议相关投资者免于发出要约的议案。前述变化发生在上市公司披露非公开发行股份或发行股份购买资产事项的相关文件前的，上市公司应当同时更新所披露的有关信息。

（四）关于发布《上海证券交易所上市公司股东及董事、监事、高级管理人员减持股份实施细则》的通知（节选）

第二条 本细则适用于下列减持行为：

（一）大股东减持，即上市公司控股股东、持股5%以上的股东（以下统称大股东），减持所持有的股份，但其减持通过集中竞价交易取得的股份除外；

（二）特定股东减持，即大股东以外的股东，减持所持有的公司首次公开发行前股份、上市公司非公开发行股份（以下统称特定股份）；

（三）董监高减持所持有的股份。

因司法强制执行、执行股权质押协议、赠与、可交换公司债券换股、股票收益互换等方式取得股份的减持，适用本细则。

特定股份在解除限售前发生非交易过户，受让方后续对该部分股份的减持，适用本细则。

第三条 股东及董监高减持股份，应当遵守法律、行政法规、部门规章、规范性文件、本细则以及本所其他业务规则；对持股比例、持股期限、减持方式、减持价格等作出承诺的，应当严格履行所做出的承诺。

第四条 大股东减持或者特定股东减持，采取集中竞价交易方式的，在任意连续90日内，减持股份的总数不得超过公司股份总数的1%。

持有上市公司非公开发行股份的股东，通过集中竞价交易减持该部分股份的，除遵守前款规定外，自股份解除限售之日起12个月内，减持数量不得超过其持有该次非公开发行股份数量的50%。

第五条 大股东减持或者特定股东减持，采取大宗交易方式的，在任意连续90日内，减持股份的总数不得超过公司股份总数的2%。

大宗交易的出让方与受让方，应当明确其所买卖股份的数量、性质、种类、价格，并遵守本细则的相关规定。

受让方在受让后6个月内，不得转让所受让的股份。

第六条 大股东减持或者特定股东减持，采取协议转让方式的，单个受让方的受让比例不得低于公司股份总数的 5%，转让价格下限比照大宗交易的规定执行，法律、行政法规、部门规章、规范性文件及本所业务规则另有规定的除外。

大股东减持采取协议转让方式，减持后不再具有大股东身份的，出让方、受让方在 6 个月内应当遵守本细则第四条第一款减持比例的规定，并应当依照本细则第十三条、第十四条、第十五条的规定分别履行信息披露义务。

股东通过协议转让方式减持特定股份后，受让方在 6 个月内减持所受让股份的，出让方、受让方应当遵守本细则第四条第一款减持比例的规定。

第七条 股东开立多个证券账户的，对各证券账户的持股合并计算；股东开立客户信用证券账户的，对客户信用证券账户与普通证券账户的持股合并计算。

股东开立多个证券账户、客户信用证券账户的，各账户可减持数量按各账户内有关股份数量的比例分配确定。

第八条 计算本细则第四条、第五条规定的减持比例时，大股东与其一致行动人的持股合并计算。

一致行动人的认定适用《上市公司收购管理办法》的规定。

第九条 具有下列情形之一的，上市公司大股东不得减持股份：

（一）上市公司或者大股东因涉嫌证券期货违法犯罪，在被中国证监会立案调查或者被司法机关立案侦查期间，以及在行政处罚决定、刑事判决作出之后未满 6 个月的；

（二）大股东因违反本所业务规则，被本所公开谴责未满 3 个月的；

（三）法律、行政法规、部门规章、规范性文件以及本所业务规则规定的其他情形。

第十条 具有下列情形之一的，上市公司董监高不得减持股份：

（一）董监高因涉嫌证券期货违法犯罪，在被中国证监会立案调查或者被司法机关立案侦查期间，以及在行政处罚决定、刑事判决作出之后未满 6 个月的；

（二）董监高因违反本所业务规则，被本所公开谴责未满 3 个月的；

（三）法律、行政法规、部门规章、规范性文件以及本所业务规则规定的其他情形。

第十一条 上市公司存在下列情形之一，触及退市风险警示标准的，自相关决定作出之日起至公司股票终止上市或者恢复上市前，其控股股东、实际控制人、董监高及其一致行动人不得减持所持有的公司股份：

（一）上市公司因欺诈发行或者因重大信息披露违法受到中国证监会行政处罚；

（二）上市公司因涉嫌欺诈发行罪或者因涉嫌违规披露、不披露重要信息罪被依法移送公安机关；

（三）其他重大违法退市情形。

上市公司披露公司无控股股东、实际控制人的，其第一大股东及第一大股东的实际控制人应当遵守前款规定。

第十二条 董监高在任期届满前离职的，应当在其就任时确定的任期内和任期届满后 6 个月内，遵守下列限制性规定：

（一）每年转让的股份不得超过其所持有本公司股份总数的 25%；

（二）离职后半年内，不得转让其所持本公司股份；

（三）法律、行政法规、部门规章、规范性文件以及本所业务规则对董监高股份转让的其他规定。

第十三条 大股东、董监高通过集中竞价交易减持股份的，应当在首次卖出股份的 15 个交易日前向本所报告备案减持计划，并予以公告。

前款规定的减持计划的内容，应当包括但不限于拟减持股份的数量、来源、减持时间区间、方式、价格区间、减持原因等信息，且每次披露的减持时间区间不得超过 6 个月。

第十四条 在减持时间区间内，大股东、董监高在减持数量过半或减持时间过半时，应当披露减持进展情况。公司控股股东、实际控制人及其一致行动人减持达到公司股份总数 1% 的，还应当在该事实发生之日起 2 个交易日内就该事项作出公告。

在减持时间区间内，上市公司披露高送转或筹划并购重组等重大事项的，大股东、董监高应当立即披露减持进展情况，并说明本次减持与前述重大事项是否有关。

第十五条 大股东、董监高通过本所集中竞价交易减持股份的，应当在股份减持计划实施完毕或者披露的减持时间区间届满后的 2 个交易日内公告具体减持情况。

第十六条 上市公司大股东的股权被质押的，该股东应当在该事实发生之日起 2 日内通知上市公司，并按本所有关股东股份质押事项的披露要求予以公告。

第十七条 股东、董监高减持股份违反本细则规定，或者通过交易、转让或者其他安排规避本细则规定，或者违反本所其他业务规则规定的，本所可以采取书面警示、通报批评、公开谴责、限制交易等监管措施或者纪律处分。违规减持行为导致股价异常波动、严重影响市场交易秩序或者损害投资者利益的，本所从重予以处分。

减持行为涉嫌违反法律、法规、规章、规范性文件的，本所按规定报中国证监会查处。

第十八条 本细则所称股份总数，是指上市公司人民币普通股票（A 股）、人民币特种股票（B 股）、境外上市股票（含 H 股等）的股份数量之和。

第十九条 本细则经本所理事会审议通过并报中国证监会批准后生效，修改时亦同。

第二十条 本细则由本所负责解释。

第二十一条 本细则自发布之日起施行。本所 2016 年 1 月 9 日发布的《关于落实〈上市公司大股东、董监高减持股份的若干规定〉相关事项的通知》（上证发〔2016〕5 号）同时废止。

本细则施行之前本所发布的其他规则与本细则不一致的，以本细则为准。

（五）上市公司信息披露管理办法（节选）

第三十一条 上市公司应当在最先发生的以下任一时点，及时履行重大事件的信息披露义务：

（一）董事会或者监事会就该重大事件形成决议时；

（二）有关各方就该重大事件签署意向书或者协议时；

（三）董事、监事或者高级管理人员知悉该重大事件发生并报告时。

在前款规定的时点之前出现下列情形之一的，上市公司应当及时披露相关事项的现状、可能影响事件进展的风险因素：

（一）该重大事件难以保密；

（二）该重大事件已经泄露或者市场出现传闻；

（三）公司证券及其衍生品种出现异常交易情况。

第三十二条 上市公司披露重大事件后，已披露的重大事件出现可能对上市公司证券及其衍生品种交易价格产生较大影响的进展或者变化的，应当及时披露进展或者变化情况、可能产生的影响。

第三十四条 涉及上市公司的收购、合并、分立、发行股份、回购股份等行为导致上市公司股本总额、股东、实际控制人等发生重大变化的，信息披露义务人应当依法履行报告、公告义务，披露权益变动情况。

第六章 监督管理与法律责任

第五十八条 上市公司董事、监事、高级管理人员应当对公司信息披露的真实性、准确性、完整性、及时性、公平性负责，但有充分证据表明其已经履行勤勉尽责义务的除外。

上市公司董事长、经理、董事会秘书，应当对公司临时报告信息披露的真实性、准确性、完整性、及时性、公平性承担主要责任。

上市公司董事长、经理、财务负责人应对公司财务报告的真实性、准确性、完整性、及时性、公平性承担主要责任。

第五十九条 信息披露义务人及其董事、监事、高级管理人员，上市公司的股东、实际控制人、收购人及其董事、监事、高级管理人员违反本办法的，中国证监会可以采取以下监管措施：

（一）责令改正；

（二）监管谈话；

（三）出具警示函；

（四）将其违法违规、不履行公开承诺等情况记入诚信档案并公布；

（五）认定为不适当人选；

（六）依法可以采取的其他监管措施。

第六十条 上市公司未按本办法规定制定上市公司信息披露事务管理制度的，中国证监会责令改正。拒不改正的，中国证监会给予警告、罚款。

第六十一条 信息披露义务人未在规定期限内履行信息披露义务，或者所披露的信息有虚假记载、误导性陈述或者重大遗漏的，中国证监会按照《证券法》第一百九十三条[①]处罚。

第六十二条 信息披露义务人未在规定期限内报送有关报告，或者报送的报告有虚假记载、误导性陈述或者重大遗漏的，中国证监会按照《证券法》第一百九十三条处罚。

第六十三条 上市公司通过隐瞒关联关系或者采取其他手段，规避信息披露、报告义务的，中国证监会按照《证券法》第一百九十三条处罚。

第六十四条 上市公司股东、实际控制人未依法配合上市公司履行信息披露义务的，或者非法要求上市公司提供内幕信息的，中国证监会责令改正，给予警告、罚款。

第六十五条 为信息披露义务人履行信息披露义务出具专项文件的保荐人、证券服务机构及其人员，违反《证券法》、行政法规和中国证监会的规定，由中国证监会依法采取责令改正、监管谈话、出具警示函、记入诚信档案等

① 因本法所引用的《证券法》已被《证券法》2019年修订稿修订，但本法尚未随之修订，故第六十一条、六十二条、六十三条中引用的“第一百九十三条”内容应对应为《证券法》2019年修订稿的“第一百九十七条”。

监管措施；应当给予行政处罚的，中国证监会依法处罚。

第六十六条 任何机构和个人泄露上市公司内幕信息，或者利用内幕信息买卖证券及其衍生品种，中国证监会按照《证券法》第二百零一条、第二百零二条[①]处罚。

第六十七条 任何机构和个人编制、传播虚假信息扰乱证券市场；媒体传播上市公司信息不真实、不客观的，中国证监会按照《证券法》第二百零六条处罚。

在证券及其衍生品种交易活动中作出虚假陈述或者信息误导的，中国证监会按照《证券法》第二百零七条[②]处罚。

第六十八条 涉嫌利用新闻报道以及其他传播方式对上市公司进行敲诈勒索的，中国证监会责令改正，向有关部门发出监管建议函，由有关部门依法追究法律责任。

第六十九条 上市公司及其他信息披露义务人违反本办法的规定，情节严重的，中国证监会可以对有关责任人员采取证券市场禁入的措施。

第七十条 违反本办法，涉嫌犯罪的，依法移送司法机关，追究刑事责任。

---

① 本条引用的“第二百零一条”对应《证券法》2019年修订稿第一百八十八条：证券服务机构及其从业人员，违反本法第四十二条的规定买卖证券的，责令依法处理非法持有的证券，没收违法所得，并处以买卖证券等值以下的罚款。

本条引用的“第二百零二条”对应《证券法》2019年修订稿第一百九十一条：证券交易内幕信息的知情人或者非法获取内幕信息的人违反本法第五十三条的规定从事内幕交易的，责令依法处理非法持有的证券，没收违法所得，并处以违法所得一倍以上十倍以下的罚款；没有违法所得或者违法所得不足五十万元的，处以五十万元以上五百万元以下的罚款。单位从事内幕交易的，还应当对直接负责的主管人员和其他直接责任人员给予警告，并处以二十万元以上二百万元以下的罚款。国务院证券监督管理机构工作人员从事内幕交易的，从重处罚。违反本法第五十四条的规定，利用未公开信息进行交易的，依照前款的规定处罚。

② 本条引用的“第二百零七条”对应《证券法》2019年修订稿第一百九十三条第二款：违反本法第五十六条第二款的规定，在证券交易活动中作出虚假陈述或者信息误导的，责令改正，处以二十万元以上二百万元以下的罚款；属于国家工作人员的，还应当依法给予处分。

（六）上海证券交易所上市公司收购及股份权益变动信息披露业务指引（征求意见稿）（节选）

第二十条 投资者通过接受表决权委托方式获得上市公司控制权的，应当披露委托权限、委托期限、委托解除条件及委托合同其他主要条款，并充分提示上市公司控制权不稳定性的风险等。

第二十一条 投资者通过签订一致行动协议、表决权委托等方式拥有上市公司权益的股份达到或超过 5% 的，应当约定一致行动或表决权委托期限。

提前终止协议的，在原约定期限内，投资者仍应遵守原有的法定义务等；未约定一致行动或表决权委托期限的，在相关协议公告解除后 12 个月内，投资者仍应遵守原有的法定义务等。

终止协议的，投资者仍应继续履行其在一致行动关系或表决权委托关系存续期间向上市公司或投资者作出的承诺义务。

投资者委托表决权的，受托人和委托人视为存在一致行动关系。

（七）上市公司国有股权监督管理办法（节选）

第四章　国有股东所持上市公司股份非公开协议转让

第二十八条　非公开协议转让是指不公开征集受让方，通过直接签订协议转让上市公司股份的行为。

第二十九条　符合以下情形之一的，国有股东可以非公开协议转让上市公司股份：

（一）上市公司连续两年亏损并存在退市风险或严重财务危机，受让方提出重大资产重组计划及具体时间表的；

（二）企业主业处于关系国家安全、国民经济命脉的重要行业和关键领域，主要承担重大专项任务，对受让方有特殊要求的；

（三）为实施国有资源整合或资产重组，在国有股东、潜在国有股东（经本次国有资源整合或资产重组后成为上市公司国有股东的，以下统称国有股东）之间转让的；

（四）上市公司回购股份涉及国有股东所持股份的；

（五）国有股东因接受要约收购方式转让其所持上市公司股份的；

（六）国有股东因解散、破产、减资、被依法责令关闭等原因转让其所持上市公司股份的；

（七）国有股东以所持上市公司股份出资的。

第三十条　国有股东在履行内部决策程序后，应当及时与受让方签订股份转让协议。涉及上市公司控股权转移的，在转让协议签订前，应按本办法第二十条、第二十一条规定聘请财务顾问，对拟受让方进行尽职调查，出具尽职调查报告。

第三十一条　国有股东与受让方签订协议后，属于本办法第七条规定情形的，由国家出资企业审核批准，其他情形由国有资产监督管理机构审核批准。

第三十二条 国有股东非公开协议转让上市公司股份的价格不得低于下列两者之中的较高者：

（一）提示性公告日前30个交易日的每日加权平均价格的算术平均值；

（二）最近一个会计年度上市公司经审计的每股净资产值。

第三十三条 国有股东非公开协议转让上市公司股份存在下列特殊情形的，可按以下原则确定股份转让价格：

（一）国有股东为实施资源整合或重组上市公司，并在其所持上市公司股份转让完成后全部回购上市公司主业资产的，股份转让价格由国有股东根据中介机构出具的该上市公司股票价格的合理估值结果确定；

（二）为实施国有资源整合或资产重组，在国有股东之间转让且上市公司中的国有权益并不因此减少的，股份转让价格应当根据上市公司股票的每股净资产值、净资产收益率、合理的市盈率等因素合理确定。

第三十四条 国家出资企业、国有资产监督管理机构批准国有股东非公开协议转让上市公司股份时，应当审核以下文件：

（一）国有股东转让上市公司股份的决策文件；

（二）国有股东转让上市公司股份的方案，内容包括但不限于：不公开征集受让方的原因，转让价格及确定依据，转让的数量，转让收入的使用计划等；

（三）国有股东基本情况、受让方基本情况及上一年度经审计的财务会计报告；

（四）可行性研究报告；

（五）股份转让协议；

（六）以非货币资产支付的说明；

（七）拟受让方与国有股东、上市公司之间在最近12个月内股权转让、资产置换、投资等重大情况及债权债务情况；

（八）律师事务所出具的法律意见书；

（九）财务顾问出具的尽职调查报告（适用于上市公司控股权转移的）；

（十）国家出资企业、国有资产监督管理机构认为必要的其他文件。

第三十五条 以现金支付股份转让价款的，转让价款收取按照本办法第二十六条规定办理；以非货币资产支付股份转让价款的，应当符合国家相关规定。

第三十六条 国有资产监督管理机构关于国有股东非公开协议转让上市公司股份的批准文件或国有资产监督管理机构、管理信息系统出具的统一编号的备案表和全部转让价款支付凭证（包括非货币资产的交割凭证）是证券交易所、中国证券登记结算有限责任公司办理上市公司股份过户登记手续的必备文件。

第八章 国有股东受让上市公司股份

第五十三条 本办法所称国有股东受让上市公司股份行为主要包括国有股东通过证券交易系统增持、协议受让、间接受让、要约收购上市公司股份和认购上市公司发行股票等。

第五十四条 国有股东受让上市公司股份属于本办法第七条①规定情形的，由国家出资企业审核批准，其他情形由国有资产监督管理机构审核批准。

第五十五条 国家出资企业、国有资产监督管理机构批准国有股东受让上市公司股份时，应当审核以下文件：

（一）国有股东受让上市公司股份的内部决策文件；

（二）国有股东受让上市公司股份方案，内容包括但不限于：国有股东及上市公司的基本情况、主要财务数据、价格上限及确定依据、数量及受让时限等；

（三）可行性研究报告；

---

① 第七条 国家出资企业负责管理以下事项：

（一）国有股东通过证券交易系统转让所持上市公司股份，未达到本办法第十二条规定的比例或数量的事项；

（二）国有股东所持上市公司股份在本企业集团内部进行的无偿划转、非公开协议转让事项；

（三）国有控股股东所持上市公司股份公开征集转让、发行可交换公司债券及所控股上市公司发行证券，未导致其持股比例低于合理持股比例的事项；国有参股股东所持上市公司股份公开征集转让、发行可交换公司债券事项；

（四）国有股东通过证券交易系统增持、协议受让、认购上市公司发行股票等未导致上市公司控股权转移的事项；

（五）国有股东与所控股上市公司进行资产重组，不属于中国证监会规定的重大资产重组范围的事项。

（四）股份转让协议（适用于协议受让的）、产权转让或增资扩股协议（适用于间接受让的）；

（五）财务顾问出具的尽职调查报告和上市公司估值报告（适用于取得控股权的）；

（六）律师事务所出具的法律意见书；

（七）国家出资企业、国有资产监督管理机构认为必要的其他文件。

第五十六条 国有股东将其持有的可转换公司债券或可交换公司债券转换、交换成上市公司股票的，通过司法机关强制执行手续取得上市公司股份的，按照相关法律、行政法规及规章制度的规定办理，并在上述行为完成后 10 个工作日内将相关情况通过管理信息系统按程序报告国有资产监督管理机构。

第九章 国有股东所控股上市公司吸收合并

第五十七条 本办法所称国有股东所控股上市公司吸收合并，是指国有控股上市公司之间或国有控股上市公司与非国有控股上市公司之间的吸收合并。

第五十八条 国有股东所控股上市公司应当聘请财务顾问，对吸收合并的双方进行尽职调查和内部核查，并出具专业意见。

第五十九条 国有股东应指导上市公司根据股票交易价格，并参考可比交易案例，合理确定上市公司换股价格。

第六十条 国有股东应当在上市公司董事会审议吸收合并方案前，将该方案报国有资产监督管理机构审核批准。

第六十一条 国有资产监督管理机构批准国有股东所控股上市公司吸收合并时，应当审核以下文件：

（一）国家出资企业、国有股东的内部决策文件；

（二）国有股东所控股上市公司吸收合并的方案，内容包括但不限于：国有控股股东及上市公司基本情况、换股价格的确定依据、现金选择权安排、吸收合并后的股权结构、债务处置、职工安置、市场应对预案等；

（三）可行性研究报告；

（四）律师事务所出具的法律意见书；

（五）国有资产监督管理机构认为必要的其他文件。

（八）国务院关于经营者集中申报标准的规定（2018 年修订）（节选）

第一条 为了明确经营者集中的申报标准，根据《中华人民共和国反垄断法》，制定本规定。

第二条 经营者集中是指下列情形：

（一）经营者合并；

（二）经营者通过取得股权或者资产的方式取得对其他经营者的控制权；

（三）经营者通过合同等方式取得对其他经营者的控制权或者能够对其他经营者施加决定性影响。

第三条 经营者集中达到下列标准之一的，经营者应当事先向国务院反垄断执法机构申报，未申报的不得实施集中：

（一）参与集中的所有经营者上一会计年度在全球范围内的营业额合计超过 100 亿元人民币，并且其中至少两个经营者上一会计年度在中国境内的营业额均超过 4 亿元人民币；

（二）参与集中的所有经营者上一会计年度在中国境内的营业额合计超过 20 亿元人民币，并且其中至少两个经营者上一会计年度在中国境内的营业额均超过 4 亿元人民币。

营业额的计算，应当考虑银行、保险、证券、期货等特殊行业、领域的实际情况，具体办法由国务院反垄断执法机构会同国务院有关部门制定。

第四条 经营者集中未达到本规定第三条规定的申报标准，但按照规定程序收集的事实和证据表明该经营者集中具有或者可能具有排除、限制竞争效果的，国务院反垄断执法机构应当依法进行调查。

第五条 本规定自公布之日起施行。

（九）反垄断法（征求意见稿）（节选）

第四章 经营者集中

第二十三条 经营者集中是指下列情形：

（一）经营者合并；

（二）经营者通过取得股权或者资产的方式取得对其他经营者的控制权；

（三）经营者通过合同等方式取得对其他经营者的控制权。

前款所称控制权，是指经营者直接或者间接，单独或者共同对其他经营者的生产经营活动或者其他重大决策具有或者可能具有决定性影响的权利或者实际状态。

第二十四条 经营者集中达到国务院反垄断执法机构规定的申报标准的，经营者应当事先向国务院反垄断执法机构申报，未申报的不得实施集中。

国务院反垄断执法机构可以根据经济发展水平、行业规模等制定和修改申报标准，并及时向社会公布。

经营者集中达到申报标准，经营者未依法申报实施集中的，或者经营者集中未达到申报标准，但具有或者可能具有排除、限制竞争效果的，国务院反垄断执法机构应当依法进行调查。

第二十五条 经营者集中有下列情形之一的，可以不向国务院反垄断执法机构申报：

（一）参与集中的一个经营者拥有其他每个经营者百分之五十以上有表决权的股份或者资产的；

（二）参与集中的每个经营者百分之五十以上有表决权的股份或者资产被同一个未参与集中的经营者拥有的。

第二十六条 经营者向国务院反垄断执法机构申报集中，应当提交下列文件、资料，并对提交的材料的真实性负责：

（一）申报书；

（二）集中对相关市场竞争状况影响的说明；

（三）集中协议；

（四）参与集中的经营者经会计师事务所审计的上一会计年度财务会计报告；

（五）国务院反垄断执法机构规定的其他文件、资料。

申报书应当载明参与集中的经营者的名称、住所、经营范围、预定实施集中的日期和国务院反垄断执法机构规定的其他事项。

第二十七条 经营者提交的文件、资料不完备的，应当在国务院反垄断执法机构规定的期限内补交文件、资料。经营者逾期未补交文件、资料的，视为未申报。

第二十八条 国务院反垄断执法机构应当自收到经营者提交的符合本法第二十六条规定的文件、资料之日起三十日内，对申报的经营者集中进行初步审查，作出是否实施进一步审查的决定，并书面通知经营者。国务院反垄断执法机构作出决定前，经营者不得实施集中。

国务院反垄断执法机构作出不实施进一步审查的决定或者逾期未作出决定的，经营者可以实施集中。

第二十九条 国务院反垄断执法机构决定实施进一步审查的，应当自决定之日起九十日内审查完毕，作出是否禁止经营者集中的决定，并书面通知经营者。作出禁止经营者集中的决定，应当说明理由。审查期间，经营者不得实施集中。

有下列情形之一的，国务院反垄断执法机构经书面通知经营者，可以延长前款规定的审查期限，但最长不得超过六十日：

（一）经营者同意延长审查期限的；

（二）经营者提交的文件、资料不准确，需要进一步核实的；

（三）经营者申报后有关情况发生重大变化的。

国务院反垄断执法机构逾期未作出决定的，经营者可以实施集中。

第三十条 下列情形所需时间不计入本法第二十八、第二十九条规定的审查时限：

（一）经申报人申请或者同意，暂停审查期间；

（二）经营者按照国务院反垄断执法机构的要求补交文件、资料的；

（三）国务院反垄断执法机构与经营者按照本法第三十三条规定对附加限制性条件建议进行磋商的。

停止计算审查期限的具体规定，由国务院反垄断执法机构另行制定。

第三十一条 对经营者集中进行审查和调查，应当考虑下列因素：

（一）参与集中的经营者在相关市场的市场份额及其对市场的控制力；

（二）相关市场的市场集中度；

（三）经营者集中对市场进入、技术进步的影响；

（四）经营者集中对消费者和其他有关经营者的影响；

（五）经营者集中对国民经济发展的影响；

（六）国务院反垄断执法机构认为应当考虑的影响市场竞争的其他因素。

第三十二条 经营者集中具有或者可能具有排除、限制竞争效果的，国务院反垄断执法机构应当作出禁止经营者集中的决定。但是，经营者能够证明该集中对竞争产生的有利影响明显大于不利影响，或者符合社会公共利益的，国务院反垄断执法机构可以作出对经营者集中不予禁止的决定。

第三十三条 对不予禁止的经营者集中，国务院反垄断执法机构可以决定附加减少集中对竞争产生不利影响的限制性条件。

第三十四条 未达申报标准的经营者集中，经调查具有或者可能具有排除、限制竞争效果的，国务院反垄断执法机构可以按照本法第三十二条、三十三条规定作出处理决定。经营者已经实施集中的，国务院反垄断执法机构还可以责令停止实施集中、限期处分股份或者资产、限期转让营业以及采取其他必要救济措施恢复到集中前的状态。

第三十五条 国务院反垄断执法机构应当将禁止经营者集中的决定或者对经营者集中附加限制性条件的决定，及时向社会公布。

第三十六条 经营者集中涉及国家安全的，应当按照国家有关定进行国家安全审查。

第六章　对涉嫌违法行为的调查

第五十一条　国务院反垄断执法机构作出经营者集中审查决定后，有事实和证据表明申报人提供的文件、资料存在或者可能存在不真实、不准确，需要重新审查的，国务院反垄断执法机构可以根据利害关系人的请求或者依据职权，依法进行调查，并撤销原审查决定。

第七章　法律责任

第五十三条　经营者违反本法规定，达成并实施垄断协议的，由反垄断执法机构责令停止违法行为，没收违法所得，并处上一年度销售额百分之一以上百分之十以下的罚款；对于上一年度没有销售额的经营者或者尚未实施所达成的垄断协议的，可以处五千万元以下的罚款。

组织、帮助经营者达成垄断协议的，适用前款规定。

经营者主动向反垄断执法机构报告达成垄断协议的有关情况并提供重要证据的，反垄断执法机构可以酌情减轻或者免除对该经营者的处罚。

行业协会违反本法规定，组织经营者达成垄断协议的，由反垄断执法机构责令停止违法行为，可以处五百万元以下的罚款；情节严重的，社会团体登记管理机关可以依法撤销登记。

第五十四条　经营者违反本法规定，滥用市场支配地位的，由反垄断执法机构责令停止违法行为，没收违法所得，并处上一年度销售额百分之一以上百分之十以下的罚款。

第五十五条　经营者集中具有以下情形之一的，由反垄断执法机构处上一年度销售额百分之十以下的罚款：

（一）应当申报而未申报即实施集中的；

（二）申报后未经批准实施集中的；

（三）违反附加限制性条件决定的；

（四）违反禁止经营者集中的决定实施集中的。

除前款规定外，反垄断执法机构可以根据具体情形责令停止实施集中，附加减少集中对竞争产生不利影响的限制性条件，责令继续履行附加的限制性条件中的义务或变更附加的限制性条件，责令限期处分股份或者资产、限期转让营业以及采取其他必要救济措施恢复到集中前的状态。

第五十六条 对本法第五十三条、第五十四条、第五十五条规定的罚款，反垄断执法机构确定具体罚款数额时，应当考虑违法行为的性质、程度、持续时间和消除违法行为后果的情况等因素。

第五十七条 经营者实施垄断行为，给他人造成损失的，依法承担民事责任。构成犯罪的，依法追究刑事责任。

第五十九条 对反垄断执法机构依法实施的审查和调查，拒绝提供有关材料、信息，或者提供虚假材料、信息，或者隐匿、销毁、转移证据，或者威胁人身安全，或者有其他拒绝、阻碍调查行为的，由反垄断执法机构责令改正，对行政机关和和法律、法规授权的具有管理公共事务职能的组织可以向有关上级机关和监察机关提出依法给予处分的建议，对其他单位处上一年度销售额百分之一以下的罚款，上一年度没有销售额或者销售额难以计算的，处五百万元以下的罚款；对个人可以处二十万元以上一百万元以下的罚款；构成犯罪的，依法追究刑事责任。

第四部分

2019 年中国境内证券资本市场大事记

一、法律法规修改及监管新规

对于中国境内证券资本市场而言，2019 年是具有划时代意义的一年。这一年里证券资本市场许多重大的、基础性法律、法规进行了修改，证券监管也同步或随后也出台新规，每一条改革举措都会对我们证券资本市场产生深远影响。在上交所设立科创板并试点注册制、证券法修改、分拆上市规定、新三板精选层转板上市、重大资产重组、再融资等新规或修订稿的推出，都体现了中国境内证券资本市场在新的历史机遇下在增强制度竞争力和吸引力、促进经济转型升级、提高境内企业国际竞争力、保护中小投资者等方面的不懈努力和对 2019 年发生的法律法规及规范性文件等的重大变更，我们以发生时间的先后进行了纵向梳理，详见图 4-1。

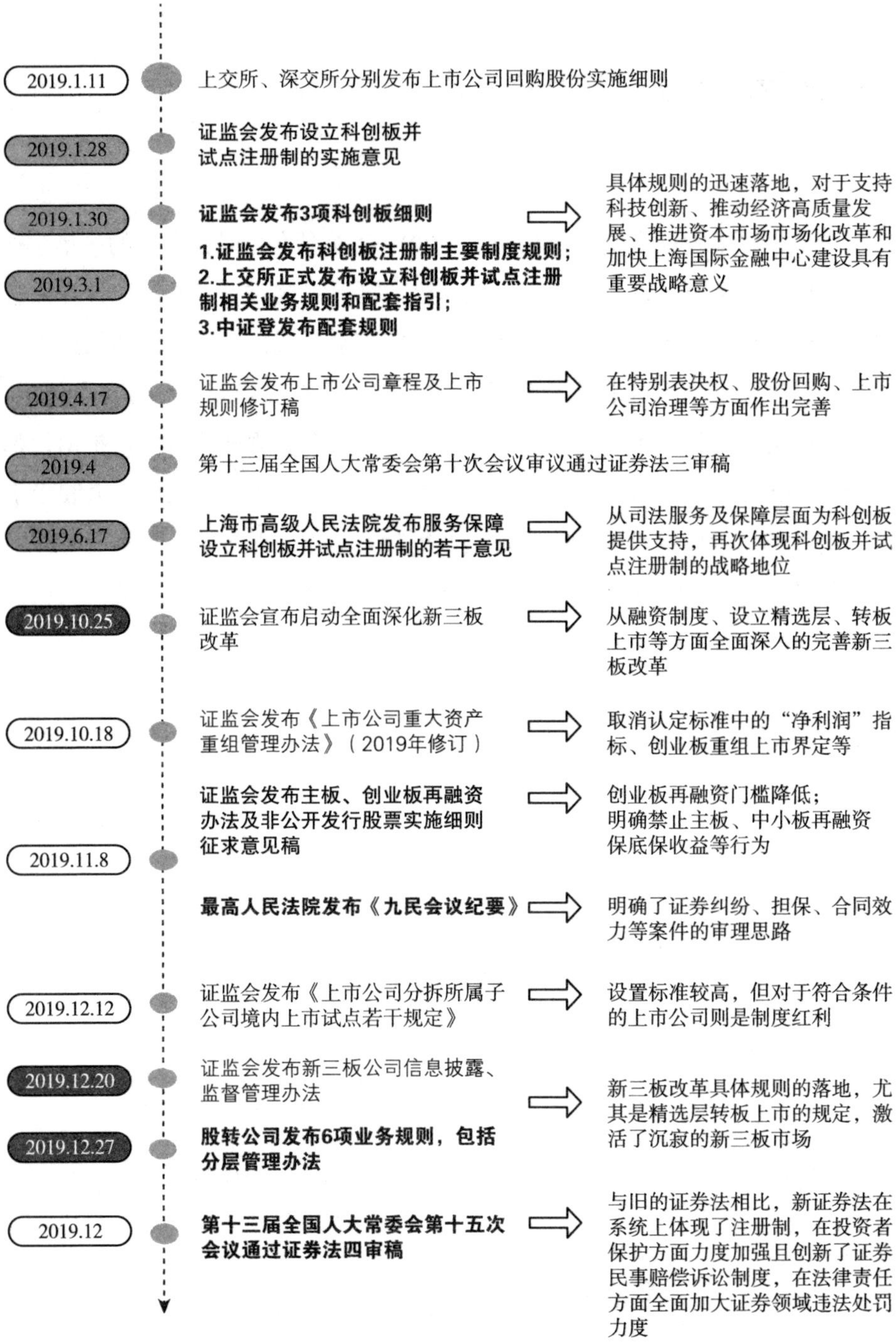

图 4-1　2019 年中国境内证券资本市场大事记

此外，围绕上述时间轴中所列大事，我们对每一件大事对应的相关联文件进行了整理，以供读者对照使用。详见表4-1。

表4-1 2019年相关联文件

时间/发文机关	概述	文件名称
		科创板
2019年1月28日 证监会	公布在上交所设立科创板并试点注册制的实施意见	《关于在上海证券交易所设立科创板并试点注册制的实施意见》
2019年1月30日 证监会	发布科创板细则征求意见稿	《科创板首次公开发行股票注册管理办法（试行）》（征求意见稿） 《科创板上市公司持续监管办法（试行）》（征求意见稿）
2019年1月30日 上交所	发布6项科创板配套业务规则的征求意见稿	《上海证券交易所科创板股票发行上市审核规则》（征求意见稿） 《上海证券交易所科创板股票上市委员会管理办法》（征求意见稿） 《上海证券交易所科技创新咨询委员会工作规则》（征求意见稿） 《上海证券交易所科创板股票发行与承销实施办法》（征求意见稿） 《上海证券交易所科创板股票上市规则》（征求意见稿） 《上海证券交易所科创板股票交易特别规定》（征求意见稿）
2019年3月1日 证监会	发布科创板注册制主要制度规则	《科创板首次公开发行股票注册管理办法（试行）》 《科创板上市公司持续监管办法（试行）》 《公开发行证券的公司信息披露内容与格式准则第41号——科创板公司招股说明书》 《公开发行证券的公司信息披露内容与格式准则第42号——首次公开发行股票并在科创板上市申请文件》

续表

时间 / 发文机关	概述	文件名称
2019 年 3 月 1 日 上交所	正式发布设立科创板并试点注册制相关业务规则和配套指引	《上海证券交易所科创板股票发行上市审核规则》 《上海证券交易所科创板股票上市委员会管理办法》 《上海证券交易所科技创新咨询委员会工作规则》 《上海证券交易所科创板股票发行与承销实施办法》 《上海证券交易所科创板股票上市规则》 《上海证券交易所科创板股票交易特别规定》 《上海证券交易所科创板上市保荐书内容与格式指引》 《上海证券交易所科创板股票发行上市申请文件受理指引》 《上海证券交易所科创板股票盘后固定价格交易指引》 《上海证券交易所科创板股票交易风险揭示书必备条款》 《上海证券交易所发布设立科创板并试点注册制配套业务规则答记者问》
2019 年 3 月 1 日 中证登	配套发布科创板证券登记规则	《中国证券登记结算有限责任公司证券登记规则》 《中国证券登记结算有限责任公司科创板股票登记结算业务细则（试行）》
2019 年 3 月 3 日 上交所	以“急用先行”为原则，对科创板发行和上市条件进行说明	《上海证券交易所科创板股票发行上市审核问答》
2019 年 3 月 3 日 上交所	规范和引导保荐机构准确把握科创板定位	《上海证券交易所科创板企业上市推荐指引》
2019 年 3 月 7 日 证监会	规范和引导红筹企业财务信息披露行为	《公开发行证券的公司信息披露编报规则第 24 号——科创板创新试点红筹企业财务报告信息特别规定》
2019 年 3 月 15 日 上交所	规范和引导红筹企业财务信息披露行为	《科创板创新试点红筹企业财务报告信息披露指引》

续表

时间/发文机关	概述	文件名称
2019年3月15日 上交所	规范保荐人科创板股票发行上市审核系统办理业务行为	《保荐人通过上海证券交易所科创板股票发行上市审核系统办理业务指南》
2019年3月19日 上交所	规范科创板投资者教育与适当性管理工作	《关于科创板投资者教育与适当性管理相关事项的通知》
2019年3月24日 上交所	根据审核实践、完善相关审核标准	《上海证券交易所科创板股票发行上市审核问答（二）》
2019年4月16日 上交所	规范科创板股票发行承销活动	《上海证券交易所科创板股票发行与承销业务指引》
2019年4月30日 上交所	促进科创板转融通证券出借及科创板转融券业务的顺利开展，防范业务风险	《科创板转融通证券出借和转融券业务实施细则》
2019年5月31日 中国证券业协会	规范证券公司自律性	《科创板首次公开发行股票承销业务规范》
2019年5月31日 中国证券业协会	规范和加强网下投资者参自律管理	《科创板首次公开发行股票网下投资者管理细则》
2019年6月8日 上交所	规范首次公开发行股票或存托凭证的公司在科创板上市的信息披露行为	《上海证券交易所科创板存托凭证上市公告书内容与格式指引》
2019年6月8日 上交所	维护科创板股票交易秩序	《上海证券交易所科创板股票上市公告书内容与格式指引》
2019年6月14日 上交所	维护科创板股票交易秩序	《上海证券交易所科创板股票异常交易实时监控细则（试行）》

续表

时间 / 发文机关	概述	文件名称
2019年6月8日 上交所	明确并规范董监高、控股股东及实际控制人相关行为	《关于发布科创板公司董事（监事、高级管理人员、控股股东、实际控制人）声明及承诺书的通知》
2019年6月17日 上海市高院	对科创板的实施提供司法服务和保障	《上海市高级人民法院关于服务保障设立科创板并试点注册制的若干意见》
2019年6月21日 上交所	规范科创板股票及存托凭证交易行为	《关于科创板股票及存托凭证交易相关事项的通知》
2019年6月21日 上交所	方便发行人与主承销商做好科创板发行与上市工作	《上海证券交易所科创板首次公开发行股票发行与上市业务指南》
2019年6月21日 中证登	规范科创板股票登记结算业务	《中国证券登记结算有限责任公司上海分公司科创板股票登记结算业务指南》
2019年6月28日 证监会	加强监管信息共享、完善失信联合惩戒机制	《关于在科创板注册制试点中对相关市场主体加强监管信息共享　完善失信联合惩戒机制的意见》
2019年7月12日 上交所	规范科创板公司和相关信息披露义务人的信息披露行为	《关于发布〈科创板上市公司信息披露工作备忘录〉第一号至第八号的通知》
2019年7月12日 上交所	进一步明确上交所在科创板上市公司持续监管业务规则的适用范围	《关于发布科创板上市公司持续监管通用业务规则及业务指南目录的通知》
2019年7月15日 上交所	明确科创板战略投资者参与证券出借业务的具体要求	《关于科创板战略投资者参与证券出借业务有关事项的通知》
2019年8月23日 证监会	规范科创板上市公司重大资产重组行为	《科创板上市公司重大资产重组特别规定》

续表

时间 / 发文机关	概述	文件名称
2019年8月23日 上交所	规范科创板上市公司重大资产重组行为	《上海证券交易所科创板上市公司重大资产重组审核规则》（征求意见稿）
2019年11月8日 上交所	规范科创板上市公司证券发行与承销行为	《上海证券交易所科创板上市公司证券发行承销实施细则》（征求意见稿）
2019年11月8日 上交所	规范证券发行上市行为，建立高效再融资机制	《上海证券交易所科创板上市公司证券发行上市审核规则》（征求意见稿）
2019年11月8日 证监会	完善资本市场基础制度，规范证券发行相关活动	《科创板上市公司证券发行注册管理办法（试行）》（征求意见稿）
2019年11月29日 上交所	规范科创板上市公司重大资产重组行为	《上海证券交易所科创板上市公司重大资产重组审核规则》
《证券法》		
2019年4月第十三届全国人大常委会第十次会议	增加科创板注册制等规定	《全国人大常委会第三次审议证券法修订草案》
2019年12月28日 第十三届全国人大常委会第十五次会议	从证券发行制度、证券民事诉讼赔偿、提高证券违法成本等方面进行了修改完善	《中华人民共和国证券法》（2019年修订），修订后的证券法将自2020年3月1日起施行
新三板改革		
2019年10月25日 证监会	宣布启动全面深化新三板改革	
2019年11月8日 证监会	规范新三板挂牌公司信息披露	《非上市公众公司信息披露管理办法》（征求意见稿）

续表

时间 / 发文机关	概述	文件名称
2019 年 11 月 8 日 股转公司	6 项自律规则征求意见	《股票向不特定合格投资者公开发行并在精选层挂牌规则（试行）》（征求意见稿） 《股票定向发行规则》（征求意见稿） 《分层管理办法》（征求意见稿） 《挂牌公司信息披露规则》（征求意见稿） 《挂牌公司治理规则》（征求意见稿） 《股票交易规则》（征求意见稿）
2019 年 12 月 20 日 证监会	规范新三板挂牌公司的监督和治理	《非上市公众公司信息披露管理办法》 《关于修改〈非上市公众公司监督管理办法〉的决定》
2019 年 12 月 27 日 股转公司	全面系统性规则的施行，尤其是新增精选层，且符合条件可以直接在证券交易所上市交易	《全国中小企业股份转让系统股票交易规则 》 《全国中小企业股份转让系统挂牌公司股份特定事项协议转让业务办理指南》 《全国中小企业股份转让系统挂牌公司股份特定事项协议转让细则》 《全国中小企业股份转让系统股票异常交易监控细则（试行）》 《全国中小企业股份转让系统投资者适当性管理办法》 《全国中小企业股份转让系统投资者适当性管理业务指南》 《全国中小企业股份转让系统分层管理办法》
分拆上市		
2019 年 8 月 23 日 证监会	优化资源配置并深化并购重组功能	《上市公司分拆所属子公司境内上市试点若干规定》（征求意见稿）
2019 年 12 月 12 日 证监会	优化资源配置并深化并购重组功能	《上市公司分拆所属子公司境内上市试点若干规定》
《上市公司重大资产重组管理办法》		
2019 年 6 月 21 日 证监会	为持续推进并购重组市场化改革，促进供给侧存量重组、增量优化、动能转换，提高上市公司质量，服务实体经济发展	《关于修改〈上市公司重大资产重组管理办法〉的决定》（征求意见稿）

续表

时间/发文机关	概述	文件名称
2019年10月18日 证监会	取消认定标准中的"净利润"指标、创业板重组上市界定等	《上市公司重大资产重组管理办法》(2019年修订)
2019年12月20日 上交所	强化并购重组全流程监管	《上市公司重大资产重组信息披露业务指引》
上市公司再融资		
2019年7月5日 证监会	主要涉及首发申请人具有共性的法律问题与财务会计问题	《再融资业务若干问题解答》
2019年11月8日 证监会	深化金融供给侧结构性改革，增强金融服务实体经济能力	《关于修改〈上市公司证券发行管理办法〉的决定》(征求意见稿)
		《关于修改〈创业板上市公司证券发行管理暂行办法〉的决定》(征求意见稿)
		《关于修改〈上市公司非公开发行股票实施细则〉的决定》(征求意见稿)
上市公司回购股份		
2019年1月11日 上交所/深交所	—	《上海证券交易所上市公司回购股份实施细则》
	—	《深圳证券交易所上市公司回购股份实施细则》
上市规则和章程指引		
2019年4月17日 证监会	明确"同股不同权""回购公司股份"等内容	《上市公司章程指引》(2019年修订)
2019年4月30日 证监会	在董事、股东大会的召开、控股子公司3处进行完善	《深圳证券交易所股票上市规则》(2019年修订) 《深圳证券交易所创业板股票上市规则》(2019年修订) 《上海证券交易所股票上市规则》(2019年修订)

续表

时间 / 发文机关	概述	文件名称
	其他	
2019 年 3 月 25 日 证监会	主要涉及首发申请人具有共性的法律问题与财务会计问题	《首发业务若干问题解答》第 50 条
2019 年 10 月 25 日 上交所 / 深交所	规范股份质押披露，信息披露，防范化解质押风险	《临时公告格式指引第四十六号——上市公司股份质押（冻结、解质、解冻）公告》 《上市公司股东股份质押（冻结或拍卖等）的公告格式》
2019 年 11 月 14 日 证监会	促进 H 股公司各类股东利益一致，境内企业利用境内外市场和资源	《H 股公司境内未上市股份申请“全流通”业务指引》、H 股“全流通”申请材料目录及审核关注要点
2019 年 12 月 31 日 中证登、深交所	H 股“全流通”改革，规范登记存管和交易结算	《H 股“全流通”业务实施细则》
2019 年 12 月 23 日 证监会	强化对控股股东及其关联方资金占用和违规担保的会计监管	《会计监管风险提示第 9 号——上市公司控股股东资金占用及其审计》
2019 年 12 月 26 日 最高人民法院	平等保护中外投资者合法权益	《最高人民法院关于适用〈中华人民共和国外商投资法〉若干问题的解释》
2019 年 12 月 13 日 上交所	—	《上市公司信息披露监管问答》（汇编版）

二、重要案例

在 2019 年已完成上市公司控制权交易的收购案例中，我们从多个维度进行盘点后，简要列举了如下有重大影响的案例及其要点，供读者品析。详见表 4-2。

表 4-2　2019 年上市公司控制权交易收购案例

上市公司名称	要点
*ST 仰帆	经过收购方多年布局和二级市场增持，当收购方在 *ST 仰帆的持股比例达到最高时，董事会及各项经营决策及财务却仍由原实际控制人控制。此后董事会虽改选但过程周折，原控股股东在失去对 *ST 仰帆的控制后拒绝移交公章证照及财务资料等文件
国旅联合	控制权变更过户登记完成后，新老股东互相起诉：新控股股东实名举报和起诉原控股股东及原任管理层拒不配合交割事项，原控股股东起诉新控股股东未履行交易协议约定的义务
亿晶光电	因违反信息披露义务，两年的交易过程贯穿了上交所问询函、监管函、证监会行政处罚及投资者诉讼
恒邦股份	同属于有色金属冶炼和压延加工业的两个上市公司间的产业并购，收购方通过频繁收购同行业企业对该传统行业进行产业和区域布局
ST 慧球	资本市场首例“卖壳 + 吸收合并”两步同时进行并成功实现借壳上市；① 交易过程中 ST 慧球曾连续出现 12 个涨停

① 天下秀拟通过协议转让的方式取得瑞莱嘉誉持有的 ST 慧球 46,040,052 股股票（占 ST 慧球总股本的 11.66%），股票转让完成后，天下秀将成为 ST 慧球的控股股东。天下秀取得 ST 慧球控制权后，ST 慧球向天下秀全体股东发行股份购买天下秀 100% 股权，并对天下秀进行吸收合并，ST 慧球为吸收合并方，天下秀为被吸收合并方，天下秀将注销法人资格，ST 慧球作为存续主体，将承接（或以其子公司承接）天下秀的全部资产、负债、业务、人员、合同、资质及其他一切权利和义务，天下秀持有的 46,040,052 股 ST 慧球股票将相应注销，现金选择权提供方将为上市公司的全体股东提供现金选择权。交易完成后，天下秀的全体股东将成为 ST 慧球的股东。

续表

上市公司名称	要点
东方园林	在经历了长达一年有余的流动性危机之后，“园林第一股”东方园林的控制控制人由“女首善”何巧女变更为北京市朝阳区国资委。此前，东方园林发生了大面积欠薪、发行公司债券失败、20 亿元债券偿还触发投资者保护条款、PPP 业务运行艰难等问题
维维股份	作为“豆奶第一股”，维维股份上市后进行多元化跨界布局十多个行业领域，使维维股份最终出现“主业不强、副业太多”的业务状况。而后续“去多元化”回归主业之路承受的业绩等压力促使其控制权转让
达志科技	原实际控制人在达志科技上市刚满 3 年，在“大非解禁”的时间窗口即火速卖壳退出。如收购人将其控制的资产尽快注入达志科技，则达志科技很可能成为政策允许创业板借壳后，在创业板借壳上市的第一股
九鼎新材	“世界铜王”王文银自 2017 年开始布局并最终取得九鼎新材控制权，并将聚焦新材料领域，同时王文银控制的深圳正威（集团）有限责任公司正式进入 A 股资本市场
格力电器	A 股年度“重量级”交易：2019 年 12 月 2 日，高瓴资本旗下珠海明骏投资合伙企业（有限合伙）与格力电器部分股东签署协议，以高达 416.62 亿元的价格入局格力电器，交易完成后，高瓴资本成为格力电器第一大股东的实际控制人，同时格力电器处于无实际控制人状态
莱茵体育 中化岩土 红日药业	成都市国资委布局收购，一年内取得 3 家上市公司控制权
东方网力 思美传媒 清新环境	四川省国资委布局收购，一年内取得 3 家上市公司控制权

图书在版编目(CIP)数据

权力的游戏:上市公司控制权交易实务 / 舒知堂等著. -- 北京:法律出版社,2020
ISBN 978-7-5197-4950-7

Ⅰ.①权… Ⅱ.①舒… Ⅲ.①上市公司-控制权-交易-公司法-研究-中国 Ⅳ.①D922.291.914

中国版本图书馆 CIP 数据核字(2020)第 177035 号

权力的游戏
——上市公司控制权交易实务
QUANLI DE YOUXI
—SHANGSHI GONGSI KONGZHIQUAN JIAOYI SHIWU

舒知堂 等著

策划编辑 周 洁
责任编辑 周 洁
装帧设计 马 帅

出版 法律出版社
总发行 中国法律图书有限公司
经销 新华书店
印刷 固安华明印业有限公司
责任校对 晁明慧
责任印制 胡晓雅

编辑统筹 司法实务出版分社
开本 710 毫米×1000 毫米 1/16
印张 26.25
字数 374 千
版本 2020 年 12 月第 1 版
印次 2020 年 12 月第 1 次印刷

法律出版社/北京市丰台区莲花池西里 7 号(100073)
网址/www.lawpress.com.cn
投稿邮箱/info@lawpress.com.cn
举报维权邮箱/jbwq@lawpress.com.cn
销售热线/400-660-8393
编辑电话/010-83938103

中国法律图书有限公司/北京市丰台区莲花池西里 7 号(100073)
全国各地中法图分、子公司销售电话:
统一销售客服/400-660-8393/6393
西安分公司/029-85330678
上海分公司/021-62071639/1636
第一法律书店/010-83938432/8433
重庆分公司/023-67453036
深圳分公司/0755-83072995

书号:ISBN 978-7-5197-4950-7
定价:88.00 元
(如有缺页或倒装,中国法律图书有限公司负责退换)